Johannes Tuchel / Christin Sandow

Der 20. Juli 1944 in Berlin

Arbeitszimmer von Claus Schenk Graf von Stauffenberg in der zweiten Etage des Gebäudes Bendlerstraße 14, 1944

Quelle: Gedenkstätte Deutscher Widerstand

Johannes Tuchel / Christin Sandow

DER 20. JULI 1944 IN BERLIN

Lukas Verlag Berlin 2024

2., durchgesehene Auflage 2024

Lukas Verlag für Kunst- und Geistesgeschichte
Kollwitzstraße 57
10405 Berlin
www.lukasverlag.com

Umschlag:
Claus Schenk Graf von Stauffenberg und
Albrecht Ritter Mertz von Quirnheim im deutsch
besetzten Winniza in der Ukraine, um 1942
Quelle: Privatbesitz

Gestaltung:
Braun Engels Gestaltung Ulm
Mitarbeit: Michaela Gleinser,
Susanne Jüttner, Birgit Lupia

Druck: PIEREG Druckcenter Berlin GmbH

Printed in Germany
ISBN 978-3-86732-463-2

Gefördert von:

Stiftung Gedenkstätte Deutscher Widerstand

Die Beauftragte der Bundesregierung für Kultur und Medien

INHALT

Vorwort

Nur vier Tage nach seinem Machtantritt als Reichskanzler eröffnete Adolf Hitler den Spitzen der Reichswehrführung am 3. Februar 1933 im Gebäude der Heeresführung in der Berliner Bendlerstraße 14 seine gewalttätigen politischen Ziele: „Ausrottung des Marxismus" und Eroberung von „Lebensraum im Osten".

Mehr als zehn Jahre später begann der Umsturzversuch vom 20. Juli 1944 mit dem Attentat auf Adolf Hitler im „Führerhauptquartier Wolfschanze" und scheiterte noch in den Abendstunden desselben Tages in den Büroräumen des Allgemeinen Heeresamtes in Berlin. Claus Schenk Graf von Stauffenberg, Friedrich Olbricht, Albrecht Ritter Mertz von Quirnheim und Werner von Haeften wurden auf Befehl von Generaloberst Friedrich Fromm im Hof des Bendlerblocks, Ludwig Beck nach einem gescheiterten Suizidversuch erschossen.

Die Zentrale des Oberkommandos des Heeres in der Bendlerstraße 11–14 [heute: Stauffenbergstraße 13–14] war der Befehlsstand des letzten Kampfkommandanten Berlins, Helmuth Weidling, der am 2. Mai 1945 den in der Stadt kämpfenden deutschen Truppen den Befehl zur Einstellung aller Kampfhandlungen gab. Die knapp eine Woche später stattfindende bedingungslose Kapitulation der deutschen Wehrmacht war Schlusspunkt einer zwölf Jahre dauernden nationalsozialistischen Diktatur in Deutschland und des Zweiten Weltkrieges in Europa.

Der vorliegende Band geht der politischen Geschichte dieses Gebäudekomplexes (u.a. Reichsmarineamt, Reichswehrministerium, Allgemeines Heeresamt) nach, bevor er sich der hier betriebenen Staatsstreichplanung um Claus Schenk Graf von Stauffenberg seit dem Herbst 1943 widmet. Detailliert werden die konkreten Vorbereitungen im Juli 1944, der Fehlalarm vom 15. Juli 1944 und schließlich der Umsturzversuch selbst am 20. Juli 1944 nachgezeichnet. Mit der Erschießung Stauffenbergs und seiner Mitverschworenen im Hof des Bendlerblocks in der Nacht vom 20. auf den 21. Juli 1944 endete dieser Versuch der Befreiung Deutschlands vom Nationalsozialismus.

Dieser Band ergänzt das ebenfalls im Lukas Verlag erschienene Buch von Johannes Tuchel und Uwe Neumärker „Der 20. Juli 1944 im ‚Führerhauptquartier Wolfschanze'". Er soll dazu beitragen, den historischen Ort und die Ereignisse, die sich hier abspielten, in den Gesamtzusammenhang des Widerstands gegen den Nationalsozialismus einzuordnen.

Berlin, im Mai 2024 — Johannes Tuchel — Christin Sandow

1

Der Bendlerblock als militärisches Machtzentrum zwischen 1914 und 1945

Das Reichsmarineamt im Deutschen Kaiserreich

Das Reichswehrministerium in der Weimarer Republik

Der Bendlerblock in der Zeit des Nationalsozialismus

Die Erweiterung des Bendlerblocks ab 1935

Das Reichskriegsministerium – Planungen für „Germania“

Militärische Dienststellen im Bendlerblock seit 1938

Zur Situation von Offizieren und Mannschaften im Bendlerblock in der Kriegszeit

Umsturzplanungen im Allgemeinen Heeresamt

Der Bendlerblock als militärisches Machtzentrum zwischen 1914 und 1945

Das Reichsmarineamt im Deutschen Kaiserreich

Als Bendlerblock wurde ursprünglich nur der ab 1936 errichtete Anbau zum Reichkriegsministerium in der damaligen Bendlerstraße 11–13 bezeichnet. Heute steht der Begriff aber synonym auch für den sich südwestlich daran anschließenden verwinkelten Gebäudekomplex mit dem Haupteingang am Landwehrkanal. Der Bendlerblock war und ist seit über 110 Jahren militärisches Machtzentrum vier politischer Systeme: der Kaiserlichen Marine im Kaiserreich seit seiner Errichtung 1911, der Reichswehr in der Weimarer Republik und des beginnenden NS-Staates, der Wehrmacht im Deutschen Reich seit 1935 und der Bundeswehr im wiedervereinigten Deutschland seit 1993. Die erste militärische Einrichtung, die hier ihren Platz fand, war das Reichsmarineamt.

Als Kaiser Friedrich III. nach nur 99-tägiger Regentschaft am 15. Juni 1888 in Potsdam starb, richtete sein ältester Sohn, der zukünftige Kaiser Wilhelm II., seine ersten Proklamationen nicht an das deutsche Volk, sondern an das Heer und die Marine. Diese Hervorhebung des Militärischen war eine Vorwegnahme der Dominanz des Militarismus, die unter seiner 30-jährigen Herrschaft fast alle Lebenswelten Deutschlands durchdringen und schließlich im Ersten Weltkrieg münden sollte.

Das Deutsch Reich um die Jahrhundertwende war eine Nation, die sich in sehr kurzer Zeit von einer rückständigen Agrargesellschaft zu eine der führenden Industriestaaten Europas wandelte.[1] Die enorme Geschwindigkeit der wirtschaftlichen, sozialen und kulturellen Veränderungen traf auf eine Bevölkerung, welche durch tiefe Klassengegensätze und soziale Ungleichheit, ständische Differenzierungen im größten Flächenstaat Preußen und Privilegien für Adel, Militär, Beamte und Landbesitzer geprägt war.[2]

1 Lothar Reinermann, Wilhelm II. (1859–1941), in: Michael Fröhlich (Hrsg.), Das Kaiserreich. Portrait einer Epoche in Biographien, Darmstadt 2001, S. 275.
2 Ulrich Herbert, Geschichte Deutschlands im 20. Jahrhundert, Bonn 2014, S. 41.

Unter dem Eindruck der wachsenden Macht des Reiches wuchs der eigene imperialistische Anspruch und der Erwerb von Kolonien in Übersee galt als eine Frage nationalen Prestiges. Diesem Streben gab der Staatssekretär des Auswärtigen Amtes und spätere Reichskanzler Bernhard von Bülow im Dezember 1897 Ausdruck mit den Worten: „Wir wollen niemanden in den Schatten stellen, aber wir verlangen auch unseren Platz an der Sonne."[3]

Vor dem Hintergrund einer sozialdarwinistisch verstandenen Welt des ständigen Kampfes glaubte Wilhelm II., dass nur eine starke Seestreitkraft dem deutschen Anspruch auf Weltmacht Geltung verschaffen könne. Seit Ende der 1890er Jahre rückte der Bau einer großen deutschen Schlachtflotte ins Zentrum der deutschen Politik. Bei den Planungen waren außen- und innenpolitische Überlegungen eng verknüpft: die Flotte sollte als machtpolitischer und notfalls auch als militärischer Hebel dienen, um die damals mächtigste Seemacht Großbritannien aus seiner maritimen und kolonialen Hegemonialstellung zu verdrängen. Als Instrument und Symbol der deutschen Weltpolitik sollte sie aber auch nationale Energien bündeln, von inneren Schwierigkeiten ablenken sowie die überkommene Macht- und Herrschaftsordnung zementieren.[4]

Mit der Ernennung des Konteradmirals Alfred von Tirpitz zum Staatssekretär des Reichsmarineamts im Juni 1897 kam ein Mann an die Spitze der Marinepolitik, der sich schon lange nachdrücklich für den Bau einer Schlachtflotte ausgesprochen hatte. Tirpitz – Architekt eines modernen Flottenrüstungsprogramms und „Vater der Flotte" – vereinte kompromissloses Weltmachstreben und systematisches Aufrüsten mit Aufgeschlossenheit gegenüber der technisch-industriellen Entwicklung und dem Beharren auf der überlieferten inneren Ordnung.[5] Er bildete zusammen mit dem marinebegeisterten Kaiser und dem seit Oktober 1900 regierenden Reichskanzler von Bülow ein Führungstrio, welches für das Reich eine offensiv imperialistische Außen-, Verteidigungs- und Kolonialpolitik unabhängig von Allianzinteressen verfolgte.[6]

---

3 Volker Ullrich, Die nervöse Großmacht 1871–1918. Aufstieg und Untergang des deutschen Kaiserreichs, Frankfurt am Main 2013, S. 193.

4 Ullrich, Großmacht, 197 f.

5 Michael Epkenhans, Alfred von Tirpitz (1849–1930), in Michael Fröhlich (Hrsg.), Das Kaiserreich. Portrait einer Epoche in Biographien, Darmstadt 2001, S. 228.

6 Siehe als Überblick auch: Joachim Krause, Strategische Irrtümer deutscher Außenpolitik im Rückblick – die Jahre 1890 bis 1914, in: SIRIUS – Zeitschrift für Strategische Analysen 6 (2022) 4, online unter https://doi.org/10.1515/sirius-2022-4004. (Aufruf am 6. Mai 2024).

Die Konsequenz des sich in den Flottengesetzen von 1898 und 1900 und dem Auf- und stetigen Ausbau der deutschen Flotte manifestierenden Wettrüstens war die Annäherung Großbritanniens an Frankreich und Russland und eine damit einhergehende wachsende außenpolitische Isolierung des Deutschen Reiches.[7]

Ein halbes Jahr nach der Thronbesteigung ordnete Wilhelm II. Reformen in der Verwaltungsstruktur der Marine an: er vereinheitlichte die Befehlskette und verankerte die persönliche Autorität des Kaisers in Strategie- und Personalangelegenheiten.[8] Im Zuge dieser Umstrukturierungsmaßnahmen entstand 1889 das Reichsmarineamt (RMA), das von einem direkt dem Kaiser unterstehendem Staatssekretär geleitet wurde. Das RMA war eine Reichsbehörde und hatte für die Kaiserliche Marine die Funktion eines Ministeriums.[9] Ihm waren die Kaiserlichen Werften in Danzig, Kiel und Wilhelmshaven, sowie die Marine-Bildungsanstalten und die Deutsche Seewarte in Hamburg unterstellt. Ebenso übernahm es 1898 auch die Verwaltung über den Pachthafen Kiautschou. Die Personalangelegenheiten der Marine wurden vom Chef des Marinekabinetts erledigt. Mit Ausnahme der Haushaltsbewilligung unterlag das RMA nicht der Verantwortlichkeit gegenüber dem Parlament.

Dienstsitz der obersten Marinebehörden war ein dreistöckiges Haus am Leipziger Platz 13 in Berlin zwischen dem Neubau des Kaufhauses Wertheim und dem Direktionsgebäude der Berliner Straßenbahn. Das Gebäude der Marine lag an der nordöstlichen Schrägseite des Platzes und besaß in der Voßstraße 24 einen Hintereingang, der auch Anschrift für das Oberkommando der Marine war. Inmitten dieses großbürgerlichen Wohnviertels am Potsdamer Tor befanden sich neben dem Reichstag verschiedene andere Reichsbehörden wie das Auswärtige Amt und das preußische Kriegsministerium.

Schon zur Jahrhundertwende war das Gebäude zu klein, um alle Dienststellen fassen zu können. Mehrjährige Mietverträge zwischen dem Marinefiskus und privaten Haus- oder Wohnungseigentümern belegen

---

7 Ullrich, Großmacht, S. 204 ff.
8 Christopher Clark, Wilhelm II. Die Herrschaft des letzten deutschen Kaisers, 2008, S. 176.
9 Vgl.: Walther Hubatsch, Der Admiralstab und die obersten Marinebehörden in Deutschland 1848–1945, Frankfurt am Main 1958; ebenso: Militärgeschichtliches Forschungsamt (Hrsg.), Handbuch zur deutschen Militärgeschichte, Teilband 4., Abschnitt 8, Deutsche Marinegeschichte der Neuzeit, München 1979.

Gebäude des Reichsmarineamts am Leipziger Platz 13 in Berlin, um 1911/12
Quelle: ullstein bild - Schnellbacher

die verschiedenen Versuche, Abteilungen „auszulagern".[10] Zwischen den Jahren 1898 und 1914 haben sich Mietverträge erhalten für eine Anmietung von Wohnungen oder ganzen Häusern am Leipzigerplatz Nr. 17, in der Königgrätzerstrasse Nr. 7 und Nr. 132, in der Linkstraße Nr. 7/8, in der Matthäikirchstraße Nr. 10 und in der Wilhelmstraße Nr. 46/47. Die Mehrheit dieser Objekte wurde zu „Bureauzwecken" oder als Dienstwohnung für einen Unterbeamten angemietet.[11]

Mit der steigenden Bedeutung der Marine im Kaiserreich wurde der Personal- und Raumbedarf jedoch immer größer.

---

10 BArch, RM 23/173, Blatt 16 ff, Mietsverträge über die Dienstgebäude des Reichsmarineamts.
11 Ebenda.

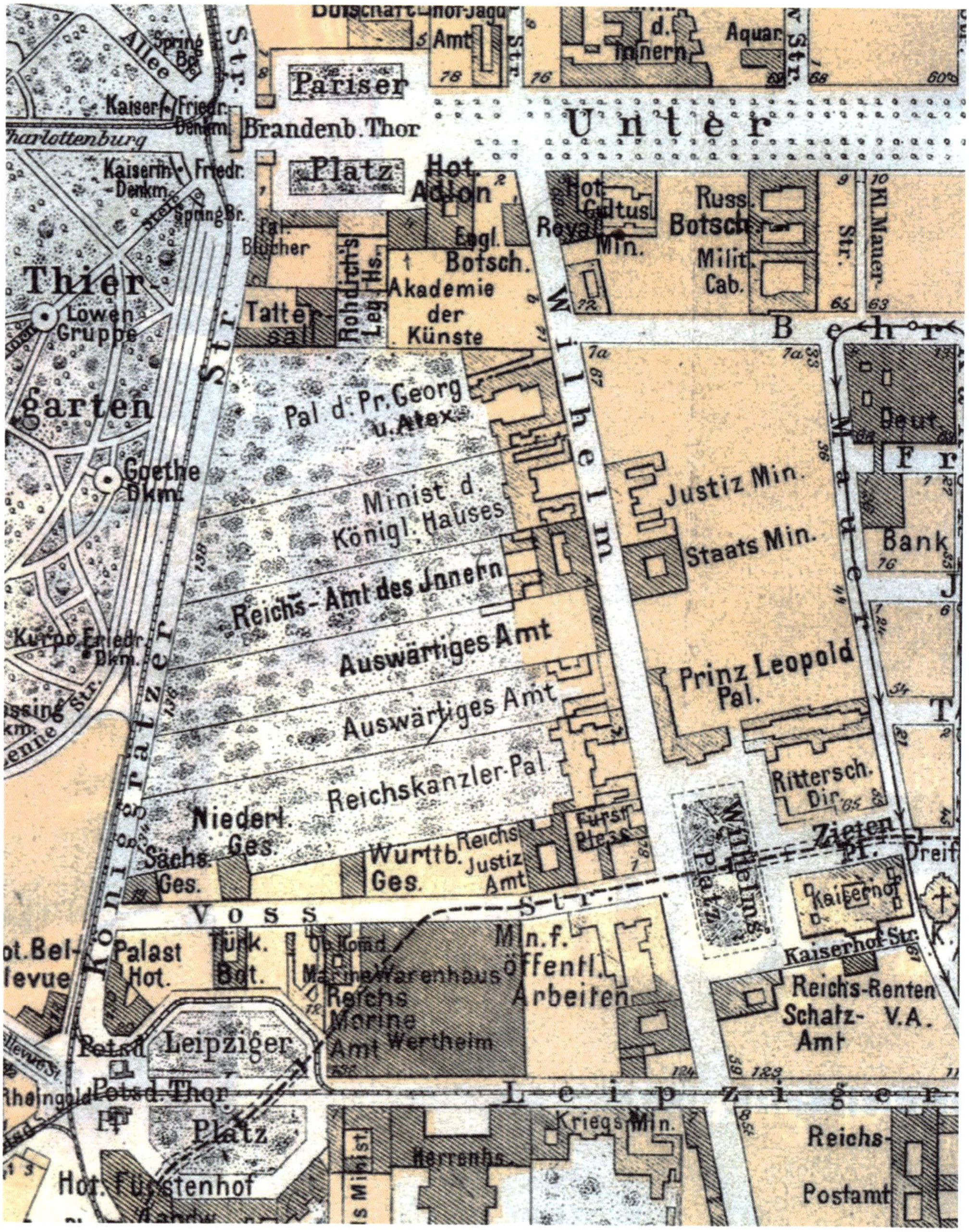

Karte aus einem Reiseführer von 1904

Das Reichsmarineamt am Leipziger Platz lag in unmittelbarer Nachbarschaft anderer Reichsbehörden.

Quelle: Griebens Reiseführer Berlin und Umgebung, 1904

In einer „Beilage für Wettbewerbe" der Deutschen Bauzeitung aus dem November 1919 zum Hauptdienstsitz der Marine am Leipziger Platz hieß es: „Die Unterkunft war hier seit Jahren mehr als dürftig und die Unzulänglichkeiten aller Räume nahm in dem Maße stetig zu, als die deutsche Marine sich entwickelte. Seit einiger Zeit war daher eine Verlegung des Dienstgebäudes ins Auge gefaßt." Einen passenden Bauplatz, „auf dem alle räumlichen Bedürfnisse der Gegenwart und der nächsten Zukunft [...] befriedigt werden können"[12], fand sich in der gediegenen Nachbarschaft des südlichen Tiergartenviertels am Landwehrkanal. Zwischen Königin-Augusta-Straße 38-42 und Bendlerstraße 14 sollte die stark vergrößerte oberste Marinebehörde ihre neue dienstliche Heimat finden.

Dort war Anfang des 18. Jahrhunderts – noch außerhalb der Berliner Stadtmauern – ein Wohnviertel mit Ausflugslokalen und Gärtnereien entstanden, in dem wohlhabende Berliner ihre Sommerhäuser errichteten.[13]

Ratsmaurermeister Johann Christian Bendler ließ die Bendlerstraße im Jahr 1836 anlegen, um das Gelände für Baugrundstücke zu parzellieren, seit November 1837 trug sie deswegen seinen Namen.[14] Mit der Eingemeindung 1861 gehörte das Randgebiet schließlich auch zur Stadt Berlin.

In der zweiten Hälfte des 19. Jahrhunderts entstand schließlich zwischen Landwehrkanal und Tiergarten „ein ausserordentlich anmuthiges und in seiner künstlicherischen Mannigfaltigkeit anziehendes Stadtviertel, wie es ähnlich kaum eine zweite Grossstadt aufzuweisen hat".[15] Im sogenannten Geheimrats – oder Diplomatenviertel[16] siedelte sich die „bessere Gesellschaft" an: Wissenschaftler, Künstler, Angehörige der Ministerialbürokratie und der Generalität. Bis 1870 waren fast alle Grundstücke in der vornehmen Nachbarschaft bebaut, entweder mit Villen aus den 1850er oder drei- bis viergeschossigen Mietshäusern aus den 1860er Jahren, gleichzeitig erfolgten schon die ersten Abrisse,

12 Deutsche Bauzeitung XLIV. Jahrgang, No. 95, Berlin, den 26. November 1910, Beilage für Wettbewerbe, S. 773.

13 Wolfgang Stapp, Christian Simon, Entdeckungen zwischen Kulturforum, Potsdamer Platz und dem Diplomatenviertel, Berlin 2005, S. 21.

14 Ebenda, S. 9.

15 Architekten-Verein zu Berlin (Hrsg.), Berlin und seine Bauten, Erster Teil, Berlin 1877, S. 13.

16 Wolfgang Stapp, Christian Simon, Entdeckungen, S. 22 f.

Lithografie der Bendlerstraße mit Stadthäusern und Villen um das Jahr 1840

Quelle: Gedenkstätte Deutscher Widerstand

viele Gebäude hielten nur wenige Jahrzehnte. Seit Mitte der 1880er Jahre avancierte das Tiergartenviertel auch bald zu einem bevorzugten Standort ausländischer Vertretungen.[17]

Mit dem Bau des Reichsmarineamts zwischen 1911 und 1914 sollte ein für damalige Zeit gigantischer Gebäudekomplex entstehen, der mit seiner gestauchten L-Form buchstäblich mitten in ein Viertel bürgerlicher Wohn- und Mietshäuserreihen gesetzt wurde.

17 Wolfgang Stapp, Christian Simon, Entdeckungen, S. 22.

Blick auf die Von-der-Heydt-Brücke in die Bendlerstraße, um 1900

Quelle: Landesarchiv Berlin, F Rep. 290 (02) Nr. II4737 /
Foto: Titzenthaler, Waldemar

Karte der Königin-Augusta-Straße und Bendlerstraße auf dem Bericht des städtischen Vermessungsamts von 1908

Quelle: Landesarchiv Berlin, A Rep. 032-08 Nr. 901, Blatt 36

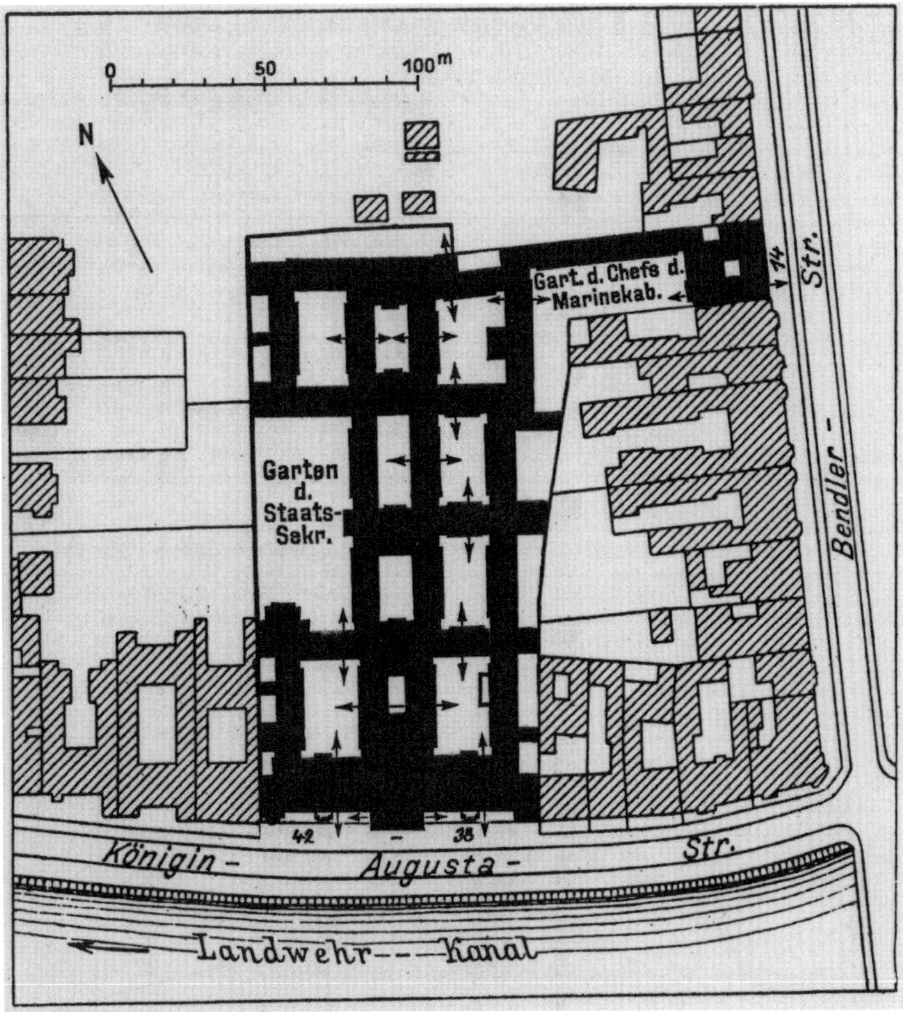

Übersichtsskizze zum Neubau des Reichsmarineamts mit angrenzenden Wohnhäusern, um 1910

Quelle: Zentralblatt der Bauverwaltung, Herausgegeben im Ministerium der öffentlichen Arbeiten, Nr. 55, 34. Jahrgang, Berlin, 11. Juli 1914, S. 406.

In dem von den Marinebehörden ausgelösten engeren Wettbewerb für den Neubau des RMA wurden fünf Berliner Architekten und Architektenfirmen aufgefordert gegen ein Honorar von je 5.000 Mark Entwürfe einzureichen. Die Eingeladenen waren die Architekten Cremer & Wolffenstein, Kayser & von Groszheim, Reinhardt & Süssenguth, Schmieden & Boethke sowie Franz Schwechten. Wie einem langen Bericht unter der Rubrik „Beilage für Wettbewerbe" in der „Deutschen Bauzeitung" aus dem November 1910 zu entnehmen war, betrafen die Vorgaben der Marinebehörden im Vorfeld des Wettbewerbs sowohl Beschreibungen der verschiedenen Geschäftsabteilungen als auch den organisatorischen und gewünschten räumlichen Ablauf der Dienstvorgänge, dem der Entwurf angemessen Rechnung zu tragen gehabt hatte.

„Das Programm verlangte Geschäftsräume für drei selbständige Behörden, für das Reichsmarineamt, das Marinekabinett und den Admiralstab. Für die Chefs der ersten beiden, einander gleichgeordneten Behörden waren große Dienstwohnungen vorzusehen, außerdem noch 23 größere und kleinere Beamtenwohnungen zu schaffen. Von vornherein war die Front an der Königin-Augusta-Straße für das Reichsmarineamt und den Admiralstab bestimmt; die Räume für letzteren sollten indes nur untergeordnet und vom übrigen völlig getrennt angelegt werden. Dagegen war ein direkter persönlicher Verkehr zwischen dem Reichsmarineamt und dem Marinekabinett zu ermöglichen, für das der hakenförmig anschließende Grundstücksteil an der Bendlerstraße mit einer Frontlänge von 24 m erworben war."[18]

„Die obersten Marinebehörden, die in dem zu errichtenden Dienstgebäude vereinigt werden sollen, sind das Reichs-Marine-Amt, der Admiralstab und das Marine-Kabinett. Dem sehr umfangreichen Raumprogramm für den Wettbewerb war eine Darstellung des Geschäfts-Verkehres im Reichs-Marine-Amt beigegeben. Wir entnehmen dieser Darstellung in Kürze, daß sich die Behörde gliedert in I. Zentralabteilung; in II. das Allgemeine Marine-Departement; in III. das Werft-Departement; IV. das Verwaltungs-Departement; V. das Konstruktions-Departement; VI. das Nautische Departement; VII. das Waffen-Departement; VIII. die Medizinal-Abteilung; IX. das Nachrichten-Bureau und X. das Justitiariat. Gemeinsam für alle diese

18 Architektonische Rundschau, Skizzenblätter aus allen Gebieten der Baukunst, Siebenundzwanzigster Jahrgang, 1911, Entwurf zu einem Dienstgebäude für die obersten Marinebehörden in Berlin, S. 82.

Gruppen sind die Hauptbibliothek, die Druckschriften-Verwaltung, die Geheimen Kanzleien, die Bureaukasse. Sämtliche Gruppen haben eigene Registraturen in räumlicher Verbindung mit den anderen Räumen der Gruppen. Das Konstruktions-, das Waffen- und das Nautische Departement haben die Schiffskonstruktionen, die Artillerie-Konstruktionen und die Seekarten herzustellen, mußten daher mit Zeichensälen und allem für die zeichnerische Darstellung notwendigen Nebenräumen ausgestattet werden. Für das Konstruktions- und das Nautische Departement waren Modellsäle in größerem Umfang und wenigstens teilweise in unmittelbarer Verbindung mit den Bureauräumen vorzusehen, weil die Modelle der neuesten Schiffstypen jederzeit bequem erreichbar sein müssen. Ein eigenes Archiv des Reichs-Marine-Amts bestand bisher nicht wegen Mangel an geeigneten Räumen. Es war in unmittelbarer Verbindung mit der Hauptbibliothek gewünscht. Die einzelnen Gruppen des Reichs-Marine-Amts haben in sich fest abgegrenzte Geschäftskreise. Die Eigenart der Zentralbehörde als oberste militärisch-technische Instanz und Verwaltungsstelle der kaiserlichen Marine bedingt aber ein vielseitiges Ineinandergreifen der Geschäftskreise der einzelnen Gruppen, sodaß Entscheidungen oder Verfügungen fast nie ohne die Zusammenarbeit mehrerer Gruppen zustande kommen. Die beim Reichs-Marine-Amt eingehenden Dienstsachen unterscheiden sich in solche an den Staatssekretär und solche an die Gruppen. Sämtliche Eingänge gelangen zunächst in die Zentralabteilung und werden von dort den einzelnen Gruppen zugestellt. Bei dem unausgesetzten Dienstverkehr der Zentral-Abteilung mit sämtlichen übrigen Gruppen des Hauses einerseits, besonders aber mit dem Staats-Sekretär, waren eine zentrale Lage, ein unmittelbarer Zusammenhang mit dem Dienstzimmer des Staats-Sekretärs, sowie eine tunlichst unmittelbare Verbindung mit den Gruppen-Registraturen unerläßlich. Mit Rücksicht auf den häufigeren Verkehr der Gruppen-Vorstände, Abteilungs-Chefs usw. mit dem Staatssekretär war es erwünscht, das Allgemeine Marine-Departement, das Werft-Departement und das Verwaltungs-Departement in die Nähe der Diensträume des Staats-Sekretärs zu bringen, während die anderen Gruppen in den entfernter gelegenen Teilen des Gebäudes untergebracht werden konnten. Die beiden Geheimen Kanzleien sollten der Zentral-Abteilung nahe liegen, weil unausgesetzt mündlicher Verkehr zwischen Bureau-Vorsteher, Kanzlei-Vorsteher und einzelnen Kanzlei-Beamten notwendig ist. Die Hauptbibliothek verwaltet die Bücherbestände, pflegt den Verkehr mit allen übrigen öffentlichen Bibliotheken und soll später auch die Verwaltung des Archives erhalten. Der Druckschriften-Verwaltung unterstehen sämtliche Bestände an

Dienstvorschriften; sie wird daher von allen Dienststellen des Hauses in Anspruch genommen. Da der Fremdenverkehr der Nachrichten-Abteilung so groß ist, so wurde ihre Unterbringung in der Nähe des Haupteingangs gewünscht. Im übrigen waren noch besondere Aufklärungen über den Dienst der Kanzleidiener, über den Aktenverkehr, den Dienst der Botenmeister, der Pförtner, der Hausinspektionen usw. gegeben, sodaß die Wettbewerber über alle wichtigeren Vorgänge, welche die Lage von Raumgruppen beeinflussen konnten, unterrichtet waren. Das eigentliche Raumprogramm forderte, daß die Hauptfront des Dienstgebäudes für das Reichs-Marine-Amt und den Admiralstab an der Königin-Augusta-Straße anzulegen sei, während die Diensträume für das Marine-Kabinett nebst Wohnungen an die Bendlerstraße zu legen waren. Die Entwürfe sollten bei zweckmäßiger und sparsamer Bebauung die geforderten Räume so auf dem Gelände unterbringen, daß dieselben in allen Geschossen hell und luftig sind. Zulässig waren Sockel-, vier Haupt- und ein Dachgeschoß; der etwa nicht in Anspruch genommene Teil des Geländes sollte für spätere Erweiterung frei bleiben, der Bau aber schon jetzt so geplant werden, daß das Gebäude nach seiner späteren Erweiterung wie aus einem Guß erscheine. Die Entwürfe haben gezeigt, daß so verhältnismäßig wenig Raum für eine spätere Erweiterung blieb, daß von einer solchen kaum gesprochen werden kann. […]"

„Die Architektur war den Bewerbern überlassen; frei von jedem Luxus sollte sie dem Zweck des Gebäudes und der Würde der in ihm wohnenden Behörden entsprechen. Sparsame Verwendung von Werkstein war zugelassen, sonst auch das Material freigestellt. Die Höfe waren als Putzbau zu behandeln. Das Gebäude sollte an der Königin-Augusta-Straße außer den erforderlichen Durchfahrten besondere Eingänge zu den Diensträumen des Admiralstabes, des Reichs-Marine-Amts, zur Wohnung des Staatssekretärs und zu den anderen in den Hauptgeschossen gelegenen Wohnungen, dazu in der Mitte einen Haupteingang mit geräumigen Vestibül erhalten. In bezug auf die Treppen-Anlagen waren gleichfalls eine Reihe von Wünschen ausgesprochen. Auf helle Gänge wurde besonderer Wert gelegt; zweiseitige Belegung war nicht unbedingt ausgeschlossen, aber doch nur im Notfall erlaubt. Der Hof,

an dem die Hinterzimmer der Wohnung des Staatssekretärs liegen, war möglich weiträumig zu gestalten und als Gesamtanlage zu behandeln, die in angemessene Verbindung mit der Wohnung treten konnte."[19]

Den Zuschlag und ein Preisgeld von 5.000 Mark erhielt schließlich das Architektenbüro Reinhardt & Süssenguth,[20] deren Entwurf „Suum cuique" („Jedem das Seine") sich durch „große Klarheit und Durchsichtigkeit" auszeichnete: er sei „mit so großer Sparsamkeit disponiert, daß 547 qm des bebaubaren Raumes für eine spätere Erweiterung übrig bleiben. Führung und Belichtung der Korridore seien tadellos, die Ausbildung des Vestibüles und Haupt-Treppenhauses von großer Wirkung. Die Höfe gewährleisteten durch ihre Größe und ihre geschickte Benutzung der benachbarten Gärten eine gute Belichtung der Bureau-Räume, selbst wenn die Nachbar-Grundstücke in späterer Zeit einmal bis an ihre Grenze bebaut würden. Sowohl die Anordnung der Diensträume der einzelnen Gruppen des Hauses als auch die der Dienstwohnung des Staatssekretärs sei sehr zweckmäßig, während in der Wohnung des Chefs des Marine-Kabinetts Manches verbesserungsbedürftig sei. Die Architektur stehe nicht auf der Höhe des Grundrisses. Der Wechsel des Maßstabes zwischen den Flügeln und dem Mittelbau wirke unharmonisch, doch sei durch das Zusammenlegen je zweier Fenster zu einem System ein monumentaler Charakter erreicht. Gut wirke die einheitliche Dachform, gut die Fassade in der Bendler-Straße."[21]

---

19 Deutsche Bauzeitung, XLIV. Jahrgang, No. 95, Berlin, den 26. November 1910, Beilage für Wettbewerbe, S. 773 ff.

20 Heinrich Reinhardt (1868–1947) eröffnete mit Georg Süßenguth (1862–1947) im Jahr 1894 das gemeinsame Architektenbüro Reinhardt & Süßenguth, das viele prestigeträchtige Aufträge realisierte, so zum Beispiel unter anderem die Rathäuser in den Berliner Stadtteilen Charlottenburg, Spandau, Treptow und Steglitz.

21 Deutsche Bauzeitung, S. 776 f.

Fassadenansicht des neuen Gebäudes des RMA in der Bendlerstraße 14, 1914

Quelle: BArch, RM2/2031-K

Den zweiten, mit 3.000 Mark dotierten Platz bekam die Architektengemeinschaft Schmieden & Boethke, deren Entwurf „Panzer und Schwert" zusammen mit dem Entwurf von Kayser & Groszheim im November 1910 unter anderem in der *Deutschen Bauzeitung* vorgestellt wurde.

Schon 1913 konnte das Gebäude von einigen Marine-Dienststellen teilbezogen werden. Zur Fertigstellung des Baus im Jahr 1914 wurden Funktion und Form des neuen Bürokomplexes in den *Mitteilungen des Vereins für die Geschichte Berlin* ausführlich besprochen.

„Das neue Dienstgebäude der obersten Marinebehörden

Die Frage der Unterbringung der obersten Marinebehörden, die in der Reichshauptstadt ihren Sitz haben, Reichs-Marine-Amt, Admiralstab der Marine und Marine-Kabinett, ist mit der Schaffung des prächtigen Neubaues in der Königin-Augustastraße, zwischen Bendler- und Hildebrandtstraße, in erfreulicher Weise gelöst wurden. Damit sind eine Menge von Unzuträglichkeiten beseitigt worden, die die bisherige räumliche Trennung der einzelnen Behörden im gegenseitigen Dienstverkehr mit sich brachte. Vornehmlich beim Reichs-Marine-Amt machte sich die Zersplitterung der einzelnen, in verschiedenen Mietwohnungen untergebrachten Ressorts für den Dienstbetrieb fühlbar. Das stete Wachsen der Marine und damit der obersten Verwaltungsbehörde, für die sich das alte Stammhaus am Leipziger Platz 13 schon seit langem als zu klein erwies, machte das hinzumieten verschiedener weiterer Bureauräume erforderlich. Die Frage nach einem der Bedeutung unserer Marine gerecht werdenden Dienstgebäude wurde schließlich brennend. Ein Plan zu einem Neubau in der Prinz Albrechtstraße mußte fallen gelassen werden; ebensowenig glückte es, das Projekt in der Bellevuestraße zu verwirklichen, das neben dem Vorzug der guten Lage den Nachteil hoher Kosten und mangelnder Erweiterungsfähigkeit besaß. Der Plan eines Dienstgebäudes am Königsplatz schien nicht aussichtslos, da brachten die Erweiterungsabsichten des Hauses A. Wertheim eine für die Marine günstige Lösung. Das alte Haus am Leipziger Platz fiel dem Expansionsgelüst Wertheims zum Opfer, und der Betrieb siedelt demnächst nach dem schönen Neubau am Landwehrkanal über. So war beiden Teilen geholfen. Ob es in absehbarer Zeit für seinen Zweck ausreichen wird, muß die Zeit lehren. Von dem Gesichtspunkt aus, daß die Entwicklung unserer Marine heute noch nicht als abgeschlossen gelten kann, erscheint die Frage nicht uninteressant, ob das neue Mutterhaus alle seine Küchlein auf die Dauer unter seinen Flügeln wird bergen können, wenn man berücksichtigt, daß der Bau neben den genannten drei Behörden noch die Dienstwohnungen des Staatssekretärs des Reichs-Marine-Amts, des Chefs des Marine-Kabinetts und mehrere Beamtenwohnungen enthält. Nun, diese spätere Sorge soll uns heut wenig kümmern, da unsere Reichshauptstadt um ein gediegenes Dienstgebäude bereichert worden ist, das trotz äußerer Vornehmheit den schlichten Charakter staatlicher Nutzbauten nicht verleugnet, als Merkmal hingebender Arbeit, die in seinen Mauern geleistet werden soll. Die Lage des Hauses am Kanal mit der prächtigen Einfassung alter Kastanienbäume und dem regen Schiffsbetrieb kann als passender Rahmen gelten für einen Bau, der den Zwecken der Marine dient. Zu seiner Länge von 90 m dehnt er sich am Kanalufer aus, mit einem vorspringenden, 20 m langen Mittelrisalit, den ein klassischer Giebel wirkungsvoll krönt. Darüber das schiefergraue wuchtige Walmdach, das in der Mitte eine runde Plattform mit Flaggenstange trägt. Die Hauptfassade am Kanal ist klassizistisch gehalten und in grauem Kirchheimer Muschelkalk ausgeführt. Im Mittelrisalit deuten hohe, zwei Stockwerke überschneidende Fenster die Repräsentationsräume des Staatssekretärs an, denen sich seine Dienstwohnung angliedert. Besagte Fenster enthalten in ihrer Verglasung Darstellungen aus der deutschen Marinegeschichte. Im übrigen versagt sich Fiskus weitere bildnerische Ausschmückung. Nur eine Kartusche mit dem Kaiserlichen W und der Krone deuten auf den Allerhöchsten Chef der Marine und die Entstehungszeit. Trägt somit das Äußere des Gebäudes der Bedeutung unserer Marine Rechnung, so zeigt sich der eigentliche Zweck des Hauses in den zahlreichen Seitenflügeln und Quergebäuden, die für etwa 900 Personen Arbeitsraum gewähren. Ist doch für jeden Offizier sowie jeden höheren und mittleren Beamten ein gesonderter Dienstraum vorgesehen. Die Ausstattung begreift modernen Anforderungen gemäß Dampfheizungen, Telephon, Rohrpost und elektrische Beleuchtung in sich, wie es auch im Gebäude an Fahrstühlen nicht fehlt. Es wird eine Lust sein, hier in dem Bau, mit dem die Firma Reinhardt & Süßenguth eine schöne Probe ihres Könnens abgelegt hat, zu schaffen und zu wirken. Möge wie in den alten Arbeitsstätten so auch im neuen Hause treue Pflichterfüllung und Hingabe an die große Aufgabe der Wehrhaftmachung und Erhaltung unserer zu so glänzender Entwicklung gelangten Marine sich betätigen! […]"[22]

22 Mitteilungen des Vereins für die Geschichte Berlin, No. 1, 1914, S. 3 ff.

Das neue RMA besaß etwa 900 Diensträume (davon wurden 660 vom Reichsmarineamt, 117 dem Admiralstab und 18 dem Marinekabinett belegt) und beherbergte neben den Geschäftsräumen unter anderem auch eine Bücherei, mehrere Archive, eine Druckerei, Modell- und Zeichensäle, Anlagen zur Herstellung von Seekarten, eine Kasse und die Lichtbildnerei. Darüber hinaus waren im Gebäude auch 30 Wohnungen für den Staatssekretär und andere höhere und höchste Beamte untergebracht, die sich mit den anderen Räumen um 25 Lichthöfe und Höfe, davon neun größere, gruppierten. Für den Bau veranschlagt waren 5,4 Millionen Mark: tatsächlich betrugen die Baukosten einschließlich der Ausstattung, des Umzugs und der Miete für die bis dahin benutzten Gebäude laut Etat rund 6,5 Millionen Mark.[23]

„Der Neubau eines Dienstgebäudes für die obersten Marinebehörden in Berlin.

Bisher waren Reichs-Marine-Amt, Admiralstab und Marine-Kabinett in zehn Gebäuden in der Reichshauptstadt getrennt, teilweise zur Miete untergebracht. Jetzt ist für die obersten Marinebehörden ein ihrer Bedeutung entsprechender, würdiger Neubau geschaffen. Das neue Dienstgebäude ist auf einem rund 20360 qm großen Grundstück, an der Königin-Augusta-Straße 38–42 eine Front von 91,14 m, an der Bendlerstraße 14 von 24,40 m, errichtet. Von den 10876 qm nutzbarer Fläche sind etwa 10500 qm bebaut. Der Bau ist durchweg fünfgeschossig mit einer Durchschnittshöhe von rund 20 m ausgeführt. Es gruppiert sich um 25 Höfe oder Lichthöfe, die durch zwei Einfahrten von der Königin-Augusta-Straße und eine von der Bendlerstraße zu erreichen sind. In dem Bauteil Bendlerstraße befinden sich die Geschäftsräume des Marine-Kabinetts, über denen die Dienstwohnungen des Chefs und des Bureauvorstehers dieser Behörde liegen. Der östliche Bauteil an der Königin-Augusta-Straße wird zum größten Teil von den Diensträumen des Admiralstabes eingenommen, der Hauptteil des Baues ist für das Reichs-Marineamt bestimmt. In einem großen Teil des Untergeschosses sind Dienstwohnungen für die Unterbeamten und Ordonnanz angeordnet. Im Erdgeschoß liegen die Wohnungen für den Bureaudirektor des Reichs-Marineamts, für die Adjutanten des Staatssekretärs und des Chefs des Admiralstabes, sowie für den Hausinspektor. Im ersten Obergeschoß befindet sich der große Sitzungs- und Festsaal, an den sich die

23 Zentralblatt der Bauverwaltung, Herausgegeben im Ministerium der öffentlichen Arbeiten, Nr. 55, 34. Jahrgang, Berlin, 11. Juli 1914, S. 405 ff.

Wohnung des Staatssekretärs anschließt. Durch eine besondere Treppe ist diese mit einem geräumigen Garten verbunden. Die Geschäftsräume enthalten die dreifenstrigen Zimmer für die Departementsdirektoren und Abteilungschefs, die zweifenstrigen für die Dezernenten und einzelne ältere Geheime Expedienten sowie die einfenstrigen für die jüngeren Geheimen Expedienten. Größere Räume sind für die Registraturen bestimmt. Außerdem befinden sich in dem Gebäude eine dreigeschossige Bücherei, nach Lipmanns Bauart, die etwa 230 000 Bände aufzunehmen vermag, Zeichen- und Modellsäle, Aktenräume, eine Kasse mit Wertgelaß, sowie Lichtbildanstalten und Druckereien für das Reichs-Marineamt und den Admiralstab, die es diesen Behörden ermöglichen, ihre geheimen Drucksachen, Pläne und Karten im eigenen Betrieb herzustellen. Die Heizkammern liegen in einem Tiefkeller unter der Bücherei, die dazu gehörigen Kohlenkeller unter den anstoßenden Höfen. Mit allen Mitteln hat das Reichs-Marineamt darauf hingearbeitet, daß die Fassaden in einfachen, vornehmen Formen unter möglichster Vermeidung von überflüssigem Schmuck errichtet wurden. Als Werkstein für beide Fronten wurde Kirchheimer Muschelkalk verwendet. Die Höfe sind mit hydraulischem Mörtel geputzt. In dem großen Gartenhof wurde Terranova-Verputz gewählt, während einige Architekturteile im schlesischem Sandstein ausgeführt wurden. Alle Dächer sind mit grauen holländischen Pfannen gedeckt. Die Trennwände zwischen den tragenden Mauern sind freitragend gespannt. Die Decken sind durchweg massiv. Auch die Treppen, mit Ausnahme der dem inneren Verkehr der Wohnung dienenden, die in Holz ausgeführt sind, und der eisernen Dachtreppen, sind massiv, Die wichtigeren haben Belag aus geschliffenen Kalkstein oder Edelfels erhalten oder sind in Kunststein hergestellt. Elf Personenaufzüge, zum größten Teil in Mauerschächten, dienen weiter dem Verkehr. Ein umfangreiches Fernsprechnetz mit Rückfrageeinrichtung verbindet die Geschäftsräume untereinander und mit der Außenwelt. Die Teilnehmer können die Postverbindungen entweder durch die Hauptfernsprechstelle im Hause oder unmittelbar durch das Amt herstellen. Auch sind unmittelbare Anschlüsse an Rohrpost und Telegraphie vorhanden. --
Für die Reinigung sind eine umfangreiche Staubsauganlage sowie einige Müllschlucker angeordnet. Zehn Kessel erwärmen das Wasser, das durch vier elektrisch betriebene Pumpen von einer Stelle durch das ganze Gebäude getrieben wird.

Man betritt das Gebäude durch den Mittelbau an der Königin-Augusta-Straße. Die eichenen Türen sind mit Marineabzeichen geschmückt. Die Vorhalle, vor der eine Vorfahrt liegt, zeigt eine schlichte Architektur in Muschelkalk. Fein geschmiedete Beleuchtungskörper und Gitter schmücken den Raum. Zwischen den Pförtnerstuben steigen drei breite Treppen zum Erdgeschoß empor, die zu der bis zum dritten Obergeschoß durchgehenden Haupthalle führen. Pfeiler und Säulen aus polierten Muschelkalk mit Bronzeringen tragen die Umgänge, Wände und Decken sind mit einfacher ornamentaler Malerei versehen. Deckenschalen und Laternen aus Bronze dienen zur Beleuchtung. Bei Tage fällt das Licht durch ein Bronzeoberlicht ein, das mit einfach gemusterten Drahtglas verglast ist. Die Beleuchtungskörper im ersten Obergeschoß, das bei Festtlichkeiten mit benutzt werden soll, und die große Mittellaterne sind reicher ausgeführt. Die von der Haupthalle ausgehende Haupttreppe ist gleichfalls in Muschelkalk ausgeführt. Sie vermittelt in der Hauptsache den Verkehr mit den beiden Sitzungssälen und dem Arbeitszimmer sowie den Festräumen des Staatssekretärs. Einen besonderen Schmuck hat sie in reichen gemalten Glasfenstern erhalten, die Darstellungen aus der deutschen Seegeschichte früherer Jahrhunderte zeigen. Der große Sitzungssaal, der an der Hauptfront liegt und durch zwei Geschosse reicht, erhält Stoffbespannung zwischen Pfeilern aus gelbem Marmor. An der Ausführung der Festräume wurden Firmen aus Berlin, Dresden und München beteiligt. An die Festräume schließt sich die Dienstwohnung des Staatssekretärs an. Zu beiden Seiten der Haupttreppe gehen die mit Korklinoleum belegten Flure nach den Geschäftsräumen ab. Die Flurwände sind in ihren unteren Teilen in Käsefarben gestrichen und zwar in jedem Geschoß in anderer Farbe zur Erleichterung der Übersicht. Die Treppenhäuser, die zwischen den sich durch die ganze Tiefe des Gebäudes erstreckenden Hauptfluren liegen, sind mit einfacher Malerei versehen. Die Geschäftsräume sind tapeziert und mit Linoleum belegt. Nur in den Zimmern der Departementsdirektoren und Abteilungschefs ist Stabfußboden ausgeführt und die der ersteren weisen einfache Wandvertäfelung auf. Die Gründungsarbeiten begannen im Juli 1911 und wurden gleichzeitig mit den Abbruchsarbeiten, die erst Ende November beendet werden konnten, fortgeführt."[24]

24 Zentralblatt der Bauverwaltung, S. 405 ff.

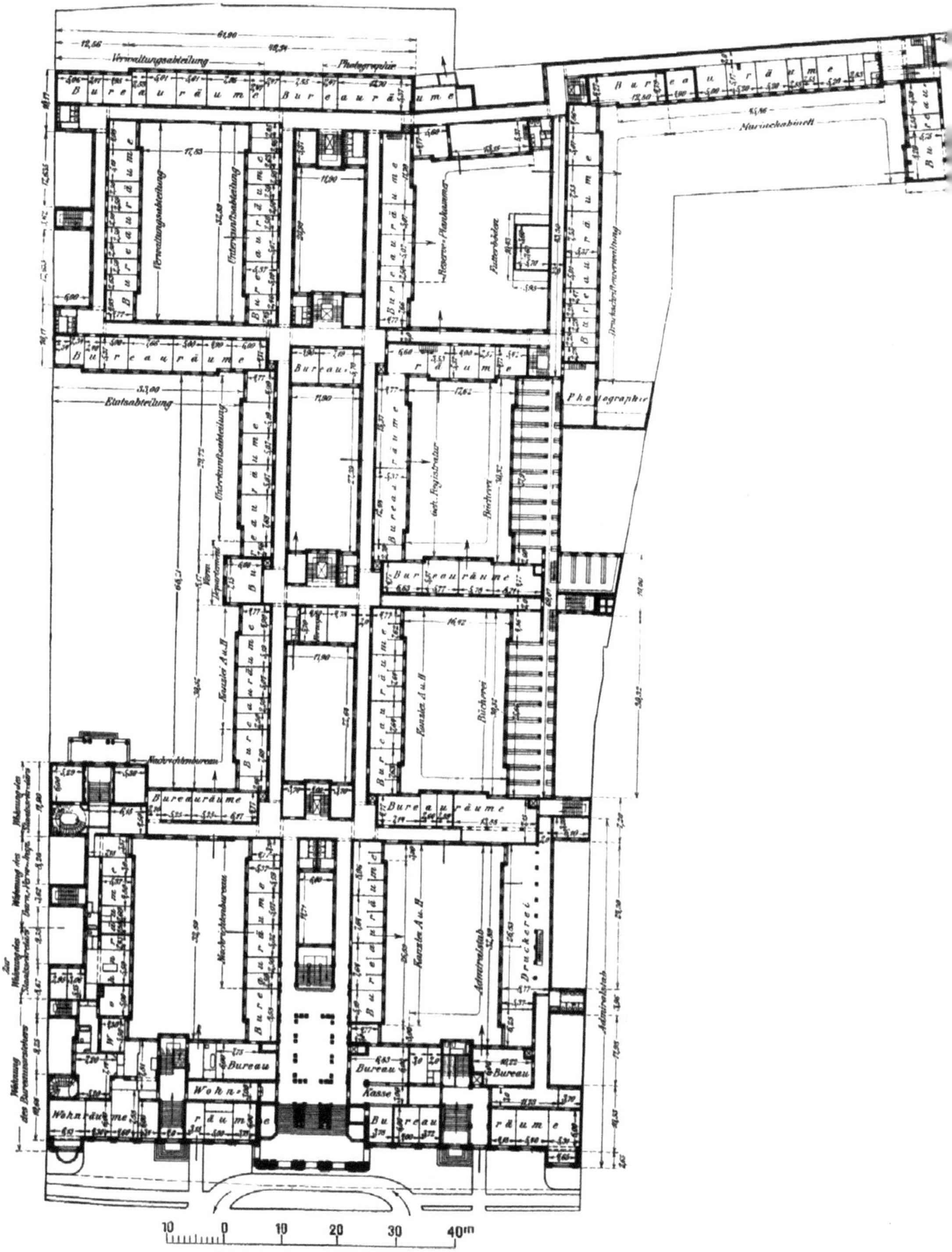

Abb. 10. Erdgeschoß.

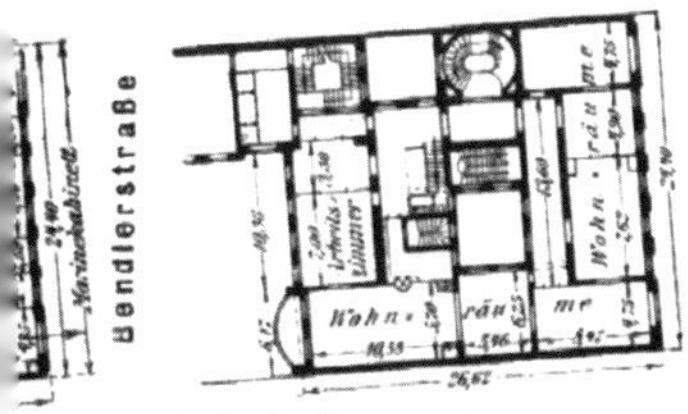

Abb. 9. Erstes Obergeschoß vom Hause in der Bendlerstraße.

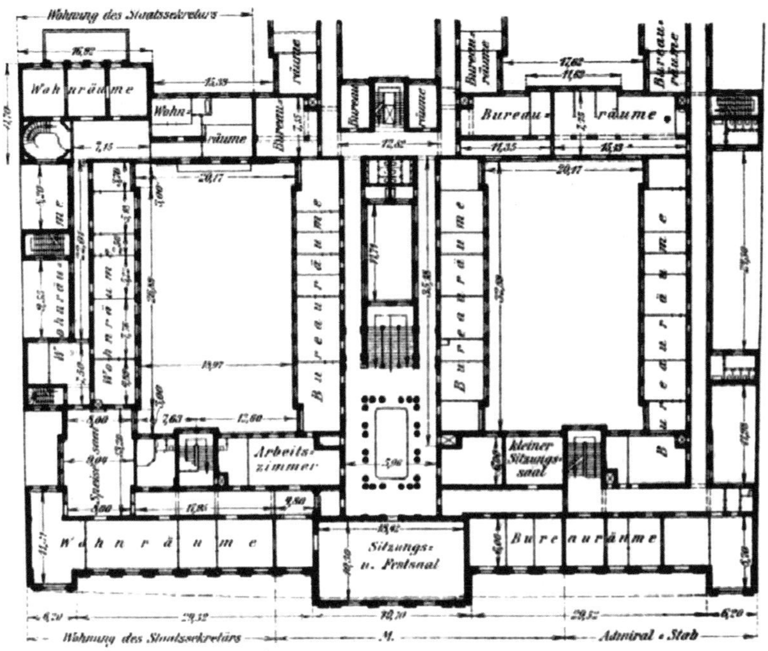

Abb. 5. Erstes Obergeschoß.

Skizzen des Erdgeschosses und des Ersten Obergeschosses (heute 2. Etage) des neuen Reichsmarineamts aus dem Zentralblatt der Bauverwaltung vom Juli 1914

Quelle: Zentralverwaltung der Bauverwaltung, Herausgegeben im Ministerium der öffentlichen Arbeiten, Nr. 55, 34. Jahrgang, Berlin, 11. Juli 1914

Haupteingang des neu errichteten Reichsmarineamts an der Königin-Augusta-Straße, 1914/15

Quelle: Zentralverwaltung der Bauverwaltung, Herausgegeben im Ministerium der öffentlichen Arbeiten, Nr. 55, 34. Jahrgang, Berlin, 11. Juli 1914

In den Jahren 1914 und 1915 zeigten die Ausgaben der *Berliner Architekturwelt* und der *Deutschen Bauverwaltung* Bilder der Vorderfront des riesigen Eingangsportals in der Königin-Augusta-Straße 38–42, der Eingangshalle sowie verschiedene dekorative Elemente im Außenbereich.[25] Das Verwaltungsgebäude erstreckte sich mit fast 180 Metern Grundstückstiefe nun auf fast der gesamten Blockinnenfläche zwischen Königin-Augusta-Straße und Bendlerstraße.

25 Ebenda und Berliner Architekturwelt, Zeitschrift für Baukunst, Malerei, Plastik und Kunstgewerbe der Gegenwart, Siebzehnter Jahrgang, 1915, Heft 4, S. 145–149.

Treppe im Hauptgebäude des Reichsmarineamts

Quelle: Zentralverwaltung der Bauverwaltung, Herausgegeben im Ministerium der öffentlichen Arbeiten, Nr. 55, 34. Jahrgang, Berlin, 11. Juli 1914

Teil der Halle im ersten und zweiten Stock im Hauptgebäude des Reichsmarineamts

Quelle (beide Abbildungen): Zentralverwaltung der Bauverwaltung, Herausgegeben im Ministerium der öffentlichen Arbeiten, Nr. 55, 34. Jahrgang, Berlin, 11. Juli 1914

Für den fünfstöckigen, über einen Zwischenflügel an das Hauptverwaltungsgebäude angebundenen Nebentrakt in der Bendlerstraße 14 war ein dreistöckiges Wohnhaus abgerissen wurden. Das Landesdenkmalamt Berlin charakterisiert das bis heute nur unwesentlich veränderte Äußere des Baus: „Anders als die Hauptfassade des Reichsmarineamts mit ihrem monumentalen Anspruch besitzt die Fassade des Marinekabinetts in der Stauffenbergstraße 14 den Charakter eines gediegenen Geschäftshauses. Unter einem steilen Mansarddach entfaltet sich eine vornehme, durch breite Wandvorlagen gegliederte Fassade. In den Mittelachsen wird das Motiv der dorischen Pilaster zitiert, sodass eine feinsinnige Beziehung zum Hauptgebäude besteht."[26]

Die massive Aufrüstung der kaiserlichen Hochseeflotte, die lange Zeit von Kaiser Wilhelm II. und Großadmiral Tirpitz betrieben wurde, hatte entsprechend ihrer gewachsenen Bedeutung im Reich ein adäquat eingerichtetes neues Hauptquartier bekommen. Tatsächlich konnten wohl weder der Kaiser noch die obersten Marinebehörden Anfang 1914 ahnen, dass der Komplex für mehrere Hunderte Mitarbeiter nur für kurze Zeit seiner eigentlichen Bestimmung dienen sollte.

Gewisse Animositäten gegenüber dem Ausland und insbesondere dem Nachbarland Frankreich schlugen sich schon bei den Planungen zur Ausstattung der repräsentativen Räume des RMA im Jahr 1913 nieder. Für die „Herrichtung der Decken und Wände der Repräsentationsräume des Chefs des Marine-Kabinetts" in der Bendlerstraße standen rund 20.569 Mark zur Verfügung und für die Ausstattung dieser Räume mit Möbeln zusätzlich noch einmal rund 15.000 Mark.[27] Auf Wunsch des Chefs des Marinekabinetts, Admiral von Müller, wurden nur die zwei Firmen Flatow & Priemer und Hans Stobwasser zur Abgabe eines Angebots aufgefordert. Obwohl Bedenken der Neubauverwaltung des RMA bestanden, dass Stobwasser sich nur auf die Lieferung künstlerischer Wohnungseinrichtungen beschränkte, also „fertige Möbelstücke usw. im Auslande beschafft oder in inländischen Künstlerwerkstätten herstellen lässt, selbst aber keine eigene Fabrikation von Möbeln unterhält", wurde dem Wunsch von Müller entsprochen und der Zuschlag ging an Hans Stobwasser. Schon im Juli 1912 war im Etatentwurf für das Jahr 1913 noch folgende zusätzliche Bemerkung aufgenommen

26 Siehe: www.denkmaldatenbank.berlin.de (Aufruf am 28. August 2023).

27 BArch, RM 23/179, Blatt 39, Schreiben der Neubauverwaltung Reichs-Marine-Amt an den Staatssekretär des Reichs-Marine-Amts vom 17. April 1913.

worden: „'Den Stationschefs wird für die Repräsentationsräume ihrer Dienstwohnung eine Geräteausstattung sowie fiskalisches Tafel- und Küchengerät unentgeltlich zur Benutzung überwiesen' ist dahin zu erweitern, dass diese Gebührnis auch für den Chef des Marine-Kabinetts zuständig ist."[28]

Auch die „Repräsentationsräume des Staatssekretärs im neuen Dienstgebäude" in der Königin-Augusta-Straße sollten standesgemäß ausgestattet werden. Für die veranschlagte Summe von rund 95.000 Mark konkurrierten sechs Wettbewerbsteilnehmer um den Zuschlag zur Inneneinrichtung eines großen und kleinen Salons, des Speisesaals sowie des Arbeits-, Empfangs-, Raucher- und Damenzimmer.[29]

Gegenüber dem Gesamthaushalt der Marine von knapp 461 Millionen Mark im fiskalischen Jahr 1912/13 war diese Zahl allerdings geringfügig. Der letzte deutsche Friedenshaushalt im Jahr 1914/1915 betrug knapp 457 Millionen Mark, davon waren für das RMA und das Marinekabinett 2,5 Millionen Mark und den Admiralstab 330.000 Mark veranschlagt.[30]

Mit Ausbruch des Ersten Weltkrieges im August 1914 wurde die Kaiserliche Marine aus ihrer Friedensstärke von fast 80.000 Mann mobilisiert. Die deutsche Hochseeflotte bewirkte als modernes und hochtechnisiertes Kriegsinstrument keine strategische Entscheidung. Die Marineleitung ging davon aus, dass die britische Flotte in der Deutschen Bucht eine entscheidende Schlacht forcieren würde. Die Briten vermieden jedoch eine Entscheidungsschlacht vor den deutschen Küsten und konzentrierten sich auf die Errichtung und Aufrechterhaltung einer großräumigen Fernblockade der Nordsee, die Deutschland vom Welthandel abschnitt. Im Rahmen des Handelskrieges gegen die britische Flotte erwies sich das U-Boot überraschend als ein sehr wirksames Seekriegsmittel – bis Ende 1916 hatten etwa 70 in See stehende deutsche U-Boote monatlich 150 bis 180 Schiffe versenkt.[31]

---

28 BArch, RM 23/179, Blatt 42, Verfügung vom 19. Juli 1912.

29 BArch, RM 23/179, Blatt 24 ff, Gutachten der Neubauverwaltung vom Dezember 1912.

30 Vgl.: Militärgeschichtliches Forschungsamt (Hrsg.), Handbuch, S. 266 f.

31 Militärgeschichtliches Forschungsamt (Hrsg.), Handbuch, S. 313.

Auch zivile Passagier- und Handelsschiffe waren immer wieder Ziel von Angriffen deutscher U-Boote. Im Mai 1915 versenkte das U-Boot U 20 den englischen Passagierdampfer RMS Lusitania, unter den 1.198 Opfern befanden sich über 120 US-amerikanische Staatsbürgerinnen und Staatsbürger. Die Folge war eine Verschlechterung der diplomatischen Beziehungen zwischen den USA und dem Deutschen Reich. Reichskanzler Theobald von Bethmann Hollweg setzte daraufhin im Herbst 1915 gegen die Marineführung durch, dass der U-Boot-Krieg künftig nur nach Prisenordnung geführt werden dürfe, ein Schiff also vor der Versenkung gewarnt und Passagieren und Mannschaften Gelegenheit zur Rettung gegeben werden sollte. Daraufhin wurde der U-Boot-Krieg tatsächlich eingeschränkt, in den Gewässern um England und im Kanal sogar eingestellt.[32]

Die Frage des eingeschränkten oder uneingeschränkten U-Bootkrieges wurde in Deutschland zentraler Streitpunkt zwischen jenen Kräften, die auf einen „Siegfrieden" setzten und jenen, die nach einem Verhandlungsfrieden strebten: Als seit Sommer 1916 sichtbar wurde, dass eine Kriegsentscheidung zu Lande nicht mehr herbeigeführt werden konnte, nahm die Agitation für den uneingeschränkten U-Boot-Krieg noch einmal erheblich zu.[33]

Schon seit Beginn des Krieges hatte die Marineführung argumentiert, der uneingeschränkte – also gegen Kriegs- und Handelsschiffe gerichtete – U-Boot-Krieg sei militärisch notwendig und eine moralisch legitime Gegenmaßnahme gegen die Nordseeblockade Großbritanniens. Im Januar 1917 setzten sich diese militärischen Kräfte – getragen von der politisch Rechten, der Rüstungsindustrie und weiten Teilen der Bevölkerung, die sich davon ein schnelleres Ende des Krieges erhoffte – schließlich durch und ein Kronrat unter Vorsitz des Kaisers beschloss die Eröffnung des uneingeschränkten U-Boot-Krieges für den 1. Februar. Zwei Tage nach Beginn des uneingeschränkten U-Boot-Krieges brachen die USA die diplomatischen Beziehungen ab und erklärten am 6. April 1917 dem Deutschen Reich den Krieg.[34] Damit weitete sich der europäische Krieg zu einem Weltkrieg aus.

---

32 Ullrich, Großmacht, S. 509.
33 Herbert, Geschichte, S. 147.
34 Ullrich, Großmacht, S. 513.

Großadmiral von Tirpitz (rechts) und sein späterer Nachfolger als Staatssekretär des Reichsmarineamts Eduard von Capelle beim Verlassen des RMA, 1916

Quelle: bpk / Gebrüder Haeckel

Staatssekretär Alfred von Tirpitz in seinem Arbeitszimmer vermutlich im Reichsmarineamt, ohne Datum

Quelle: bpk

Die Beamten im RMA plagten in den letzten Monaten vor Kriegsende neben den militärischen Erfolgs- und Misserfolgsmeldungen auch räumliche Sorgen. Schon während der Beziehung des neuen Gebäudes wurde nach Durchsicht der Belegungspläne in einer Bekanntmachung aus dem Januar 1914 um die Freihaltung einer genügenden Zahl von Reserve-Zimmern gebeten, weil „die vorhandenen Hausdiener und Hilfshausdiener zur Reinigung der Diensträume nicht ausreichen.“[35]

35 BArch, RM 23/173, Blatt 1, Bekanntmachung M. I. 65. des Staatssekretärs des Reichs-Marine-Amts vom 6. Januar 1914.

Für die neu gegründete Kriegswissenschaftliche Abteilung war in der Bendlerstraße 16 notdürftig eine Etage angemietet worden, sie sollte aber auf absehbare Zeit ins Hauptgebäude verlegt werden.[36] In der Königin-Augusta-Straße 43 – in einem Wohnhaus direkt neben dem Hauptgebäude des RMA – waren seit Februar 1918 im zweiten Stock zwei Neun-Zimmer-Wohnungen „zu Geschäftszimmerzwecken"[37] beschlagnahmt worden. Diese Beschlagnahmungen wurden erst im Juli 1919 beendet.

Anfang 1918 gab es konkrete Pläne, die Gärten der Grundstücke Bendlerstraße 18, 19 und 20 zu requirieren und ein neues Druckereigebäude für den Admiralstab zu errichten.

Angedacht war „ein moderner Industriebau mit breiten, hohen Fenstern und durchgehenden Arbeitssälen" mit „Sockel- und Dachgeschoss"[38] sowie drei Hauptstockwerke. Als Raumbedarf für jedes Geschoss wurden je über 600 qm angegeben. Dort sollten im Einzelnen u. a. Maschinen- und Haussetzerei, Buchdruckerei sowie „Kartolithographie und Ätzerei" untergebracht werden, in den bisherigen Druckereiräumen sollten dann die Buchbinderei und die Photographische Anstalt verbleiben. „Dieser Raumbedarf liegt nicht nur für die Dauer des Krieges vor, sondern bleibt für den Frieden, um die gewonnenen Erfahrungen zu erhalten, er ist bedingt durch die Kriegsnotwendigkeiten."[39]

Im Juni 1918 kamen die Marinebehörden zu der Schlussfolgerung, dass die in nächster Zeit zu erwartenden Forderungen nach Zimmern sich bei der jetzigen Belegung des Hauses nicht mehr erfüllen ließen, es sollten neue Diensträume außerhalb des Hauses möglichst in Anschluß an das RMA gefunden werden. Einen Monat später wurde die „jetzige Unterbringung einzelner Betriebszweige der Druckerei" als unhaltbarer Zustand beschrieben, der mit der militärischen Sicherheit und Notwendigkeit der strikten Geheimhaltung der Arbeiten längst nicht mehr vereinbar sei. Die Kartolithographie sei notgedrungen im III. Stock des Hauses Bendlerstraße untergebracht worden, auch die Setzerei müsse in drei Schichten arbeiten, „wobei für Abend- und Nachtschicht hohe Überstundenlöhne gezahlt werden müssen."[40]

36 BArch, RM 23/176, Blatt 133, Schreiben des Chefs des Admiralstabes der Marine vom 6. Oktober 1918.
37 BArch, RM 23/173, Blatt 196, Beglaubigte Abschrift der Leistungsbescheinigung vom 8. Januar 1919.
38 BArch, RM 23/176, Blatt 26 ff., Schreiben des Chefs des Admiralstabes der Marine an den Staatssekretär des Reichs-Marine-Amts vom 31. Januar 1918.
39 Ebenda.
40 BArch, RM 23/176, Blatt 107, Schreiben des Chefs des Admiralstabes der Marine an den Staatssekretär des Reichs-Marine-Amts vom 10. Juli 1918.

Noch im Oktober 1918 wandte sich der Chef des Admiralstabes der Marine erneut wegen des Raumbedarfs zur Unterbringung der Druckerei des Admiralstabes an den Staatssekretär des RMA. Die Pläne für einen Neubau waren offensichtlich verworfen worden, als geeignetere Unterbringung wurde nun das Hintergrundstück der Bendlerstraße 12/13 vorgeschlagen, ein Stall- und Reithallengebäude im Besitz der Neuen Tiergarten Tattersall Aktien-Gesellschaft. Die weiten Räume seien für Maschinenbetriebszwecke wie geschaffen und es gäbe unverhältnismäßig wenig Kosten durch Umbauten. „Die Vordergebäude sind schon seit dem Februar d(es) J(ahres) für den Admiralstab ermietet und dienen Bürozwecken."[41]

Das Gebäude solle baldmöglichst für den Admiralstab der Marine erworben werden. Die Tattersall-AG stand gleichzeitig ihrerseits wegen einem Verkauf des Grundstückes in Verbindung mit einem Consortium, „das dem Erwerb namentlich nähertritt, um das auf unseren Grundstücken befindliche Tattersall-Gebäude zu einem Filmaufnahme-Atelier grösseren Stils umzubauen."[42] Mitte Oktober 1918 bot sie deshalb dem RMA die Überlassung der Grundstücke zu einem Preis von 2,85 Millionen Mark an. „Dass wir selbst bei einem Verkauf dem Reichs-Marine-Amt den Vorzug vor dem oben erwähnten Consortium geben, bedarf keiner Begründung."[43]

Alle Pläne für eine räumliche Vergrößerung des RMA wurden jedoch durch die militärische Entwicklung beendet. Als die dritte Oberste Heeresleitung (OHL) Ende August 1918 das erste Mal über die unmittelbar bevorstehende Niederlage der Mittelmächte informierte, herrschte bei den führenden Reichstagspolitikern und in der Bevölkerung blankes Entsetzen und Fassungslosigkeit.[44] Ende September forderten Erich Ludendorff und Paul von Hindenburg von der Regierung den Abschluss eines Waffenstillstands und die Anbahnung von Friedensverhandlungen.[45]

Unter dem Eindruck der nahenden Niederlage erteilte die Seekriegsleitung der Hochseeflotte Ende Oktober 1918 den Auslaufbefehl, um die britische Flotte durch einen Angriff auf die Themsemündung und die flandrische Küste zu einem „Endkampf" zu zwingen.[46] Die Ausführung

41 BArch, RM 23/176, Blatt 133, Schreiben des Chefs des Admiralstabes der Marine an den Staatssekretär des Reichs-Marine-Amts vom 6. Oktober 1918.
42 BArch, RM 23/176, Blatt 137, Schreiben der Neuen Tiergarten-Tattersall-Aktiengesellschaft an das Reichs-Marine-Amt vom 11. Oktober 1918.
43 Ebenda.
44 Herbert, Geschichte, S. 162.
45 Ebenda, S. 165.
46 Ebenda, S. 168.

dieses Befehls verhinderten die Mannschaften einiger Schiffe in Wilhelmshaven, mehr als 1.000 Meuternde wurden verhaftet. Zur Wiederherstellung der Disziplin in der Flotte wurde diese räumlich auseinandergezogen: fünf Großkampfschiffe begaben sich am 31. Oktober in den Heimathafen des Geschwaders nach Kiel – an Bord befanden sich mehr als 5.000 Mann Besatzung, darunter auch 47 als Rädelsführer festgenommene Matrosen.[47] Der am 3. November zur Marinearrestanstalt ziehende und deren Freilassung fordernde Demonstrationszug von Matrosen und Werftarbeitern wurde von einer Militärpatrouille beschossen.[48] Daraufhin brachten die Soldaten die Stadt Kiel unter ihre Kontrolle und errichteten einen Arbeiter- und Soldatenrat. Abordnungen dieses Rates trugen die Revolution in den folgenden Novembertagen in alle größeren deutschen Städte.

Am 9. November 1918 erfolgte mit dem Thronverzicht des Kaisers und der Ausrufung der Republik das Ende der konstitutionellen Monarchie im Deutschen Reich. Der Journalist Theodor Wolff vermerkte in seinem Tagebuch für den 9. November 1918 vormittags: „Morgens erzählt mir mein Barbier, daß der Ausgang unserer Hohenzollernstraße zur Königin-Augusta-Straße, die Brücke davor, ebenso die Bendlerstraßen-Ecke, d. Bendlerbrücke u. d. Herkulesbrücke mit Maschinengewehren und Soldaten besetzt sind. Das Reichsmarineamt soll damit besetzt werden. Sehr unerfreuliche Meldung, der aus der Schule kommenden Kinder wegen."[49]

Eine provisorische Revolutionsregierung, der „Rat der Volksbeauftragten", wurde am 10. November 1918 von dem konstituierten Vollzugsrat des Arbeiter- und Soldatenrates Groß-Berlin bestätigt. Der SPD-Vorsitzende Friedrich Ebert hatte darin den Vorsitz und verständigte sich noch am selben Tag mit dem Nachfolger Ludendorffs als erster Generalquartiermeister des Heeres, General Wilhelm Groener, über die wechselseitige Unterstützung zur Wiederherstellung geordneter Verhältnisse. Er konnte die Oberste Heeresleitung zur Anerkennung der neuen Regierung bewegen und sicherte im Gegenzug der OHL ihre Anerkennung als oberste militärische Befehlsinstanz zu.[50]

---

47 Wolfram Wette, Gustav Noske. Eine politische Biographie, 2. Auflage, Düsseldorf 1988, S. 198.
48 Ullrich, Großmacht, S. 568.
49 Anton Holzer (Hrsg.), Krieg nach dem Krieg, Revolution und Umbruch 1918/19, 2017, S. 70.
50 Vgl.: Benjamin Ziemann, Die Reichswehr und die Politik der Aufrüstung, in: Nadine Rossol, Benjamin Ziemann (Hrsg.), Aufbruch und Abgründe. Das Handbuch der Weimarer Republik, Darmstadt 2022, S. 252 f.

Ebenfalls am 10. November fiel in einer Konferenz unter dem Vorsitz des kurzfristig als Reichskanzler amtierenden SPD-Vorsitzenden Friedrich Ebert die Entscheidung über die Annahme der Waffenstillstandsbedingungen. Das Waffenstillstandsabkommen wurde am 11. November 1918 im französischen Compiègne unterzeichnet.

Mit Kriegsende hatten sich nun endgültig auch alle Pläne zur räumlichen Erweiterung des RMA zerschlagen. Im Gegenteil: die auf Grund der „veränderten Verhältnisse notwendige Räumung der für den Admiralstab ermieteten bzw. requirierten Dienstgebäude“[51] wurde jetzt mit einiger Beschleunigung durchgeführt. Im Dezember wurde das seit Februar 1918 zu Bürozwecken genutzte Vorderhaus der Bendlerstraße 12 vom Admiralstab wieder freigegeben und auch das erste Stockwerk des Vorderhauses der Bendlerstraße 13 geräumt. Die Häuser blieben auf Grund des Kriegsleistungsgesetzes immer noch requiriert und waren vom Reichskommissar bei der Politischen Nachrichtenstelle des Auswärtigen Amtes belegt worden. „Die Regierung beabsichtigt, nach fortschreitender Räumung durch den Admiralstab noch mehr Stockwerke von Bendlerstraße 13 für sich in Anspruch zu nehmen.“[52]

In der Bendlerstraße 13 verblieben noch die gesamte Kommandierten-Abteilung (ca. 80 Unteroffiziere und Mannschaften) mit der Mannschaftsbadeanstalt und Vorratskellern, das Dezernat für Funkspruchwesen und das „Dezernat für Vorarbeiten für die Friedenskommission“[53], die Kartolithographie und das Abwicklungsbüro des Stabes der Seekriegsleitung im Großen Hauptquartier. Auf dem Gelände von Nummer 13 befanden sich auch noch eine Garage für das Aktenauto und die Reparaturwerkstatt für sämtliche Kraftwagen des Admiralstabes.

Im Februar 1919 bat die Friedenskommission (Friko) in einem Schreiben an die Hausinspektion für die neu bezogenen Räume in der Königin-Augusta-Straße 43 im II Stock um Klingelrufleitungen nach dem Ordonnanzen-Zimmer, das Anbringen einer Schreibtischklingel und verschiedene Büromöbel.[54] Die mit den Friedensverhandlungen zusammenhängenden Organisationsfragen waren bereits Ende Januar 1919 im

51 BArch, RM 23/176, Blatt 148, Schreiben des Chefs des Admiralstabes der Marine an den Staatssekretär des Reichs-Marine-Amts vom 18. Dezember 1918.
52 Ebenda. BArch, RM 23/176, Blatt 226, Schreiben des Unterstaatssekretärs in der Reichskanzlei an das Reichs-Marineamt vom 24. März 1919.
53 BArch, RM 23/176, Blatt 148, Schreiben des Chefs des Admiralstabes der Marine an den Staatssekretär des Reichs-Marine-Amts vom 18. Dezember 1918.
54 BArch, RM 23/173, Blatt 223, Mitteilung des Reichs-Marine-Amts an die Hausinspektion vom 27. Februar 1919.

Reichskabinett diskutiert und in den wesentlichen Zügen festgelegt worden. Nach einer ungezeichneten und undatierten Abschrift in den Akten der Reichskanzlei zerfiel die Friedenskommission „in eine ständig in Berlin tagende Kommission (Geschäftsstelle für die Friedensverhandlungen)" und „in die mit den Verhandlungen in Paris beauftragte dt. Friedensdelegation."[55] Im März 1919 heißt es weiter: „Der Reichskommissar bei der Politischen Nachrichtenstelle des Auswärtigen Amtes versieht nicht nur die Reichsregierung und das Reichsministerium des Auswärtigen, sondern auch das Reichs-Marineamt, das Kriegsministerium und andere militärische Dienststellen mit Arbeitsergebnissen. (...) Auftragsgemäß ersuche ich daher ergebenst, die zur Zeit vom Reichskommissar benutzten Zimmer des Vorderhauses Bendlerstraße 12 und des obersten Stockwerkes des Hauses Bendlerstraße 13 unter Anwendung des Kriegsleistungsgesetzes bis Friedensschluß zu requirieren und dem Reichskommissar zur Benutzung zu überlassen."

Mitte November 1918 tagten in Wilhelmshaven die Delegierten aller Soldatenräte der Marine und wählten einen Ausschuss von 53 Mann, der in Berlin die Arbeit des RMA überwachen sollte. Davon kamen 24 aus dem Bereich der Nordseestation, 20 aus dem Bereich der Ostseestation, fünf aus dem Bereich Niederelbe und vier aus Berlin.[56] Im RMA-Hauptgebäude an der Königin-Augusta-Straße wurden eine Reihe von Zimmern für die Vertrauensmänner des 53-er Ausschusses freigemacht.[57] Gleichzeitig bestellte das Koalitionskabinett wenige Tage nach der Übernahme der Regierungsgewalt sogenannte Beigeordnete für die einzelnen Reichsministerien, deren Aufgabe es war, die in ihren Ämtern belassenen bürgerlichen Staatssekretäre sowie den Beamtenapparat politisch zu kontrollieren. Zur Kontrolle des Reichsmarineamts berief die Regierung die Reichstagsabgeordneten Gustav Noske (SPD) und Ewald Vogtherr (USPD). Die Anfang Dezember erlassene Geschäftsordnung für das Reichsmarineamt, den Admiralstab und das Marinekabinett regelte die Kompetenzen des Beigeordneten und des 53er Ausschuß: „Der Beigeordnete Vogtherr und die den einzelnen Gruppen zugeteilten Vertrauensmänner des 53er Ausschusses üben eine überwachende Tätigkeit über den Dienstbetrieb und insbesondere über den gesamten

---

55 Akten der Reichskanzlei, Das Kabinett Scheidemann, Dokument Nr. 10, Kabinettssitzung vom 12. März 1919, 16 Uhr, Weimar, Nationalversammlung, in: https://www.bundesarchiv.de/aktenreichskanzlei/1919-1933/0000/sch/sch1p/kap1_2/kap2_11/index.html (Aufruf am 29. August 2023).

56 Militärgeschichtliches Forschungsamt (Hrsg.), Handbuch, S. 344.

57 BArch, RM 23/176, Blatt 148, Schreiben des Chefs des Admiralstabes der Marine an den Staatssekretär des Reichs-Marine-Amts vom 18. Dezember 1918.

Schriftwechsel aus. [...] Kein Schriftstück, gleich welcher Art, darf das Reichs-Marine-Amt und dessen Gruppen ohne die Mitunterschrift des Bg. (Beigeordneten, d. V.) und des Zr. (Zentralrats, d. V.) oder eines der Vertrauensmänner verlassen."[58]

Trotz seiner großen Zahl an Mitgliedern überstieg „(d)ie Kontrolle des RMA [...] angesichts der ablehnenden oder verzögerten Haltung der intakten Militärbürokratie des RMA die Möglichkeiten des 53er-Ausschusses. Die ca. 1.000 Köpfe zählende Behörde behielt ihr Eigengewicht gegenüber den in Stabsarbeit wenig erfahrenen Matrosen. Die Verpflichtung zur Gegenzeichnung aller das RMA verlassenden Anordnungen durch Ausschuß und Beigeordnete brachte diesen einen gewissen Einfluß. Bald kam es dabei zu Unverträglichkeiten. Die gerade im Rahmen der Waffenstillstandsverpflichtungen notwendige Beschleunigung des Schriftverkehrs gab dem RMA das ausgezeichnete Argument gegenüber den Volksbeauftragten, daß gravierende Gefahren bei Verzögerung der Gegenzeichnung entstünden."[59]

---

58 Wette, Noske, S. 273 f. Gustav Noske wird hier aus unbekannten Gründen nicht erwähnt. Auf Initiative des SPD-Politikers wurde der 53er-Ausschuss Anfang Februar 1919 aufgelöst und stattdessen ein sechsköpfiger Rat aus Soldaten der beiden Stationskommandos und je einer der Arbeiter und Angestellten der Marinebetriebe gebildet, dessen Kompetenzen jedoch erheblich beschnitten waren.

59 Militärgeschichtliches Forschungsamt (Hrsg.), Handbuch, S. 344.

Das Reichswehrministerium in der Weimarer Republik

Die Grundsatzentscheidung über das künftige politische System Deutschlands fiel auf dem Reichsrätekongress im Dezember 1918, der mit großer Mehrheit den Antrag ablehnte, am Rätesystem festzuhalten und stattdessen für den 19. Januar 1919 Wahlen zu einer verfassunggebenden Nationalversammlung beschloss. Diese trat am 6. Februar 1919 in Weimar zu ihrer konstituierenden Sitzung zusammen und wählte fünf Tage später Friedrich Ebert mit großer Mehrheit zum Reichspräsidenten. Dem neu berufenen Kabinett Scheidemann gehörten 15 Minister an, darunter Gustav Noske (SPD) als Reichswehrminister.

Mit dem Anfang März 1919 beschlossenen „Gesetz über die Bildung einer vorläufigen Reichswehr"[60] wurde der Grundstein für die Schaffung des militärischen Instruments der Weimarer Republik gelegt und gleichzeitig dem Reichswehrminister die parlamentarische Verantwortung für alle Militärangelegenheiten übertragen. Artikel 47 der am 11. August 1919 verabschiedeten Verfassung des Deutschen Reiches konstatierte: „Der Reichspräsident hat den Oberbefehl über die gesamte Wehrmacht des Reichs."[61] Die militärische Gewalt war künftig ausschließlich Reichssache, das deutsche Militärwesen – im Kaiserreich eine Kontingentarmee aus preußischen, sächsischen, bayerischen und württembergischen Truppen – wurde vereinheitlicht.

Gustav Noske verfügte zu Beginn über einen kleinen provisorisch zusammengestellten Stab von militärischen Adjutanten, dem der preußische Major Erich von Gilsa vorstand.[62] Zu Noskes Stab zählte auch der Kapitänleutnant Wilhelm Canaris, der für „Marineangelegenheiten" zuständig war. Der spätere Admiral und Chef des militärischen Geheimdienstes der Wehrmacht wurde wegen der Unterstützung zahlreicher Widerstandskämpfer und seiner Beteiligung an Umsturzplänen noch im April 1945 im Konzentrationslager Flossenbürg ermordet.

Die Herausforderungen für den neuen Reichswehrminister umfassten neben der Niederschlagung revolutionärer Aufstands- und Putschversuche von rechts- und linksextremen Kräften sowohl die „Umbildung

---

60 Wette, Noske, S. 358.
61 Gedenkstätte Deutscher Widerstand, Die Verfassung des Deutschen Reichs vom 11. August 1919 (Weimarer Reichsverfassung) in der Textverfassung des Reichs-Gesetzblatts 1919, Berlin 2018, S. 17.
62 Wette, Noske, S. 528 f.

vorhandener Kräfte" der neuen Reichswehr des Deutschen Reiches, die der neuen Republik in großer Mehrheit ablehnend gegenüber standen als auch die Umsetzung der Forderungen des Versailler Vertrages, welcher Ende Juni 1919 unterzeichnet wurde.

Längerfristig angelegte Planungsaufgaben wie die Truppenverminderung, die Personalauswahl und die Organisation der künftigen Reichswehr ließ der Reichswehrminister in dieser Übergangszeit durch das preußische Kriegsministerium erledigen. Insgesamt waren die militärischen Befehlsbefugnisse, Unterstellungsverhältnisse und Verwaltungskompetenzen erst einmal nur provisorisch geregelt.[63]

Im Heeres-Verordnungsblatt vom 27. August 1919 wurde die am 20. August erfolgte „Verordnung betreffend die Übertragung des Oberbefehls über die Wehrmacht des Deutschen Reichs auf den Reichswehrminister"[64] verkündet:

„Mit dem Inkrafttreten der Verfassung sind alle Teile der Wehrmacht des Reichs meinem Oberbefehl unterstellt. Ich übertrage die Ausübung dieses Oberbefehls dem Reichswehrminister, soweit ich nicht unmittelbare Befehle erteile. Gleichzeitig ist die Heeresverwaltung auf das Reich übergegangen und hat die Selbstständigkeit der Heeresverwaltungen der einzelnen Länder aufgehört. Verwaltungsbefugnisse und Kommandogewalt stehen daher den einzelstaatlichen Kriegsministern nicht mehr zu. [...] Die Verantwortung für militärische Maßnahmen und Ausgaben wird von nun an allein von der Reichsregierung getragen und von ihr vor der Nationalversammlung oder dem Reichstag vertreten. Spätestens bis zum 1. Oktober 1919 soll aus den vorhandenen einzelstaatlichen Kriegsministerien und sonst geeigneten Militärbehörden das Reichswehrministerium gebildet werden."

Das neue Reichswehrministerium nahm am 1. Oktober seine Arbeit als einheitlicher Apparat unter der Leitung des Ministers Gustav Noske auf, dem Walther Reinhardt als „Chef der Heeresleitung" und Adolf von Trotha als „Chef der Admiralität" (später in „Chef der Marineleitung"

63 Vgl. Wette, Noske, S. 530.
64 Heeres-Verordnungsblatt, Herausgegeben vom Reichswehrministerium, 1. Jahrgang, Nr. 1, Berlin, den 27. August 1919, S. 1 f.

umbenannt) unterstanden.[65] Dem Minister war ein „Hauptbüro" zugeordnet, das sämtliche im Reichswehrministerium eingehenden Schriftstücke an die zuständigen Stellen verteilte und somit den täglichen Geschäftsgang regelte. Er war „Vorgesetzter aller Angehörigen des Heeres und der Marine", die Chefs der Heeresleitung und der Admiralität trugen keine politische Verantwortung. Auseinandersetzungen um die politisch-militärische Spitzengliederung hatte es bereits seit Frühjahr 1919 gegeben: die Vertreter der dritten OHL, die sich offiziell nach der Unterzeichnung des Versailler Vertrages aufgelöst hatte, plädierten vehement für die Beibehaltung der Tradition eines Generalstabes, der möglichst unabhängig und eigenständig militärische Entscheidungen traf.[66]

Im Heeres-Verordnungsblatt vom 12. November 1919 wurde offiziell die Gliederung und der Sitz des neuen Ministeriums verkündet:

> *„An der Spitze des Reichswehrministeriums steht der Reichswehrminister, dem der persönliche Stab und die Fürsorge-Abteilung (FA) unmittelbar unterstellt sind. Dem Reichswehrminister nachgeordnet sind der Chef der Heeresleitung (HL) und der Chef der Admiralität. Dem Chef der HL unterstehen das Zentral-Amt, das Personal-Amt, das Allgemeine Truppenamt, das Waffen-Amt, Heeresverwaltungs-Amt, Feldzeugmeister-Amt, Sanitäts-Abteilung. [...] Untergebracht ist der persönliche Stab des Reichswehrministers in Berlin W, Bendlerstraße 14, die Fürsorge-Abteilung, der Chef der Heeresleitung, das Zentral-Amt (ZA), und das Allgemeine Truppen-Amt (TA), W, Königin-Augusta-Straße 38–42."*[67]

Erstmals in der preußisch-deutschen Heeresgeschichte wurde die Vereidigung der Soldaten auf die Reichsverfassung angeordnet. Die vorläufige Reichswehr enthielt auch weitere Elemente, die einen Bruch mit der Tradition bedeuteten, so vor allem die Schaffung einer reichsweit einheitlichen Struktur: das System des Kontingents wurde beendet. Mit dem Reichspräsidenten übte nun eine zivile Autorität die Funktion des Oberbefehlshabers aus, zudem wurden Vertrauensleute eingeführt, die Beschwerden über Missstände in den Einheiten an die Kommandeure weiterleiten sollten.[68]

65 Wette, Noske, S. 542.
66 Ebenda, S. 535 f.
67 Heeres-Verordnungsblatt, Herausgegeben vom Reichswehrministerium, 1. Jahrgang, Nr. 29, Berlin, den 12. November 1919, S. 345.
68 Wette, Noske, S. 533.

Innerhalb der neuen Streitkräfte waren keine parteipolitischen Zusammenschlüsse erlaubt, der einzelne Reichswehrangehörige konnte jedoch durchaus Mitglied einer politischen Partei oder Vereinigung sein, sofern deren Zweck nicht „in Widerspruch mit der von den Reichswehrangehörigen eingegangenen Treuepflicht" gegenüber der Verfassung stand.[69]

Dem kommissarisch seit dem 9. November 1918 eingesetzten Reichskanzler Friedrich Ebert gelang es nach dem Waffenstillstandsabkommen die revolutionäre Dynamik zu kanalisieren und die Revolution in relativ kurzer Zeit an die Zielsetzungen der konstitutionellen Bewegung zurückzubinden.[70] Dazu machten er und der seit Dezember im „Rat der Volksbeauftragten" für „Heer und Marine" zuständige Gustav Noske mit stillschweigender Unterstützung der bürgerlichen Ordnungsparteien weitreichende Zugeständnisse an Militär und Beamtentum. Mit der Verfolgung dieses Kurses entstand eine Konfliktkonstellation, in der die Regierung Ebert die Unterstützung des kleineren linken Flügels der revolutionären Bewegung, der offen gegen sie opponierte und zur Diktatur des Proletariats und zur Gründung einer Räterepublik aufrief, verlor.[71] Ende Dezember 1918 kam es zur organisatorischen Neuformierung des linken Flügels der USPD mit den Revolutionären Obleuten sowie der Spartakus-Gruppe um Karl Liebknecht und Rosa Luxemburg, die in der Gründung der Kommunistischen Partei Deutschlands (KPD) am letzten Tag des Jahres mündete.

Anfang Januar 1919 wurde der Berliner Polizeipräsident und USPD-Mitglied Emil Eichhorn (1863-1925) von der preußischen Regierung abgesetzt. Daraufhin kam es ab 5. Januar zu einem bewaffneten Aufstand unter Führung linksrevolutionärer Kräfte, die den „Rat der Volksbeauftragten" für abgesetzt erklärten und die Übernahme der Regierungsgeschäfte verkündeten. Das Ziel war die Verhinderung der Wahl zur Nationalversammlung und die Errichtung einer Räterepublik. Nachdem Verhandlungen gescheitert waren, begannen Regierungstruppen unter dem Oberbefehl des Volksbeauftragten Gustav Noske mit der Niederschlagung des Aufstands. Während dieser gewaltsamen Vorgänge, die eine historische Zäsur in Deutschland bedeuteten, verloren über 150 Menschen ihr Leben.

---

69 Wette, Noske, S. 383.
70 Herbert, Geschichte, S. 182.
71 Ebenda, S. 182 f.

Reichswehrminister Gustav Noske (Bildmitte, in Zivil) beim Abschreiten der Front einer Marine-Brigade, die nach Kiel versetzt wurde, 1919

Quelle: BArch, BildY 1-548-782-71 / Fotograf: o. Ang.

Im Zuge antirevolutionärer „Säuberungsaktionen" durch Regierungstruppen und Freikorps-Verbände erfolgte wenige Tage später die Ermordung von Karl Liebknecht und Rosa Luxemburg. Die Leiche der Spartakistin und Mitbegründerin der KPD wurde in der Nacht des 15. Januar 1919 von Angehörigen der „Garde-Schützen-Kavallerie-Division" unweit des Bendlerblocks in den Landwehrkanal geworfen.[72]

72 Klaus Gietinger, Der Konter-Revolutionär. Waldemar Pabst – eine deutsche Karriere, Hamburg 2009, S. 121 ff. Beide Ermordungen fanden auf Befehl des ersten Generalstabsoffiziers der „Garde-Schützen-Kavallerie-Division" Waldemar Pabst statt, nachdem ihm Reichswehrminister Noske in einem Telefonat mitgeteilt hatte, er müsse selbst verantworten, was zu tun sei.

Drahtabsperrung und Doppelposten an der Von-der-Heydt-Brücke Richtung Bendlerstraße und Reichsmarineamt, Anfang März 1919

Quelle: bpk / Kunstbibliothek, SMB, Photothek Willy Römer / Willy Römer

Die „Garde-Kavallerie-Schützen-Division" gehörte mit bis zu 40.000 Angehörigen zu den größten Freikorps. Sie war wie andere Freiwilligenverbände im November/Dezember 1918 mit formeller Autorisierung des „Rats der Volksbeauftragten" entstanden. Die aus dem Weltkrieg zurückgekehrten Soldaten der Freikorps formierten sich meist um den Kern von Einheiten des Feldheeres herum, die mit Freiwilligen aufgefüllt wurden.[73] Sie verkörperten mehr als jede andere militärische Formation der Übergangszeit zwischen Monarchie und Republik den alten militaristischen Geist vermischt mit dem im Krieg gewachsenen Frontsoldatenmythos[74] und sollten das staatliche Gewaltmonopol wiederherstellen. Die Auflösung der Freikorps und die Reduzierung des deutschen Heeres auf 100.000 Berufssoldaten mit maximal 4.000 Offizieren waren als militärische Vorgaben im Versailler Vertrag vorgegeben, der am 28. Juni 1919 nach dem Rücktritt des Kabinetts Scheidemann von der Nationalversammlung unterzeichnet wurde. Diese Bedingungen waren für die Militärelite ein Schock.[75]

Die Gesamtzahl der Heeresstreitkräfte lag in der Jahresmitte 1919 bei 545.000 (darunter mehr als 40.000 Offiziere), bis zum 10. April 1920 sollte daraus ein Übergangsheer von 200.000 Mann gebildet werden, was drei Monate später noch einmal auf 100.000 Mann verkleinert werden sollte.[76] Die Stärke der Marineeinheiten durfte maximal 15.000 Mann betragen. Die verbliebenen Schiffe der Hochseeflotte waren an die britische Marinebasis bei Scapa Flow auszuliefern, wo die Besatzungen sie am 21. Juni 1919 selbst versenkten. Alle modernen Waffen darunter jegliche Luftwaffe, Panzer, U-Boote und schwere Artillerie waren verboten, überschüssige Waffen und Munition waren an die Alliierten abzugeben und die Ein- und Ausfuhr von Rüstungsmaterialien streng untersagt.[77] Ebenso verbot der Vertrag die Wiedereinführung der allgemeinen Wehrpflicht und beendete damit eine Tradition des preußisch-deutschen Militärs, die dessen Identität und dessen Verhältnis zur zivilen Gesellschaft seit der antinapoleonischen Mobilisierung 1814 geprägt hatte.[78]

Auch im Bürokomplex des damit endgültig aufgelösten Reichsmarineamts musste sich an die militärischen Vorgaben des Versailler Vertrages angepasst und Platz geschaffen werden. In einer Bekanntmachung des

---

73 Ziemann, Reichswehr, S. 254.

74 Wette, Noske, S. 321.

75 Ziemann, Reichswehr, S. 257.

76 Wette, Noske, S. 468. Siehe auch Ursula Büttner, Weimar. Die überforderte Republik 1918-1933, Stuttgart 2008, S. 138.

77 Ziemann, Reichswehr, S. 257.

78 Ebenda, S. 251.

Reichswehrministers vom 20. August 1919 hieß es: „Der Reichswehrminister hat entschieden, daß 1) am 1. April 1920 die Admiralität nur noch 300 Räume für sich hat. 2) am 1. Oktober 1919 das (preußische, d. V.) Kriegsministerium im Reichs-Marine-Amt 200 Räume erhält, einschließlich sämtlicher Räume im Admiralstab."[79]

In der allgemeinen Opposition gegen den Versailler Vertrag formierten sich die Kräfte der politischen Rechten zunehmend stärker in der zweiten Hälfte des Jahres 1919.[80] Bei der Minderheit unter den Republikfeinden, die den Staatsstreich plante, verbanden sich ideologische Motive mit handfesten Gruppeninteressen.[81] Die Entlassung von hunderttausenden Männern aus dem Heeresdienst ging einher mit möglicher Arbeitslosigkeit und der Minderung des sozialen und ökonomischen Status.

Ende Februar 1920 entschied sich Reichswehrminister Gustav Noske nach alliierten Forderungen die rund 5.000 Mann starke Marine-Brigade Ehrhardt und das Freikorps Loewenfeld[82] aufzulösen, die dem Reichswehr-Gruppenkommando I in Berlin unterstanden. Der Kommandeur des Kommandos General Freiherr Walther von Lüttwitz verlangte am 10. März 1920 von Ebert und Noske die aktuelle Heeresstärke beizubehalten, einen Rücktritt des Kabinetts, Neuwahlen und die Ausübung des Oberbefehls über die Reichswehr für sich selbst. Er wurde von Friedrich Ebert mit sofortiger Wirkung beurlaubt und begann am 13. März 1920 mit der ihm unterstehenden Marine-Brigade in die Stadt einzumarschieren und das Regierungsviertel zu besetzen. Der ostpreußische Generallandschaftsdirektor und Mitverschwörer Wolfgang Kapp erklärte die Regierung für abgesetzt und sich selber zum Reichskanzler und preußischen Ministerpräsidenten. Teile des Regierungskabinetts waren noch in der Nacht nach Dresden geflohen, nachdem sich in mehreren nächtlichen Sitzungen herauskristallisiert hatte, dass die Reichswehr nicht bereit war, gegen die Putschisten militärisch vorzugehen.[83] Erst ein Generalstreik brachte den Aufstandsversuch nach vier Tagen zum Scheitern und stellte die Autorität der Regierung wieder her.

---

79 BArch, RM 23/173, Blatt 307, Bekanntmachung M 5100 vom 20. August 1919.

80 Militärgeschichtliches Forschungsamt (Hrsg.), Handbuch, S. 361.

81 Büttner, Weimar, S. 137.

82 Ausführlich bei: Wette, Noske, S. 627 ff.

83 Vgl.: Wette, Noske, S. 639.

In diesem Zusammenhang soll es während einer Offiziersbesprechung in der Bendlerstraße in der Nacht vom 12. auf den 13. März 1920 zu der bekannten Bemerkung „Truppe schießt nicht auf Truppe" von General Hans von Seeckt gekommen sein. Das Zitat Seeckts, der seit Oktober 1919 erster Chef des Truppenamts im Reichswehrministerium war, kann bis heute nicht belegt werden, spiegelt aber zumindest sein Denken wider.

Nach dem Ende des Kapp-Lüttwitz-Putsches wurde auch die Bendlerstraße wieder geöffnet. Sie war „in der Zeit vom 9. November 1918 bis 19. März 1920 aus militärischen Gründen an ungefähr 113 Tagen"[84] für den Reit- und Fahr-Verkehr vollständig gesperrt gewesen. Der Betreiber des Reit- und Fuhrgeschäfts „Tiergarten-Tattersall" Max Ballhorn stellte zwischen 1921 und 1928 bei verschiedenen militärischen Stellen Schadensersatzansprüche „wegen der entzogenen Nutzung von Räumen auf dem Grundstück Bendlerstrasse 12/13 infolge Inanspruchnahme seitens der Militärverwaltung."[85] Ballhorn „hatte in den Jahren 1916/1920 hier eine grosse und eine kleine Reitbahn mit Büro, Garderobe und Toiliettenräumen (sic) sowie 3 Stallungen mit 2 Vorplätzen und 1 Wagenremise gemietet."[86] Er schrieb am 5. März 1927: „Die Soldaten banden meine Pensionspferde auf die Stallgasse und stellten ihre Pferde in meine Ständer, die Folge war, dass meine Pensionäre den Tattersall verliessen, und ihre Pferde in andere Reitbahnen stellten, oder sich eigene Stallungen mieteten."[87]

Die „Garde-Kavallerie-Schützen-Division" war im Frühjahr 1919 von einer Division zu einem drei Divisionen fassenden Armeekorps angewachsen. Es bestand aus 52 verschiedenen Einheiten und fasste insgesamt etwa 50.000 Mann. Der Stab unter der Leitung von Waldemar Pabst zog im Mai 1919 aus dem Eden-Hotel „in ein in den Diensträumen des Reichsministers Noske gelegenes Gebäude"[88] in die Bendlerstraße.

Eine Schützungskommission aus je einem Vertreter der Landesregierung, der Militärverwaltung, des Magistrats Berlin und des Reichsfinanzamts Süd war schon im Mai 1922 zwecks Feststellung der zu gewährenden Vergütungsbeiträge[89] zusammengekommen. Sie protokollierten unter

---

84 Landesarchiv Berlin, A Rep 001-02, Nr. 3594, Blatt 5, Beglaubigte Abschrift der Ministerial-, Militär- und Baukommission vom 15. Mai 1922.

85 Landesarchiv Berlin, A Rep 001-02, Nr. 3594, Blatt 3.

86 Ebenda, Blatt 5.

87 Landesarchiv Berlin, A Rep 001-02, Nr. 3594, Blatt 5.

88 BArch, N 620/2, Blatt 107.

89 Landesarchiv Berlin, A Rep 001-02, Nr. 3594, Blatt 5, Beglaubigte Abschrift der Ministerial-, Militär- und Baukommission vom 15. Mai 1922.

anderem, dass die Angehörigen der verschiedenen Freikorps-Verbände den Boden der großen und kleinen Reitbahn so stark beschmutzt hatten, dass er ausgeräumt und neu aufgefüllt werden musste[90] sowie die „Toilettenräume in Unordnung gebracht", „sämtliche Sattelkammern aufgebrochen" und „das Riemenzeug und die Sattelplatten von 7 Damensätteln herausgenommen sowie das Leder auf der oberen Tribüne in der Reitbahn vom Paneel abgeschnitten und alles Leder zum Stiefelbesohlen verwendet" hatten. Die Mannschaften des Sturm-Bataillons Schmidt hätten sich eine eigene Lichtanlage geschaffen und an die Hauptleitung angeschlossen, was wiederholt zu einem Kurzschluss geführt hätte. Außerdem hätten Mannschaften des Bataillons bei einer „Spielerei mit Handgranaten" die Lichtanlage und die Scheiben des Tattersalls infolge einer Explosion zerstört.[91]

Ballhorn hatte schon in den Jahren 1919 und 1920 Entschädigungszahlungen erhalten, aber bemerkte in seinem Schreiben an den „Herrn Kommissar für das Reichsfinanzministerium im Reichsministerium des Innern": „Diese Entschädigung von 61,040 Papiermark hatten im Jahre 1923 keinen Werth mehr, da wir längst zu den Millionen herüber gerutscht waren."[92] Sein Anwalt Steiner rechnete im Dezember 1927 in „Goldmark nach der Tabelle des Aufwertungsgesetzes" um und forderte für seinen Mandanten noch 3535,11 Goldmark.[93] Ein interner Sachvermerk des Magistrats Berlin noch im gleichen Monat beschied: „Da die in Frage kommenden Akten des früheren Militärbüros auf Grund des Versailler Friedensvertrages vernichtet worden sind, kann die Forderung Ballhorn's sachlich nicht mehr nachgeprüft werden. Die Forderung dürfte aber nach § 22 des Kriegsleistungsgesetzes u. nach dem allgem. Verjährungsbestimmungen des B.G.B. verjährt sein."[94] In der Mitteilung an den Justizrat Steiner hieß es einen Monat später: „Herr Ballhorn hat sich damals mit den ihm bewilligten Vergütungen ausdrücklich einverstanden erklärt, Rekurs und Berufung hat er nicht eingelegt. Alle weiteren Ansprüche sind deshalb nach § 22 des Kriegsleistungsgesetzes verjährt."[95]

---

90 Landesarchiv Berlin, A Rep 001-02, Nr. 3594, Blatt 7, Beglaubigte Abschrift der Ministerial-, Militär- und Baukommission vom 15. Mai 1922.

91 Ebenda, Bl. 7 ff.

92 Landesarchiv Berlin, A Rep 001-02, Nr. 3594, Blatt 3, Schreiben Max Ballhorns an den Kommissar des Reichsfinanzministeriums vom 5. März 1927.

93 Landesarchiv Berlin, A Rep 001-02, Nr. 3594, n. fol., Schreiben des Justizrats Ludwig Steiners an das Militärbüro des Magistrats Berlin vom 20. Dezember 1927.

94 Landesarchiv Berlin, A Rep 001-02, Nr. 3594, n. fol., Sachvermerk des Magistrats Berlin vom 27. Dezember 1927.

95 Landesarchiv Berlin, A Rep 001-02, Nr. 3594, n. fol., Mitteilung des Magistrats Berlin an den Justizrat Ludwig Steiner vom 8. Januar 1928.

Atelier Binder, Berlin

Bendler Tattersall, G. m. b. H.

Leitung: Generaldirektor Jan Kok

BERLIN W 10, Bendlerstr. 12-13, Telephon: Nollendorf 2600, 737

Vornehmstes Reitinstitut Berlins

Der Tattersall in der Bendlerstraße ist unstreitig das schönste Reitinstitut in Berlin. Dicht am Tiergarten gelegen, bietet er dem passionierten Reiter in allernächster Nähe die schönen schattigen Reitwege. — Für die Wintersaison stehen 2 gedeckte Reitbahnen zur Verfügung. Abwechselnd finden darin wöchentlich zweimal Musik- und täglich Quadrillereiten statt. — Die schönen luftigen Pensionsstallungen erfreuen das Herz eines jeden Pferdeliebhabers. Unter fachgemäßer Anleitung und Pflege erhalten die hier eingestellten Pferde volle Wartung, und zeugt das Aussehen der Pferde am besten für die Pflege derselben. — Neben dem Pensions- und Verleihgeschäft unterhält die Firma einen umfangreichen Handelsstall, in dem ständig ca. 40 erstklassige Reit- und Turnierpferde stehen. Die Handelsabteilung erfreut sich eines Weltrufes, da unter den Erfolgen, die das deutsche Pferd im Ausland gehabt hat, sich verschiedene Pferde befinden, die von der Bendler Tattersall G. m. b. H. geliefert sind. — Die Besichtigung des Tattersall kann nur warm empfohlen werden.

Zeitungsanzeige für den „Bendler Tattersall"

Quelle: Gedenkstätte Deutscher Widerstand

Luftbild des Reichswehrministeriums aus dem Jahr 1928

Quelle: Geoportal Berlin

Gustav Noske musste infolge des Kapp-Lüttwitz-Putsches von seinem Amt als Reichswehrminister im Frühjahr 1920 zurücktreten und wurde durch Otto Geßler ersetzt, der bei Amtsantritt der linksliberalen Deutschen Demokratischen Partei (DDP) angehörte.[96] In Geßlers achtjährige Amtszeit fiel – nach der politischen Fundamentalkrise im Jahr 1923 – die Phase der politischen und wirtschaftlichen Stabilität der Weimarer Republik.

Die wichtigste Zäsur in der Geschichte der Reichswehr war das Jahr 1924. Um eine Revision der Versailler Bestimmungen durchführen zu können, musste sie sich von den traditionalistischen wilhelminischen Vorstellungen lösen und als professionelle Armee verstehen, die sich auf einen zukünftigen Krieg vorbereitete.[97]

---

96 Vgl.: Heiner Möllers, Reichswehrminister Otto Geßler. Eine Studie zu „unpolitischer" Militärpolitik in der Weimarer Republik, Frankfurt am Main 1998.

97 Ziemann, Reichswehr, S. 260.

Der wichtigste Schritt dazu war militärische Aufrüstung, die nur im Geheimen stattfinden konnte, weil sie durch den Versailler Vertrag streng limitiert war und durch die von den Siegermächten eingesetzte und geleitete Interalliierte Militär-Kontrollkommission (IMKK) überwacht wurde.[98] Der deutsch-sowjetische Vertrag von Rapallo 1922 schuf einen politischen Rahmen für die militärische Kooperation mit der Sowjetunion, mit der es bereits seit dem Sommer 1920 Kontakte gegeben hatte.[99] Ein Jahr später wurde die „Sondergruppe Rußland" geschaffen, die im Truppenamt innerhalb der Heeresstatistischen Abteilung T3 der Aufnahme der militärischen Verbindungen mit der UdSSR diente.[100] Die praktische Zusammenarbeit mit der Sowjetunion erfolgte in einem autonomen und abgeschirmten Raum: deutsche Industrieunternehmen wie Rheinmetall und Krupp stellten ihre Spezialisten der sowjetischen Rüstung zur Verfügung und im Austausch dienten Militäreinrichtungen der Roten Armee zur Ausbildung deutscher Offiziere in ziviler Tarnung.[101]

Trotz der Aufdeckung der geheimen deutsch-sowjetischen Kooperation im Dezember 1926 im Reichstag wurde die Zusammenarbeit fortgesetzt und der Schwerpunkt nun auf die den Deutschen vorenthaltenen Waffensystemen und der Ausbildung von Fachkräften gelegt,[102] bis Hitler sie 1933/34 aufkündigte.

Seit 1926/27 – mit Aufhebung der Kontrollen durch die IMKK – setzte sich die geheime militärische Aufrüstung auch innerhalb Deutschlands fort. Ein im Verborgen tagender Staatssekretärsausschuss, dem Vertreter der beteiligten Ministerien angehörten, legte unterstützt vom Rechnungshof die benötigten Ausgaben fest und versteckte sie im veröffentlichten Haushalt des Reiches. Diese Vorgehensweise, deren mittelfristiges Ziel die Schaffung einer Armee von 21 Divisionen war, wurde beim Budget für das Jahr 1928 erstmals praktiziert.

Zu diesem neuen systematischen Vorgehen bei der Aufrüstung gehörten mehrjährige Planungen, die eine intensive Zusammenarbeit mit den Waffenproduzenten und eine strikte Kontrolle der finanziellen und technologischen Ziele und Mittel umfassten. Das erste Rüstungsprogramm wurde im Jahr 1928 für die Laufzeit von 1929 bis 1933 beschlossen und

98 Ebenda, S. 261.

99 Ebenda, S. 264. Vgl. auch: Möllers, Reichswehrminister Otto Geßler, S. 161.

100 Ebenda.

101 Klaus Hornung, Alternativen zu Hitler. Wilhelm Groener. Soldat und Politiker in der Weimarer Republik, Graz 2008, S. 126.

102 Ziemann, Reichswehr, S. 265.

Reichswehrminister Groener (links) und der ehemalige Reichswehrminister Geßler bei der Abschieds-Audienz im Reichswehrministerium, Januar 1928

Quelle: BArch, Bild 102-05351 / Fotograf: Georg Pahl

das zweite Rüstungsprogramm aus dem Jahr 1932 sollte von 1933 bis 1938 umgesetzt werden. Das Volumen des geheimen Haushaltes der Reichswehr belief sich in den Jahren 1929/30 auf ca. 65 Millionen Reichsmark.[103]

Wegen der Aufdeckung finanzieller Unregelmäßigkeiten im Zusammenhang mit der geheimen Aufrüstung der Reichswehr musste Reichswehrminister Otto Geßler Ende Januar 1928 zurücktreten und wurde durch den parteilosen ehemaligen General Wilhelm Groener ersetzt.

103 Ebenda, S. 266. Vgl. auch: Möllers, Reichswehrminister Otto Geßler, S. 163.

Seit dem Winter 1928/29 stieg durch eine sich deutlich abflauende Konjunktur die Zahl der Arbeitslosen in der Weimarer Republik auf fast drei Millionen – eine Entwicklung, die sich durch die Weltwirtschaftskrise, welche vor allen die großen Industriestaaten traf, noch einmal verschärfte.[104]

Als die Große Koalition unter Reichskanzler Hermann Müller im März 1930 im Konflikt um die Arbeitslosenversicherung zerbrach, begann die Phase der Präsidialkabinette. Mithilfe des Artikels 48 der Weimarer Verfassung, mit dem er in einem Ausnahmezustand durch Notverordnungen regieren konnte, stützte Reichspräsident Hindenburg die darauf folgenden Regierungen unter dem Reichskanzler Heinrich Brüning von der katholischen Zentrumspartei und den parteilosen Reichskanzlern Franz von Papen und Kurt von Schleicher.

Seit Ende des Ersten Weltkrieges hatte sich die „Mobilisierung für die Landesverteidigung"[105] auf einen breiten politischen Konsens gestützt, der bis auf die KPD Akteure von der nationalistischen Rechten in der Deutschnationalen Volkspartei bis zur Linken in der SPD einschloss.

1930 war dieser „Wehrkonsens" erschöpft und die Reichswehr positionierte sich in einer zunehmend aggressiven Grundhaltung gegen die letzten Reste der parlamentarischen Demokratie.[106] Für das Ziel der Wehrhaftmachung Deutschlands wurde nicht mehr länger nach der Integration der moderaten Linken gestrebt, sondern ausdrücklich unter dem Einschluss der NSDAP die offene Konfrontation mit der Republik und der sie tragenden SPD gesucht.[107] Die NSDAP war zwischen den Jahren 1925 und 1928 zu einer straff organisierten Partei mit etwa 100.000 Mitgliedern und einem gut ausgebauten Netz von Parteigliederungen und Ortsverbänden herangewachsen – seit 1928/29 war sie die am stärksten aufstrebende Kraft des nationalen Lagers.

In seiner Rede „Die Reichswehr am Scheidewege: mit dem Marxismus in den Abgrund oder mit der deutschen Volkserhebung zur Freiheit" forderte Hitler am 15. März 1929 in München das Heer auf, sich an die Spitze der „nationalen Bewegung" zu setzen[108] und skizzierte den

104 Herbert, Geschichte, S. 260 ff. Der Rückgang des Volkseinkommens von 1928 bis 1932 lag in Deutschland bei 39%, die Industrieproduktion sank um 54%.

105 Ziemann, Reichswehr, S. 271.

106 Ebenda, S. 272. Die politische Agenda zwischen den Jahren 1930 bis 1933 wurde von Fragen der Sicherheits- und Militärpolitik dominiert, in praktisch jeder Hinsicht verfolgte die Reichswehr eine Befreiung von den bestehenden Zwängen des parlamentarischen Systems.

107 Ebenda, S. 273.

108 Gerhard Schulz, Zwischen Demokratie und Diktatur. Band II. Deutschland am Vorabend der Großen Krise, Berlin, New York 1987, S. 388.

Gegensatz zwischen dem idealistischen Wollen der Jugend und den Bürogenerälen in der Bendlerstraße.[109] Diese Rede fiel vor allen bei vielen jüngeren Offizieren auf fruchtbaren Boden, die für die NS-Bewegung Sympathien entwickelt hatten.

Ende Dezember 1929 verfassten drei Offiziere aus dem Artillerieregiment 5 in Ulm ein politisches Flugblatt und verteilten es in anderen Garnisonen. Darin wurden alle Offiziere, die für eine „nationale Revolution" eintraten, aufgefordert, sich zusammenzuschließen mit dem Ziel, „dass die Reichswehr auf eine nationale Volkserhebung nicht schießt, sondern sich dieser Volkserhebung anschließt und Kerntruppe wird für eine kommende Volksarmee der nationalen Befreiung"[110]. Das Reichswehrministerium reagierte darauf nicht mit der Verhängung von disziplinarrechtlichen Maßnahmen, sondern gab die Sache an den Oberreichsanwalt ab, der die drei Männer wegen „Vorbereitung zum Hochverrat" vor dem Reichsgericht anklagte.

Bevor der „Ulmer Reichswehrprozess" im September/Oktober 1930 stattfand, rückten die Nationalsozialisten bei den Reichstagswahlen Mitte September 1930 mit einem überwältigenden Wahlerfolg und dem Gewinn von 107 Mandaten in das Zentrum der politischen Entwicklung. Hitler, der als „Führer" der Partei als Zeuge zum Verhältnis der NSDAP zur Weimarer Verfassung gehört wurde, nutzte die Öffentlichkeit des Prozesses propagandawirksam aus. Er legte am 25. September 1930 vor dem Reichsgericht den sogenannten Legalitätseid ab, die taktische Zusage, die Macht in Deutschland nicht durch einen Putsch oder eine Revolution zu erobern, sondern unter Wahrung der Legalität.[111]

Im Reichswehrministerium fanden zu dieser Zeit in regelmäßigen Abständen Befehlshaberbesprechungen statt, die vom Minister oder vom Chef der Heeresleitung einberufen wurden. Dabei wurden Vorträge ohne nachfolgende Diskussion gehalten, aber auch politische Referate, die fast immer durch den Chef des Ministeramtes vorbereitet worden waren.[112]

109 Hornung, Alternativen, S. 159.

110 Ebenda, S. 161.

111 Ebenda, S. 163. Sehr ausführlich: Klaus-Jürgen Müller, Generaloberst Ludwig Beck. Eine Biographie, 2008, S. 80 ff. Ludwig Beck war seit Herbst 1929 Regimentskommandeur des Artillerie-Regiments 5 und war zum Prozess vor dem Reichsgericht ebenfalls als Zeuge geladen worden.

112 Ab Herbst 1930 liegen für diese Besprechungen Aufzeichnungen vor: Thilo Vogelsang, Dokumentation. Neue Dokumente zur Geschichte der Reichswehr 1930–1933, in: Vierteljahrshefte für Zeitgeschichte 2 (1954) 4, S. 398 ff.

Reichswehrminister Wilhelm Groener (in Zivil) und Kurt von Schleicher (links außen) mit Stab anlässlich einer „großen Rahmenübung" der Reichswehr in Thüringen und Bayern, 1930

Quelle: BArch, Bild 146-2009-0098 / Fotograf: Oscar Tellgmann

Am 25. Oktober 1930 stellt der damalige Chef des Ministeramtes General Kurt von Schleicher zum Programm der NS-Partei heraus: „Den nationalen Teil des Programms kann wohl jeder unterschreiben [...]". In seiner längeren Einschätzung über die „Einstellung zur Wehrmacht" der Nationalsozialisten führte er danach aus:

„Wenn Hitler im Ulmer Prozeß erklärt hat: 'Wir wollen, daß die Wehrmacht intakt bleibt', so ist dies neu. Bisher haben sie klar u. planmäßig an der Politisierung der Armee gearbeitet und dabei vor allem versucht, eine Kluft zwischen Führern und Geführten, zwischen dem älteren u. jüngeren Teil des Offz. Korps aufzureißen. Ziel ist 'Wehrmacht als nationalsozialistische Parteitruppe'. Wer glaubt, daß dies möglich ist, hat von der Psyche unserer Truppe keine Ahnung. Würde es den Nazi gelingen, den jungen Teil des Offz. Korps für sich zu gewinnen, so würde die Truppe daran zerbrechen, wie bei jedem anderen Versuch, sie anders als in den legalen Bahnen zu verwenden. Das Verhalten der Ehrhardt-Brigade während des Kapp-Putsches ist ein Beispiel für das, was mit der Truppe geschehen würde. Beim ersten Anzeichen aber, daß Wehrmacht nicht gehorcht u. der Führung entgleitet, würden die Radikalen ihre Stunde für gekommen sehen u. das Land stände in Flammen."[113]

Tatsächlich gab es im März 1931 ein erstes Treffen zwischen Ernst Röhm und General Kurt von Schleicher in der Bendlerstraße, bei dem es Röhm um die Mitwirkung der SA-Angehörigen im Grenzschutz und auch im Dienst in der Reichswehr ging. Es war der Beginn von regelmäßigen Kontakten mit führenden Vertretern der nationalsozialistischen Partei.

Bei der Mitte Januar 1932 im Reichswehrministerium stattfindenden Besprechung bekannte Reichswehrminister Groener: „Für W[ehrmacht] wichtig, in verständiges Verhältnis mit Nazi zu kommen."[114] Der einige Wochen später herausgegebene Erlass Nr. 600/32 W I a Groeners vom 29. Januar 1932 über die Wehrverbände und die Richtlinien bei der Einstellung in die Wehrmacht gestattete jetzt auch wieder Angehörigen der NSDAP den Eintritt. Mit dem Erlass wurden zwei frühere Verfügungen vom 16. Juli 1929 und vom 10. April 1930 aufgehoben, welche die Entlassung nationalsozialistisch organisierter Arbeiter in den Heeresbetrieben und das Verbot der Teilnahme von Wehrmachtsangehörigen an Versammlungen, in denen das Hakenkreuz gezeigt wurde, ausgesprochen hatten.[115]

Noch in seiner Reichstagsrede vom 24. Februar 1932 verteidigte Groener den Erlass, als er aber im Frühjahr 1932 erkannte, dass die Strategie der Beschwichtigung den Nationalsozialisten vor allem nutzte, kehrte er zu einem Kurs entschiedener Abwehr des Machtanspruchs Hitlers zurück. Bis dahin hatte die Reichswehrführung eine Art Doppelstrategie gegenüber der immer größer werdenden nationalsozialistischen Bewegung verfolgt: das Potential der patriotischen und „wehrfreudigen" Kräfte in der NSDAP und SA sollte mit dem Ziel der Einbindung in ihre Wehr- und Milizpläne gefördert werden, während gleichzeitig die dort vorhandenen radikalen und sozialrevolutionären Kräfte kontrolliert werden sollten.[116]

---

113 Ebenda, S. 406.
114 Ebenda, S. 416.
115 Ebenda.
116 Vgl.: Hornung, Alternativen, S. 189.

Auf Wunsch zahlreicher Länder erwirkten Reichskanzler Brüning und Reichswehrminister Groener beim Reichspräsidenten am 13. April 1932 ein Verbot der Sturmabteilung (SA) und der Schutzstaffel (SS), um die Hauptursache der politischen Gewaltexzesse im Reich zu bekämpfen. Mit der Umsetzung dieses Verbots war die 1931 begonnene Phase des „Burgfriedens" zwischen der Reichswehrführung und der NSDAP beendet. Die 26 Monate der Regierung Brüning-Groener zwischen März 1930 und Mai 1932 wurden gegen Ende vor allem von der aufsteigenden nationalsozialistischen Bewegung bestimmt und endeten mit der Abwehr des immer entschiedeneren Machtanspruch Hitlers.[117]

Die Sturmabteilung der NSDAP war unter ihrem seit Januar 1931 eingesetzten Chef des Stabes Ernst Röhm bis Mitte 1932 zu einer schlagkräftigen Organisation von über 400.000 Männern angewachsen. Ab 1932 waren Tausende von SA-Mitgliedern im geheimen Grenzschutz oder in von der Reichswehr betriebene Aktivitäten zur Jugendertüchtigung zur Schaffung einer Wehrreserve involviert.[118] Röhm wollte die SA zu einem Wehrverband ausbauen und strebte zu diesem Zweck nach der Aufnahme und Pflege von Kontakten zur Reichswehrführung, der er die Reorganisationspläne erläutern und deren Vertrauen in den Legalitätskurs Hitlers er bestärken sollte.[119]

Der neue, Anfang Juni 1932 von Hindenburg ernannte Reichskanzler Franz von Papen hob das Verbot der nationalsozialistischen Wehrverbände am 12. Juni wieder auf. Reichswehrminister Wilhelm Groener musste auf Drängen seines Chefs des Ministeramts Kurt von Schleicher wegen der Rechtfertigung des SA-Verbots im Reichstag Mitte Mai 1932 zurücktreten.[120]

Als Nachfolger in diesem Amt und letzter Reichswehrminister der Weimarer Republik erhielt Schleicher noch im November 1932 die Zustimmung des Kabinetts für seine Pläne einer Steigerung des Aufrüstungstempos, darunter eine Vergrößerung der Berufsarmee von 100.000 auf 144.000 Mann bis zum Jahr 1938. Das mittelfristige Ziel dieser deutschen Aufrüstungspolitik war die Herstellung von Sicherheit und die Rückkehr zum Großmachtstatus unter den restriktiven Bedingungen des Versailler Vertrages.[121]

---

117 Vgl.: Hornung, Alternativen, S. 189 f.
118 Siehe Ziemann, Reichswehr, S. 274.
119 Hornung, Alternativen, S. 169 f.
120 Ebenda, S. 180 ff.
121 Ziemann, Reichswehr, S. 273 ff.

Reichskanzler Kurt von Schleicher bei einer Rundfunkansprache 1932

Quelle: BArch, Bildarchiv 79/108/37

Kurt von Schleicher zog mit seiner Ernennung zum Reichswehrminister in eine Dienstwohnung ins Reichswehrministerium, die er auch weiter mit seiner Familie bewohnte nachdem er Anfang Dezember 1932 zum Reichskanzler ernannt worden war.[122]

Als Reichskanzler verfolgte Schleicher gegenüber Hitler und den Nationalsozialisten ein „Zähmungskonzept“: er wollte die NS-Bewegung möglichst bald durch ihre Beteiligung an der Regierungsverwaltung

122 Vgl.: Friedrich-Karl von Plehwe, Reichskanzler Kurt von Schleicher. Weimars letzte Chance gegen Hitler, Esslingen 1983, S. 205 und S. 249.

„einbinden", um ihr so die Möglichkeit hemmungsloser Agitation aus der bequemen Opposition heraus zu nehmen. Mit dieser Doppelstrategie der Zähmung sollten ihre nationalen Kräfte zur positiven Mitarbeit gewonnen und gleichzeitig ihr sozialrevolutionärer Teil isoliert und ausgeschaltet werden.[123]

Nachdem die NSDAP bei der Reichstagswahl Ende Juli 1932 ihr Ergebnis noch einmal auf 37% der Wahlstimmen verdoppelt hatte und als stärkste Kraft in den Reichstag eingezogen war, verlor sie bei den letzten regulären Wahlen der Weimarer Republik Anfang November desselben Jahres knapp 4%. Dennoch sahen die nationalkonservativen Politiker und Spitzenmilitärs gegen Ende der Weimarer Republik zur Überwindung der Bestimmungen des Versailler Vertrags in der NSDAP einen „gewiss ungeliebten aber akzeptablen Bundesgenossen zum Erreichen des Ziels."[124]

---

123 Hornung, Alternativen, S. 193.
124 Herbert, Geschichte, S. 299.

Der ehemalige Reichswehrminister und Reichskanzler Kurt von Schleicher mit seinen Hunden beim Verlassen seiner Dienstwohnung in der Königin-Augusta-Straße, Anfang März 1933
Quelle: akg-images / TT News Agency / SVT

Der Bendlerblock in der Zeit des Nationalsozialismus

Mit Unterstützung der Führungsgruppen der Reichswehr, der großen Wirtschaftsverbände, der rechten Parteien sowie der Berater des Reichspräsidenten, die auf eine autoritäre, nicht parlamentarisch gebundene Elitendiktatur[125] hingearbeitet hatten, wurde Adolf Hitler am 30. Januar 1933 von Hindenburg zum Reichskanzler ernannt. Neuer Reichswehrminister wurde der 60-jährige Berufsoffizier Werner von Blomberg, der ab 1927 für kurze Zeit das Truppenamt geleitet hatte.[126] In Hitlers Reichsregierung der „nationalen Konzentration" waren zehn der dreizehn Kabinettsposten von konservativen Politikern besetzt.

125 Herbert, Geschichte, S. 299.
126 Zu Blomberg vgl.: Kirstin A. Schäfer, Werner von Blomberg. Hitlers erster Feldmarschall. Eine Biographie, Paderborn 2006.

Vier Tage später, am 3. Februar 1933, besprach sich der neue Reichswehrminister mit Gruppen- und Wehrkreisbefehlshabern im Reichswehrministerium. Nach den stichpunktartigen Aufzeichnungen vom Kommandeur des Wehrkreises V (Stuttgart), Generalleutnant Curt Liebmann, begrüßte Blomberg den Antritt der neuen Reichsregierung: „Kabinett ist Ausdruck breiten nationalen Wollens u. Verwirklichung dessen, was viele der Besten seit Jahren angestrebt. Zwar vertritt es nur eine Volksminderheit, aber doch eine nach Millionen zählende festgefügte Minderheit, die entschlossen ist, für ihre Idee zu leben u. – wenn nötig – auch zu sterben."[127] Seiner Auffassung nach gehörten zu den drei zukünftigen Aufgaben des Reichswehrministers die „Erhaltung der Reichswehr als überparteiliches Machtmittel", die „Untermauerung der Wehrmacht durch Wehrhaftmachung des breiten Volkes" und den „Ausbau der Wehrmacht zu einem brauchbaren Instrument zur Wahrung der nationalen Sicherheit."[128]

Für den Abend hatte der Chef der Heeresleitung Kurt von Hammerstein-Equord den neuen Reichskanzler und andere höchste Offiziere der Reichswehr in seine Dienstwohnung in die Bendlerstraße eingeladen. Anwesend waren neben dem Reichswehrminister Werner von Blomberg, Reichsaußenminister Konstantin von Neurath und dem Staatssekretär in der Reichskanzlei Hans-Heinrich Lammers etwa 20 bis 30 Befehlshaber von Heer und Marine und deren Adjutanten.[129] Über den Verlauf des Abends berichtete ein damaliger Adjutant Hammersteins: „Hammerstein stellte damals noch etwas ‚wohlwollend' von oben herab den ‚Herrn Reichskanzler' vor, die Generalsphalanx quittierte höflich kühl, Hitler machte überall bescheidene linkische Verbeugungen und blieb verlegen, bis er nach dem Essen die Gelegenheit zu einer längeren Rede am Tisch bekam."[130]

Nach dem Abendessen skizzierte Hitler vor dieser ausgewählten Gruppe „in erstaunlich ungeschminkter Weise"[131] und mit brutaler Offenheit die mittel- und langfristigen Grundlinien seiner zukünftigen

127 Thilo Vogelsang, Neue Dokumente zur Geschichte der Reichswehr 1930–1933, in: Vierteljahrshefte für Zeitgeschichte 2 (1954), Heft 4, S. 432. Als digitale Version unter: https://www.ifz-muenchen.de/heftarchiv/1954_4_5_vogelsang.pdf (Aufruf am 16. November 2023).
128 Ebenda, S. 433.
129 Eine Zusammenstellung der Teilnehmer findet sich bei: Andreas Wirsching, „Man kann nur Boden germanisieren". Eine neue Quelle zu Hitlers Rede vor den Spitzen der Reichswehr am 3. Februar 1933, in: Vierteljahrshefte für Zeitgeschichte, 3 (2001), S. 540 f.
130 Vogelsang, Neue Dokumente, in der Fußnote 127 auf S. 434.
131 Wirsching, „Man kann nur Boden germanisieren", S. 517.

Militärpolitik. In seiner zweieinhalbstündigen Rede garantierte er der Reichswehr eine überparteiliche Stellung und versprach ihre Wiederaufrüstung zu forcieren. Gegenüber einem eher reservierten Publikum umriss er seine weitgesteckten ideologischen Ziele, die sich über die „Ausrottung des Marxismus mit Stumpf und Stiel", die „Beseitigung des Krebsschadens der Demokratie" und die „Eroberung neuen Lebensraums im Osten und dessen rücksichtslose Germanisierung" streckten.[132] Seitens der beteiligten Reichswehroffiziere gab es keine grundsätzliche Gegenrede oder Opposition.

Handschriftliche Aufzeichnungen des Generalleutnants Curt Liebmann vom 3. Februar 1933

„Ziel der Gesamtpolitik allein: W i e d e r g e w i n n u n g d e r pol. M a c h t. Hierauf muß gesamte Staatsführung eingestellt werden (alle Ressorts!).

1. I m I n n e r n . Völlige Umkehrung der gegenwärt. innenpol. Zustände in D. Keine Duldung der Betätigung irgendeiner Gesinnung, die dem Ziel entgegen steht (Pazifismus!) Wer sich nicht bekehren läßt, muß gebeugt werden. Ausrottung des Marxismus mit Stumpf und Stiel. Einstellung der Jugend u. des ganzen Volkes auf den Gedanken, daß nur d. Kampf uns retten kann u. diesem Gedanken gegenüber alles zurückzutreten hat. (Verwirklicht in d. Millionen d. Nazi-Beweg. Sie wird wachsen.)

Ertüchtigung der Jugend u. Stärkung des Wehrwillens mit allen Mitteln. Todesstrafe für Landes- u. Volksverrat. Straffste autoritäre Staatsführung. Beseitigung des Krebsschadens der Demokratie!

2. N a c h a u ß e n . Kampf gegen Versailles. Gleichberechtigung in Genf; aber zwecklos, wenn Volk nicht auf Wehrwillen eingestellt. Sorge für Bundesgenossen.

3. W i r t s c h a f t ! Der Bauer m u ß gerettet werden! Siedlungspolitik! Künft. Steigerung d. Ausfuhr zwecklos. Aufnahmefähigkeit d. Welt ist begrenzt u. Produktion ist überall übersteigert. I m Siedeln liegt einzige

132 Reinhard Müller, Hitlers Rede vor der Reichswehrführung 1933. Eine neue Moskauer Überlieferung, in: Mittelweg 36, Zeitschrift des Hamburger Instituts für Sozialforschung, 10. Jahrgang, Februar/März 2001, S. 74 f.

Mögl., Arbeitslosenheer z. T. wieder einzuspannen. Aber braucht Zeit u. radikale Änderung nicht zu erwarten, da Lebensraum für d[eutsches] Volk zu klein.

4. A u f b a u d e r W e h r m a c h t wichtigste Voraussetzung für Erreichung des Ziels: Wiedererringung der pol. Macht. Allg. Wehrpflicht muß wieder kommen. Zuvor aber muß Staatsführung dafür sorgen, daß die Wehrpflichtigen vor Eintritt nicht schon durch Pazif., Marxismus, Bolschewismus vergiftet werden oder nach Dienstzeit diesem Gifte verfallen. Wie soll pol. Macht, wenn sie gewonnen ist, gebraucht werden? Jetzt noch nicht zu sagen. Vielleicht Erkämpfung neuer Export-Mögl., vielleicht — und wohl besser — Eroberung neuen Lebensraums im Osten u. dessen rücksichtslose Germanisierung. Sicher, daß erst mit pol. Macht u. Kampf jetzige wirtsch. Zustände geändert werden können. Alles, was jetzt geschehen kann — Siedlung — Aushilfsmittel.

Wehrmacht wichtigste u. sozialistischste Einrichtung d. Staates. Sie soll unpol. u. überparteilich bleiben. Der Kampf im Innern nicht ihre Sache, sondern der Nazi-Organisationen. Anders wie in Italien keine Verquickung v. Heer u. SA beabsichtigt. — Gefährlichste Zeit ist die des Aufbaus der Wehrmacht. Da wird sich zeigen, ob Fr[ankreich] S t a a t s m ä n n e r hat; wenn ja, wird es uns Zeit nicht lassen, sondern über uns herfallen (vermutlich mit Ost-Trabanten)."[133]

Nachträglich ergänzte Liebmann unter der Überschrift „allgemeiner Eindruck" eine einschätzende Zusammenfassung der Person Hitlers: „Zunächst unscheinbar und unbedeutend. Beim Sprechen tritt starker Wille und idealer Schwung hervor und man hat (den) Eindruck eines Mannes, der weiß, was er will und der entschlossen ist, seine Ideale mit äußerster Energie in die Tat umzusetzen. Ob daneben die Fähigkeiten stehen, die nötig sind, die ungeheuern, jedem seiner Pläne entgegenstehenden Schwierigkeiten zu beseitigen, kann man nur erhoffen, erweisen kann es nur die Zukunft."[134]

Von der Rede Hitlers am 3. Februar 1933 im Reichswehrministerium liegt kein Redetext vor – die meistzitierte Überlieferung ist die Aufzeichnung von Curt Liebmann, der sich auf zwei Seiten in knapper,

133 Vogelsang, Neue Dokumente, S. 434 f.
134 Müller, Hitlers Rede, S. 75.

telegrammartiger Form stichpunktartige Notizen machte: diese geben nicht den chronologischen Verlauf der Rede wieder, sondern heben einige zentrale Themenkomplexe hervor, die sich an den Punkten „Im Innern", „Nach außen", „Wirtschaft" und natürlich „Aufbau der Wehrmacht" orientieren.[135]

Die zweite Überlieferung stammt von Horst von Mellenthin, dem damaligen Adjutanten Hammerstein-Equords, der während der Rede zusammen mit dem Adjutanten Erich Raeders, Martin Baltzer, hinter einem Vorhang saß und die Rede mitschrieb. Sein fortlaufend fließender Text in wörtlicher Rede war umfangreicher als die Liebmann-Notizen und entstand auf der Basis von Stichworten, die er sich während der Rede gemacht hatte und am Tag danach aufgab.[136] Die Inhalte der zwei Überlieferungen Liebmanns und Mellenthins stimmen im Wesentlichen überein, unterscheiden sich nur in einem Punkt: Mellenthin gibt die außenpolitischen Ziele Hitlers mit „Kolonien" an, wo Curt Liebmann den Begriff „Germanisierung" nutzt.

Die dritte, zeitnächste und umfangreichste Überlieferung wurde als Typoskript erst um die Jahrtausendwende im Archivbestand des Sekretärs des Exekutivkomitees der Kommunistischen Jugend Jossif (Ossip) Pjatnizki im ehemaligem Zentralen Parteiarchiv in Moskau gefunden. Sie war am 6. Februar 1933 in chiffrierter Form aus Berlin auf dem Funkweg übermittelt, von der Chiffrierabteilung des Exekutivkomitees der Komintern dechiffriert und danach als „streng vertraulich" klassifiziert an Jossif Pjatnizki weitergeleitet worden.[137] Der Text stammte „aus dem Kreis der Verbindungsleute des Nachrichtendienstes der KPD". Der Nachrichtendienst der Kommunistischen Partei Deutschlands hatte über Verbindungsleute bürgerlicher Herkunft, die in den höchsten Gesellschaftskreisen verkehrten, schon seit längerer Zeit Kontakte bis in die Führungsspitzen der Reichswehr.

Als direkte Kontaktpersonen der KPD fungierten auch zwei Töchter Kurt von Hammerstein-Equords. Helga von Hammerstein-Equord (1913–2005) trat als Sechzehnjährige dem Kommunistischen Jugendverband Deutschlands bei und machte seit 1930 unter dem Decknamen „Grete"[138] ihrem zeitweiligem Freund, dem KPD-Funktionär Leo Roth, regelmäßig geheime Originaldokumente zugänglich, so zum Beispiel die Anklage-

135 Wirsching, „Man kann nur Boden germanisieren", S. 520.

136 Ebenda, S. 520 f.

137 Das Dokument ist ganz abgedruckt bei Wirsching, „Man kann nur Boden germanisieren", S. 545 ff.

138 Helga von Hammerstein-Equord setzte noch bis 1937 ihre Informantinnentätigkeit fort. Eine ausführliche Beschäftigung mit den Hammerstein-Töchtern gibt es bei: Gottfried Paasche, Eine Adelsfamilie zwischen Tradition und Widerstand, Berlin 2022.

schrift für den Prozess um den Reichstagsbrand. Unklar ist, ob auch sie während der Rede Hitlers hinter dem Vorhang gesessen hat und sich Notizen machte, wahrscheinlicher ist aber, dass sie die Mitschrift eines der Adjutanten wenige Tage später heimlich aus dem Büro ihres Vaters schaffte, um sie mit Roths Hilfe abzufotografieren.[139] Leo Roth (1911–1937) erhielt eine nachrichtendienstliche Ausbildung in Moskau und war ab 1933 einer der wichtigsten Funktionäre für den Geheimapparat der KPD in Deutschland. Er wurde 1937 vom Militärkollegium des Obersten Gerichts in Moskau wegen „Spionage" und „Vorbereitung von Terroranschlägen" zum Tode verurteilt und am gleichen Tag erschossen.[140]

Das Zusammentreffen vom 3. Februar 1933 besiegelte das „Bündnis" zwischen Hitler und der neuen Reichswehrführung um den neuen Reichswehrminister Blomberg.[141] Die Kooperation der traditionellen Eliten der Reichswehrführung mit der NS-Bewegung in der Anfangsphase des Regimes wurde in einer Sitzung des Reichskabinetts am 8. Februar 1933 mit dem Beschluss bekräftigt, dass die militärische Aufrüstung den absoluten Vorrang vor zivilen Maßnahmen hatte.[142] Hitler, der zur Armee ein gespanntes Verhältnis hatte, brauchte Blomberg in den Jahren der Machtkonsolidierung als Bindeglied zwischen Reichswehr und NS-Bewegung und als Instrument, um die militärische Macht gleichzuschalten und zu kontrollieren. Blomberg wie Reichspräsident Hindenburg waren Träger der alten Ordnung und spielten eine wichtige Integrationsfunktion bei der Etablierung und Inszenierung des „Führerkultes".[143]

Nach den Reichstagswahlen im März 1933, bei der die NSDAP über 43% der Stimmen erhielt, setzte Reichswehrminister Blomberg ausschließlich auf die NS-Bewegung. Er ernannte seinen Vertrauten Walter von Reichenau[144] zum Chef des Ministeramtes im Reichswehrministerium, das später in Wehrmachtamt umbenannt und in den folgenden Jahren mit dem Fernziel einer zentralisierten Wehrmachtführung kontinuierlich ausgebaut wurde.[145] Damit schuf Blomberg eine Dachorganisation über den Wehrmachtteilen mit einer eigenen operativen Führungsabteilung, die als erster Versuch für einen

139 Vgl.: Paasche, Töchter, S. 153.
140 Vgl.: Leo Roth (Viktor), in: Hermann Weber/Andreas Herbst, Deutsche Kommunisten. Biographisches Handbuch 1918 bis 1945, Berlin 2004, S. 629 f.
141 Wirsching, „Man kann nur Boden germanisieren", S. 517.
142 Schäfer, Werner von Blomberg, S. 106.
143 Ebenda, S. 118.
144 Vgl.: Brendan Simms, Walther (sic!) von Reichenau – Der politische General, in: Ronald Smelser/Enrico Syring, Die Militärelite des Dritten Reiches, Berlin 1995, S. 423 ff.
145 Schäfer, Werner von Blomberg, S. 108 f.

Wehrmacht-Generalstab angesehen werden kann und das Führungsorgan des Wehrministers in seiner Eigenschaft als Oberbefehlshaber der Wehrmacht war. Innerhalb der Strukturen des Wehrmachtamtes wurde ein Wehrmachtrüstungsamt geschaffen, dessen Leitung der bisherige Chef des Heereswaffenamtes Oberst Georg Thomas übernahm. Das Wehrmachtrüstungsamt war mit der Lenkung der wehrwirtschaftlichen Aspekte des neuen militärpolitischen Kurses betraut. Nach seiner Ernennung zum Befehlshaber der gesamten Reichswehr Ende April 1933 hatte Werner von Blomberg neben der ministeriellen Verantwortung auch die Kommando- und Befehlsgewalt über die Streitkräfte des Reiches inne.[146]

Auf einer Befehlshaberbesprechung im Juni 1933 setzte Reichswehrminister Blomberg der „unpolitischen Reichswehr" ein Ende und erklärte, es bleibe nur „der nationalsozialistischen Bewegung mit voller Hingabe zu dienen."[147] Die Politisierung bzw. die ideologische Öffnung der deutschen Streitkräfte gegenüber der NS-Bewegung wurde von ihm in der Folgezeit immer weiter vorangetrieben. Im April 1933 kam es zur Einführung der deutschen Grußpflicht („Deutscher Gruß") zwischen Reichswehr und Polizei, die ab dem 22. Mai auch zwischen der Reichswehr und den Verbänden der SA und der SS galt, im September 1933 ordnete Blomberg den Gruß „Sieg Heil" ebenso für Reichswehrangehörige an.[148]

Im Februar 1934 erließ Hindenburg auf Blombergs Vorschlag eine Verordnung, mit der die Uniformen der Reichswehr durch die Einführung des NS-Hoheitsabzeichens (stilisierter Adler mit Hakenkreuz) an Dienstmütze, Stahlhelm und Uniformrock visuell angepasst wurden.[149] In einem Erlass vom 28. Februar 1934 ordnete der Reichswehrminister schließlich die sinngemäße Anwendung des „Arier-Paragraphen" des Gesetzes zur „Wiederherstellung des Berufsbeamtentums" vom April 1933 auf Offiziere, Deckoffiziere, Unteroffiziere und Mannschaften der Reichswehr an.[150] Im Rahmen der darauffolgenden „Säuberungsaktion" wurden etwa 70 „nicht-arische" Offiziere, Unteroffiziere und Soldaten

146 Jürgen Förster, Die Wehrmacht im NS-Staat. Eine strukturgeschichtliche Analyse, München 2008, S. 26.

147 Aufzeichnung des Generalleutnants Liebmann über die Ausführungen des Reichswehrministers auf der Befehlshaberbesprechung am 1. Juni 1933 in Bad Wildungen, in: Klaus-Jürgen Müller, Armee und Drittes Reich 1933-1939. Darstellung und Dokumentation, Paderborn 1987, Dokument 29, S. 161.

148 Schäfer, Werner von Blomberg, S. 120.

149 Ebenda, S. 123.

150 Vgl.: Wolfram Wette, Die Wehrmacht. Feindbilder. Vernichtungskrieg. Legenden, Frankfurt am Main 2002, S. 75 f.

Kurt Freiherr von Hammerstein-Equord in seinem Arbeitszimmer in der Bendlerstraße, 1933
Quelle: Privatbesitz

aus der Reichswehr entlassen. Diese antisemitische Maßnahme war ein massiver Eingriff in die traditionelle Personalautonomie – eine bis dahin streng gehütete Domäne der militärischen Führung.[151]

Innerhalb nur weniger Monate gelang es den Nationalsozialisten die verfassungsmäßige Ordnung der Weimarer Republik zu zerstören und eine Diktatur zu errichten. Neben dem Reichstag wurden auch die Länderparlamente und Kommunalvertretungen und bis zum Sommer auch alle Parteien außer der NSDAP aufgelöst und oder zur Selbstauflösung gedrängt.

Bis auf Kurt von Hammerstein stand die übergroße Mehrheit der Reichswehrführung den Verfolgungsmaßnahmen und der Verschleppung von NS-Gegnern in der Anfangszeit des Regimes neutral bis wohlwollend gegenüber.[152] Der Chef der Heeresleitung war 1930 mit seiner Familie in den Ostflügel der Bendlerstraße 14 gezogen. Dort befanden

151 Schäfer, Werner von Blomberg, S. 124.
152 Müller, Armee und Drittes Reich 1933-1939, S. 52.

Hochzeitsbild von Marie Louise von Hammerstein und Mogens von Harbou (Mitte) vom 4. März 1933, aufgenommen von einem Heeresfotografen im Speisesaal der Dienstwohnung der Hammersteins in der Bendlerstraße

Rechts neben dem verheirateten Paar die Mutter der Braut Maria von Hammerstein, der ehemalige Reichskanzler und Freund der Familie Kurt von Schleicher mit seiner Frau Elisabeth und der Vater der Braut Kurt von Hammerstein-Equord

Quelle: Privatbesitz

sich im ersten Stock die Büroräume der Heeresführung, im dritten Stock die privaten Wohnräume der Familie und weitere Schlafzimmer für einige der sieben Kinder der Familie Hammerstein im vierten Stock.[153]

Am 4. März 1933 heiratete die älteste Tochter Hammersteins Marie Louise den Berliner Rechtsanwalt Mogens von Harbou.[154] Auf dem in der Wohnung in der Bendlerstraße entstandenem Gruppenbild sind die Angehörigen beider Familien zu sehen, der „prominenteste" unter den Abgebildeten ist der ehemalige Reichskanzler und Freund der Familie Kurt von Schleicher. Hammerstein hatte dessen Politik der „Zähmung" der NSDAP durch deren Beteiligung an Regierungsverantwortung unterstützt und die Auffassung vertreten, dass durch Beibehaltung einer parteipolitisch unabhängigen Reichswehrführung die Kontrolle einer nationalsozialistisch geführten Reichsregierung möglich sei.

153 Paasche, Hammersteins Töchter, S. 24 f.
154 Ebenda, S. 25.

Umbenennung der Königin-Augusta-Straße in Tirpitzufer, 1934

Quelle: Süddeutsche Photo, Bild-ID: 00365987

Durch Schleichers Absetzung und der Ernennung Blombergs zum Reichswehrminister und Ende April 1933 zusätzlich zum Oberbefehlshaber nahm Hammersteins Einfluss auf die Reichswehr stetig ab. Er äußerte sich in der Öffentlichkeit kritisch zu den neuen Machthabern und reichte Ende 1933 sein Abschiedsgesuch zu Ende Januar 1934 ein.[155] Zu seinem Nachfolger wurde Generalleutnant, später General der Artillerie Werner Freiherr von Fritsch ernannt, der zwar jeden Parteiübergriff in die Sphäre der Reichswehr ablehnte, aber gegenüber dem NS-Regime und seinem „Führer" positiv eingestellt war.[156] Fritsch übernahm auch die Dienstwohnung Hammersteins im Bendlerblock.

Ende 1933 wurden die Straßennamen um das Reichswehrministerium „militarisiert". Zu Ehren von Großadmiral von Tirpitz, der im März 1930 gestorben war, wurde die Königin-Augusta-Straße in Tirpitzufer umbenannt (und mit anderen Hausnummern versehen). Die neue Anschrift des Reichswehrministeriums lautete nun Tirpitzufer 72–76. Anlässlich des 19. Jahrestags der Schlacht bei den Falklandinseln im Dezember 1914, in der die Alliierten die deutsche Südostasienflotte auf dem Weg nach Europa versenkten, wurden auch die in der Nähe des Bendlerblocks liegende Matthäikirch- in Standartenstraße und die Hohenzollernstraße in die Graf-Spee-Straße umbenannt.

Bis Ende 1933 waren nahezu alle politischen und gesellschaftlichen Institutionen und Organisationen auf die Linie des neuen Regimes gebracht oder verboten worden. Hitlers Macht ruhte auf der Loyalität der Führungskräfte in Wirtschaft, Verwaltung und Reichswehr, auf der Zustimmung eines Großteils der gleichgeschalteten Bevölkerung sowie auf der SA, die in den Jahren vor der „Machtergreifung" eine herausgehobene Rolle gespielt hatte.[157] Er gebrauchte das Bild des „Dritten Reiches" als eines Staates, der auf zwei Säulen ruhte: die politische Säule, in der die in der nationalsozialistischen Bewegung organisierte „Volksgemeinschaft" als alleiniger politischer Willensträger definiert war und die Reichswehr als die militärische Säule und einziger Waffenträger des Reiches.[158]

---

155 Paasche, Hammersteins Töchter, S. 146 f.

156 Müller, Armee und Drittes Reich 1933–1939, S. 54. Zu Fritsch: Horst Mühleisen, Generaloberst Werner Freiherr von Fritsch, in: Gerd R. Ueberschär (Hrsg.), Hitlers militärische Elite, Bd. 1, Darmstadt 1998, S. 61 ff.

157 Herbert, Geschichte, S. 321.

158 Vgl.: Förster, Die Wehrmacht im NS-Staat, S. 22 ff.

Reichskriegsminister Werner von Blomberg mit den Oberbefehlshabern der drei Wehrmachtteile (vordere Reihe von links: Erich Raeder, Hermann Göring, Werner von Fritsch) beim Abschreiten einer Ehrenkompanie am Tirpitzufer zum Anlass seines 40-jährigen Dienstjubiläums, 1937

Quelle: Gedenkstätte Deutscher Widerstand

Auszug aus den Erinnerungen Karl Boehm-Tettelbachs, dem Adjutanten Werner von Blombergs

„Gastlichkeit am Tirpitzufer

An Blombergs Diensträume im ersten Stock des Ministeriums grenzten die Gesellschaftsräume und die Privatwohnung des Ministers. Die Privatwohnung konnte durch einen unauffälligen Eingang vom vorgebauten Hauptportal aus erreicht werden. Blombergs Haushalt wurde von seiner zweitältesten Tochter Sibylle und später von der jüngeren Dorothee, genannt Dorle, geführt. Beide Damen traten jedoch nicht in Erscheinung, wenn zu den regelmäßigen Herrenessen der Wehrmacht, bei denen bis zu 24 Personen Platz nehmen konnten, gebeten wurde.
Das Arrangement dieser Essen oblag den eingeteilten Adjutanten. Die vorzüglichen Speisen und die ausgesuchten Weine wurden abwechselnd von Horcher oder dem Hotel Bristol geliefert und von ihrem Personal serviert. Wir Adjutanten liebten diese Essen nicht sonderlich,

verursachten sie doch einen ziemlichen Arbeitsaufwand. Außerdem verliefen die Abende durchweg in einer steifen, förmlichen Atmosphäre. Die anwesenden Adjutanten wurden in der Regel von der eingeladenen Generalität kaum eines Wortes oder Händedrucks gewürdigt. [...] Sobald zu einer Gästerunde Parteileute, Regierung oder gar Künstler gehörten, konnte schwer ein Ende gefunden werden. Im Hinblick auf die Verpflichtung des nächsten Tages war das nicht unproblematisch. Daher hieß es stets: ‚Wagen um 24.00 Uhr.' Wenn auch diese Stunde im allgemeinen eingehalten wurde, so war der Termin illusorisch, wenn reine Künstlerfeste stattfanden und Blomberg im Kreise von Sängern, Schauspielern und Bühnen- und Filmstars zu vergessen suchte, was der nüchterne Tagesablauf, das Feilschen um Divisionen, Stahl und Betriebsstoff, ihm abverlangte."[159]

Die SA unter ihrem Stabschef Ernst Röhm blieb im neuen Staat ohne Aufgabe, obwohl sie durch die Integration der nationalen Wehrverbände auf mittlerweile mehr als drei Millionen Mitglieder angewachsen war. Seit Ende 1933 zeichnete sich die Gefahr einer Auseinandersetzung zwischen Reichswehr und SA ab, die zunehmend militärpolitische Ambitionen hegte und eine Konkurrenzsituation zum Offizierkorps schaffte: Röhm hatte die Hoffnung, die SA würde nach dem Machtantritt unter Verschmelzung mit der zahlenmäßig kleineren Reichswehr und der Ausschaltung der reaktionären Generale zum Kern eines neuen nationalsozialistischen Volksheeres werden.[160]

Sein Streben nach einer organisatorischen Verselbstständigung seiner Streitmacht als zukünftige Volksmiliz mit staatlichem Waffenmonopol und nach einer „Zweiten Revolution" - einer sozialrevolutionären Umformung der Gesellschaft im Sinne eines „nationalen Sozialismus" - bedrohte die Stellung der Reichswehr im neuen NS-Staat.[161] Anfang 1934 konnte Röhm die Finanzierung der SA durch Reichsmittel durchsetzen und beanspruchte immer lauter eine Führungsrolle im militärischen Bereich[162]. Anfang Februar übersandte er in Beantwortung eines Memorandums des Reichswehrministers eine Denkschrift an Blomberg und Hitler, in der die Rolle der Reichswehr auf die Funktion eines reinen Ausbildungsheeres skizziert wurde.[163]

159 Karl Boehm-Tettelbach, Als Flieger in der Hexenküche, Mainz 1981, S. 21 ff.

160 Schäfer, Werner von Blomberg, S. 135.

161 Vgl.: Daniel Siemens, Sturmabteilung. Die Geschichte der SA, München 2019, S. 223 ff.

162 Vgl.: Peter Longerich, Die braunen Bataillone, München 1989, S. 185.

163 Longerich, Die braunen Bataillone, S. 204.

Die Spannungen zwischen beiden Organisationen, auch verschärft durch riesige Aufmärsche, welche die SA noch immer veranstaltete, erhöhten sich, sodass die Reichswehrführung detaillierte „Richtlinien für die Zusammenarbeit von Vertretern der SA-Führung und der Reichswehr" ausarbeitete. Diese Richtlinien legten eindeutig die Vorherrschaft der Reichswehrführung über die SA auf dem Gebiet der Landesverteidigung fest und stuften die SA letztlich zu einer vor- und nachmilitärischen Ausbildungsorganisation herab.[164] Auf einer gemeinsamen Konferenz von Vertretern der SA-Führung und der Reichswehr am 28. Februar 1934 sprach sich Hitler in einer militärpolitischen Grundsatzrede gegen deren wehrpolitische Ambitionen aus und erteilte einer SA-Miliz eine totale Absage.[165]

Am 30. Juni 1934 wurden in einer umsichtig vorbereiteten Aktion etwa 85 Führungskräfte der SA, konservative Kritiker, Regimegegner und alte parteiinterne Konkurrenten ermordet.[166] Die in der NS-Propaganda zum „Röhm-Putsch" stilisierte „Säuberungsaktion" wurde von der SS mit Unterstützung der Reichswehr ausgeführt und markierte nach der Phase der Machteroberung, in der Hitler die Macht noch mit den Führern der verschiedenen Richtungen der nationalen Bewegung geteilt hatte, den Übergang zur Konsolidierung der nationalsozialistischen Diktatur.[167] Durch die Ausschaltung der SA als Konkurrentin änderte sich die Rolle der Reichswehr im Machtgefüge des NS-Staates – ihre Monopolstellung als „Waffenträger der Nation" war nun unbestritten.[168]

Gleichzeitig hatte sie sich bei der Mordaktion zur Komplizin der NS-Führung gemacht: neben der reibungslosen Zusammenarbeit zwischen lokalen Kommandostellen der SS und der Reichswehr vor allem im bayerischen Raum und in Berlin, waren auch Waffen und Munition, Verpflegung und Fahrzeuge als technische Unterstützung an die SS abgegeben wurden.[169] Vor allem die Ermordung der Reichswehrgeneräle Kurt von Schleicher und Ferdinand von Bredow sorgte für monatelange Meinungsverschiedenheiten und Diskussionen innerhalb der Reichswehr.[170]

---

164 Müller, Armee und Drittes Reich 1933–1939, S. 64.
165 Longerich, Die braunen Bataillone, S. 204 und Müller, Armee und Drittes Reich 1933–1939. S. 64.
166 Longerich, Die braunen Bataillone, S. 219.
167 Müller, Armee und Drittes Reich 1933–1939, S. 322.
168 Herbert, Geschichte, S. 323.
169 Müller, Armee und Drittes Reich 1933–1939, S. 68.
170 Ferdinand von Bredow (1884–1934) war seit Ende 1932 Chef des Ministeramtes im Reichswehrministerium und reichte am 1. Februar 1933 seinen Abschied ein, ihm folgte Walter von Reichenau. Kurt von Schleicher wurde mit seiner Frau Elisabeth am Mittag des 30. Juni 1934 von Angehörigen des Sicherheitsdienstes der SS (SD) in seinem Haus in Neubabelsberg erschossen. Zu Bredow vgl. Irene Strenge, Ferdinand von Bredow. Notizen vom 20.2.1933 bis 31.12.1933. Tägliche Aufzeichnungen vom 1.1.1934 bis 28.6.1934, Berlin 2009.

Reichspräsident Paul von Hindenburg beim Verlassen der Gedenkfeier zum 100. Geburtstag von Alfred Graf von Schlieffen am 28. Februar 1933 im Reichswehrministerium

Quelle: Landesarchiv Berlin, F Rep. 290-06-01 Nr. 903 / Foto: Siepelt

Die eigentliche Gewinnerin der Ausschaltung der SA war die SS: ihre Unterordnung unter die SA wurde durch Hitler aufgehoben und sie begann sich durch das neue Waffenmonopol sowie ihre politisch-soziale Eliteposition zu einer neuen Gefahr für die Streitkräfte zu entwickeln.[171]

Am Morgen des 2. August starb der 86-jährige Reichspräsident Paul von Hindenburg, der letzte demokratisch gewählte Reichspräsident der Weimarer Republik. Noch am selben Tag wurde durch Reichsgesetz das Amt des Reichspräsidenten mit dem des Reichskanzlers vereinigt, Hitler übernahm mit dieser Änderung gleichzeitig das Oberkommando über die Reichswehr. Er nannte sich nun „Führer und Reichskanzler".[172]

Schon am Tag von Hindenburgs Tod hatte Reichswehrminister Blomberg die sofortige Vereidigung der Soldaten der Reichswehr auf den „Führer des Deutschen Reiches und Volkes, Adolf Hitler" befohlen.[173] Die Bindung der Streitkräfte an die Person Hitlers wurde nun mit „bedingungsloser Treue" geschworen. Nach dem Tod Hindenburgs hatte der „Führerstaat" seine Macht im Inneren des Reiches abgesichert und Hitler richtete seinen Fokus auf außen- und wehrpolitische Felder.[174]

Mitte 1935 führte das Deutsche Reich die allgemeine Wehrpflicht wieder ein und verstieß damit eklatant gegen die Bestimmungen des Versailler Vertrages. Sanktionen oder ein militärisches Eingreifen der Westmächte blieben aus. Das am 21. Mai 1935 erlassene Wehrgesetz markierte einen Wendepunkt in der Militärgeschichte des NS-Staates. Es bedeutete das nicht nur namentliche Ende der professionellen Kader-Reichswehr und der Beginn einer nationalsozialistischen Volkswehrmacht.[175] Nach den Bestimmungen des neuen Wehrgesetzes wurde die Bezeichnung Reichswehr durch Wehrmacht ersetzt, das Reichswehrministerium in Reichskriegsministerium und der Reichswehrminister zum „Reichskriegsminister und Oberbefehlshaber der Wehrmacht" umbenannt. Die neue deutsche Wehrmacht gliederte sich in die drei Wehrmachtteile „Heer", „Kriegsmarine" und „Luftwaffe". Die Gliederung des Heeres erfolgte in drei Gruppen (Berlin, Kassel, Dresden) sowie in zehn Wehrkreise (Königsberg, Stettin, Berlin, Dresden, Stuttgart, Münster, München, Breslau, Kassel, Hamburg).

---

171 Müller, Armee und Drittes Reich 1933–1939, S. 70.
172 Schäfer, Werner von Blomberg, S. 146.
173 Schäfer, Werner von Blomberg, S. 152.
174 Vgl.: Manfred Messerschmidt, Außenpolitik und Kriegsvorbereitung, in: Militärgeschichtliches Forschungsamt (Hrsg.), Das Deutsche Reich und der Zweite Weltkrieg, Band 1, Ursachen und Voraussetzungen der deutschen Kriegspolitik, Stuttgart 1979, S. 535 ff.
175 Förster, Die Wehrmacht im NS-Staat, S. 34; siehe auch: Schäfer, Werner von Blomberg, S. 159.

Die Wehrmachtführung verfügte 1935 über 21 Divisionen, die aber noch nicht ihre volle personelle und materielle Stärke erreicht hatten, da nur rund 280.000 Mann unter Waffen standen. Von den für den Endausbau des 21-Divionen-Heeres vorgesehenen 189 Infanteriebataillonen waren erst 109 aufgestellt worden.[176] In einer seit Herbst 1935 in den Wehrkreisen verbreiteten Broschüre wurden die Richtlinien des Reichskriegsministers für das politische Verhalten der Soldaten aufgestellt, um den Kommandeuren „die tägliche Arbeit" zu erleichtern. Sie waren ein wichtiges Instrument zur Indoktrination und sollten die nationalsozialistische Weltanschauung stärken.[177] In den folgenden zehn Jahren wurden etwa 18 Millionen deutsche Männer dem zivilen Arbeitsleben entzogen und zwangsweise zur Wehrmacht einberufen. Die ersten Rekruten des Jahrgangs 1914 rückten am 1. November 1935 zunächst für ein Jahr in die Kasernen ein. Ab August 1936 wurde die aktive Dienstpflicht auf zwei Jahre festgesetzt.[178]

In der Folgezeit war das außenpolitische Bestreben Hitlers die möglichst unbeschadete Überwindung der Phase der Aufrüstung und die Wiederwehrhaftmachung Deutschlands. Mit der schnellen Revision des Versailler Vertrages und der Ausdehnung des informellen Einflussgebietes Deutschlands auf dem Kontinent sollte dann auch die formelle Ausweitung des deutschen Herrschaftsbereichs insbesondere durch die Expansion nach Osteuropa vorbereitet werden.[179] Dazu verfolgte Hitler eine konsequente nach Osten wie nach Westen gerichtete Beschwichtigungspolitik verbunden mit der sukzessiven Erweiterung seines Handlungsspielraums und einer Politik der legitimierenden Absicherung nach innen durch Plebiszite und Abstimmungen.[180]

Zwischen 1935 und 1937 trat die strategische und operative Planung der neuen Streitkräfte in ein entscheidendes Stadium, dabei entstanden Auseinandersetzungen über mögliche Einsatzfälle der Wehrmacht: der Grundsatzkonflikt zwischen Hitler und dem Chef des Generalstabes des Heeres General Ludwig Beck drehte sich vor allem um Möglichkeiten, Bedingungen und Grenzen der deutschen Revisionspolitik.[181] Beck strebte den endgültigen rüstungspolitischen Aufbauzustand und dessen bündnispolitische Untermauerung an und lehnte vorzeitige

176 Schäfer, Werner von Blomberg, S. 159.
177 Ebenda, S. 125.
178 Vgl.: Förster, Die Wehrmacht im NS-Staat, S. 36.
179 Herbert, Geschichte, S. 350.
180 Ebenda.
181 Müller, Generaloberst Ludwig Beck, S. 229 ff.

„kriegerische" Aktionen ab oder fasste sie nur als aufgezwungene Defensivmaßnahmen ins Auge.[182] Im Gegensatz dazu schlossen Hitler und Reichskriegsminister Blomberg eine militärische Aktion noch während der Aufbauphase der Wehrmacht bei sich bietender Gelegenheit nicht aus, sondern kalkulierten sie als „bewegliche Größe" mit ein.[183]

Mit dem Einmarsch deutscher Truppen in das entmilitarisierte Rheinland im März 1936 riskierte Hitler erneut eine mögliche militärische Intervention der Westmächte, die auch dieses Mal nicht erfolgte. Mitte 1936 konnte sich das Deutsche Reich mit der Austragung der Olympischen Sommerspiele als friedliches und weltoffenes Land inszenieren, während im Hintergrund der Aufrüstungskurs weiterverfolgt wurde und unter deutscher militärischer Beteiligung die „Legion Condor" im Spanischen Bürgerkrieg tausende zivile Opfer zu verantworten hatte.

Der im November zunächst nur mit Japan geschlossene und gegen die Sowjetunion gerichtete „Antikominternpakt" deutete die kommende Konfrontation an, für die sich beide Staaten Neutralität zusicherten. Mit der „Achse Berlin-Rom" begann Hitler eine Annäherung zum faschistischen Italien, um einen Verbündeten für seine aggressive expansionistische Außenpolitik zu finden. Der wichtigste Ausgangspunkt für den wirtschaftspolitischen Kurs der Nationalsozialisten, in dem alle Investitionen in die Industrie gelenkt wurden, war die „Bedrohung durch den Bolschewismus", die so groß und so gefährlich sei, dass sich Deutschland so schnell wie möglich auf einen Krieg vorzubereiten habe.[184]

182 Ebenda, S. 235.

183 Ebenda.

184 Herbert, Geschichte, S. 371.

Die Erweiterung des Bendlerblocks ab 1935

Für die ihm zugedachten großen Aufgaben wurde nun auch das Reichskriegsministerium in der Bendlerstraße räumlich erweitert. Schon im Jahr 1926 hatte der damalige Reichswehrfiskus von der Neuen Tiergarten-Tattersall A.G. die Grundstücke Bendlerstraße 12/13 erworben. Inhaber sämtlicher Aktien der Gesellschaft war der Kaufmann Leo Israel. Offenbar war die A.G. verschuldet. Noch im März 1938 machte das Oberkommando des Heeres (OKH) eine Schuldforderung des Reichs gegen die Neue Tiergarten-Tattersall A.G. geltend. Die „Vermögensverhältnisse des Schuldners" sollten weiter überwacht werden, „sodass zu gegebener Zeit der Anspruch des Reichs erneut geltend gemacht werden kann. Gegebenenfalls ist auch die Geheime Staatspolizei um Auskunft über den Schuldner zu bitten." Die Gestapo schrieb im Mai 1939 an das OKH, dass die Ermittlungen zur „Feststellung der Vermögensverhältnisse des Juden Eugen-Leo Israel" noch nicht zum Abschluss gebracht werden konnten.[185] Bis Juni 1939 hatten die Ermittlungen ergeben, „dass Israel kein Vermögen und kein eigenes Einkommen hat, sondern von seinen in Berlin lebenden Geschwistern unterhalten wird." Daraufhin forderte das OKH zwei Monate später, die Vermögensverhältnisse des Schuldners weiter zu überwachen. Im März 1940 schließlich teilte das Reichssicherheitshauptamt der Hausverwaltung des OKH mit, dass „der Jude Israel [...] Ende Juni 1939 nach England ausgewandert" sei und die gewünschten Feststellungen sich nicht mehr treffen lassen würden.

Die bisher getrennten Grundstücke Nummer 12 und 13 wurden wegen des bevorstehenden Umbaus zusammengefasst und als ein Grundstück bewertet, eine Zusammenschreibung beim Grundbuchamt erfolgte im Juli 1937.[186]

Im Frühjahr 1936 reichte das Heeresbauamt I Zeichnungen zum geplanten „Erweiterungsbau Bendlerstrasse 11/13" des Reichskriegsministeriums bei der Städtischen Baupolizei im Bezirk Tiergarten ein.[187] Die Entwürfe des Erweiterungsbaus stammten vom Architektenbüro

185 Der Vorgang findet sich verstreut im nicht foliierten Band RH 9/66 zur Hausverwaltung des Bendlerblocks im Bundesarchiv/Militärarchiv in Freiburg im Breisgau.
186 BArch, RH 9/66, Schreiben der Hausverwaltung OKH an die Bewertungsstelle des Finanzamts Tiergarten vom 5. Oktober 1939.
187 Die überlieferten Entwürfe zeigen die Grundrisse des Keller- und Erdgeschosses sowie der restlichen vier Obergeschosse aus verschiedenen Perspektiven. Siehe die Akten im Landesarchiv Berlin, B Rep 202, Nr. 5590.

Haupteingang des Reichswehrministeriums am Landwehrkanal, Anfang der 1930er Jahre

Quelle: Süddeutsche Photo, Bild-ID: 00285776

Eingang zum Reichswehrministerium in der Bendlerstraße 14, Anfang der 1930er Jahre

Quelle: Süddeutsche Photo, Bild-ID: 00285777

Bielenberg & Moser. Das Architektenbüro von Richard Bielenberg (1871–1929) und Josef Moser (1872–1963) existierte seit der Jahrhundertwende und wurde nach dem Tod Bielenbergs von Moser fortgeführt. Es war verantwortlich für zahlreiche Großbauwerke, wie zum Beispiel den Neubau des Berliner Hotels „Der Fürstenhof".

Die städtische Baupolizei erteilte dem Heeresbauamt in einem Schreiben vom Juni 1936 die Befreiung von Bestimmungen der Bauordnung mit Zustimmung des Staatskommissars der Hauptstadt Berlin: dabei handelte es sich unter anderem um die Überschreitung der zulässig bebaubaren Grundstücksfläche und die Überschreitung der zulässigen Gebäudehöhe.[188] Nach mehrfach aufgetretenen Änderungen an den Entwürfen bat Ende des Jahres das Heeresbauamt I um eine „Prüfung und Erteilung einer Nachtragsgenehmigung sowie einer Erweiterung der bereits erteilten Befreiung von den Bestimmungen der Bauordnung".[189] Diese wurde Anfang des Jahres 1937 mit „Zustimmung des Stadtpräsidenten" erteilt.[190]

Nachdem auf den hinteren Teilen der Grundstücke die Bauarbeiten schon begonnen hatten, wurde im Februar/März 1938 schließlich mit dem Abbruch der Vorderhäuser der Nummern 11, 12 und 13 begonnen.[191] Erschaffen wurde auf einer Grundstücksfläche von 21.300 qm ein neuer Ostflügel des Reichskriegsministeriums aus Stahlskelettbauten und einer sich daran anschließenden Halle mit Reitbahn.[192] Die auch oft als Heeresnachrichtengebäude (H Nb) bezeichnete Nachrichten-Zentrale wurde 1942 mit einer Stahlbetonkonstruktion ummantelt.

Schon im März 1942 baten Vertreter des Heeresbauamts I die Hausverwaltung des OKH nach einer Begehung um „Überprüfung von Bauschäden". Gemeint waren vor allem die stark rissigen Trennwände in den Geschäftszimmern: „Die 13 cm starken Leichtwände sind im Winter 1936/37 bei starkem Frost gemauert und gleichzeitig geputzt worden. Diese beschleunigte Fertigstellung war wegen der vom O.K.H. geforderten sehr kurzen Frist dringend notwendig. [...] In den

188 Landesarchiv Berlin, B Rep 202 Nr. 5590, Blatt 9, Abschrift des Schreibens der Baupolizei Berlin an das Heeresbauamt I Berlin vom 3. Juni 1936.
189 Landesarchiv Berlin, B Rep 202 Nr. 5590, n. fol., Abschrift des Schreibens des Heeresbauamts I an die Baupolizei Berlin vom 12. Dezember 1936.
190 Landesarchiv Berlin, B Rep 202 Nr. 5590, n. fol., Abschrift des Schreibens der Baupolizei Berlin an das Heeresbauamt I Berlin vom 12. Januar 1937.
191 Landesarchiv Berlin, B Rep 202 Nr. 5590, n. fol., Schreiben der Architekten Bielenberg u. Moser an die Baupolizei Abteilung Tiergarten vom 16. Februar 1938.
192 Vgl. auch: Architekten- und Ingenieur-Verein zu Berlin (Hrsg.), Berlin und seine Bauten. Teil III. Bauwerke für Regierung und Verwaltung, Berlin 1966, S. 41.

Registraturgeschäftszimmern sind diese Risseerscheinungen besonders stark, sodaß beim Öffnen und Schließen der Türen die von der Decke gelösten Wände in den oberen Teilen um einige mm beweglich sind."[193]

Im Rahmen der Erweiterungsbauten wurde auch die 13 Meter hohe nicht mehr standsichere Mauer zwischen den Grundstücken Bendlerstraße 8, 9, 10 und dem Reichskriegsministerium von der Baupolizei beanstandet, die seinerzeit wegen der „Belästigung des Grundstücks durch die danebenliegenden Pferdeställe des Tattersalls" errichtet wurde.[194] Der Neffe der Eigentümerin des Hauses Nummer 10 machte das Heeresbauamt I nach einer Anfrage beim Büro des Generalbauinspektors der Reichshauptstadt darauf aufmerksam, dass schon zum 1. Januar 1940 verschiedene Häuser in der Bendlerstraße „benötigt" werden und fragte, ob nicht mit dem Abbruch der Mauer bis zum Abbruch des Hauses gewartet werden könne.[195] Die Eigentümerin des Hauses Nummer 10 war die 1860 geborene Cäcilie Lachmann, die 1880 den Historiker Felix Liebermann geheiratet hatte, der 1925 bei einem Autounfall ums Leben gekommen war. Die Schwägerin des Künstlers Max Liebermann musste zu Beginn des Zweiten Weltkrieges die Bendlerstraße 10 verlassen und zog in die Eisenzahnstraße 64. Im Beschluss der „Wiedergutmachungsämter" vom August 1954 heißt es, dass sie sich vor ihrer Deportation am 27. Januar 1943 das Leben genommen habe und ihr Vermögen durch Verfügung der Gestapo vom 6. April 1943 beschlagnahmt worden sei.[196]

193 BArch, RH 9/66, Schreiben des Heeresbauamts I Berlin an die OKH Hausverwaltung vom 9. März 1942.
194 Landesarchiv Berlin, B Rep 202 Nr. 5290, Blatt 77, Schreiben der Baupolizei Abteilung Tiergarten an die Eigentümer der Bendlerstraße 10 vom 11. April 1938. In der Bendlerstraße 8 wurden schon im Mai 1940 sämtliche freien Räume für die Unterbringung der Zensurgruppe der 1939 geschaffenen Amtsgruppe WPr (Wehrmachtpropaganda) benötigt. Siehe auch BArch, RH 9/66, Abschrift OKW an Kommandant Bendlerblock vom 28. Mai 1940. In der ersten Etage der Bendlerstraße Nummer 9 wohnte um die Jahrhundertwende auch der Maler Max Liebermann mit seiner Familie. Siehe Marina Sandig, Die Liebermanns. Ein biographisches Zeit- und Kulturbild der preußisch-jüdischen Familie und Verwandtschaft von Max Liebermann, Neustadt/Aisch 2005, S. 223.
195 Landesarchiv Berlin, B Rep 202 Nr. 5290, Blatt 82, Schreiben von Cäcilie Liebermann an die Baupolizei Abteilung Tiergarten vom 30. April 1938.
196 Landesarchiv Berlin, B Rep 025-03 Nr. 4750-51 Jsro, Blatt 46, Beschluss der Wiedergutmachungsämter von Berlin vom 24. August 1954. In der Sterbeurkunde vom 30. Januar 1943 wird als Todesursache „Schlaganfall" angegeben. Sie kann auf der Webseite von Ancestry abgerufen werden.

Das Reichskriegsministerium – Planungen für „Germania"

Das gesamte Reichskriegsministerium sollte nach den Plänen des Generalbauinspektors für die Reichshauptstadt (GBI) für die Neugestaltung Berlins wenige Meter nach Osten an eine der beiden großen Prachtstraßen ziehen, welche die nahezu komplett umgestaltete Stadtmitte von Ost nach West und von Nord nach Süd durchzogen hätten.

Für Hitlers Vorstellung bedeutete die Architektur eine wichtige Rolle für die Gestaltung des nationalsozialistischen Deutschlands. Die Ideologie und Macht von Partei und Staat sollten sich in der Größe, dem Stil und dem Material ihrer Gebäude manifestieren, die Umgestaltung Berlins in eine würdige Hauptstadt war deshalb von größter politischer Bedeutung.[197]

Die Einrichtung der staatlichen Planungsbehörde GBI war eng verbunden mit der auf Krieg ausgerichteten Zielsetzung des zweiten Vierjahresplanes, in dem die Bau- neben der Rüstungsindustrie eine Schlüsselstellung einnahm.[198] Bevor sie 1937 als übergeordnete Planungsbehörde offiziell eingerichtet wurde, arbeitete Albert Speer als designierter Chef bereits seit März 1936 an den Umgestaltungsplänen für die zukünftige „Welthauptstadt Germania". Speer wurde Ende Januar 1937 zum GBI gekürt und seine Dienststelle war – von den rechtlichen Befugnissen her einem Reichsministerium gleichgesetzt – nur dem „Führer" gegenüber verantwortlich.[199]

Die Neugestaltung Berlins sah als signifikantes Merkmal und gleichzeitig als Rückgrat des Stadtgrundrisses ein Achsenkreuz vor, dessen Straßen in Nord-Süd-Richtung und Ost-West-Richtung verliefen und sich im Bereich des Brandenburger Tores schnitten. Die vier Achsenenden schlossen jeweils auf den um Berlin geplanten Autobahnring an, welcher die neue Berliner Stadtgrenze bilden sollte.[200] An einem Großen Platz – dem Zentrum der Planung – sollten fast sämtliche relevanten

197 Lars Olof Larsson, Die Neugestaltung der Reichshauptstadt. Albert Speers Generalbebauungsplan für Berlin, Stuttgart 1978, S. 11.
198 Hans J. Reichhardt, Wolfgang Schäche, Von Berlin nach Germania. Über die Zerstörungen der Reichshauptstadt durch Albert Speers Neugestaltungsplanungen, Berlin 1986, S. 35.
199 Ebenda, S. 36.
200 Ebenda, S. 24.

Staats- und Parteibauten, Repräsentationsgebäude der großen Wirtschaftsunternehmen sowie diverse Denk- und Ehrenmäler stehen. Die vorrangige Fertigstellung dieser Anlage war für das Jahr 1950 geplant: im Rahmen einer „Weltausstellung" sollten die Gebäude ihrer Bestimmung übergeben und Berlin zu diesem Anlass feierlich in „Germania" umgetauft werden.[201]

Die GBI hatte in ihrem „Interessengebietsplan" vom 1. August 1938 jene Bereiche festgelegt, in denen ohne ihr Einverständnis nahezu keine Baumaßnahmen mehr möglich war. Die darin rot gezeichneten Flächen bedeckten mehr als die Hälfte des Stadtgebiets.[202] Die Neubauten sollten zur Umgestaltung ganzer Stadtviertel führen. Die rechtliche Grundlage dafür bot das „Gesetz über die Neugestaltung deutscher Städte" vom 4. Oktober 1937, demzufolge Grundeigentum entzogen oder beschränkt werden konnte, soweit es für die Durchführung städtebaulicher Maßnahmen erforderlich war.[203] Für den Bau der Nord-Süd-Achse sollten etwa 45.000 und dem der Ost-West-Achse knapp 7.000 Wohnungen abgerissen werden.[204] Die ersten, die ihre Wohnungen und Häuser zu räumen hatten, waren jüdische Mitbürgerinnen und Mitbürger.[205]

Das Reichskriegsministerium sollte nach den Planungen des GBI als Oberkommando der Wehrmacht seinen neuen Standort an der 120 Meter breiten Prachtstraße südlich der Großen Halle bekommen. Daneben sollte in einer langen blockartigen als Gedächtnis- und Trophäenort gedachten Soldatenhalle unter einer Krypta mit hohen Kreuzgewölbe Deutschlands militärische Ehre verherrlicht werden.[206] All diese Pläne wurden nicht realisiert.

---

201 Ebenda, S. 25.
202 Ebenda, S. 47 ff.
203 Ebenda, S. 73.
204 Ebenda, S. 77.
205 Ebenda.
206 Lars Olof Larsson, Neugestaltung, S. 49.

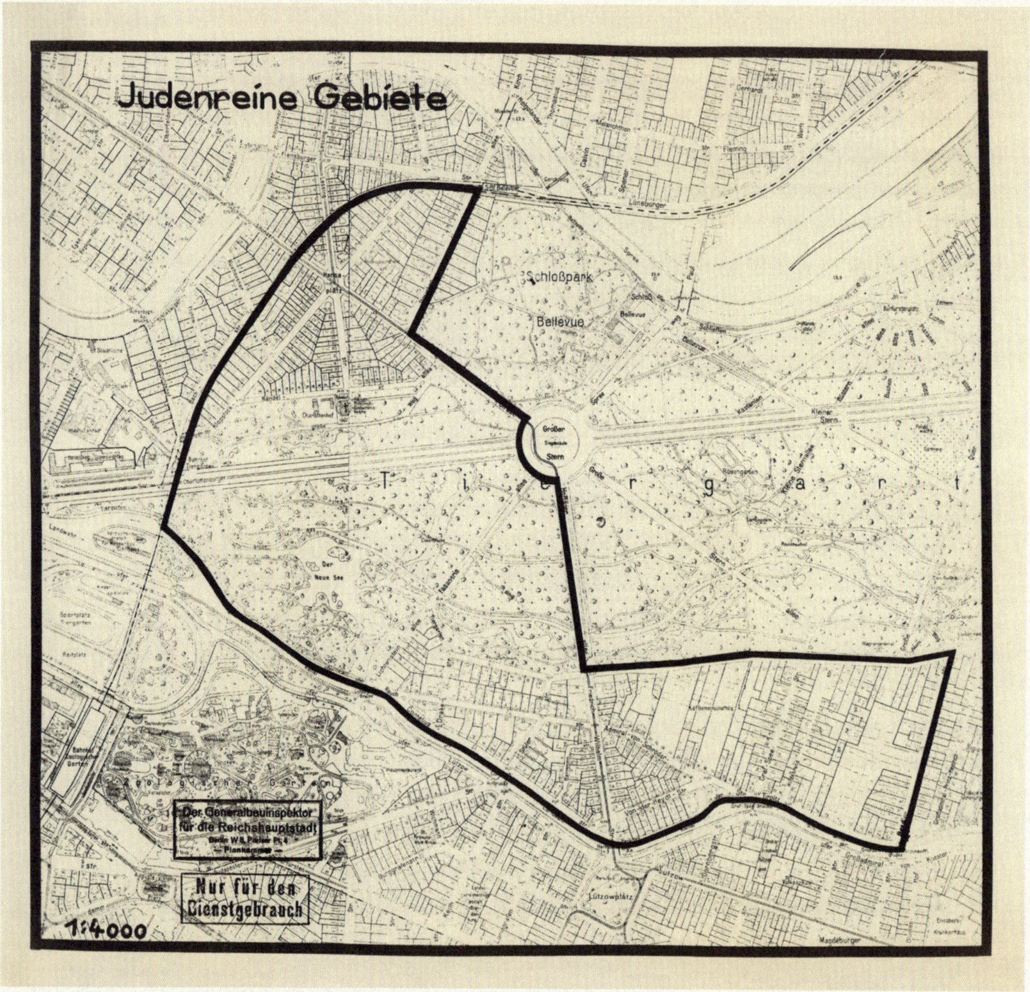

Karte der Plankammer des „Generalbauinspektors für die Reichshauptstadt" mit als „Judenreine Gebiete" bezeichnende Flächen um den Tiergarten, Anfang der 1940er Jahre

Die Bendlerstraße ist die das Gebiet nach Osten abschließende Straße am unteren rechten Rand.

Quelle: Landesarchiv Berlin, A Pr Br Rep 107 Nr. 408

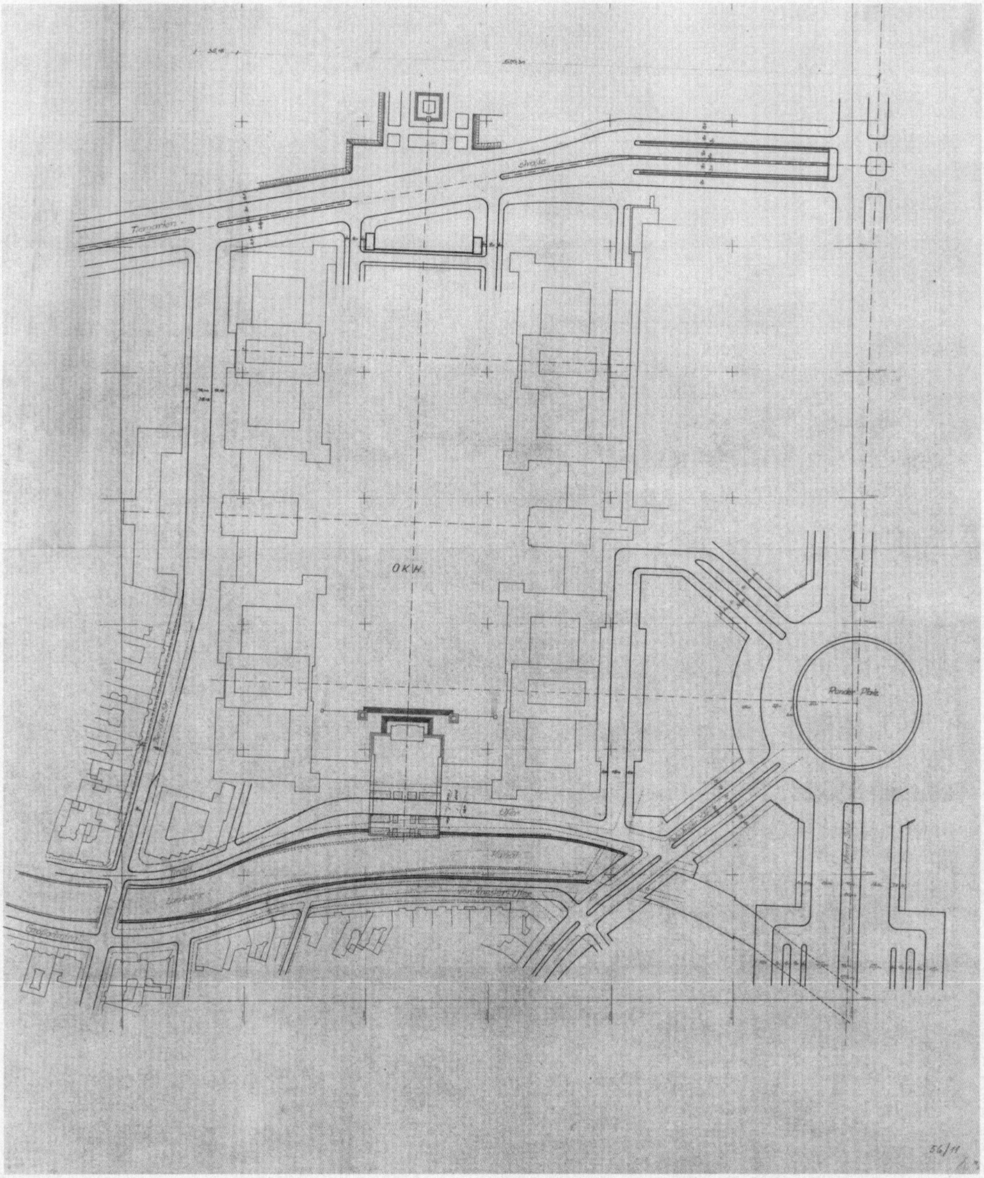

Skizze der geplanten Neubauten des Oberkommandos des Heeres zwischen Tiergartenstraße und Tirpitzufer, Anfang der 1940er Jahre

Quelle: Landesarchiv Berlin, F Rep. 270-03 Nr. 2000

Modellplan für den Gebäudekomplex des OKH auf der zweiten Deutschen Architektur-Ausstellung in München, Dezember 1938

Quelle: Süddeutsche Photo, Bild-ID: 02884506

Militärische Dienststellen im Bendlerblock seit 1938

Am 5. November 1937 gab es in der Reichskanzlei eine mehrstündige Besprechung, von welcher der Wehrmachtsadjutant bei Hitler, Oberst Friedrich Hoßbach, wenige Tage später eine Niederschrift anfertigte.[207] Anwesend waren ebenfalls der Reichsaußenminister Konstantin Freiherr von Neurath, der Reichskriegsminister von Blomberg, die Oberbefehlshaber des Heeres, der Marine und der Luftwaffe, Generaloberst Werner von Fritsch, Generaladmiral Erich Raeder und Generaloberst Hermann Göring. Anlass zu dieser Besprechung waren Fragen der Rohstoffverteilung an die drei verschiedenen Wehrmachtsteile: das Treffen war ursprünglich von Blomberg und der Heeresführung angeregt worden, um Hitler angesichts der katastrophalen Rohstoff- und Devisenlage zu einer Entscheidung zugunsten des Heeres zu veranlassen.[208] Dieser nutzte die Gelegenheit jedoch zu einer umfassenden Darlegung über künftige außen- und militärpolitische Entwicklungen deutscher Politik und gab für diese eine Zeitperspektive vor.

Hitler rückte in den Mittelpunkt seiner Ausführungen die „Lösung der deutschen Raumfrage" und legte dar, es sei ein „unabänderlicher Entschluß"[209] in absehbarer Zeit gegen die Tschechoslowakei und Österreich gewaltsam vorzugehen. Generell setzte er den Zeitpunkt für eine militärische Expansion für die Jahre 1943 bis 1945 an, entwickelte aber auch gewisse Szenarien, bei deren Eintreten schon zwischen 1938 und 1940 zur Expansion übergegangen und ein Konflikt riskiert werden könne. Hoßbach beschreibt die Haltung der Generale während der Konferenz als ablehnend gegenüber den Plänen Hitlers; bis auf Göring hatten die höchsten militärischen Berater sowie der Reichsaußenminister den Ausführungen des Reichskanzlers entschieden widersprochen, da sie mit dem Kriegseintritt Englands und Frankreichs rechneten.

Sowohl der Reichskriegsminister als auch der Oberbefehlshaber des Heeres wurden im Rahmen der „Blomberg-Fritsch-Krise" zwei Monate später von Hitler entlassen. Nach der Hochzeit des Reichskriegsministers Blomberg mit Hitler und Göring als Trauzeugen waren

207 Vgl.: Walter Bußmann, Zur Entstehung und Überlieferung der „Hossbach-Niederschrift", Vierteljahrshefte für Zeitgeschichte 16 (1968), Heft 4, S. 373–384.

208 Müller, Generaloberst Ludwig Beck, S. 257.

209 Ebenda, S. 258 ff.

Polizeiakten aufgetaucht, aus denen hervorging, dass die aufgrund ihrer einfachen Herkunft nach traditionellen Maßstäben des Offizierkorps ohnehin nicht standesgemäße Ehefrau mehrfach mit der Sittenpolizei in Kontakt gekommen war.[210] Blomberg musste deswegen am 27. Januar seinen Abschied nehmen. Nahezu gleichzeitig wurde auch der Oberbefehlshaber des Heeres, Werner von Fritsch, aufgrund einer Namensverwechslung und einer auf Falschaussagen beruhende Akte der Homosexualität beschuldigt und von Hitler, ohne den Ausgang eines Kriegsgerichtsverfahrens abzuwarten, am 4. Februar entlassen.[211] Noch am Abend des 25. Januar 1938 war Fritsch in seiner Dienstwohnung im Bendlerblock von Hitlers Wehrmachtsadjutant Friedrich Hoßbach aufgesucht worden. Hoßbach informierte ihn gegen den ausdrücklichen Befehl Hitlers über die gegen Fritsch erhobenen Vorwürfe.[212]

Am 4. Februar 1938 übernahm Hitler selbst den direkten Oberbefehl über die Streitkräfte und ersetzte den eigenständigen Posten des Reichskriegsministers und Oberbefehlshabers der Wehrmacht durch einen weisungsgebundenen „militärischen Arbeitsstab des Führers", das in Oberkommando der Wehrmacht (OKW) umbenannte Wehrmachtamt. Es stand unter seinem direkten Befehl und wurde in seinem Auftrag vom General der Artillerie Wilhelm Keitel geleitet.[213] Keitel fungierte von nun an als ständiger Berater für die Führung der Gesamtwehrmacht und führte auch die ministeriellen Geschäfte von Blombergs Reichskriegsministerium aus, besaß aber selber keine Kommandogewalt gegenüber Heer, Luftwaffe und Marine.[214] Das OKW übernahm wichtige Zuständigkeiten des früheren Kriegsministeriums, wie die Militärische Abwehr und die Rüstung, die meisten Aufgaben lagen beim Wehrmachtführungsamt, das 1940 in Wehrmachtführungsstab umbenannt wurde. Unter seinem Chef Alfred Jodl übernahm der Wehrmachtführungsstab 1941 die operative Zuständigkeit für die einzelnen Kriegsschauplätze, mit Ausnahme der Ostfront, für die weiterhin das OKH zuständig war.[215]

Sitz des Chefs des Oberkommandos der Wehrmacht wurde der Teil des Bendlerblocks am Tirpitzufer 72–76. In der Kriegszeit befand sich der Chef des Oberkommandos der Wehrmacht, Generalfeldmarschall

210 Müller, Armee und Drittes Reich 1933–1939, S. 88.
211 Ebenda.
212 Friedrich Hoßbach, Zwischen Wehrmacht und Hitler 1934–1938, 2. durchgesehene Auflage, Göttingen 1965, S. 110 ff.
213 Müller, Armee und Drittes Reich 1933–1939, S. 92. Zu Gliederung des Oberkommandos der Wehrmacht 1938 vgl.: Rudolf Absolon, Die Wehrmacht im Dritten Reich, Band IV, Boppard 1979, S. 161 ff.
214 Förster, Die Wehrmacht im NS-Staat, S. 49.
215 Siehe auch: Rolf-Dieter Müller, Hitlers Wehrmacht 1935–1945, München 2012, S. 26.

Wilhelm Keitel, bei Hitler im „Führerhauptquartier"; zentrale Bereiche des Oberkommandos der Wehrmacht blieben im Bendlerblock oder in nahegelegenen Gebäuden.[216]

In den heute nicht mehr existierenden Gebäuden Tirpitzufer 78–80 sowie Tirpitzufer 82 waren große Teile des Amts Ausland/Abwehr des OKW unter der Leitung von Admiral Wilhelm Canaris untergebracht.[217] In der Zentralabteilung des Amts arbeiteten Regimegegner wie Hans Oster[218], Hans von Dohnanyi[219], Otto Karl Kiep[220], Karl Ludwig Freiherr von und zu Guttenberg[221] und Justus Delbrück[222]. Schon im Herbst 1938 waren Oster und Dohnanyi maßgeblich an den Planungen für einen Staatsstreich gegen Hitler beteiligt.[223] 1942 ermöglichten Dohnanyi und Oster mit der Unterstützung von Canaris verfolgten Jüdinnen und Juden die Flucht in die Schweiz.[224]

216 Vgl. etwa die Dienststellenübersichten in den Fernsprechverzeichnissen von 1943, in: BArch, RHD 46/3 I.
217 Vgl. als Überblick: Norbert Müller u.a. (Bearb.), Das Amt Ausland/Abwehr im Oberkommando der Wehrmacht. Eine Dokumentation, Koblenz 2007.
218 Vgl.: Romedio Galeazzo Graf von Thun-Hohenstein, Der Verschwörer. General Oster und die Militäropposition, Berlin 1982.
219 Vgl.: Mariklje Smid, Hans von Dohnanyi – Christine Bonhoeffer. Eine Ehe im Widerstand gegen Hitler, Gütersloh 2002.
220 Vgl.: Hanna Clements, Hildegard Rauch (Hrsg.), Otto Carl Kiep, Mein Lebensweg 1996–1944. Aufzeichnungen während der Haft, Berlin 2013.
221 Vgl.: Maria Theodora von dem Bottlenberg-Landsberg, Karl Ludwig Freiherr von und zu Guttenberg 1902–1945. Ein Lebensbild, Berlin 2003.
222 Vgl.: Bottlenberg, Guttenberg, S. 175 ff.
223 Vgl.: Hermann Wentker, Umsturzversuche 1938–1943, in: Peter Steinbach / Johannes Tuchel, Widerstand gegen die nationalsozialistische Diktatur, Berlin 2004, S. 469 ff.
224 Vgl.: Winfried Meyer, Unternehmen Sieben. Eine Rettungsaktion für vom Holocaust Bedrohte aus dem Amt Ausland/Abwehr im Oberkommando der Wehrmacht, Frankfurt am Mai 1993.

Karl Ludwig Freiherr von und zu Guttenberg, Hans von Dohnanyi und Justus Delbrück im Sommer 1942

Das Gruppenbild in Uniform ist ein ironisch gemeintes Geschenk für Hans Oster zu dessen 50. Geburtstag.

Quelle: Privatbesitz

Helmuth James Graf von Moltke mit seinem Sohn Caspar
Quelle: Privatbesitz

In der völkerrechtlichen Gruppe des Amts Ausland/Abwehr arbeitete seit Herbst 1939 Helmuth James Graf von Moltke als Kriegsverwaltungsrat. Er setzte sich hier vor allem für die völkerrechtskonforme Behandlung von Kriegsgefangenen und Geiseln ein.[225]

225 Vgl.: Ger van Roon (Hrsg.), Helmuth James Graf von Moltke, Völkerrecht im Dienst des Menschen, Berlin 1986.

Der zerstörte Teil des Bendlerblocks am Tirpitzufer 72–76, Mai 1945
Quelle: ullstein bild – Badekow

Weite Teile des Bendlerblocks am Tirpitzufer 72–76 sowie das „Shell-Haus" am Tirpitzufer 60–62 und später auch Teile des Gebäudes Bendlerstraße 13–14 wurden vom Oberkommando der Kriegsmarine genutzt. Schon bald nach Kriegsbeginn 1939 wurde die Seekriegsleitung in einem verbunkerten Areal bei Lobetal nördlich von Berlin, das den Decknamen „Koralle" trug, untergebracht. Bei den schweren Luftangriffen auf Berlin im November 1943 wurde der Gebäudeteil am Tirpitzufer 72–76 schwer beschädigt und jetzt auch das Stabsquartier „Bismarck" in Eberswalde genutzt.[226]

226 Zur räumlichen Verteilung vgl. das Fernsprechverzeichnis des Oberkommandos der Kriegsmarine sowie das Alphabetische Verzeichnis der Mitarbeiter in den Führungspunkten „Bismarck" und „Koralle" – Stand 1.10.1944, siehe: https://wwii.germandocsinrussia.org/de/nodes/14524#page/1/mode/grid/zoom/1 (Aufruf am 14. Juni 2024).

Berthold Schenk Graf von Stauffenberg
Quelle: Privatbesitz

Im Oberkommando der Kriegsmarine arbeitete seit 1939 auch Berthold Schenk Graf von Stauffenberg, zuletzt als Beamter im Rang eines Marineoberstabsrichters an völkerrechtlichen Fragen des Seekrieges.[227]

227 Vgl.: Wolfgang Graf Vitzthum, Berthold Schenk Graf von Stauffenberg, in: Joachim Mehlhausen (Hrsg.), Zeugen des Widerstands, Tübingen 1996, S. 1 ff.

Alfred Kranzfelder
Quelle: Privatbesitz

Korvettenkapitän Alfred Kranzfelder war als Referent in der Operationsabteilung der Seekriegsleitung im Oberkommando der Kriegsmarine tätig. Gemeinsam mit Berthold von Stauffenberg sollte er den Umsturzversuch vom 20. Juli 1944 in der Marine unterstützen und war an diesem Tage Berthold von Stauffenbergs Verbindungsmann im Lager „Koralle".

Zum Oberbefehlshaber des Heeres ernannte Hitler im Februar 1938 den zugleich zum Generaloberst beförderten General der Artillerie Walther von Brauchitsch. Die „Blomberg-Fritsch-Krise" endete mit einer entscheidenden Stärkung der „Führerdiktatur" Hitlers und einer Schwächung der Position der Armee. Brauchitsch nutzte jetzt auch die Dienstwohnung von Fritsch in der Bendlerstraße 14. Er behielt seine Funktion bis zum 19. Dezember 1941, als Hitler selbst den Oberbefehl über das Heer übernahm.

Im Mai 1939 wurde der Bendlerblock – also die um eine größere Hofanlage gruppierten baulichen Erweiterungen zum Reichskriegsministerium – von den verschiedenen Dienststellen bezogen. Nach Diskussionen über das Unterstellungsverhältnis wurde die hauptamtliche Stelle des Kommandanten des Bendlerblocks geschaffen. Sie war seit August 1935 dem Wehrmachtamt angegliedert, später der Abwehrabteilung unterstellt.[228] Der Kommandant des Bendlerblocks war für die Sicherheit vor allem im Mobilisierungsfall zuständig und betraut mit „Mobilisierungsvorarbeiten", das heißt er sollte vor allem „Richtlinien für die Vorbereitung der Sicherung, des Luftschutzes, der Belegungspläne und anderer Aufgaben" für „die Dienststellen, die im Mob. Fall im Bendlerblock verbleiben" erarbeiten.[229]

Seit 1940 war der Bendlerblock unter anderem auch Dienstsitz des Allgemeinen Heeresamtes des Oberkommandos des Heeres und ein Teil des Neubaus wurde als Nachrichten-Zentrale genutzt. Die neuen Gebäude waren mit je drei Reichsdienst- und Werksdienstwohnungen sowie 320 Geschäftszimmern des OKH belegt.[230]

Das Allgemeine Heeresamt (AHA) zählte neben dem Generalstab des Heeres, dem Heereswaffenamt, dem Heerespersonalamt und dem Heeresverwaltungsamt zu den fünf Ämtern, die unter dem Oberbefehlshaber des Heeres das Oberkommando des Heeres bildeten. Es war für die „Ergänzung und Rüstung des Heeres in personeller, materieller und finanzieller Hinsicht" verantwortlich, steuerte also den Personalersatz für die gesamte Wehrmacht und stellte gemeinsam mit dem Heereswaffenamt die Forderungen der materiellen Rüstung des Wehrmachtteils Heer auf.[231]

228 BArch, RH 2/1060a, Blatt 231.
229 Ebenda, Blatt 235.
230 Siehe BArch, RH 9/66, Schreiben des Oberkommandos des Heeres an das Finanzamt Tiergarten vom 19. Mai 1939.
231 Alexander Kranz, Systemstabilisierende Selbstmobilisierung? Das Allgemeine Heeresamt und die deutsche Rüstungspolitik 1934 bis 1940, in: Oliver Werner (Hrsg.), Mobilisierung im Nationalsozialismus. Institutionen und Regionen in der Kriegswirtschaft und der Verwaltung des „Dritten Reiches" 1936 bis 1945, Paderborn 2013, S. 107 f.

Die vom Waffenamt beschafften Rüstungsgüter leitete es nach den Maßgaben des Generalstabes des Heeres an die Truppenteile weiter. Der Chef des AHA Generalleutnant Friedrich Fromm übernahm kurz vor Beginn des Angriffs auf Polen am 31. August 1939 zunächst kommissarisch auch die Geschäfte des Befehlshabers des Ersatzheeres (BdE) von General Joachim von Stülpnagel, ehe die Dienststelle im November 1939 in „Chef der Heeresrüstung und Befehlshaber des Ersatzheeres" (Chef HRüst u. BdE) umbenannt wurde.

Nach dem gültigen Mobilisierungs-Plan des Heeres war der Befehlshaber des Ersatzheeres dem Oberbefehlshaber des Heeres direkt unterstellt, nach dessen Weisungen er „die Ausbildung, Ergänzung und Rüstung des Heeres in personeller, materieller und finanzieller Beziehung, die Entwicklung, Beschaffung und Abnahme von Waffen, Munition und Kriegsgerät und sämtliche Gebiete der Heeresverwaltung" eigenverantwortlich zu leiten hatte.[232] Damit unterstanden ihm alle stellvertretenden Generalkommandos (Wehrkreiskommandos) mit ihren Kommandobehörden und Truppenteilen des Ersatzheeres und der Ersatzorganisation in der Heimat sowie wesentliche Teile der in Berlin verbleibenden Ämter und Abteilungen des Oberkommandos des Heeres.

Neben dem AHA, welches Fromm zunächst in Personalunion mit seiner Funktion als BdE weiterhin leitete, wurden ihm die Waffen-Inspekteure, der Inspekteur der Festungen sowie der Heeres-Sanitätsinspekteur und der Veterinärinspekteur unterstellt. Das bis dahin selbstständige Heeresverwaltungsamt und das Heereswaffenamt wurden bei Kriegsbeginn ebenfalls dem BdE unterstellt. Fromms Position zu dieser Zeit entsprach der eines „Kriegsministers des Heeres", wobei er im Bereich des personellen Ergänzungswesens sogar als verantwortliche Dienststelle für die gesamte Wehrmacht fungierte.[233]

Die Erweiterung des Feldheeres auf 150 Divisionsverbände bis zum Frühjahr 1940 vergrößerte die ministeriellen Aufgaben des Chef HRüst u. BdE so sehr, dass eine gleichzeitige Führung des AHA in Personalunion nicht mehr möglich war.[234] Ab Mitte Februar 1940 wurde deshalb Generalleutnant (seit Juni 1940: General) Friedrich Olbricht zum neuen

---

232 Bernhard R. Kroener, „Der starke Mann im Heimatkriegsgebiet". Generaloberst Friedrich Fromm. Eine Biographie, Paderborn u.a. 2005, S. 351.
233 Ebenda.
234 Ebenda, S. 368.

General der Artillerie Friedrich Fromm und sein Chef des Stabes, Oberst i. G. Haseloff, im Dienstzimmer Fromms im Bendlerblock, April 1940

Quelle: BArch, Bild 146-1972-109-18A / Fotograf: o. Ang.

Chef des Allgemeinen Heeresamtes ernannt. Das AHA war neben dem Heereswaffenamt, dem Heeresverwaltungsamt und den Waffeninspekteuren eines der vier zentralen Ämter des BdE. In Fromms Stab, der die Rolle eines Ministerbüros und Planungsstabes einnahm, arbeiteten während des Krieges nie mehr als 15 Offiziere. Unter dem Dach des Stabes des BdE und der vier zentralen Ämter arbeiteten etwa 180 Referate mit 4.500 Offizieren und 1.500 Beamten.[235]

235 Ebenda, S. 369.

Eingang zum OKH und AHA in der Bendlerstraße, 1942

Quelle: bpk / Arthur Grimm

Zur Situation von Offizieren und Mannschaften im Bendlerblock in der Kriegszeit

1941 wurden die Arbeitsbedingungen im Heeresnachrichtengebäude in der Bendlerstraße herausfordernder. Die Fernschreibstelle der Seekriegsleitung im III. Stock forderte im Oktober 1941 den Einbau einer Klimaanlage mit der Begründung: „Im Fernschreibraum gehen ununterbrochen Tag und Nacht, 40 Mann Wache. Auf Grund der Verdunklung besteht des nachts keine Möglichkeit Frischluft heranzuführen. Die nachts herrschenden Temperatur- und Luftverhältnisse wirken ermüdend und drückend auf die Fernschreibmannschaft und gefährden somit die Sicherheit des Nachrichtenübermittlungsdienstes."[236] Im Frühjahr 1942 bat das Allgemeine Heeresamt bei der Heeresverwaltung für die 540 Nachrichtenhelferinnen und 460 Fernsprechhelferinnen, Mechaniker und Soldaten" um die Beschaffung von 1000 Einzelspinden.[237]

Der Chef der Heeresrüstung und Befehlshaber des Ersatzheeres forderte im November 1942 beim Heeresbauamt den Einbau von Stahlblenden für die neu eingerichtete Fernschreibvermittlung des OKW/OKH im II. Stock:

„Die zu erwartenden Luftangriffe auf Berlin zwingen dazu, das hier eingesetzte Vermittlungspersonal und die hochempfindlichen Vermittlungseinrichtungen weitgehend gegen Splitterwirkung zu schützen. [...] Es wird deshalb als annehmbare Lösung vorgeschlagen, vor den Fenstern Stahlbleche mit einer Zwischenlage aus Mauersteinen oder Beton anzubringen, die auf Schienen und Rollen seitlich bewegt werden können. [...] Die ausserordentliche Wichtigkeit der Anlage für den militärischen und wehrwirtschaftlichen Führungsapparat wird besonders dadurch unterstrichen, dass das Führerhauptquartier zeitweilig nur durch diese Zentrale erreicht werden kann."[238]

236 BArch, RH 9/66, Schreiben des Oberkommandos der Kriegsmarine an die Hausverwaltung des Heeres vom 17. Oktober 1941.

237 BArch, RH 9/66, Schreiben des Allgemeinen Heeresamtes an die Heeresverwaltung mit dem Betreff „Beschaffung von Schränken (Einzelspinde)" vom 25. April 1942.

238 Laut diesem Schreiben saß im I. Stock des Gebäudes die Fernsprechvermittlung. Vgl: BArch, RH 9/66, Schreiben des Chefs der Heeresrüstung und Befehlshaber des Ersatzheeres an das Heeresbauamt I vom 14. November 1942.

Allgemeines Heeresamt
Az. 63 Jn 7 (Z2)

Berlin, den 25. April 42

Betr.: Beschaffung von Schränken (Einzelspinde).

An

Hv (Heer)

Unter Bezugnahme auf die kürzlich vorgenommene Besichtigung der Unterkunft- und Aufenthaltsräume der Fernsprech- und Fernschreibvermittlung OKW/OKH durch Oberfeldzahlmeister Voigt, Hv.und Oberstltt. Köllner und Oberzahlmeister Krauße, Jn 7, wird um Beschaffung von 1000 Einzelspinden (wie besprochen)

für 540 Nachrichtenhelferinnen und
460 Fernsprechhelferinnen,
Mechaniker und Soldaten,

gebeten.

Die bisher vorhandenen Garderobenschränke reichen nach der erheblichen Verstärkung des Fernsprech- und Fernschreibpersonals für die Heeresbetriebsleitung nicht mehr aus, in jedem einzelnen Schrank wurde daher für mehrere Gefolgschaftsmitglieder die Garderobe untergebracht. Diese enge Zusammenlegung hat zu wiederholten Diebstählen geführt, da für jeden Schrank nur ein Schlüssel ausgegeben werden kann. Ausser der Tatsache, dass jeder Schrank von 4 -5 Angestellten belegt werden musste, trat noch folgendes hinzu, dass für sämtliche Schränke nur 5-6 verschiedene Schlösser gebräuchlich sind und dadurch mit jedem Schlüssel eine Anzahl von Schränken geöffnet werden kann. Die Entnahme von Gegenständen ist daher unkontrollierbar. Hinzu kommt dass wegen Raummangel ein Teil der Schränke auf Gänge verteilt werden musste, zu denen auch anderes Personal, welches über einen der gebräuchlichen Schlüssel verfügte, Zutritt hatte.

Da Jn 7 für die ordnungsmässige und sichere Unterbringung der Garderobe für die Gefolgschaftsmitglieder mitverantwortlich ist, kann der augenblickliche Zustand nicht mehr als tragbar angesehen werden.

Aus den genannten Gründen erscheint umgehende Beschaffung der beantragten Schränke als unbedingt erforderlich.

Jn 7 schlägt vor, zunächst einmal einen Probeschrank anfertigen zu lassen, der dann von Jn 7 mit zu begutachten wäre.

gez. Hassel

Schreiben des Allgemeines Heeresamtes an die Heeresverwaltung vom 25. April 1942 zur Beschaffung von Einzelspinden

Quelle: BArch, RH 9/66

Mit der permanenten Anwesenheit von mehreren Hundert Wehrmachtsangehörigen und Mitarbeiterinnen in den Fernsprechbetrieben und anderen Dienststellen wurden im Herbst 1942 auch Missstände „(h)insichtlich der Sauberhaltung der Betriebs-, Aufenthalts- und Schlafräume, der sanitären Anlagen und hinsichtlich der räumlichen Verhältnisse allgemein" vermerkt. Zu den Lebens- und Arbeitsbedingungen heißt es:

„In jedem der vier großen Fernsprechsäle sind im Verlauf von 24 Stunden insgesamt zirka 50–70 Fernsprecherinnen tätig. Es ist zu berücksichtigen, dass diese Räume, hinsichtlich der Grösse, in jeder Weise unzureichend sind und dass das Fehlen einer Klimaanlage schlechte Luftverhältnisse bedingt. Auf peinliche Sauberhaltung müsste aus diesem Grunde umso mehr geachtet werden, um wenigstens dadurch den Aufenthalt in solchen Räumen erträglich zu gestalten! Die Säle werden zur Zeit jedoch nur einmal morgens unter ziemlicher Staubentwicklung von der Reinemachfrau ausgefegt! […] Es sei darauf hingewiesen, dass abgesehen von dem unhygienischen Zustand, durch den Staub selbstverständlich auch die technischen Einrichtungen vollständig verdrecken, was bei der augenblicklichen schwierigen Ersatzbeschaffung von Nachrichtengeräten und bei dem Mangel an Nachrichten-Mechanikern ebenso untragbar ist. […]

Die eben geschilderten Mißstände sind in gleicher Weise für die Betriebsräume der Fernschreibvermittlung und für sämtliche Aufenthalts- und Schlafräume innerhalb des H Nb-Bereiches zutreffend. Für die Fernsprecherinnen stehen zwei Schlafräume (Grösse zirka 5.50 Mtr. mal 2.50 Mtr.) zur Verfügung. In jedem dieser Zimmer befinden sich acht Betten – immer zwei übereinander aufgestellt. Die Matratzen sind zu gross, passen nicht richtig in die Bettgestelle hinein und befinden sich in äusserst schmutzigem Zustand. Beide Räume mussten vor einiger Zeit entwanzt werden. Die Papierstreifen, die während der Entwanzung an die Türen und Fenster geklebt wurden, sind aber bis heute noch nicht entfernt worden, und der Geruch des Gases haftet auch jetzt noch in den Räumen und wirkt so stark, dass die meisten Fernsprecherinnen sich weigern, die Räume überhaupt als Schlafstätte zu benutzen. Die sanitären Anlagen wurden in der letzten Zeit wiederholt in völlig verschmutztem Zustand angetroffen. Es ist vorgekommen, dass einzelne Toiletten drei bis vier Tage lang überhaupt nicht gesäubert worden sind. Die Papierkörbe sind überfüllt und die Fussböden verdreckt."[239]

239 BArch, RH 9/66, Entwurf eines Schreibens mit dem Betreff „Meldung über Mißstände innerhalb des HNb-Gebäudes" vom 19. Oktober 1942.

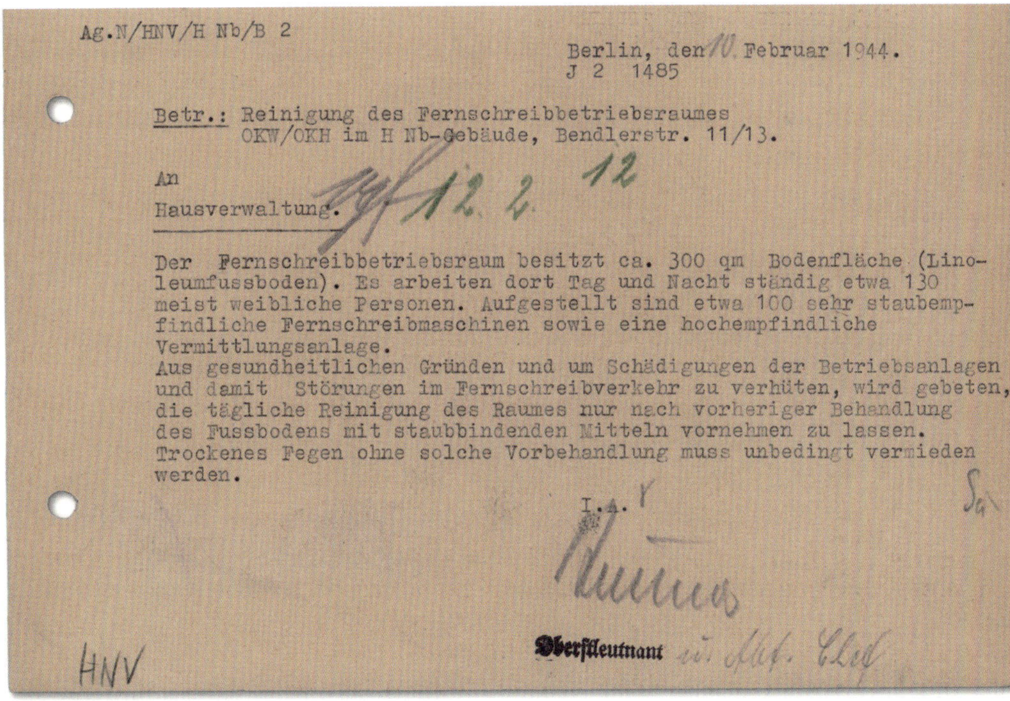

Ag.N/HNV/H Nb/B 2

Berlin, den 10. Februar 1944.
J 2 1485

Betr.: Reinigung des Fernschreibbetriebsraumes OKW/OKH im H Nb-Gebäude, Bendlerstr. 11/13.

An
Hausverwaltung.

Der Fernschreibbetriebsraum besitzt ca. 300 qm Bodenfläche (Linoleumfussboden). Es arbeiten dort Tag und Nacht ständig etwa 130 meist weibliche Personen. Aufgestellt sind etwa 100 sehr staubempfindliche Fernschreibmaschinen sowie eine hochempfindliche Vermittlungsanlage.
Aus gesundheitlichen Gründen und um Schädigungen der Betriebsanlagen und damit Störungen im Fernschreibverkehr zu verhüten, wird gebeten, die tägliche Reinigung des Raumes nur nach vorheriger Behandlung des Fussbodens mit staubbindenden Mitteln vornehmen zu lassen. Trockenes Fegen ohne solche Vorbehandlung muss unbedingt vermieden werden.

I.A.

Oberstleutnant

HNV

Schreiben an die Hausverwaltung des Heeres zur „Reinigung des Fernschreibbetriebsraumes OKW/OKH" vom 10. Februar 1944

Quelle: BArch, RH 9/67

Der schon seit Herbst 1942 laufende Umbau und die kriegsbedingten Erweiterungen der Fernsprech- und Fernschreibvermittlungsanlage des OKW/OKH im Hause Bendlerstraße 11/13 zogen sich bis in den Frühsommer 1943. Das Gebäude wurde mit einer Stahlbetonkonstruktion ummantelt, um besser gegen die verstärkten Luftangriffe der Alliierten geschützt zu sein. In einem Schreiben des Befehlshabers des Ersatzheeres aus dem September 1943 heißt es dazu: „Das Nachrichtengebäude des OKW/OKH [...] soll durch einen Eisen- Betonmantel gegen Feindwirkung geschützt werden, da bei Ausfall der dort untergebrachten Vermittlungseinrichtungen der gesamte militärische Fernsprech- und Fernschreibverkehr in Europa empfindlich gestört wird."[240]

240 Vgl.: BArch, RH 9/67, Schreiben des Chefs der Heeresrüstung und Befehlshaber des Ersatzheeres an den Hausverwalter des Heeres vom 7. September 1943. Der zweite Band zur Hausverwaltung des Bendlerblocks mit der Signatur RH 9/67 ist ebenfalls nicht foliiert.

Da „bei den wiederholten Luftangriffen die Unterkünfte des O.K.H. in großem Umfange" zerstört worden und „mit einem weiteren Ausfall von Geschäftszimmern" gerechnet werden musste, wurde Anfang 1944 mit dem Ausbau der Kellerräume zu Geschäftszimmern begonnen – für dieses Unterfangen wurden 7.000 Reichsmark bewilligt.[241] Auch die auf dem Hofe des Hauses Bendlerstraße 11/13 gelegene Tankstelle der Fahrbereitschaft der Amtsgruppe K, die als eine „erhöhte Gefahr bei evtl. Bombenschaden"[242] galt und über deren Verlegung diskutiert worden war, wurde wegen „eingetretene(r) organisatorische(r) Änderungen (Verringerung des Kfz.-Bestandes der Fahrbereitschaft des OKH u. ä.)"[243] schließlich komplett stillgelegt.

In der ersten Jahreshälfte 1944 wurde ein großer Hochbunker auf der hinteren Seite des Hofs südlich der Reithalle errichtet. Nach der Fertigstellung und Verstärkung der übrigen Luftschutzräume wurden die in der Bendlerstraße 11/13 untergebrachten Dienststellen auf die in den vorhandenen Luftschutzanlagen befindlichen Räume neu verteilt. Fünf Räume in der Luftschutzanlage I (Nord) im Hof Bendlerstraße wurden unter anderem dem Offizier vom Dienst des Befehlshaber des Ersatzheeres und Angehörigen der Dienststellen des Wehrmachtführungsstabes, des Geheimdienstamtes Ausland/Abwehr und der Amtsgruppe für Wehrmachtpropaganda zugewiesen. Auf die unbelegten Räume der Luftschutzanlage Nord konnten sich dann noch über 250 weitere Personen aus des Hausverwaltung des Heeres verteilen. Teile der Stäbe des Chefs der Heeresrüstung und des Allgemeinen Heeresamtes wurden gegen namentliche Sonderausweise auf die „Luftschutzanlage IV (Bunker Ag N) angewiesen".[244]

Im Juni 1944 fühlte sich der Chef der Heeresrüstung und Befehlshaber des Ersatzheeres dazu gezwungen, sich wegen der „Diebstähle im Dienstgebäude der Bendlerstr. 11/13." an den Kommandanten des Bendlerblocks zu wenden. In einem Entwurfsschreiben heißt es:

241 BArch, RH 9/67, Abschrift des Schreibens vom 2. Februar 1944.

242 BArch, RH 9/66, Abschrift des Schreibens des Kommandanten des Bendlerblocks vom 24. September 1941.

243 Verschiedene andere Schreiben zur Verlegung der Tankstelle finden sich ebenda in BArch, RH 9/66.

244 BArch, RH 9/67, Rundschreiben des Chefs der Heeresrüstung und Befehlshaber des Ersatzheeres zur Neuverteilung der Luftschutzanlagen vom 25. April 1944.

„Die Diebstähle im Dienstgebäude Bendlerstr. 11/13, vorwiegend im H Nb-Gebäude, haben in letzter Zeit einen derartigen Umfang angenommen, daß diesem Treiben unbedingt Einhalt geboten werden muß. So wurden in den letzten Wochen aus belegten und freien Räumen, aus Sälen, Treppenhäusern und L(uft).S(chutz)-Räumen Gardinen, Verdunklungsvorhänge, Lichtschalter, Steckdosen, Glühbirnen, Lampenglocken, Fassungen aus Deckenleuchten und Tischlampen, Trapse an den Handwaschbecken, Spiegel und sogar Möbelteile (Klavierbänder an Schränken) entfernt. Abgeschnittene Schnüre an den Verdunklungseinrichtungen müssen täglich in größerem Umfang ersetzt werden. Es werden immer wieder in verschiedenen Räumen Zivilarbeiter, unbeaufsichtigte Kriegsgefangene und Soldaten der hier eingesetzten Arbeitskommandos angetroffen, die in diesen Räumen absolut nichts zu tun haben und nur etwas ‚besorgen' wollen. Die Hausverwaltung bittet, die Dienststellen, Kommandoführer usw. entsprechend zu unterrichten und auf ihre Aufsichtspflicht hinzuweisen zu wollen. Es wird weiter vorgeschlagen, durch den Sicherheitsdienst unvermutete Kontrollen der genannten Räume und auch der ausfahrenden Fahrzeuge vornehmen zu lassen."[245]

245 BArch, RH 9/67, Entwurf des Schreibens der Hausverwaltung des Heeres an den Kommandanten des Bendlerblocks vom 15. Juni 1944.

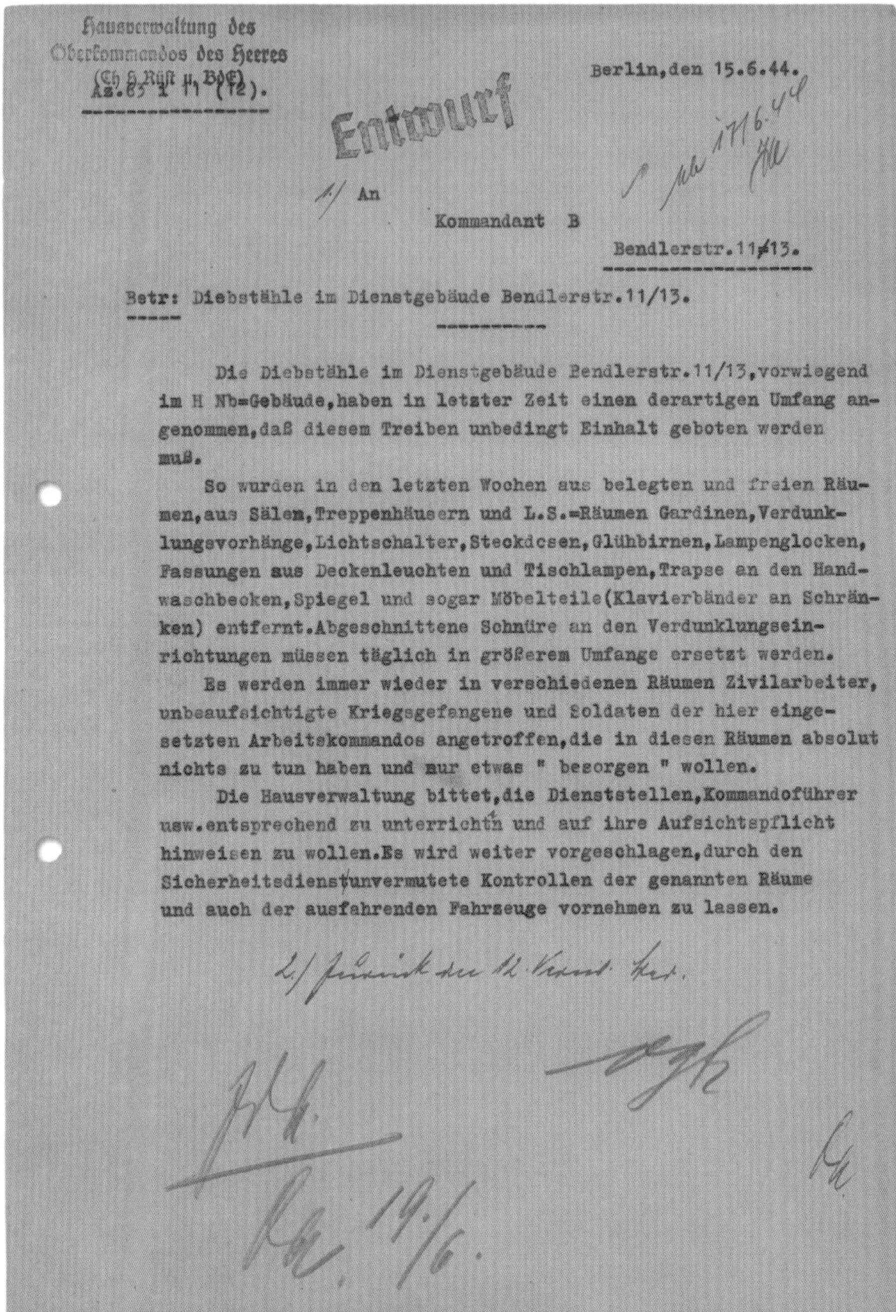

Hausverwaltung des
Oberkommandos des Heeres
(Ch H Rüst u. BdE)
Az.65 i 11 (12).

Berlin,den 15.6.44.

Entwurf

1/ An

Kommandant B

Bendlerstr.11/13.

Betr: Diebstähle im Dienstgebäude Bendlerstr.11/13.

Die Diebstähle im Dienstgebäude Bendlerstr.11/13,vorwiegend im H Nb=Gebäude,haben in letzter Zeit einen derartigen Umfang angenommen,daß diesem Treiben unbedingt Einhalt geboten werden muß.

So wurden in den letzten Wochen aus belegten und freien Räumen,aus Sälen,Treppenhäusern und L.S.=Räumen Gardinen,Verdunklungsvorhänge,Lichtschalter,Steckdosen,Glühbirnen,Lampenglocken, Fassungen aus Deckenleuchten und Tischlampen,Trapse an den Handwaschbecken,Spiegel und sogar Möbelteile(Klavierbänder an Schränken) entfernt.Abgeschnittene Schnüre an den Verdunklungseinrichtungen müssen täglich in größerem Umfange ersetzt werden.

Es werden immer wieder in verschiedenen Räumen Zivilarbeiter, unbeaufsichtigte Kriegsgefangene und Soldaten der hier eingesetzten Arbeitskommandos angetroffen,die in diesen Räumen absolut nichts zu tun haben und nur etwas " besorgen " wollen.

Die Hausverwaltung bittet,die Dienststellen,Kommandoführer usw.entsprechend zu unterrichten und auf ihre Aufsichtspflicht hinweisen zu wollen.Es wird weiter vorgeschlagen,durch den Sicherheitsdienst unvermutete Kontrollen der genannten Räume und auch der ausfahrenden Fahrzeuge vornehmen zu lassen.

Entwurf eines Schreibens der Hausverwaltung des Oberkommandos des Heeres an den Kommandanten des Bendlerblocks zu Diebstählen im Dienstgebäude des OKH vom 15. Juni 1944

Quelle: BArch, RH 9/66

Umsturzplanungen im Allgemeinen Heeresamt

Zentrale Dienststellen im Bendlerblock waren und blieben der Befehlshaber und Chef der Heeresrüstung sowie das Allgemeine Heeresamt. Offiziere aus diesen Dienststellen waren an der Konspiration beteiligt, die in den Umsturzversuch vom 20. Juli 1944 münden sollte.

General Friedrich Olbricht war bereits ein entschiedener Hitler-Gegner, als er im Februar die Leitung des Allgemeinen Heeresamtes übernahm. In den Jahren 1941/42 hatte er enge Kontakte zu Hans Oster, der 1938 die Staatsstreichplanung im Amt Ausland/Abwehr vorangetrieben hatte.[246] Ende 1942 / Anfang 1943 kam es durch die Vermittlung von Hermann und Ludwig Kaiser zu einem Gespräch zwischen Tresckow, Goerdeler und Olbricht.[247] Tresckow sagte zu, das Attentat zu verüben, Olbricht bereitete eine Umsturzplanung vor, die auf Heereseinheiten im Heimatkriegsgebiet zurückgreifen sollte. Olbrichts Planungen sollen – nach dem Bericht Fabian von Schlabrendorffs, der einzigen Quelle, die wir dazu haben – Ende Februar 1943 abgeschlossen gewesen sein. Die Attentatspläne von Mitverschworenen in der Heeresgruppe Mitte im Frühjahr 1943 scheiterten; die „Initialzündung", die für einen Umsturzversuch notwendig war, erfolgte nicht.[248]

Olbricht, der auch als „Stabschef der Verschwörung" bezeichnet wird, übernahm in den folgenden Monaten in enger Abstimmung mit Generaloberst Ludwig Beck weitere Vorbereitungen für eine Umsturzplanung. Er nutzte dafür Planungen des Heeres, die für den Fall „innerer Unruhen"

---

246 Vgl. ausführlich Helena P. Page, General Friedrich Olbricht. Ein Mann des 20. Juli, Bonn und Berlin 1992.
247 Vgl. Peter M. Kaiser (Hrsg.), Mut zum Bekenntnis. Die geheimen Tagebücher des Hauptmanns Hermann Kaiser 1941/43, Berlin 2010, S. 393.
248 Vgl. Gerd R. Ueberschär, Der militärische Umsturzplan „Walküre", in: Peter Steinbach/Johannes Tuchel, Widerstand gegen die nationalsozialistische Diktatur, Berlin 2004, S. 489 ff.

vorbereitet worden waren.[249] Während des Heimaturlaubs von Henning von Tresckow entstanden im Frühsommer 1943 in enger Abstimmung mit Olbricht immer präzisere Pläne für den Einsatz des Heeres im Sinne der Umsturzplanung: „Der ... Befehl des Befehlshabers des Ersatzheeres vom 31. Juli 1943 markiert jedenfalls den Beginn der auf ‚Walküre' abgestützten Staatsstreichplanung."[250]

Als Claus Schenk Graf von Stauffenberg im September 1943 die Aufgabe des Chefs des Stabes im Allgemeinen Heeresamt übernahm, waren die Planungen weit fortgeschritten und wurden in den folgenden Monaten von Stauffenberg – in der ersten Zeit in Abstimmung mit Henning von Tresckow – immer wieder der aktuellen Situation angepasst. Damit waren die Grundlagen für die Umsturzplanung aktualisiert; grundsätzliche Vorbedingung war jedoch die Durchführung des Attentats auf Hitler.

---

249 Ausführlich und präzise dazu: Winfried Heinemann, Unternehmen „Walküre". Eine Militärgeschichte des 20. Juli 1944, Berlin und Boston 2019, S. 199 ff.
250 Ebenda, S. 202.

2

Der Umsturzversuch vom 20. Juli 1944

Berlin als Zentrum des militärischen Umsturzversuches

Vor dem 20. Juli 1944

Der 20. Juli 1944

Der Umsturzversuch vom 20. Juli 1944

Berlin als Zentrum des militärischen Umsturzversuches

Berlin war das militärische Zentrum des nationalsozialistischen Deutschlands. Hier wurde aber auch bereits im Jahr 1938 ein Umsturzversuch gegen Hitler geplant. In Berlin waren einige Offiziere und Beamte im Amt Ausland/Abwehr des Oberkommandos der Wehrmacht seit dieser Zeit führend an der Verschwörung gegen Hitler beteiligt. Im Allgemeinen Heeresamt im Bendlerblock wurden unter General Friedrich Olbricht 1943 zentrale Befehle vorbereitet, mit deren Hilfe ein Staatsstreich gegen Hitler militärisch erst möglich gemacht werden sollte.

Im Herbst 1943 wurden unter maßgeblicher Beteiligung von Generalmajor Henning von Tresckow die „Walküre"-Befehle, deren offizieller Zweck in der Vorbereitung der Gegenmaßnahmen bei möglichen Unruhen von Zwangsarbeitern und anderen innenpolitischen Krisen lag, noch einmal präzisiert. Der Dienstantritt von Claus Schenk Graf von Stauffenberg im September 1943 als Chef des Stabes im Allgemeinen Heeresamt gab der Umsturzplanung eine neue Dynamik, die schließlich in Attentat und Staatsstreich vom 20. Juli 1944 kulminierte.

Im Mittelpunkt der folgenden Darstellung stehen die Ereignisse in Berlin im Juli 1944. Ihre Rekonstruktion ist wegen der problematischen Überlieferung aus methodischen Gründen nicht leicht und nicht widerspruchsfrei möglich. Berichte und Einschätzungen weichen vielfach voneinander ab. Da mehrere der an Attentat und Umsturzversuch Beteiligten noch in der Nacht vom 20. auf den 21. Juli 1944 im Innenhof des Bendlerblocks erschossen, andere unmittelbar danach von der Gestapo festgenommen und später Opfer der NS-Unrechtsjustiz wurden, gibt es nur wenige Quellen von den Augenzeugen selbst.

Wichtige Informationen finden sich in den zusammenfassenden Ermittlungsberichten der Sonderkommission 20. Juli 1944, andere wiederum in den auch nur spärlich überlieferten Akten des „Volksgerichtshofes". Hinzu kommen Berichte einiger der überlebenden Beteiligten, die in unterschiedlichem Grad über Planungen und Aktionen informiert waren. Weitere Berichte, die in der Zeit nach 1945 verfasst wurden, lassen sich nur schwer mit den Informationen in Einklang bringen, die wir primären Quellen verdanken.

Die folgende Darstellung stützt sich möglichst auf Primärquellen. Nach 1945 entstandene Erinnerungsberichte wurden nach Möglichkeit durch weitere Überlieferungen abgesichert. Doch um die Atmosphäre dieser Tage im Juli 1944 möglichst dicht schildern zu können, haben wir uns trotz aller Begrenzung subjektiver Darstellungen und mancher faktischen Fehler für die Berücksichtigung dieser Zeitzeugenberichte entschieden. Alle Zeitangaben erfolgen nach bestem Wissen, Abweichungen und Irrtümer sind jedoch nicht ausgeschlossen.

Die von Generaloberst Friedrich Fromm geleitete Dienststelle trug die offizielle Bezeichnung „Chef der Heeresrüstung und Befehlshaber des Ersatzheeres". Da im Unternehmen „Walküre" vor allem Truppenverbände des Ersatzheeres eingesetzt wurden – und aus Gründen der besseren Lesbarkeit – wird im folgenden die verkürzte Bezeichnung „Befehlshaber des Ersatzheeres" benutzt.

Zentrale Studien zu den Ereignissen in Berlin sind von Peter Hoffmann, Winfried Heinemann und Bernhard R. Kroener vorgelegt worden. Ihnen verdankt diese Darstellung sehr viel.

September 1943

Claus Schenk Graf von Stauffenberg wird am 7. April 1943 in Tunesien schwer verwundet. Er verliert das linke Auge. Die rechte Hand muss über dem Gelenk amputiert werden, ebenso der kleine Finger und der Ringfinger der linken Hand. Über ein Lazarett in Tunis wird er in das italienische Livorno gebracht, von dort aus in das Reserve-Lazarett München. Noch während der Genesung wird er von General Friedrich Olbricht als Chef des Stabes des Allgemeinen Heeresamtes angefordert und tritt dort im September 1943 (offiziell zum 1. Oktober 1943) die Nachfolge von Oberst i. G. Hellmuth Reinhardt an. In den folgenden Monaten wohnt er gemeinsam mit seinem Bruder Berthold in Berlin-Wannsee in der Tristanstraße 8.

Berlin-Wannsee, Tristanstraße 8, Aufnahme nach 1945

Quelle: Landesarchiv Berlin, F Rep. 290, Nr.: 0224384

Claus Schenk Graf von Stauffenberg als Rittmeister, 1941
Quelle: Gedenkstätte Deutscher Widerstand

Claus Schenk Graf von Stauffenberg ist nach seiner schweren Verwundung im April 1943 seit September 1943 Chef des Stabes im Allgemeinen Heeresamt des Oberkommandos des Heeres unter General der Infanterie Friedrich Olbricht. Gemeinsam mit Generalmajor Henning von Tresckow und Oberst i. G. Albrecht Ritter Mertz von Quirnheim treibt er seit dieser Zeit die Umsturzplanungen unter dem Deckmantel der „Operation Walküre" voran. Im März 1944 wird er zum Oberst d. G. (des Generalstabs) befördert.

Seit Juni 1944 ist Stauffenberg Chef des Stabes beim Chef der Heeresrüstung und Befehlshaber des Ersatzheeres Generaloberst Friedrich Fromm, und hat jetzt auch Gelegenheit, an Lagebesprechungen bei Hitler teilzunehmen. Anfang Juli 1944 entschließt sich Stauffenberg selbst den Anschlag auf den Diktator durchzuführen. Nach dem Scheitern des Umsturzversuches werden noch in der Nacht vom 20. auf den 21. Juli 1944 Claus Schenk Graf von Stauffenberg, Werner von Haeften, Albrecht Ritter Mertz von Quirnheim und Friedrich Olbricht im Hof des Bendlerblocks erschossen.

Berthold Schenk Graf von Stauffenberg, um 1925

Quelle: Privatbesitz

Berthold Schenk Graf von Stauffenberg beginnt nach einem juristischen Studium an verschiedenen Universitäten 1927 seine wissenschaftliche Laufbahn als Dozent für Völkerrecht am Kaiser-Wilhelm-Institut für ausländisches Recht und Völkerrecht. Zwei Jahre arbeitet er für den Ständigen Internationalen Gerichtshof in Den Haag, ehe er 1933 an sein Institut nach Berlin zurückkehrt. 1939 wird Berthold von Stauffenberg im Rang eines Marinestabsrichters zum Oberkommando der Marine eingezogen.

Früher als sein jüngerer Bruder Claus, mit dem er seit den gemeinsamen Kinder- und Jugendjahren eng verbunden ist, hat er Kontakt zur militärischen Opposition. Am 20. Juli 1944 ist Berthold von Stauffenberg im Bendlerblock für die Verbindung zur Marine zuständig und hält den Kontakt zu Alfred Kranzfelder. Er wird festgenommen, am 10. August 1944 vom „Volksgerichtshof" zum Tode verurteilt und noch am selben Tag im Strafgefängnis Berlin-Plötzensee erhängt.

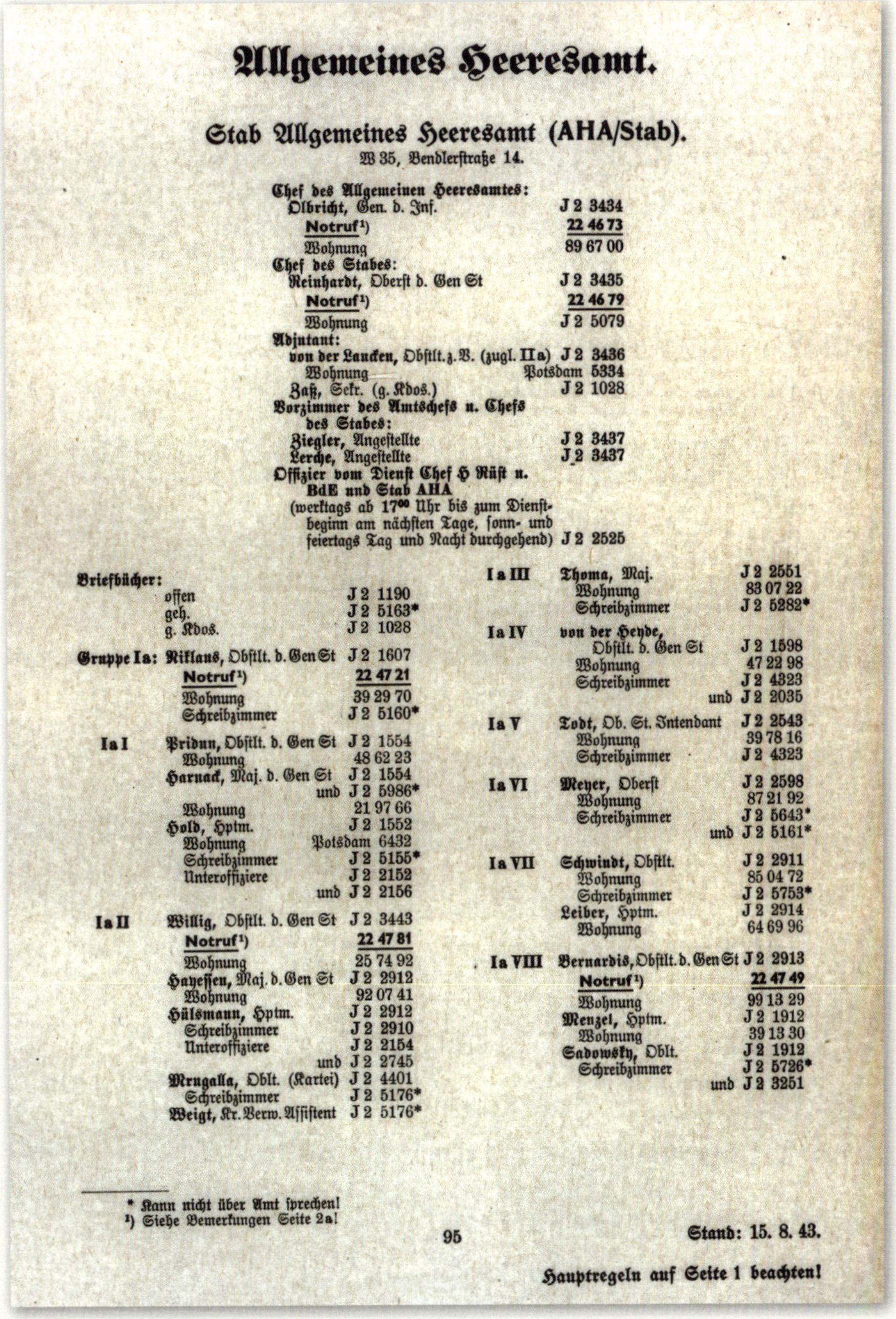

Allgemeines Heeresamt.

Stab Allgemeines Heeresamt (AHA/Stab).

W 35, Bendlerstraße 14.

Chef des Allgemeinen Heeresamtes:
Olbricht, Gen. d. Inf. — J 2 3434
Notruf[1]) — 22 46 73
Wohnung — 89 67 00

Chef des Stabes:
Reinhardt, Oberst d. Gen St — J 2 3435
Notruf[1]) — 22 46 79
Wohnung — J 2 5079

Adjutant:
von der Lancken, Obstlt. z. V. (zugl. IIa) — J 2 3436
Wohnung — Potsdam 5334
Zaß, Sekr. (g. Kdos.) — J 2 1028

Vorzimmer des Amtschefs u. Chefs des Stabes:
Ziegler, Angestellte — J 2 3437
Lerche, Angestellte — J 2 3437

Offizier vom Dienst Chef H Rüst u. BdE und Stab AHA
(werktags ab 17[00] Uhr bis zum Dienstbeginn am nächsten Tage, sonn- und feiertags Tag und Nacht durchgehend) — J 2 2525

Briefbücher:
offen — J 2 1190
geh. — J 2 5163*
g. Kdos. — J 2 1028

Gruppe Ia: **Niklaus,** Obstlt. d. Gen St — J 2 1607
Notruf[1]) — 22 47 21
Wohnung — 39 29 70
Schreibzimmer — J 2 5160*

Ia I **Pridun,** Obstlt. d. Gen St — J 2 1554
Wohnung — 48 62 23
Harnack, Maj. d. Gen St — J 2 1554 und J 2 5986*
Wohnung — 21 97 66
Hold, Hptm. — J 2 1552
Wohnung — Potsdam 6432
Schreibzimmer — J 2 5155*
Unteroffiziere — J 2 2152 und J 2 2156

Ia II **Willig,** Obstlt. d. Gen St — J 2 3443
Notruf[1]) — 22 47 81
Wohnung — 25 74 92
Hayessen, Maj. d. Gen St — J 2 2912
Wohnung — 92 07 41
Hülsmann, Hptm. — J 2 2912
Schreibzimmer — J 2 2910
Unteroffiziere — J 2 2154 und J 2 2745
Mrugalla, Oblt. (Kartei) — J 2 4401
Schreibzimmer — J 2 5176*
Weigt, Kr. Verw. Assistent — J 2 5176*

Ia III **Thoma,** Maj. — J 2 2551
Wohnung — 83 07 22
Schreibzimmer — J 2 5282*

Ia IV **von der Heyde,** Obstlt. d. Gen St — J 2 1598
Wohnung — 47 22 98
Schreibzimmer — J 2 4323 und J 2 2035

Ia V **Todt,** Ob. St. Intendant — J 2 2543
Wohnung — 39 78 16
Schreibzimmer — J 2 4323

Ia VI **Meyer,** Oberst — J 2 2598
Wohnung — 87 21 92
Schreibzimmer — J 2 5643* und J 2 5161*

Ia VII **Schwindt,** Obstlt. — J 2 2911
Wohnung — 85 04 72
Schreibzimmer — J 2 5753*
Leiber, Hptm. — J 2 2914
Wohnung — 64 69 96

Ia VIII **Bernardis,** Obstlt. d. Gen St — J 2 2913
Notruf[1]) — 22 47 49
Wohnung — 99 13 29
Menzel, Hptm. — J 2 1912
Wohnung — 39 13 30
Sadowsky, Oblt. — J 2 1912
Schreibzimmer — J 2 5726* und J 2 3251

* Kann nicht über Amt sprechen!
[1]) Siehe Bemerkungen Seite 2a!

95

Stand: 15. 8. 43.

Hauptregeln auf Seite 1 beachten!

Erste Seite des Telefonverzeichnisses des Allgemeinen Heeresamts vom 15. August 1943

Claus von Stauffenberg übernimmt im September 1943 die Aufgaben von Oberst Hellmuth Reinhardt als Chef des Stabes im Allgemeinen Heeresamt.

Quelle: BArch, RHD 46/3

Frühjahr 1944

Im März 1944 wird Stauffenberg zum Oberst des Generalstabes befördert. In diesen Monaten ist er intensiv dabei, Mitverschworene, vor allem junge Offiziere, für den Umsturzversuch zu gewinnen.

Im Juni 1944 übernimmt Stauffenberg eine neue Aufgabe: Er wird Chef des Stabes beim Befehlshaber des Ersatzheeres und Chef der Heeresrüstung im Oberkommando der Wehrmacht, Generaloberst Friedrich Fromm. Sein Nachfolger als Chef des Stabes im Allgemeinen Heeresamt wird Oberst Albrecht Ritter Mertz von Quirnheim.

Noch bevor er seine Aufgabe offiziell übernimmt, begleitet Stauffenberg Generaloberst Fromm am 7. Juni zu einer Besprechung bei Hitler auf dem Obersalzberg, an der auch der Reichsminister für Rüstung und Kriegsproduktion Albert Speer und der Chef des Oberkommandos der Wehrmacht Generalfeldmarschall Wilhelm Keitel teilnehmen. Der Termin ist erst einen Tag zuvor festgelegt worden, nachdem Hitler die Nachricht vom Beginn der alliierten Invasion in der Normandie erhalten hat. Er will von Fromm wissen, wie eine operative personelle Reserve von 20 Divisionen zum Einsatz an der Invasionsfront aufgestellt werden kann. Hitler will dafür auf Wehrmachturlauber in ganz Deutschland zurückgreifen.

In seiner neuen Funktion hat Stauffenberg erstmals Zugang zu Hitler. Damit ist eine wichtige Voraussetzung geschaffen, dass er das Attentat selbst ausführen könnte. Doch Stauffenberg wird auch in Berlin zur Durchführung des Staatstreiches nach dem Attentat benötigt.

Nach dem Attentatsversuch sollen alle Aufenthalte Stauffenbergs in der Nähe Hitlers rekonstruiert werden. Ein Mitarbeiter des Stenographischen Dienstes, Dr. Kurt Peschel, legt wenige Tage später, am 22. Juli 1944, die erste Auflistung der Termine vor, die Stauffenberg im Juli 1944 in den „Führerhauptquartieren" auf dem „Berghof" und in der „Wolfschanze" wahrgenommen hat. Der von ihm angegebene Termin am 18. Juli 1944 stellt sich später als Irrtum heraus, die Teilnahme Stauffenbergs an der Besprechung vom 7. Juni 1944 bestätigt sich durch andere Quellen.

Arbeitszimmer Stauffenbergs als Chef des Stabes des Befehlshabers des Ersatzheeres im Sommer 1944

Quelle: Gedenkstätte Deutscher Widerstand

UNCLASSIFIED

2

Oberst Graf v. S t a u f f e n b e r g war in der Zeit vom 1. bis 20. Juli in folgenden Besprechungen anwesend:

Sonderbesprechung vom 6.7.44 von 17.05 bis 18.00 Uhr auf dem Berghof über Neuaufstellungen,

Sonderbesprechung vom 6.7.44 von 23.55 bis 0.50 Uhr auf dem Berghof über Neuaufstellungen,

Morgenlage vom 11.7.44 von 13.07 bis 15.30 Uhr auf dem Berghof,

im ersten Teil der Morgenlage vom 15.7.44 von 13.10 bis 13.40 Uhr in der Wolfschanze,

Sonderbesprechung vom 15.7.44 von 13.40 bis 14.20 Uhr in der Wolfschanze betreffend Stellungsbau und Auffangorganisation,

Sonderbesprechung vom 15.7.44 von 14.20 bis 14.25 Uhr in der Wolfschanze mit Generaloberst Fromm,

Morgenlage vom 20.7.44 in der Wolfschanze.

Am 7.6.44 fand auf dem Berghof von 15.52 bis 16.52 Uhr eine Sonderbesprechung mit Generaloberst Fromm statt, an der der Erinnerung nach Oberst Graf v. Stauffenberg teilgenommen hat. Eine genaue Feststellung ist nur an Hand der Niederschrift möglich, die im Panzerschrank in Berlin ist.

Ferner ist Oberst Graf v. Stauffenberg vor Beginn der Morgenlage am 18.7.44 im Lagezimmer gesehen worden.

F.H.Qu., am 22. Juli 1944
Stenografischer Dienst
Dr.Pe/Dt.

UNCLASSIFIED

Vermerk des Stenographischen Dienstes vom 22. Juli 1944

Quelle: BArch, NS 6/3, fol. 2

Albrecht Ritter Mertz von Quirnheim als Oberst i. G., 1944

Quelle: Privatbesitz

Albrecht Ritter Mertz von Quirnheim absolviert seit 1923 eine Ausbildung zum Berufsoffizier und ist 1937/38 Hörsaalkamerad von Claus Schenk Graf von Stauffenberg an der Berliner Kriegsakademie. Nach Einsätzen in Polen und Frankreich kommt Mertz im Winter 1941 in das „Führerhauptquartier" Winniza an die Ostfront, wo er mit Stauffenberg bis zu dessen Versetzung nach Afrika zusammenarbeitet. Mertz erlebt im Winter 1942/43 an der Ostfront die Niederlage von Stalingrad. Mitte Juni 1944 tritt Mertz von Quirnheim als Oberst i. G. die Nachfolge Stauffenbergs als Chef des Stabes des Allgemeinen Heeresamtes bei General Friedrich Olbricht an. Er gehört inzwischen zum engsten Kreis um Stauffenberg. In der Nacht vom 20. auf den 21. Juli 1944 wird Mertz, der bis zuletzt versucht hat, den militärischen Umsturz zum Erfolg zu führen, mit Stauffenberg, Olbricht und Werner von Haeften im Hof des Bendlerblocks erschossen.

Friedrich Olbricht als General der Infanterie

Quelle: Privatbesitz

Nach dem Abschluss seiner Ausbildung zum Generalstabsoffizier, die durch den Ersten Weltkrieg unterbrochen worden war, wird Friedrich Olbricht 1926 in das Reichswehrministerium in die Abteilung „Fremde Heere" berufen und kommt 1933 als Stabschef nach Dresden. Im März 1940 wird Friedrich Olbricht zum Chef des Allgemeinen Heeresamtes beim Oberkommando des Heeres in Berlin ernannt und ist in Personalunion seit 1943 auch Chef des Wehrersatzamtes beim Oberkommando der Wehrmacht. Er betreibt in Abstimmung mit zivilen Oppositionsgruppen um Ludwig Beck und Carl Goerdeler seit 1942 die Ausarbeitung der „Walküre"-Pläne, um den Verschwörern die Übernahme der vollziehenden Gewalt zu ermöglichen. Im Sommer 1943 fordert er Stauffenberg als Stabschef für sein Amt an, bis dieser im Juni 1944 zum Befehlshaber des Ersatzheeres General Fromm wechselt. Als am 20. Juli 1944 das mehrfach verschobene Attentat auf Hitler stattfindet, lösen Albrecht Ritter Mertz von Quirnheim und Friedrich Olbricht am Nachmittag in Berlin den „Walküre"-Alarm aus. Nach dem Scheitern des Umsturzversuches wird er noch in der Nacht im Hof des Bendlerblocks zusammen mit Stauffenberg, Mertz von Quirnheim und Werner von Haeften erschossen.

Werner von Haeften als Oberleutnant, 1944

Quelle: Privatbesitz

Der Syndikus und Oberleutnant Werner von Haeften ist vor allem an der Ostfront eingesetzt. Nach der Genesung von einer schweren Verwundung wird er im November 1943 in Berlin Adjutant von Claus Schenk Graf von Stauffenberg und ist an den Attentatsplänen und -vorbereitungen beteiligt. Am 20. Juli 1944 fliegt Werner von Haeften zusammen mit Stauffenberg ins „Führerhauptquartier Wolfschanze". Hier unterstützt er Stauffenberg bei den letzten Vorbereitungen für das Attentat. Nach der Detonation des Sprengkörpers kann Haeften sich mit Stauffenberg unter einem Vorwand aus dem Sperrkreis des „Führerhauptquartiers" entfernen. Beiden gelingt es, mit dem Flugzeug nach Berlin zu entkommen. Im Bendlerblock ist Werner von Haeften am Nachmittag und Abend des 20. Juli 1944 immer in Stauffenbergs Nähe. Nach dem Scheitern des Umsturzversuchs wird Werner von Haeften in der Nacht zum 21. Juli 1944 im Hof des Berliner Bendlerblocks zusammen mit Stauffenberg, Friedrich Olbricht und Albrecht Ritter Mertz von Quirnheim erschossen.

Fritz von der Lancken als Oberstleutnant

Quelle: Institut für Zeitgeschichte, ED 106/53

Fritz von der Lancken leitet im Zivilberuf ein Internat in Potsdam. Er kommt als Oberstleutnant z. V. in Friedrich Olbrichts Dienststelle, das Allgemeine Heeresamt im Oberkommando des Heeres, in der 1943 und 1944 Stauffenberg Chef des Stabes ist. Hier wirkt von der Lancken als Adjutant von General Friedrich Olbricht. Von der Lancken stellt Stauffenberg seine Wohnung in Potsdam für Besprechungen zur Verfügung und vermittelt Goerdeler auch ein Gespräch mit Stauffenberg.

Vor dem Attentat am 20. Juli 1944 bewahrt von der Lancken für Stauffenberg den Sprengstoff auf. Am Tag des Umsturzversuchs bewacht er in der Zentrale der Verschwörer in der Bendlerstraße vorübergehend General Kortzfleisch, den Wehrkreiskommandanten des Wehrkreises III (Berlin). Fritz von der Lancken wird noch in der Nacht vom 20. auf den 21. Juli 1944 festgenommen und zuerst in das „Hausgefängnis" der Gestapo in der Prinz-Albrecht-Straße 8 gebracht. Am 14. August 1944 wird Fritz von der Lancken auf Vorschlag des „Ehrenhofs des Heeres" aus der Wehrmacht entlassen, am 29. September 1944 vom „Volksgerichtshof" zum Tode verurteilt und noch am selben Tag in Berlin-Plötzensee erhängt.

1. Juli 1944

Berlin

Der Oberleutnant Urban Thiersch war auf Empfehlung von Rudolf Fahrner nach Berlin versetzt worden. Er beschreibt 1949 die Atmosphäre in der Umgebung Stauffenbergs:

„Ich ging nach meiner Ankunft am 1. Juli durch verschiedene Teile der Hauptstadt, um mich bei einigen Ämtern zu melden. In den meisten Straßen konnte man – oft noch frische – Spuren der zerstörenden Bombenangriffe sehen, wie es mir bisher noch in keiner Stadt aufgefallen war. In gleicher Weise waren Kirchen wie Bauten der Verwaltung, Fabriken, Schulen und Wohnhäuser zu Ruinen oder auch dem Erdboden gleichgemacht worden. Die Schaufenster der Läden waren meist durch rohe Bretter ersetzt und boten keine Verlockungen mehr. Die Straßen schienen tagsüber eher verödet, nur in den späten Nachmittags- und in den Abendstunden überfluteten verwirrende Menschenmassen die Bahnhöfe und Straßen, die zu den Vororten führten, bestrebt, fern vom gefährdeten Zentrum eine ruhige Nacht zu haben. Beklemmend war es, die Menschen zu sehen, mit ihnen zu reden. Viele gingen wohl dem täglichen Gang der gewohnten Arbeit, der Pflicht vielleicht murrend oder nicht einmal murrend nach, andere, noch in unentwegtem Vertrauen auf das Heil des Vaterlands und die Zukunft, mieden ängstlich jeden Gedanken an drohendes Unheil, noch andere sahen dieses Unheil, glaubten dabei aber, im eigenen untadligen Ausführen der Pflicht einen Halt zu finden. Doch über allem lag lähmend bleiern ein Alp: das ausweglose Gehetzt-getrieben-Werden.

Eine ganz andere Atmosphäre verspürte ich, als ich zur Bendlerstraße, dem Sitz des OKH, kam. Ich fragte mich zu den Räumen des Stabschefs durch, die im zweiten Stock zur Straße heraus lagen. In dem weiten, lichten, vornehmen Vorzimmer meldete ich mich an. Es war hier sehr belebt. Offiziere, meist mit den roten Streifen der Generalstäbler oder den Generalszeichen, wandelten auf und ab oder saßen auf den schmalen Polsterbänken, heiter oder auch heftig in Gesprächen. Als ich einige Minuten gewartet hatte, kam ein junger Offizier aus Stauffenbergs Zimmer, begrüßte mich, als seien wir bekannt (es war von Haeften), und führte mich hinein. Stauffenberg gab mir die linke Hand, strahlend lebhaft und mit einer Sicherheit, die einen glauben machte, seine schweren Verstümmelungen behinderten ihn nicht im mindesten. Er erkundigte sich freundlich, wie ich gereist und in Berlin untergekommen sei, und ließ mir Zigaretten anbieten. Die Art, wie er und sein Ordonnanzoffizier miteinander sprachen, hatte etwas so Freimütiges, wie ich es unter Soldaten höchst selten und nur im Feld erlebt habe.

Das Klingeln des Telefons unterbrach uns und verknüpfte Stauffenberg in neue Gespräche am Apparat. Es war ein Vergnügen, zu beobachten, mit welcher Intensität er die Unterredungen führte, knapp und sicher in Anordnungen, mit natürlicher Höflichkeit gegenüber Personen wesentlichen Einflusses, dabei immer souverän. Freilich vermochte ich nicht auf den Zusammenhang der Worte zu achten, da mich seine Erscheinung zu sehr fesselte. Sein mächtiges Haupt stand in schönem Verhältnis zum Körper, er trug die Reithose mit den roten Streifen und einen leichten weißen Rock. Die Gesichtsfarbe war von gesunder Frische, das gesunde Auge strahlte ungehemmt wie von innerem Feuer, man mochte glauben, unabhängig von heiteren oder ernsten Erregungen, die sein Antlitz bewegten. Die andere Gesichtshälfte, mit der schwarzen Kappe vor dem Auge, weniger aktiv wirkend, doch von eigentümlicher Gewalt durch kühne Formen, Schädelbau und Prägung des Lebens, gab seiner Erscheinung, vor allem, wenn man sie durch eine Wendung nur von dieser Seite aus sah, etwas weit Entrücktes, Monumentales.

Als die Gespräche abgeschlossen waren, wandte er sich wieder mir zu: ‚Gehen wir in medias res', sagte er, ‚ich betreibe mit allen mir zur Verfügung stehenden Mitteln den Hochverrat.' Dann sprachen wir von der unentrinnbar hoffnungslosen militärischen Lage, daß ein Umsturz daran nichts zu ändern vermöge, aber daß viel Blut gespart und ein letztes furchtbares Chaos vermieden werden könne. Die Schmach der gegenwärtigen Regierung müsse aber beseitigt werden. Ernst fügte er hinzu, es sei fraglich, ob es gelinge, doch schlimmer als ein Mißlingen sei, der Schande und dem lähmenden Zwang tatenlos zu verfallen. Nur Handeln vermöge innere wie äußere Freiheit zu gewinnen.

Waren diese Gedanken ganz nach meinem Herzen ausgesprochen, so gab noch etwas anderes den Antrieb, ohne Rücksichten Kräfte und Leben hier einzusetzen: von Stauffenberg ging keine Suggestion, keine Magie aus, aber man spürte bei ihm unangreifbare geniale Kräfte, die wünschen ließen, ihn an lenkender Stelle zu sehen, und die verhießen, daß es eine Lust sein müsse, für ihn, mit ihm zu wirken. Der Bann, daß heute nur niedere, rohe Kräfte etwas auszurichten vermöchten, schien, wenn man auf ihn schaute, gebrochen. Seine Gestalt gab die Gewähr, daß stärkste, lebendigste Kraft sich mit höchster natürlicher Noblesse vereinigen kann. Ich fühlte mich an eine Darlegung erinnert, die ich einmal bei Jean Paul gefunden hatte, etwa in dem Sinn: daß das Genie im Gegensatz zum Talent eine unteilbare, einfache Kraft sei, die man nicht in Einzelkräfte aufspalten und darum nicht unterdrücken könne. Es wurde noch meine Aufgabe besprochen und ich gebeten, im Vorraum zu bleiben, bis Oberst H., mein künftiger Chef, eingetroffen sei. Das Warten in dem schmalen Flur, der durch drei geöffnete Glastüren Verbindung zum großen Vorzimmer hatte, erregte alle Aufmerksamkeit. Es schien mir eine unbewußte Spannung auf denen zu liegen, die sich hier unterhielten oder warteten, und die sich erhöhte, wenn Stauffenberg manchmal aus seiner Tür heraustrat, um jemanden zu begrüßen oder zu sich zu holen. Aber immer schien seine freimütige und herzliche Art dabei die anderen zu bestimmen, mitzureißen, ob er nun mit Jüngeren oder auch Ranghöheren sprach. Einmal kam er zu mir mit einem Mann von schlanker hoher Gestalt von nördlichem Typ mit Augen, die sinnend auf Weitentferntes gerichtet schienen. An der Art, wie sie miteinander sprachen, war eine besondere gegenseitige Achtung zu spüren. Auch mußte ich annehmen, sie seien sich lange vertraut. Es war Oberst H. - Stauffenberg klärte rasch und einleuchtend die Übernahme meines neuen Dienstverhältnisses und führte mühelos die notwendigen Entscheidungen unter uns herbei.

Etwas später - von Haeften stand gerade bei mir, um ein gemeinsames Mittagessen zu verabreden - trat ein eleganter höherer Offizier in das Vorzimmer, er trug SS-Uniform. Von Haeften stöhnte mit einem Blick zum Himmel: ‚Wie bringen wir nur den Helldorff wieder weg' und ging, Stauffenberg die Ankunft des Polizeipräsidenten zu melden. Der kam bald und nahm die ihm dargebrachten Glückwünsche zu seiner Ernennung als Stabschef entgegen. Stauffenberg erwiderte den Redestrom mit einem heitern ‚Zu gütig, Herr Präsident!' und verstand, ihn rasch und freundlich zu verabschieden.

Gegen Mittag versammelte sich eine größere Anzahl Offiziere, Unteroffiziere und Beamte. Wie ich hörte, wollte der alte scheidende Chef des Stabes, ein General, sich verabschieden, Stauffenberg seine neuen Mitarbeiter begrüßen. Die Glastüren wurden geschlossen, und ich konnte nur beobachten, wie Stauffenberg nach der Ansprache seines Vorgängers vortrat. Es war zu spüren, wie sich die Aufmerksamkeit der Versammelten regte, er war ganz Mittelpunkt und sprach frei und sicher, manchmal sein Haupt leicht zurücklehnend. Bald öffneten sich die Türen wieder, und alles strömte zu den eigenen Diensträumen zurück, die meisten heiter bewegt von seinen letzten, wohl scherzenden Worten."

Quelle: Institut für Zeitgeschichte, ED 88, Bd. 2, Niederschrift von Urban Thiersch von 1949.

Vor dem 20. Juli 1944

Berlin, Anfang Juli 1944

Claus Schenk Graf von Stauffenberg, sein Bruder Berthold und ihr enger Freund, der Germanist Rudolf Fahrner, formulieren einen „Schwur", auf dessen Grundlage sie nach der Befreiung vom Nationalsozialismus politisch wirken wollen. Die Endfassung vom 4. Juli 1944 trägt handschriftliche Korrekturen von Claus Schenk Graf von Stauffenberg.

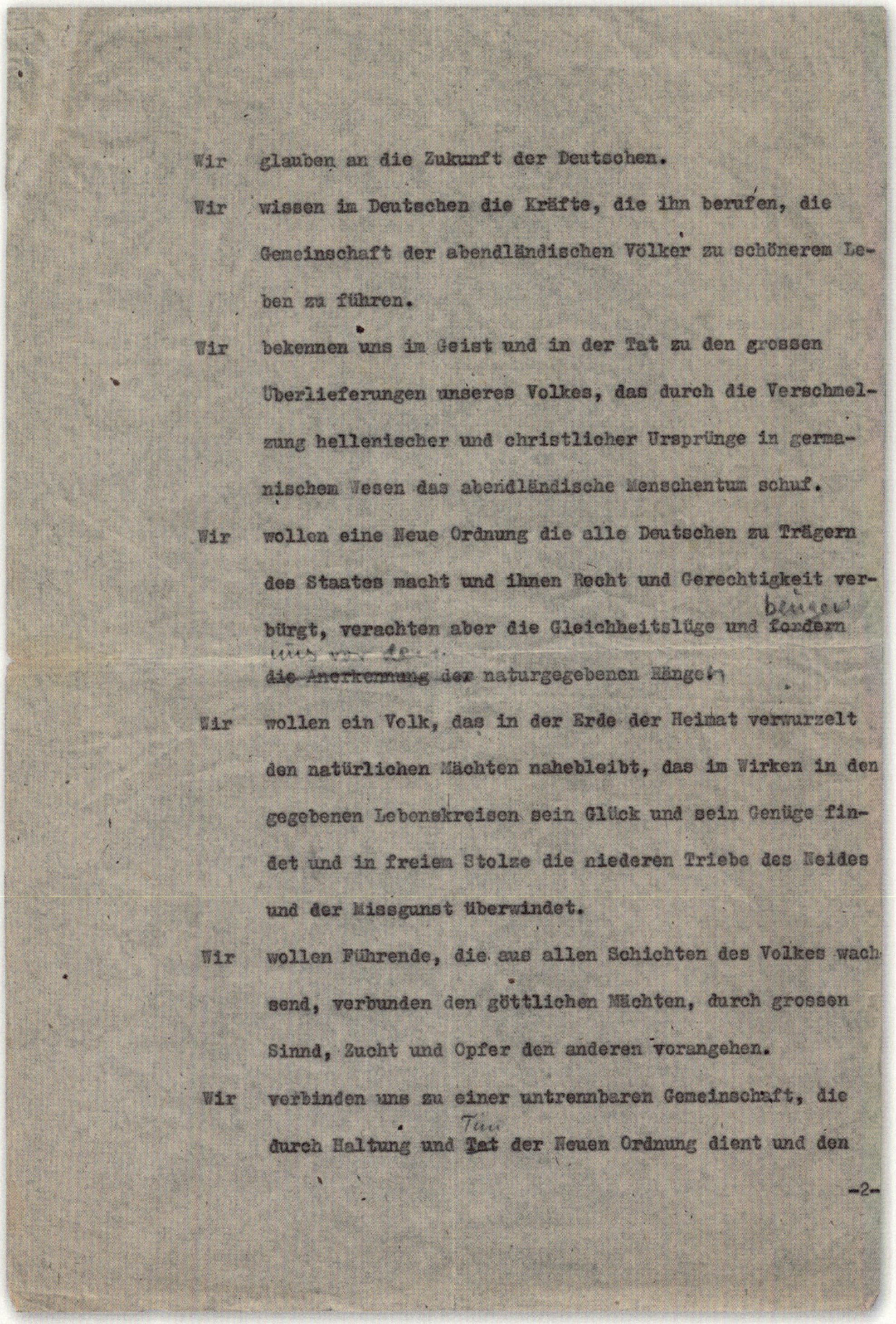

Wir glauben an die Zukunft der Deutschen.

Wir wissen im Deutschen die Kräfte, die ihn berufen, die Gemeinschaft der abendländischen Völker zu schönerem Leben zu führen.

Wir bekennen uns im Geist und in der Tat zu den grossen Überlieferungen unseres Volkes, das durch die Verschmelzung hellenischer und christlicher Ursprünge in germanischem Wesen das abendländische Menschentum schuf.

Wir wollen eine Neue Ordnung die alle Deutschen zu Trägern des Staates macht und ihnen Recht und Gerechtigkeit verbürgt, verachten aber die Gleichheitslüge und ~~fordern~~ beugen uns vor den ~~die Anerkennung der~~ naturgegebenen Rängen.

Wir wollen ein Volk, das in der Erde der Heimat verwurzelt den natürlichen Mächten nahebleibt, das im Wirken in den gegebenen Lebenskreisen sein Glück und sein Genüge findet und in freiem Stolze die niederen Triebe des Neides und der Missgunst überwindet.

Wir wollen Führende, die aus allen Schichten des Volkes wachsend, verbunden den göttlichen Mächten, durch grossen Sinnd, Zucht und Opfer den anderen vorangehen.

Wir verbinden uns zu einer untrennbaren Gemeinschaft, die durch Haltung und ~~Tat~~ Tun der Neuen Ordnung dient und den

-2-

Stauffenbergs „Schwur" in der Fassung vom 4. Juli 1944

Quelle: Württembergische Landesbibliothek Stuttgart, Stefan George Archiv

künftigen Führern die Kämpfer bildet, derer sie bedürfen.

Wir geloben

untadelig zu leben,
~~gewissenhaft~~ im Gehorsam zu dienen,
unverbrüchlich zu schweigen,
und füreinander einzustehen.

.-.-.-.-.-.-.-.-.-.-.-.-.-.-.-.-.-.

5. Juli 1944

Berlin

Claus Schenk Graf von Stauffenberg erhält die Information, dass die Sozialdemokraten Julius Leber und Adolf Reichwein von der Geheimen Staatspolizei festgenommen worden sind. Mit Wissen Stauffenbergs hatten sie sich am 22. Juni 1944 mit den Führern der kommunistischen Widerstandsgruppen in Berlin, Anton Saefkow und Franz Jacob, zur Sondierung der jeweiligen politischen Absichten getroffen. Unter den Begleitern von Saefkow und Jacob hatte sich ein Spitzel der Geheimen Staatspolizei befunden. Dies hatte zur Festnahmeaktion vom 4. Juli 1944 geführt.

Für Stauffenberg ist Julius Leber ein zentraler politischer Gesprächspartner. Neben Carl Friedrich Goerdeler und Wilhelm Leuschner ist Julius Leber ein möglicher Anwärter für das Amt des Reichskanzlers nach einem gelungenen Umsturzversuch.

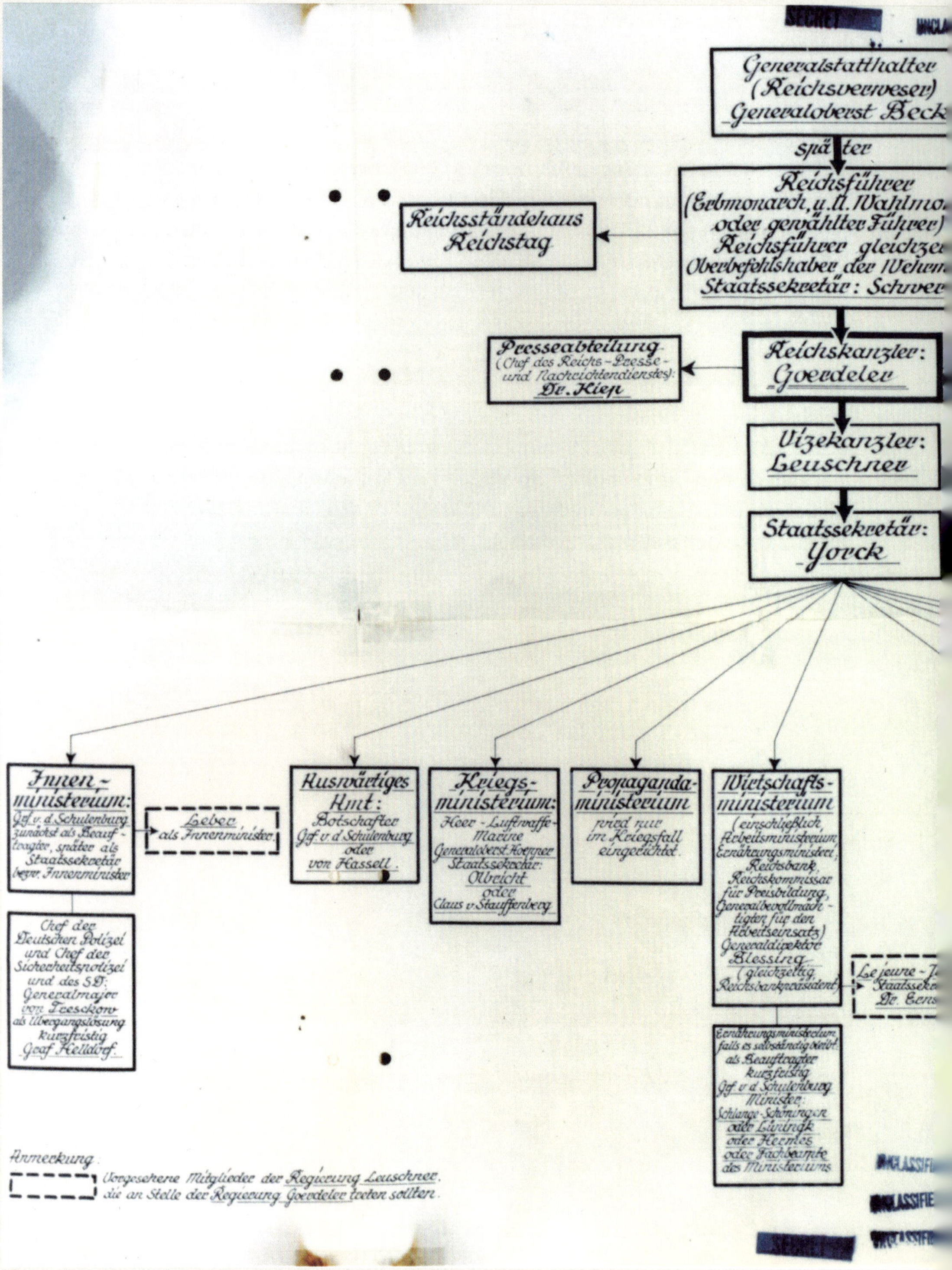

SECRET
Generalstatthalter
(Reichsverweser)
Generaloberst Beck
später
Reichsführer
(Erbmonarch, u. U. Wahlmo
oder gewählter Führer)
Reichsführer gleichze
Oberbefehlshaber der Wehrm
Staatssekretär: Schwer
Reichsständehaus
Reichstag
Presseabteilung
(Chef des Reichs-Presse- und Nachrichtendienstes):
Dr. Kiep
Reichskanzler:
Goerdeler
Vizekanzler:
Leuschner
Staatssekretär:
Yorck
Innenministerium:
Gf. v. d. Schulenburg zunächst als Beauftragter, später als Staatssekretär bzw. Innenminister
Leber
als Innenminister
Chef der Deutschen Polizei und Chef der Sicherheitspolizei und des SD:
Generalmajor von Tresckow
als Übergangslösung kurzfristig
Graf Helldorf
Auswärtiges Amt:
Botschafter
Gf. v. d. Schulenburg
oder
von Hassell.
Kriegsministerium:
Heer - Luftwaffe - Marine
Generaloberst Hoepner
Staatssekretär:
Olbricht
oder
Claus v. Stauffenberg
Propagandaministerium
wird nur im Kriegsfall eingerichtet.
Wirtschaftsministerium
(einschließlich Arbeitsministerium, Ernährungsministeri, Reichsbank, Reichskommissar für Preisbildung, Generalbevollmächtigten für den Arbeitseinsatz)
Generaldirektor
Blessing
(gleichzeitig Reichsbankpräsident)
Lejeune-J
Staatssek
Dr. Ens
Ernährungsministerium falls es selbständig bleibt:
als Beauftragter kurzfristig
Gf. v. d. Schulenburg
Minister:
Schlange-Schöningen
oder Lüninck
oder Hermes
oder Fachbeamte des Ministeriums
Anmerkung:
Vorgesehene Mitglieder der Regierung Leuschner, die an Stelle der Regierung Goerdeler treten sollten.
SECRET

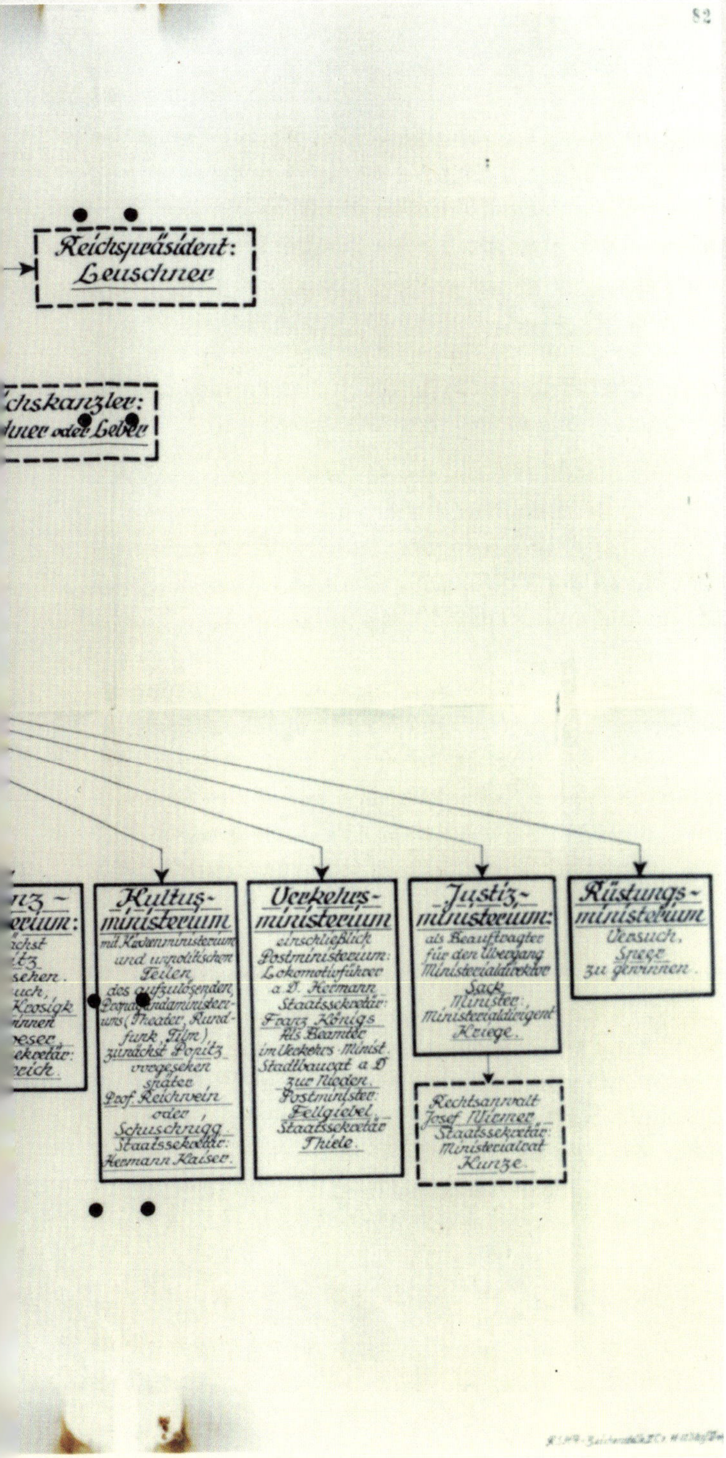

Rekonstruktion der Kabinettsplanungen einer provisorischen Regierung nach dem Umsturzversuch durch das Reichssicherheitshauptamt, 6. September 1944

Quelle: BArch, NS 6/12, Bl. 82

6. / 7. Juli 1944

Obersalzberg / Schloss Kleßheim

Stauffenberg nimmt gemeinsam mit Fromm an zwei Besprechungen in Hitlers „Berghof" auf dem Obersalzberg über die weitere Mobilisierung von personellen Reserven teil. Nach einer Aussage von Generalmajor Hellmuth Stieff vor der Geheimen Staatspolizei hat Stauffenberg ihm am 6. Juli mit einem Blick auf seine Aktentasche erklärt: „Ich habe das ganze Zeug mit." Stieff will sich gegen die Durchführung des Attentats ausgesprochen haben. Für diese Darstellung konnten keine weiteren Belege gefunden werden. Auch ist offen, wie weit in Berlin an diesem Tag schon Vorbereitungen für die „Operation Walküre" getroffen worden sind.

An nächsten Tag ist für Hitler eine Vorführung neuer Waffen und Uniformen in der Nähe von Schloss Kleßheim bei Salzburg geplant. In Kreisen der Verschwörer war in den Jahren 1943/44 mehrfach diskutiert worden, Hitler während einer derartigen Vorführung zu töten. Diese Pläne haben sich jedoch nicht realisieren lassen.

Generalmajor Hellmuth Stieff hatte als Chef der Organisationsabteilung im Oberkommando des Heeres ständigen Zugang zu Hitler. Daher hatte Stauffenberg auf ihn als möglichen Attentäter gesetzt. Stieff hätte jetzt mit Stauffenbergs Sprengstoff die Möglichkeit gehabt, sich mit Hitler am 7. Juli 1944 in Kleßheim in die Luft zu sprengen. Er ist jedoch dazu im Juli 1944 nicht mehr bereit; die Gründe für seine Entscheidung sind unbekannt.

Stauffenberg weiß jetzt, dass aus der Umgebung Hitlers zu diesem Zeitpunkt niemand mehr den Anschlag ausführen wird. Unmittelbar nach dem 6. Juli 1944 fasst er daher den Entschluss, das Attentat selbst durchzuführen. Doch als Chef des Stabes beim Befehlshaber des Ersatzheeres ist Stauffenberg für die Durchführung des Staatsstreichs in Berlin fast zwingend erforderlich. Stauffenberg hat das Risiko seiner Festnahme oder seines Todes beim Attentat gegen die aus seiner Sicht zwingende Notwendigkeit abgewogen, dass möglichst sofort der Umsturzversuch eingeleitet werden muss.

Hitler mit Rüstungsminister Albert Speer und Generalmajor Hellmuth Stieff (Bildmitte) am 7. Juli 1944 bei der Vorführung neuer Uniformen in der Nähe von Schloss Kleßheim

Quelle: Völkischer Beobachter, Berliner Ausgabe, 11. August 1944

11. Juli 1944

Berlin / Obersalzberg

Stauffenberg fliegt am Morgen des 11. Juli gemeinsam mit seinem Adjutanten Friedrich-Karl Klausing von Berlin zum Flughafen Freilassing bei Salzburg. Er hat Sprengkörper und Zünder dabei. Dort holt sie ein Wagen zum Obersalzberg ab. Klausing ist am Vortag von Stauffenberg über dessen Attentatsabsichten informiert worden. Jetzt hat er dafür zu sorgen, dass Stauffenberg unmittelbar nach dem Ende der Lagebesprechung wieder mit dem Wagen zum Flughafen gebracht wird, wo ein Flugzeug für ihn bereitsteht.

Die Lagebesprechung beginnt um 13.07 Uhr und endet um 15.30 Uhr. Das Attentat unterbleibt. Als Stauffenberg aus der Lagebesprechung kommt, erklärt er Klausing, „die Sache sei nicht gestartet, weil der Reichsführer SS nicht dagewesen sei." Im Anschluss an die Lagebesprechung gehen Stauffenberg und Klausing zu einem verspäteten Mittagessen und sprechen in der Kaserne Frankenstrub mit Fellgiebel, Stieff und Klamroth.

Für diesen Tag stehen nach jetzigem Wissensstand zwei Interpretationen nebeneinander, die sich aber auch ergänzen können: Stauffenberg habe das Attentat nicht durchgeführt, weil der Oberbefehlshaber der Luftwaffe Hermann Göring und der Reichsinnenminister und Reichsführer-SS Heinrich Himmler nicht anwesend gewesen seien. Vor der Geheimen Staatspolizei sagt Hellmuth Stieff später aus, Stauffenberg habe ihn vor der Lagebesprechung gefragt: „Herrgott, soll man nicht doch handeln?"

Eine andere Überlegung ist, dass die Vorbereitungen in Berlin für das Unternehmen „Walküre" noch nicht weit genug vorangeschritten gewesen seien und nur ein sehr kleiner Personenkreis über Stauffenbergs Absichten informiert war.

Tatsächlich hat General Friedrich Olbricht am 10. Juli bei Generaloberst Hoepner angerufen und diesen dringend aufgefordert, am 11. Juli nach Berlin zu kommen und seine Uniform mitzubringen. Als Hoepner im Bendlerblock eintrifft, eröffnet Olbricht ihm – so Hoepners Aussage vor dem „Volksgerichtshof" am 7. August 1944: „Bestellen musste ich sie hierher und zwar konnte ich nicht bis morgen warten, sondern musste das heute tun; denn er ist dorthin geflogen, und wir können jeden Augenblick vor einer völlig anderen Situation stehen."

Als sie keine Nachricht vom Obersalzberg erhalten, verabschiedet sich am späten Nachmittag Hoepner von Olbricht. Am Abend kehrt Claus Schenk Graf von Stauffenberg nach Berlin zurück und trifft sich dort mit seinem Vetter Cäsar von Hofacker, der an diesem Tag aus Paris eingetroffen ist. Hofacker informiert ihn über die sich rapide verschlechternde Lage an der Westfront.

Auszug aus dem Bericht des Chefs der Sicherheitspolizei und des SD vom 24. Juli 1944 über das Gespräch zwischen Olbricht und Hoepner am 11. Juli 1944

Quelle: BArch, NS 6/4, fol. 119

Als H o e p n e r am 11.7. bei O l b r i c h vorsprach, erläuterte O l b r i c h t die militärische Lage dahingehend, dass sie mit Riesenschritten der Krise zugehe und dass man damit rechnen muss, dass die Entscheidung über den Ausgang des Krieges in wenigen Wochen falle. Deshalb sei nunmehr auch eine Klärung der Lage bzw. Entscheidung im Führerhauptquartier erforderlich. Als besonderes Anzeichen der Krise bezeichnete es O l b r i c h t , dass Generalfeldmarschall K l u g e zunächst mit einer stark optimistischen Auffassung an seine neue Aufgabe im Westen gegangen sei, aber schon nach kurzer Zeit seine Meinung geändert und schwerste Bedenken über den Kampf an der Invasionsfront zum Ausdruck gebracht habe.

Im Hinblick auf das Führerhauptquartier teilte ihm O l b r i c h t an diesem Tage mit, dass S t a u f f e n b e r g nach dem Obersalzberg geflogen war, weil dort eine grössere Besprechung stattfinden sollte. S t a u f f e n b e r g sei vollgeladen dorthin geflogen, um eine neue Entscheidung herbeizuführen. Man könne ganz plötzlich vor einer neuen Situation stehen und deshalb habe er ihn - H o e p n e r - für diesen Tag nach Berlin geholt. Allerdings sei ihm eben die Mitteilung zugegangen, dass die vorgesehene Besprechung im Führerhauptquartier wohl nicht stattfinde, weil der Reichsführer - SS nicht eingetroffen sei.

Friedrich-Karl Klausing als Leutnant, um 1943

Quelle: BArch, Bild 146 II-760

Friedrich-Karl Klausing will Berufsoffizier werden und tritt im Herbst 1938 als Fahnenjunker in das angesehene Potsdamer Infanterie-Regiment 9 ein. Nach Beginn des Zweiten Weltkriegs wird er zunächst in Polen und Frankreich eingesetzt und nimmt im Winter 1942/43 an den Kämpfen bei Stalingrad teil. Dort wird er schwer verwundet und nach einer weiteren Verwundung 1943 zum Innendienst beim Oberkommando der Wehrmacht nach Berlin versetzt. Fritz-Dietlof Graf von der Schulenburg kann ihn dort für die Umsturzpläne gewinnen.

Am 15. Juli 1944 begleitet Klausing Stauffenberg als Adjutant in das ostpreußische „Führerhauptquartier Wolfschanze". Das zunächst für diesen Tag geplante Attentat kann aber nicht ausgeführt werden. Am 20. Juli 1944 hält Klausing sich im Bendlerblock auf und ist dort für die Übermittlung der „Walküre"-Befehle mitverantwortlich. In der Nacht vom 20. auf den 21. Juli kann Klausing zunächst entkommen und sich bei Freunden verstecken. Am nächsten Morgen stellt er sich jedoch der Gestapo und wird im ersten Schauprozess gegen die Verschwörer vom „Volksgerichtshof" am 8. August 1944 zum Tode verurteilt. Friedrich-Karl Klausing wird noch am selben Tag in Berlin-Plötzensee erhängt.

Ludwig Freiherr von Hammerstein als Oberleutnant, um 1943
Quelle: Privatbesitz

Ludwig von Hammerstein-Equord, geboren 1919, ist das fünfte von sieben Kindern des Generals und späteren Hitler-Gegners Kurt von Hammerstein. Nach dem Abitur 1938 am Mommsengymnasium arbeitet er im Bergbau und wird 1940 Grenadier in einem Infanterieregiment, das kurze Zeit in Frankreich eingesetzt wird und dann nach Ostpreußen verlegt wird. Nach einer Verwundung nimmt Hammerstein ein Bergbaustudium auf. Als Oberleutnant wieder im aktiven Dienst, ist er an der unmittelbaren Vorbereitung des Umsturzversuches 1944 beteiligt.

Am 11., 15. und 20. Juli wartet er mit anderen jungen Offizieren im Hotel Esplanade auf Weisungen. Sie werden am Nachmittag des 20. Juli in den Bendlerblock befohlen und dienen sowohl als Ordonnanzoffiziere als auch zur Bewachung von festgesetzten Offizieren und SS-Führern. Nach dem Scheitern des Umsturzversuches kann von Hammerstein sich über Trümmerbereiche des Bendlerblocks vom Geschehen entfernen. Es gelingt ihm, sich bis Kriegsende verborgen zu halten.

11. Juli 1944

Berlin

Am 10. Juli 1944 erhält Kunrat Freiherr von Hammerstein eine Nachricht, die eigentlich für seinen Bruder Ludwig bestimmt ist. Fritz-Dietlof Graf von der Schulenburg schreibt diesem: „Am 11. um 9 Uhr bei Hauptmann Graf Schwerin, Generalquartiermeister IV, Admiral-Prinz-Heinrich-Straße, melden." Die Großadmiral-Prinz-Heinrich-Straße (seit 1947: Hitzigallee) liegt in unmittelbarer Nähe des Bendlerblocks.

Kunrat von Hammerstein spricht noch am selben Abend mit seinem Bruder Ludwig und mit Ewald Heinrich von Kleist. Er beschließt, am nächsten Tag um 11 Uhr zunächst zu einem verabredeten Treffen mit Carl Friedrich Goerdeler im Hotel Esplanade zu gehen und erst danach zu Schwerin. Als Goerdeler, der noch nicht in Berlin eingetroffen ist, nicht erscheint, begibt sich Kunrat von Hammerstein in die Großadmiral-Prinz-Heinrich Straße. Hier trifft er vor dem Gebäude des Generalquartiermeisters auf Kleist.

Kleist hat inzwischen gemeinsam mit Georg Sigismund von Oppen, Hans Fritzsche und Oberleutnant Widany etwa eineinhalb Stunden vor dem Büro Schwerins gewartet. Sie wurden dann von Schwerin wieder weggeschickt. Kunrat von Hammerstein und Kleist unterhalten sich kurz, anschließend geht Kleist wieder zu Schwerin und erhält von ihm die Information, die Telefonverbindungen nach Berchtesgaden – und damit zum Obersalzberg – seien unterbrochen.

Kunrat von Hammerstein und Ewald Heinrich von Kleist begeben sich am frühen Nachmittag ins Hotel Esplanade, um dort auf weitere Nachrichten zu warten. Fritz-Dietlof Graf von der Schulenburg informiert sie später, so Kleist: „Es ist nichts geworden, weil Himmler nicht da war." Ulrich-Wilhelm Graf von Schwerin von Schwanenfeld, ein enger Vertrauter von Generalfeldmarschall von Witzleben, informiert am 10. Juli auch den in Bad Kissingen zur Kur weilenden Witzleben über die Planungen für den nächsten Tag. Witzleben soll so schnell wie möglich nach Berlin zurückkommen.

Auch Generaloberst Ludwig Beck, die zentrale Gestalt der militärischen Verschwörung, hat von Schwerin Mitteilungen über die Planungen am 11. Juli 1944 erhalten. Er hält sich den ganzen Tag in seinem Haus in Lichterfelde auf.

Ludwig Beck

Quelle: Gedenkstätte Deutscher Widerstand

Im März 1898 tritt Ludwig Beck als Fahnenjunker in das preußische Heer ein und setzt nach dem Ersten Weltkrieg seine militärische Laufbahn in der Reichswehr fort. Im Oktober 1933 wird er Chef des Truppenamtes im Reichswehr-Ministerium und im Juli 1935 zum Generalstabschef des Heeres befördert. Bis 1938 versucht Ludwig Beck mit Denkschriften, Aktennotizen und Vorträgen die Außenpolitik Hitlers zu beeinflussen. In seiner kompromisslosen Ablehnung des Kriegsrisikos trifft er sich mit Carl Friedrich Goerdeler.

Im Sommer 1938 fordert Beck vergeblich die Generalität zum geschlossenen Rücktritt auf. Um den drohenden Krieg in Europa zu verhindern, stellt Beck seinen Posten aus Gewissensgründen zur Verfügung und wird schnell zum Mittelpunkt der militärisch-bürgerlichen Opposition. Er beteiligt sich an den Vorbereitungen für den Umsturzversuch und soll nach Hitlers Tod für eine Übergangszeit Staatsoberhaupt werden. Am 20. Juli 1944 übernimmt Beck im Bendlerblock diese Aufgabe. Nach dem Scheitern der Umsturzbestrebungen bittet er am späten Abend des 20. Juli 1944 Generaloberst Friedrich Fromm um die Gelegenheit zum Suizid. Zwei Versuche misslingen und kurz nach Mitternacht wird Ludwig Beck auf Befehl von Generaloberst Fromm in einem Nebenraum des Arbeitszimmers von Fromm erschossen.

Carl Friedrich Goerdeler

Quelle: Scherl / Süddeutsche Zeitung Photo

Carl Friedrich Goerdeler ist seit 1930 Oberbürgermeister von Leipzig und übt in der Endphase der Weimarer Republik gleichzeitig das Amt eines Reichskommissars für die Preisüberwachung aus. Seit 1935 hat er heftige Auseinandersetzungen mit der NSDAP. Nach seinem Rücktritt als Oberbürgermeister im April 1937 wird Goerdeler als Berater der Robert Bosch GmbH tätig und unternimmt in Deutschland und im Ausland ausgedehnte Reisen. Dabei wirbt er für die Ziele seiner Politik, die sich gegen die Nationalsozialisten richtet.

Goerdeler wird so zum Mittelpunkt der zivilen Widerstandskreise. In zahlreichen Denkschriften und Entwürfen plant er die Neuordnung des politischen Lebens in Deutschland nach einem gelungenen Staatsstreich und stellt sich als Reichskanzler zur Verfügung. Bereits vor dem 20. Juli 1944 gerät Goerdeler in das Blickfeld der Gestapo. Er taucht unter und ist über den Attentatstermin selbst nicht informiert. Nach dem Umsturzversuch kann er zunächst entkommen, wird kurz darauf denunziert, am 12. August 1944 festgenommen und am 8. September 1944 vom „Volksgerichtshof" unter Roland Freisler zum Tode verurteilt. Auf Befehl Hitlers wird er erst fünf Monate später nach ausführlichen weiteren Vernehmungen am 2. Februar 1945 in Berlin-Plötzensee erhängt.

Erwin von Witzleben

Quelle: Gedenkstätte Deutscher Widerstand

Der Berufsoffizier Erwin von Witzleben wird nach dem Ende des Ersten Weltkrieges in die Reichswehr übernommen. Bereits 1937 äußert er, Hitler verfolge eindeutige Kriegspläne. Die „Blomberg-Fritsch-Krise", die es Hitler ermöglicht, den Oberbefehl über die Wehrmacht zu übernehmen, trägt zur Entschlossenheit Witzlebens bei, eine militärische Aktion gegen das NS-Regime zu wagen.
Er ist einer der führenden Köpfe hinter den Umsturzplänen vom Herbst 1938. Das Münchner Abkommen lähmt diese Bestrebungen entscheidend. Nach Kriegsbeginn erweisen sich auch andere Umsturzpläne der militärischen Opposition als undurchführbar.
Im Mai 1941 wird Erwin von Witzleben Oberbefehlshaber West. Aus gesundheitlichen Gründen scheidet er im März 1942 aus dem Dienst aus, jedoch hält er weiterhin engen Kontakt zu den Verschwörern.

Schließlich erklärt Erwin von Witzleben sich nach der Niederlage von Stalingrad bereit, bei einem Umsturzversuch den Oberbefehl über die Wehrmacht zu übernehmen. Am Abend des 20. Juli 1944, als das Scheitern des Attentats offenkundig ist, kann er zwar gegen 21 Uhr den Bendlerblock verlassen, wird aber am nächsten Tag festgenommen und in das „Hausgefängnis" der Geheimen Staatspolizei in der Prinz-Albrecht-Straße 8 gebracht. Erwin von Witzleben wird am 8. August 1944 vom „Volksgerichtshof" zum Tode verurteilt und noch am selben Tag in Berlin-Plötzensee erhängt.

Erich Hoepner
Quelle: Privatbesitz

Erich Hoepner beginnt seine militärische Ausbildung 1905 in Metz, wird 1933 Chef des Generalstabes des Wehrkreiskommandos I in Königsberg und zwei Jahre später in den Generalstab nach Berlin versetzt. Hier trifft er auf den Generalstabschef Ludwig Beck und beteiligt sich 1938 an den Planungen der Militäropposition, Hitler durch einen Staatsstreich zu stürzen. Als Führer eines Panzerverbandes vor Moskau ignoriert Hoepner im Januar 1942 Hitlers Durchhaltebefehl und zieht seine Truppen zurück. Er wird sofort von seinem Posten als Oberbefehlshaber der 4. Panzerarmee abgelöst.

Hoepner nimmt bald die Verbindungen zur Militäropposition wieder auf und trifft sich in den folgenden Monaten mehrfach mit Friedrich Olbricht und Ludwig Beck, später auch mit Stauffenberg. In der Umsturzplanung der Verschwörer fällt ihm am 20. Juli 1944 die Funktion des „Oberbefehlshabers im Heimatkriegsgebiet“, also die Nachfolge von Friedrich Fromm als Chef der Heeresrüstung und Befehlshaber des Ersatzheeres zu. Nach dem Scheitern des Umsturzversuches wird Hoepner in der Nacht vom 20. auf den 21. Juli 1944 festgenommen und in das „Hausgefängnis“ der Geheimen Staatspolizei in der Prinz-Albrecht-Straße 8 gebracht. Erich Hoepner wird am 8. August 1944 vom „Volksgerichtshof“ zum Tode verurteilt und am selben Tag in Berlin-Plötzensee erhängt.

Fritz-Dietlof Graf von der Schulenburg

Quelle: Gedenkstätte Deutscher Widerstand

Der in London geborene Verwaltungsjurist Fritz-Dietlof Graf von der Schulenburg studiert Jura in Göttingen und Marburg. 1932 tritt er noch als Assessor der NSDAP bei. In Ostpreußen übt er nach der Machtübernahme der Nationalsozialisten verschiedene Parteiämter aus und arbeitet in Königsberg einige Monate als persönlicher Referent des Gauleiters und Oberpräsidenten Erich Koch. Nach der Ermordung von politischen Gegnern und hohen SA-Führern Ende Juni 1934 wächst seine Distanz zum Nationalsozialismus. Im November 1934 wird er Landrat in Fischhausen, 1937 stellvertretender Polizeipräsident von Berlin, zwei Jahre später Vizepräsident im Oberpräsidium Breslau. 1941 wird er zum Regierungspräsidenten befördert.

1938 kommt er mit der militärischen Opposition in Verbindung und unterstützt im September dieses Jahres zusammen mit seinem Freund und Verwandten Ulrich-Wilhelm Graf von Schwerin von Schwanenfeld den Staatsstreichversuch im Rahmen der „Sudetenkrise". Nach den Pogromen vom 9. November 1938 nimmt er an einem von seinem Freund Peter Graf Yorck von Wartenburg initiierten Gesprächskreis über die Grundsätze einer neuen Reichsverfassung teil. Er ist später dem Umfeld des Kreisauer Kreises zuzurechnen. Als Reserveoffizier des Potsdamer Infanterieregiments 9 wird er 1940 eingezogen. Vorgesehen als Staatssekretär des designierten Innenministers Leber, gehört er bis zuletzt zum engsten Kreis der Verschwörer. Nach dem gescheiterten Umsturz wird er am späten Abend des 20. Juli 1944 im Bendlerblock festgenommen, am 10. August vom „Volksgerichtshof" zum Tode verurteilt und noch am selben Tag in Berlin-Plötzensee erhängt.

Ulrich-Wilhelm Graf von Schwerin von Schwanenfeld

Quelle: Privatbesitz

Der spätere Landwirt Ulrich-Wilhelm Graf von Schwerin von Schwanenfeld wird in Kopenhagen geboren. Wenige Monate nach Studienende erbt er 1926 die landwirtschaftlichen Betriebe Göhren in Mecklenburg-Strelitz und Sartowitz im polnisch gewordenen Westpreußen. Seine aktive Widerstandsarbeit beginnt er 1938 in enger Zusammenarbeit mit seinen Freunden Peter Graf Yorck von Wartenburg und Fritz-Dietlof Graf von der Schulenburg. Als Reserveoffizier mit Kriegsbeginn eingezogen, arbeitet er seit November 1939 im Stab und in der unmittelbaren persönlichen Nähe des späteren Feldmarschalls und Oberbefehlshaber West Erwin von Witzleben. Bereits 1939 erfährt er von Massenerschießungen polnischer Christen und Juden in der Kiesgrube seines polnischen Gutes Sartowitz. Nach der Verabschiedung Witzlebens wird er als „politisch unzuverlässig" 1942 von Paris nach Utrecht versetzt.

Im März 1943 holt ihn Hans Oster nach Berlin, wo er sich in vielfältiger Weise an den Staatsstreichvorbereitungen beteiligt. Über seinen Freund Yorck ist er dem Umfeld des Kreisauer Kreises zuzurechnen und tritt wie dieser für eine politische Erneuerung Deutschlands auf christlicher und sozialer Grundlage ein. In Berlin freundet er sich ab September 1943 mit Claus Schenk Graf von Stauffenberg an. Vorgesehen als Staatssekretär des designierten Staatsoberhauptes Ludwig Beck, gehört er bis zuletzt zum engsten Kreis der Verschwörer. Am 20. Juli 1944 wartet er zusammen mit Berthold Schenk Graf von Stauffenberg, Yorck und Schulenburg in seinem Büro auf die Nachricht von der Durchführung des Attentats in der „Wolfschanze". Er wird in den späten Abendstunden im Bendlerblock festgenommen, am 21. August vom „Volksgerichtshof" zum Tode verurteilt und am 8. September 1944 in Berlin-Plötzensee erhängt.

Ewald Heinrich von Kleist

Quelle: Privatbesitz

Der Infanterie-Leutnant Ewald Heinrich von Kleist wird von Stauffenberg für den Widerstand geworben. Nachdem Axel von dem Bussche im Januar 1944 an der Ostfront schwer verwundet wird und somit als Attentäter ausscheidet, tritt Stauffenberg im Februar 1944 an Kleist heran. Wie zuvor bei von dem Bussche ist an ein Attentat gegen Adolf Hitler während einer Uniformvorführung gedacht. Das Vorhaben scheitert, weil Hitler den Vorführtermin mehrfach verschiebt.

Am 20. Juli 1944 ist Kleist im Bendlerblock an der Festsetzung von Generaloberst Fromm beteiligt und übernimmt in den folgenden Stunden verschiedene Aufgaben. So berichtet er für Olbricht nach 18 Uhr mehrfach über die bis dahin laufenden Absperrungen des Regierungsviertels. Er hält sich auch kurz bei Helldorf im Polizeipräsidium und in der Stadtkommandantur auf. Er wird noch in der Nacht vom 20. auf den 21. Juli 1944 festgenommen und nach einem kurzen Aufenthalt im „Hausgefängnis" der Geheimen Staatspolizei in der Prinz-Albrecht-Straße 8 mit anderen Offizieren in der Sicherheitspolizeischule Drögen, später im Zellenbau des KZ Ravensbrück inhaftiert. Kleist gelingt es, seine Aktivitäten im Widerstand zu vertuschen. Das Verfahren gegen ihn, Georg Sigismund von Oppen und Hans Karl Fritzsche wird vom Oberreichsanwalt beim „Volksgerichtshof" am 12. Dezember 1944 aus Mangel an Beweisen eingestellt. Zuvor ist Kleist am 14. September 1944 aus der Wehrmacht entlassen worden. Es gelingt ihm, mit gefälschten Papieren unterzutauchen. Bei Kriegsende gerät Ewald Heinrich von Kleist in US-amerikanische Kriegsgefangenschaft.

Georg Sigismund von Oppen
Quelle: Privatbesitz

Georg Sigismund von Oppen meldet sich nach dem Abitur im Jahr 1941 freiwillig für eine Offizierslaufbahn beim Infanterie-Regiment 9 in Potsdam, in dem schon sein Vater und Großvater gedient haben. Er wird an der Ostfront eingesetzt und im Dezember 1943 schwer verwundet. Daraufhin beim Heimatregiment in Potsdam stationiert, nimmt er Kontakt zum militärischen Widerstand auf. Ewald Heinrich von Kleist, Werner von Haeften und Fritz-Dietlof Graf von der Schulenburg kennt er bereits aus seinem Elternhaus.

Am 20. Juli 1944 unterstützt von Oppen den Umsturzversuch. Er trifft sich zunächst mit Ludwig von Hammerstein, Hans Karl Fritzsche und Ewald Heinrich von Kleist im Berliner Hotel Esplanade. Am Nachmittag werden sie von Friedrich-Karl Klausing in den Bendlerblock bestellt. Als Ordonnanzoffizier Stauffenbergs eingesetzt, ist von Oppen auch an der Festnahme und Bewachung von General Joachim von Kortzfleisch beteiligt. Am späten Abend kann er mit Hans Karl Fritzsche aus dem Bendlerblock entkommen und nach Potsdam fahren. Am 21. Juli 1944 an die Ostfront versetzt, wird er am 12. August 1944 festgenommen, sein Verfahren vor dem „Volksgerichtshof" aber „mangels hinreichenden Tatverdachts" eingestellt. Im Mai 1945 gerät von Oppen in US-amerikanische Kriegsgefangenschaft, aus der er im Sommer 1945 wieder entlassen wird.

Hans Karl Fritzsche

Quelle: Privatbesitz

Hans Karl Fritzsche, der Sohn eines Werkmeisters, macht 1933 sein Abitur. Er studiert Geschichte, Philosophie und Kriegswissenschaften in Heidelberg und Berlin und schließt sein Studium 1936 mit Promotion ab. Fritzsche schlägt eine Offizierslaufbahn ein, zunächst beim Infanterie-Regiment 9 in Potsdam. Im Zweiten Weltkrieg wird er als Infanterieoffizier bei den Feldzügen in Frankreich und der Sowjetunion eingesetzt. Nachdem er die Verbrechen der nationalsozialistischen Kriegsführung hautnah miterlebt, wird er zum Gegner des Regimes.

Zurück in Potsdam kommt er in Kontakt mit Fritz-Dietlof Graf von der Schulenburg, der ihn in den Kreis der Verschwörer einbezieht. Am 20. Juli 1944 fungiert Fritzsche im Bendlerblock in Berlin als einer der zahlreichen Helfer des Umsturzversuchs. Er wird am 21. Juli festgenommen, zunächst in der Gestapo-Leitstelle in der Französischen Straße verhört und dann im Zellengefängnis Lehrter Straße inhaftiert. Nach einer Verlegung in das Zuchthaus Tegel wird er erneut in das Zellengefängnis gebracht. Das Verfahren gegen ihn wird mangels Beweisen am 14. Dezember 1944 eingestellt. Fritzsche wird nach einiger Zeit freigelassen und begibt sich zu seinem Regiment nach Potsdam, wo er wieder als Bataillonskommandeur eingesetzt wird. Er gerät an der tschechoslowakischen Front in sowjetische Kriegsgefangenschaft, aus der er 1948 entlassen wird.

Margarethe von Oven
Quelle: Privatbesitz

Margarethe von Oven wird 1904 als Tochter des Oberstleutnants Ludolf von Oven geboren, sie wächst mit drei Geschwistern in Berlin auf. Der Vater fällt 1914. Margarethe von Oven muss früh zum Unterhalt der Familie beitragen, ab 1920 arbeitet sie als Schreibkraft, 1925 erhält sie ihre erste Stelle im Reichswehrministerium. Bereits 1933 arbeitet Margarethe von Oven als Sekretärin für General Kurt Freiherr von Hammerstein-Equord, später auch für Generaloberst Werner Freiherr von Fritsch. Nach mehreren Versetzungen ins Ausland, 1938 nach Budapest und 1940 nach Lissabon, wird sie im Sommer 1943 von Henning von Tresckow zurück nach Berlin geholt, um als Sekretärin für das Nachkommando der Heeresgruppe Mitte zu arbeiten.

Gemeinsam mit Erika von Tresckow, ihrer besten Freundin, und Ehrengard Gräfin von der Schulenburg schreibt sie als zuverlässige Mitwisserin der Verschwörer um Stauffenberg, Tresckow und Olbricht die „Walküre"-Entwürfe nieder und fertigt die Reinschriften an. Nach dem 20. Juli 1944 wird sie festgenommen, aber nach zwei Wochen wieder aus der Haft entlassen.

Erika von Tresckow
Quelle: Privatbesitz

Erika von Falkenhayn ist die Tochter des preußischen Kriegsministers und Chefs der Obersten Heeresleitung im Ersten Weltkrieg Erich von Falkenhayn. Seit ihrer Kindheit in Berlin ist sie eng mit Margarethe von Oven befreundet. Anfang der 1920er Jahre zieht die Familie nach Potsdam, wo Erika den Haushalt der Familie führt. 1924 lernt sie Henning von Tresckow kennen, den sie 1926 heiratet. Aus der Ehe gehen vier Kinder hervor, die 1927 und 1928 geborenen Söhne Mark und Rüdiger, die 1931 geborene Tochter Uta und die 1939 geborene Adelheid.

Seit April 1943 weiß Erika von Tresckow von den Attentatsplänen ihres Mannes. Gemeinsam mit Margarethe von Oven schreibt sie im Sommer 1943 die Aufrufe und umgearbeiteten „Walküre"-Entwürfe der Verschwörer nieder. Als die Gestapo Henning von Tresckows Beteiligung am Umsturzversuch aufdeckt, wird Erika von Tresckow am 15. August 1944 gemeinsam mit ihren Töchtern Adelheid und Uta in Wartenberg/Neumark festgenommen und in das Polizeigefängnis Küstrin gebracht. Am nächsten Morgen werden sie nach Berlin in die Prinz-Albrecht-Straße überführt. Hier werden die beiden Mädchen von der Mutter getrennt und nach Bad Sachsa verschleppt. Erika von Tresckow wird erst am 2. Oktober 1944 aus dem Berliner Gerichtsgefängnis Kantstraße entlassen. Henning von Tresckows Söhne Mark und Rüdiger bleiben als Soldaten an der Front, der 17-jährige Mark fällt Anfang 1945.

12. Juli 1944

Berlin

Aus der Schweiz trifft Hans Bernd Gisevius in Berlin ein. Er arbeitet offiziell für die Abwehr, ist aber tatsächlich Verbindungsmann der Umsturzplaner zu Allen Dulles, dem Vertreter des US-amerikanischen Nachrichtendienstes OSS (Office of Strategic Services) in Bern. Nach seinem eigenen Bericht trifft Gisevius sich an diesem Tag zuerst mit dem Berliner Polizeipräsidenten Wolf-Heinrich Graf Helldorff, später in der Wohnung von Theodor Strünck mit Carl Friedrich Goerdeler.

In der Nacht vom 12. auf den 13. Juli 1944 kommen auch Claus Schenk Graf von Stauffenberg und Oberst Georg Alexander Hansen in die Wohnung Strüncks. Sie diskutieren unterschiedliche Möglichkeiten von Verhandlungen mit den alliierten Mächten.

Hans Oster, Theodor Strünck und Hans Bernd Gisevius, undatiert

Quelle: Archiv für Zeitgeschichte an der ETH Zürich

Hans Bernd Gisevius

Quelle: Süddeutsche Zeitung Photo

Hans Bernd Gisevius tritt nach dem Jurastudium im August 1933 den Dienst bei der Politischen Polizei in Preußen an. Als Verwaltungsbeamter erlebt er den Aufbau der Geheimen Staatspolizei und die Ermordung von SA-Angehörigen und vielen Unschuldigen am 30. Juni 1934 unmittelbar mit. Später scheidet Hans Bernd Gisevius als Regierungsrat aus dem Staatsdienst aus. Er ist in erste Attentatspläne militärischer Kreise 1938 eingeweiht und wird nach dem deutschen Überfall auf Polen zum Amt Ausland/Abwehr im Oberkommando der Wehrmacht unter Admiral Wilhelm Canaris eingezogen, wo er alte und neue Kontakte für seine Tätigkeit nutzt.

Gisevius hat Verbindungen zu den westlichen Alliierten und vertritt in außenpolitischen Verhandlungen die deutsche militärische Opposition. Hans Bernd Gisevius lebt im Auftrag der Abwehr in der Schweiz und reist kurz vor dem Attentat auf Hitler nach Berlin. Am 20. Juli 1944 verbringt er mehrere Stunden im Bendlerblock, der Kommandozentrale der Verschwörer. Er kann sich nach dem Scheitern des Umsturzes dem Zugriff der Gestapo entziehen und in die Schweiz zurückkehren, wo er eng mit dem US-amerikanischen Nachrichtendienst OSS zusammenarbeitet und für diesen mehrere Berichte über die Widerstandsaktivitäten in Deutschland verfasst.

Wolf-Heinrich Graf von Helldorff

Quelle: Illustrierter Beobachter, Jg.1933, S. 1231

Wolf-Heinrich Graf von Helldorff besucht einige Jahre die Schule in Roßleben. Während des Ersten Weltkrieges dient er als Offizier, schließt sich danach verschiedenen Freikorps an und gehört zu den Anführern des Kapp-Putsches 1920. 1921 übernimmt er das Gut Wohlmirstedt, das er einige Jahre später in den Bankrott führt. Wolf-Heinrich Graf von Helldorff gehört zu den zwiespältigen Persönlichkeiten im Widerstand gegen den Nationalsozialismus. Seit 1923 hat er Kontakt zu Hitler und schließt sich 1930 der NSDAP, kurz darauf der SA an. 1931 übernimmt er die Führung der Berliner SA und initiiert judenfeindliche Pogrome auf dem Kurfürstendamm. 1933 wird von Helldorf Polizeipräsident von Potsdam, 1935 von Berlin. Er nutzt diese Stellung hemmungslos zur persönlichen Bereicherung aus.

Auf der anderen Seite hat Helldorff seit 1938 über seinen Polizeivizepräsidenten Fritz-Dietlof Graf von der Schulenburg Kontakte zu militärischen Oppositionskreisen. Helldorff ist offenbar bereit, die Staatsstreichbestrebungen im Herbst 1938 zu unterstützen. Immer skeptischer gegenüber dem NS-Regime, ist er im Sommer 1944 aktiv an den Umsturzvorbereitungen beteiligt und trifft sich mehrfach mit Claus Schenk Graf von Stauffenberg. Seine Bereitschaft, die Berliner Polizei den Verschwörern zur Verfügung zu stellen, setzt er am 20. Juli 1944 jedoch nicht in die Tat um. Helldorff hält sich kurz im Bendlerblock auf, wird aber auch danach nicht aktiv. Nach dem Scheitern des Umsturzversuches am 24. Juli 1944 festgenommen, wird Wolf-Heinrich Graf von Helldorff am 15. August 1944 vom „Volksgerichtshof" unter dem Vorsitz Roland Freislers zum Tode verurteilt und noch am selben Tag in Berlin-Plötzensee erhängt.

Theodor Strünck

Quelle: Institut für Zeitgeschichte

Der Jurist Theodor Strünck übernimmt nach dem Abschluss seines Studiums eine leitende Aufgabe in der Versicherungswirtschaft. In den frühen 1920er Jahren fühlt er sich von nationalistischen Kräften mehr angesprochen als von den Parteien der Weimarer Republik. Die offenkundigen Rechtsbrüche nach der Machtübernahme der Nationalsozialisten veranlassen ihn jedoch, sich oppositionellen Kreisen zuzuwenden.

Auf Betreiben von Hans Oster wird Theodor Strünck 1937 als Reserveoffizier zur Verwendung beim Amt Ausland/Abwehr des Oberkommandos der Wehrmacht eingezogen und beteiligt sich bereits an den Umsturzplanungen des Jahres 1938. Er unterstützt in enger Zusammenarbeit mit Hans Oster und Carl Goerdeler die Umsturzbestrebungen und ist an den unmittelbaren Vorbereitungen für den 20. Juli 1944 beteiligt. Nach dessen Scheitern nutzt Theodor Strünck die sich ihm bietenden Fluchtmöglichkeiten in die Schweiz nicht, um seine Angehörigen nicht der „Sippenhaft" auszusetzen. Er wird mit seiner Frau Elisabeth am 1. August festgenommen, am 10. Oktober 1944 vom „Volksgerichtshof" zum Tode verurteilt und später in das KZ Flossenbürg verschleppt, wo er am 9. April 1945 ermordet wird. Elisabeth Strünck wird im April 1945 aus der Haft entlassen.

Georg Alexander Hansen
Quelle: Privatbesitz

Nach kurzem Studium der Rechtswissenschaft schlägt Georg Alexander Hansen 1924 die Laufbahn eines Berufsoffiziers ein. 1935 wird er zur Generalstabsausbildung an die Kriegsakademie versetzt, wo er von Ludwig Beck beeinflusst wird. Ab 1943 ist Hansen Chef der Abwehrabteilung I unter Admiral Canaris im Amt Ausland/Abwehr des Oberkommandos der Wehrmacht. Nach dessen Absetzung übernimmt Hansen im Februar 1944 den Posten des Amtschefs, bis die Dienststelle am 1. Juni 1944 als Amt Militär in das Reichssicherheitshauptamt eingegliedert wird.

Hansen nimmt wenige Tage vor dem Umsturzversuch an den letzten Besprechungen der Verschwörer um Claus Schenk Graf von Stauffenberg teil. Am 20. Juli 1944 hält er sich anlässlich der Taufe seiner am 15. Juli geborenen Tochter Dagmar in Burgellern bei Bamberg auf. Zwei Tage später wird er in Berlin festgenommen. Am 10. August wird Georg Alexander Hansen vom „Volksgerichtshof" zum Tode verurteilt und am 8. September 1944 im Strafgefängnis Berlin-Plötzensee erhängt.

Hermann Kaiser

Quelle: BArch, Bild 146-1985-086-28A / Fotograf: o. Ang.

Obwohl der Gymnasiallehrer Hermann Kaiser früh der NSDAP beitritt, wendet er sich später vom Nationalsozialismus ab. Zu Beginn des Krieges wird er als Reserveoffizier eingezogen und 1940 zum Oberkommando des Heeres versetzt, wo er als Hauptmann die Führung des Kriegstagebuchs beim Stab des Chefs der Heeresrüstung und Befehlshabers des Ersatzheeres, Friedrich Fromm, übernimmt. Hier findet er Anschluss an die militärische Opposition um Ludwig Beck und Carl Goerdeler. In seinen privaten Aufzeichnungen überliefert Kaiser viele Begegnungen und Gespräche zwischen den Verschworenen.

Er erklärt sich bereit, nach dem Umsturz das Amt eines Staatssekretärs im Kultusministerium zu übernehmen. Außerdem ist er als Verbindungsoffizier im Wehrkreis XII (Wiesbaden) vorgesehen. Nach dem Scheitern des Attentats vom 20. Juli 1944 wird Kaiser mit seinen beiden Brüdern festgenommen, seine Tagebücher beschlagnahmt und von der Gestapo als wichtige Quelle für die Umsturzplanungen ausgewertet. Kaiser wird am 17. Januar 1945 vom „Volksgerichtshof" zum Tode verurteilt und am 23. Januar 1945 in Berlin-Plötzensee erhängt.

Peter Graf Yorck von Wartenburg

Quelle: Privatbesitz

Der Verwaltungsjurist Peter Graf Yorck von Wartenburg wird in Klein-Öls in Schlesien geboren. Nach einer Tätigkeit als Anwalt und am Oberpräsidium in Breslau ist Yorck von 1936 bis 1942 als Referent für Grundsatzfragen beim Reichskommissar für die Preisbildung in Berlin tätig. Da er sich weigert, der NSDAP beizutreten, wird Yorck seit 1938 nicht mehr befördert. Zunächst arbeitet er im Widerstand seit 1938 mit seinen Freunden Fritz-Dietlof Graf von der Schulenburg und Ulrich-Wilhelm Graf von Schwerin von Schwanenfeld eng zusammen und begründet nach den Pogromen vom 9. November 1938 einen Gesprächskreis über die Grundsätze einer neuen Reichsverfassung.

Als Reserveoffizier wird er bei Kriegsbeginn eingezogen und wechselt 1942 in den Wirtschaftsstab Ost beim Oberkommando der Wehrmacht in Berlin. Im Januar 1940 beginnt seine enge Zusammenarbeit mit Helmuth James Graf von Moltke, mit dem er gemeinsam die Gespräche des Kreisauer Kreises, die sehr häufig in Yorcks Wohnung in Berlin-Lichterfelde stattfinden, initiiert und führt. Anders als sein Freund Moltke unterstützt Yorck, der auch an allen drei Tagungen des Kreises in Kreisau teilnimmt, einen durch ein Attentat ausgelösten Umsturzversuch. Als Claus Schenk Graf von Stauffenberg seit September 1943 in Berlin die Umsturzplanungen vorantreibt, kommt es zu einem engen Kontakt mit Yorck. Als Staatssekretär eines zukünftigen Reichskanzlers vorgesehen, gehört Yorck bis zuletzt zum engsten Kreis der Verschwörer. Nach dem gescheiterten Umsturzversuch wird Yorck am späten Abend des 20. Juli 1944 im Berliner Bendlerblock festgenommen, am 8. August 1944 vom „Volksgerichtshof" zum Tode verurteilt und noch am selben Tag in Berlin-Plötzensee erhängt.

13. Juli 1944

Berlin

Am Abend sucht Claus Schenk Graf von Stauffenberg Ludwig Beck auf und bespricht mit diesem das weitere Vorgehen. Später am Abend treffen sich Stauffenberg und sein Bruder Berthold in der Tristanstraße mit ihren Freunden Fritz-Dietlof Graf von der Schulenburg, Peter Graf Yorck von Wartenburg, Ulrich Wilhelm Graf von Schwerin von Schwanenfeld, Cäsar von Hofacker und einem der Brüder von Haeften. Der „Volksgerichtshof" bewertet diese Besprechung besonders negativ:

Die in unserer Geschichte einzigartige Gemeinheit der Verratsplanung aber trat in Gegenwart von Trotts zu Solz in einer Verschwörerversammlung in Klaus Graf von Stauffenbergs Wohnung etwa am 13. Juli zutage. An ihr nahmen auch Graf von Stauffenbergs Bruder, Graf von der Schulenburg, Graf York von Wartenburg, Graf Schwerin, von Hofacker und von Haeften teil. von Hofacker machte -angeblich von Paris zu dieser Zusammenkunft hergeschickt- in Panikstimmung wegen der Invasionsfront. Und dann entwickelte Klaus Graf von Stauffenberg vier mögliche Wege, zum Verratziel zu kommen:

1. Die "westliche Lösung": die dortigen Heerführer könnten eigenmächtig vor den feindlichen Heerführern kapitulieren!
2. Die "zentrale Lösung": man könne den Führer ermorden!
3. Die "Berliner Lösung": das Oberkommando des Ersatzheeres könne das Führerhauptquartier kurze Zeit nach-

415123

nachrichtenmäßig ausschalten und währenddessen unter des Führers Namen an alle Fronten Rückzugbefehle auf ein "Kernwiderstandsgebiet" geben, die der Führer dann unter dem Zwang der Tatsachen nachträglich werde anerkennen müssen.
4. Wenn der Zusammenbruch der Westfront so schnell eintrete, daß der Mord am Führer zu spät komme, könne man die "Westliche" und die "Berliner" Lösung kombinieren!!!

Auszüge aus dem Urteil des „Volksgerichtshofs" vom 15. August 1944 gegen Adam von Trott zu Solz

Quelle: PAAA, Inland II g 59

14. Juli 1944

Berlin

Stauffenberg erhält den Befehl, Generaloberst Friedrich Fromm am nächsten Tag zum Vortrag bei Hitler im „Führerhauptquartier Wolfschanze" zu begleiten. Er unterrichtet darüber auch Friedrich-Karl Klausing, der ihn als Adjutant begleiten soll. Stauffenberg ist fest entschlossen, am 15. Juli das Attentat durchzuführen.

Am Abend des 14. Juli besucht Hans Lukaschek seinen Freund Paulus van Husen. Zum Abendessen kommen Peter Graf Yorck von Wartenburg und Stauffenberg dazu. Sie diskutieren über die aktuelle Situation und die Probleme, die sich aus der Festnahme von Julius Leber und Adolf Reichwein am 4. Juli 1944 und aus der militärischen Lage ergeben haben. Stauffenberg verabschiedet sich mit den Worten „Es bleibt also nichts übrig, als ihn [Hitler] umzubringen."

Am selben Abend informiert General Olbricht Generaloberst Hoepner darüber, dass dieser sich am nächsten Tag bei ihm im Bendlerblock einfinden soll.

Hans Lukaschek
Quelle: ullstein bild - ullstein bild

Paulus van Husen
Quelle: Landesarchiv Berlin, C Rep. 118-01, Nr. 17184

Peter Graf Yorck von Wartenburg
Quelle: Privatbesitz

Durch Vermittlung des Berliner Polizeipräsidenten Wolf-Heinrich Graf Helldorff begibt sich an diesem Tag der SS-Gruppenführer und Generalleutnant der Polizei Arthur Nebe zu Friedrich Olbricht. Helldorff hat ihn seit Anfang Juli über die laufenden Attentats- und Umsturzpläne informiert. Nebe, der als Chef einer Einsatzgruppe der Sicherheitspolizei und des SD 1941 am Mord an mehr als 40.000 Menschen führend beteiligt gewesen ist, hat sich schon früher zur Beteiligung an Aktionen gegen Hitler bereit erklärt. Im Gespräch mit General Friedrich Olbricht ist er bereit, für den nächsten Tag zehn bis fünfzehn Kriminalbeamte zur Verfügung zu stellen.

15. Juli 1944

Flugplatz Rangsdorf, 7.00 Uhr

Generaloberst Friedrich Fromm, Oberst Claus Schenk Graf von Stauffenberg und Leutnant Friedrich-Karl Klausing starten mit einer Kuriermaschine gegen 7.00 Uhr vom Flugplatz Rangsdorf südlich von Berlin zum Flugplatz Rastenburg, wo sie gegen 9.35 Uhr landen. Erst einen Tag zuvor ist das „Führerhauptquartier" vom Obersalzberg nach Ostpreußen verlegt worden. Der Befehlshaber des Ersatzheeres Fromm und sein Chef des Stabes Stauffenberg sollen über die Vorbereitungen für die Aufstellung von 15 neuen Divisionen berichten, die Hitler am 6. Juli 1944 befohlen hat.

Am 15. Juli hat Stauffenberg – wie bereits am 6. und am 11. Juli 1944 – Sprengkörper und Zünder dabei. Innerhalb der nächsten Stunden sieht Stauffenberg keine Möglichkeit, unbeobachtet den Zünder des Sprengkörpers zu aktivieren. Über die Gründe dafür ist viel spekuliert worden. Weil Stauffenberg erstmals wieder im „Führerhauptquartier Wolfschanze" ist, sind ihm die örtlichen Verhältnisse nicht vertraut. Zudem wurden überraschend zusätzliche Besprechungen angesetzt, an denen Stauffenberg nicht nur teilnehmen, sondern bei ihnen auch vortragen muss.

Berichte, denen zufolge Stauffenberg schon während der Lagebesprechung mehrfach „mit Berlin" telefoniert hätte, lassen sich mit den rekonstruierten Terminen des Tages nicht in Übereinstimmung bringen. Tatsächlich hat er erst nach dem Ende der Lagebesprechung nachmittags „mit Berlin" telefonieren können.

Hitler begrüßt den General der Flieger Karl Bodenschatz vor der Lagebesprechung am 15. Juli 1944. Stauffenberg ist bereits eingetroffen und steht neben Bodenschatz in Hab-Acht-Stellung. Es ist anzunehmen, dass Hitler danach Stauffenberg (als Rangniedrigeren nach dem General) begrüßt. Dieses ist das einzige gemeinsame Foto von Stauffenberg und Hitler, auf dem zudem noch Generalfeldmarschall Keitel (rechts) und Hitlers Marineadjutant Karl-Jesko von Puttkamer (rechts neben Stauffenberg) zu sehen sind.

Quelle: BArch, Bild 146-1984-079-02 / Fotograf: o. Ang., zugleich auch NARA, Record Group 242 HLB-7233-21

15. Juli 1944

Berlin, Allgemeines Heeresamt, gegen 11 Uhr

General Friedrich Olbricht löst den Alarm „Walküre – Stufe 1" aus. Dieser sieht die Herstellung der Einsatzbereitschaft von Kampfgruppen innerhalb von sechs Stunden vor.

Der Befehl geht unter anderem an die Panzertruppenschule Krampnitz, an die Infanterieschule Döberitz, an den Fahnenjunkerlehrgang Potsdam und an die Unteroffiziersschule Potsdam. Grundlage ist immer noch der „Walküre"-Befehl vom 31. Juli 1943.

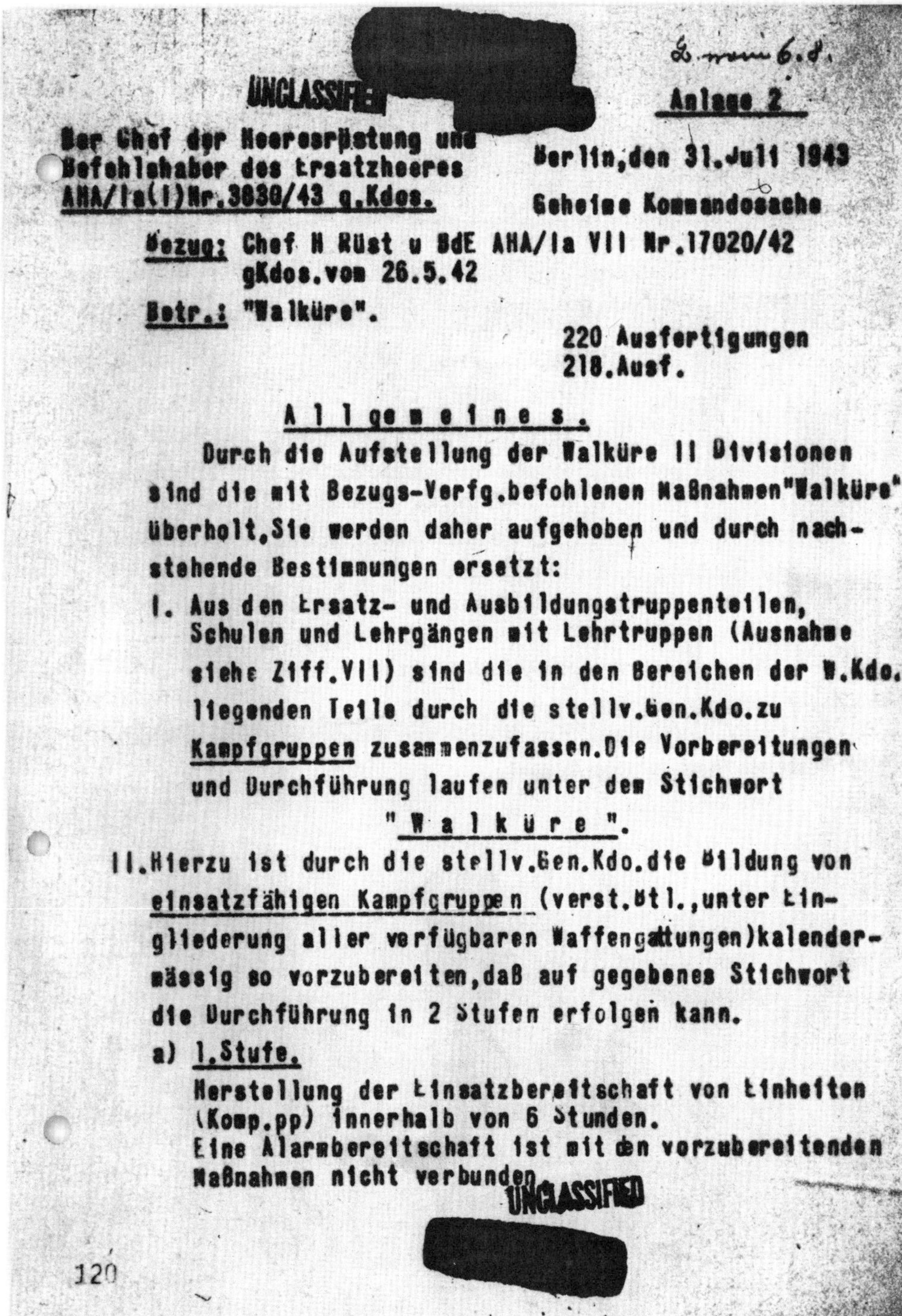

G. vom 6.8.

Anlage 2

Der Chef der Heeresrüstung und Befehlshaber des Ersatzheeres
AHA/Ia(I)Nr.3830/43 g.Kdos.

Berlin,den 31.Juli 1943

Geheime Kommandosache

Bezug: Chef H Rüst u BdE AHA/Ia VII Nr.17020/42 gKdos.vom 26.5.42

Betr.: "Walküre".

220 Ausfertigungen
218.Ausf.

A l l g e m e i n e s .

Durch die Aufstellung der Walküre II Divisionen sind die mit Bezugs-Verfg.befohlenen Maßnahmen"Walküre" überholt.Sie werden daher aufgehoben und durch nachstehende Bestimmungen ersetzt:

I. Aus den Ersatz- und Ausbildungstruppenteilen, Schulen und Lehrgängen mit Lehrtruppen (Ausnahme siehe Ziff.VII) sind die in den Bereichen der W.Kdo. liegenden Teile durch die stellv.Gen.Kdo.zu Kampfgruppen zusammenzufassen.Die Vorbereitungen und Durchführung laufen unter dem Stichwort
"W a l k ü r e ".

II. Hierzu ist durch die stellv.Gen.Kdo.die Bildung von einsatzfähigen Kampfgruppen (verst.Btl.,unter Eingliederung aller verfügbaren Waffengattungen)kalendermässig so vorzubereiten,daß auf gegebenes Stichwort die Durchführung in 2 Stufen erfolgen kann.

a) 1.Stufe.
Herstellung der Einsatzbereitschaft von Einheiten (Komp.pp) innerhalb von 6 Stunden.
Eine Alarmbereitschaft ist mit den vorzubereitenden Maßnahmen nicht verbunden.

120

Abschrift des „Walküre"-Befehls vom 31. Juli 1943 in den Akten der Sonderkommission 20. Juli 1944 des Reichssicherheitshauptamts, Anlage 2 zum Bericht vom 6. August 1944

Quelle: BArch, NS 6/6

15. Juli 1944

Berlin, Allgemeines Heeresamt, gegen 11 Uhr

Major Egbert Hayessen gehört wie Robert Bernardis und Friedrich-Karl Klausing zum Stab des Allgemeinen Heeresamts. Bernardis informiert ihn über das geplante Attentat und bringt ihn zu Oberst Mertz von Quirnheim. Dieser teilt Hayessen mit, er sei als Verbindungsmann zum Stadtkommandanten von Berlin, General Paul von Hase, vorgesehen. Weitere Details werde ihm Major von Oertzen mitteilen.

15. Juli 1944

Berlin, Allgemeines Heeresamt, gegen 12 Uhr

General Olbricht hat den Berliner Stadtkommandanten General Paul von Hase um 11.30 Uhr angerufen und ihn gebeten, ins Allgemeine Heeresamt zu kommen. Er informiert Hase über das geplante Attentat und die zentrale Rolle des Stadtkommandanten für das weitere Vorgehen der Verschwörer in Berlin. Vor allem soll das Regierungsviertel abgesperrt werden. Im Anschluss sprechen von Hase und Hayessen die „Walküre"-Befehle durch, die von Hase durch Hayessen erhält und in die Stadtkommandantur Unter den Linden mitnimmt.

Berlin, Unter den Linden 1, Wehrmachtstandortkommandantur (Stadtkommandantur)

Quelle: gemeinfrei

Paul von Hase
Quelle: Privatbesitz

Der Berufsoffizier Paul von Hase dient seit dem Frühjahr 1933 als Bataillonskommandeur in Neuruppin und wird im Februar 1935 in die Garnison Landsberg an der Warthe versetzt. Als Generalmajor und Regimentskommandeur hat er früh Kenntnis von dem für den Herbst 1938 geplanten Staatsstreich gegen Hitler.

Nach der Teilnahme am Polen- und am Frankreichfeldzug erkrankt Hase im Herbst 1940 und ist seitdem nicht mehr kriegsverwendungsfähig. Er wird zum Stadtkommandanten von Berlin ernannt. Hier kann er den Kontakt zu Ludwig Beck und den Kreisen der Militäropposition um Friedrich Olbricht festigen. In den Planungen des Unternehmens „Walküre" nimmt Hase als Stadtkommandant eine wichtige Rolle ein. Am 20. Juli 1944 befiehlt er die Abriegelung des Regierungsviertels und treibt den Umsturzversuch in Berlin voran. Paul von Hase wird in den frühen Morgenstunden des 21. Juli 1944 in der Dienstwohnung von Reichspropagandaminister Goebbels, wohin er sich begeben hatte, festgenommen. Paul von Hase wird im ersten Prozess gegen die Verschwörer vom „Volksgerichtshof" am 8. August 1944 zum Tode verurteilt und noch am selben Tag in Berlin-Plötzensee erhängt.

Egbert Hayessen
Quelle: Privatbesitz

Egbert Hayessen schlägt nach dem Abitur eine Laufbahn als Berufsoffizier ein. Im Sommer 1944 gehört er zum Stab des Befehlshabers des Ersatzheeres Generaloberst Friedrich Fromm und ist in derselben Abteilung wie die Mitverschwörer Robert Bernardis und Friedrich-Karl Klausing tätig. Von Bernardis erfährt Hayessen am 15. Juli 1944 von dem geplanten Attentat auf Hitler und von der Bedeutung der „Walküre"-Befehle. Hayessen übernimmt die vorgesehenen Verbindungen zum Stadtkommandanten Paul von Hase und dem Polizeipräsidenten Wolf-Heinrich Graf von Helldorff.

Am Tag des Anschlags überbringt er Hase die Nachricht von der Festsetzung des Generaloberst Fromm in der Bendlerstraße. In der Stadtkommandantur ist Hayessen dann an den Vorbereitungen zur Besetzung des Rundfunkgebäudes und zur Festnahme des Reichspropagandaministers Goebbels beteiligt. Egbert Hayessen wird noch am 20. Juli 1944 festgenommen und in die gerade neu geschaffene Gestapo-Sonderabteilung des Zellengefängnisses Lehrter Straße 3 gebracht. Er wird am 15. August 1944 vom „Volksgerichtshof" zum Tode verurteilt und am selben Tag in Berlin-Plötzensee erhängt.

Hans-Ulrich von Oertzen
Quelle: Privatbesitz

Hans-Ulrich von Oertzen tritt nach dem Abitur 1933 als Berufssoldat in die Reichswehr ein und ist 1938 als Oberleutnant im Gruppenkommando in Wien tätig. 1940 wird er Lehroffizier an der Heeresnachrichtenschule in Halle an der Saale und absolviert im Sommer 1942 eine Generalstabsausbildung in der Wehrmacht. Anfang Februar 1943 kommt er als Major im Generalstab und Ausbildungsoffizier (I d) zum Stab der Heeresgruppe Mitte unter Henning von Tresckow, der nach einer Möglichkeit sucht, Hitler durch ein Attentat zu töten.

Zusammen mit Stauffenberg, dem Chef des Stabes im Allgemeinen Heeresamt in Berlin, arbeitet Oertzen an der „Walküre"-Planung mit. Am Tag des Umsturzes steht er als Verbindungsoffizier für den Wehrkreis III (Berlin) zur Verfügung. Hans-Ulrich von Oertzen gibt am 20. Juli 1944 die ersten „Walküre"- Befehle weiter. Einen Tag nach dem Scheitern des Attentats wird er im Gebäude des Stellvertretenden Generalkommandos des Wehrkreiskommando III (Berlin) von den dort tätigen Offizieren verhört, kann sich jedoch vor dem Eintreffen der Gestapo mit zwei Sprenggranaten selbst töten.

Robert Bernardis
Quelle: Privatbesitz

Robert Bernardis beginnt nach einer Ausbildung im Baugewerbe 1928 eine Laufbahn als Berufsoffizier im österreichischen Bundesheer. Im Sommer 1938 kommt Bernardis, der zu dieser Zeit mit dem Nationalsozialismus sympathisiert, an die Kriegsakademie in Berlin. Nach Fronteinsätzen in Polen und Frankreich nimmt er am Krieg gegen die Sowjetunion teil und wird Zeuge nationalsozialistischer Verbrechen. 1942 wird Bernardis beim Oberkommando des Heeres als Gruppenleiter im Allgemeinen Heeresamt in Berlin eingesetzt. Ab 1943 steht er als Oberstleutnant im Generalstab in dienstlichem Kontakt mit Claus Schenk Graf von Stauffenberg und wird im Frühjahr 1944 in die militärischen Umsturzplanungen einbezogen.

Robert Bernardis ist zunächst als Verbindungsoffizier zum Wehrkreiskommando Salzburg vorgesehen. Am Nachmittag des 20. Juli 1944 übernimmt er in der Bendlerstraße die Weitergabe der „Walküre"-Befehle an die Wehrkreiskommandos. Nach dem Scheitern des Umsturzversuchs wird er noch am Abend des 20. Juli festgenommen und am darauffolgenden Tag in das Zellengefängnis Lehrter Straße 3 überstellt. Seine Frau und seine Mutter werden in „Sippenhaft" genommen, seine beiden Kinder in das NSV-Kinderheim in Bad Sachsa verschleppt. Am 8. August 1944 wird Robert Bernardis vom „Volksgerichtshof" unter Roland Freisler in einem ersten öffentlichen Schauprozess gegen die Verschwörer zum Tode verurteilt und noch am selben Tag in Berlin-Plötzensee erhängt.

15. Juli 1944

Berlin, Allgemeines Heeresamt, gegen 13 Uhr

Bei General Olbricht ist Generaloberst Hoepner eingetroffen. Zusammen mit dem Berliner Polizeipräsidenten Graf Helldorff warten sie auf Nachrichten aus der „Wolfschanze". Helldorff hat vorher Arthur Nebe verständigt, der daraufhin die für die Unterstützung der Aktion in Berlin vorgesehenen Kriminalbeamten durch seinen Mitarbeiter Hans Lobbes alarmiert. Am Nachmittag hebt Nebe den Alarm wieder auf.

15. Juli 1944

Berlin, Passierscheinhauptstelle des Generalquartiermeisters, Großadmiral-Prinz-Heinrich-Straße

Im Büro von Ulrich-Wilhelm Graf von Schwerin von Schwanenfeld warten Schwerin, Peter Graf Yorck von Wartenburg und Fritz-Dietlof Graf von der Schulenburg ebenso auf Nachrichten aus der „Wolfschanze".

15. Juli 1944

„Führerhauptquartier Wolfschanze", gegen 14.30 Uhr

Nach der Lagebesprechung begibt sich Stauffenberg auf den Parkplatz vor dem Bunker 88/8, wo Friedrich-Karl Klausing auf ihn wartet und spricht dort mit Stieff und Fellgiebel.

Am 14. Juli 1944 nachmittags erhält Hauptmann Klausing Befehl, am 15. Juli 1944 zur "Wolfsschanze" mitzufliegen. Stauffenberg unterrichtet ihn davon, dass er möglicherweise das Attentat durchführt.

Klausing erhält von Stauffenberg den Auftrag, vom "Lage -Beginn ab mit fahrbereitem Wagen auf dem Parkplatz vor dem Bunker 88/8 zu warten. Die Rückkehr Stauffenbergs aus der "Lage" zieht sich bis 16 Uhr hin. Stauffenberg tauscht sich vor dem Bunker 88/8 kurz mit Fellgiebel und Stieff aus. Auf der Fahrt zum Mittagessen im Sonderzug von Generalfeldmarschall Keitel bemerkt Stauffenberg flüchtig zu Klausing:

"Es ist heute wieder nichts geworden."

Auszug aus dem Ermittlungsbericht des Chefs der Sicherheitspolizei und des SD vom 3. August 1944

Quelle: BArch, NS 6/6, fol. 43

Nach dem Gespräch mit Stieff und Fellgiebel telefoniert Stauffenberg „mit Berlin“. Dies ist das einzige nachweisbare Telefongespräch von ihm aus der „Wolfschanze“ am 15. Juli 1944. Stauffenberg führt es mit Albrecht Ritter Mertz von Quirnheim, der sich in seiner Berliner Wohnung aufhält. Mertz informiert daraufhin General Friedrich Olbricht, der nach 15 Uhr die bereits in Berlin angelaufene „Operation Walküre“ stoppt und als Übung ausgibt.

15. Juli 1944

Berlin, Allgemeines Heeresamt, gegen 15 Uhr

General Friedrich Olbricht hebt den „Walküre"-Alarm auf und bezeichnet ihn als „Übung". Danach fährt er mit Major i. G. Fritz Harnack und Oberleutnant Hans-Ulrich von Oertzen zur Besichtigung von verschiedenen alarmierten Einheiten, um dort vorgeblich die Ergebnisse der „Übung" zu überprüfen.

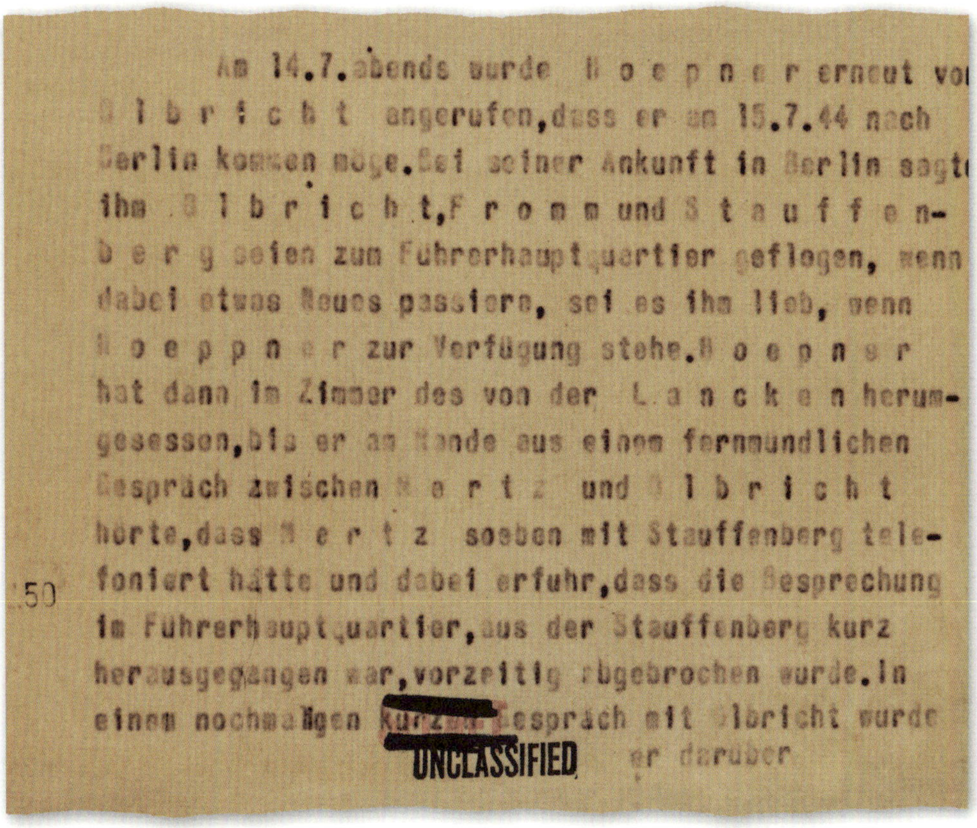

Am 14.7. abends wurde H o e p n e r erneut von O l b r i c h t angerufen, dass er am 15.7.44 nach Berlin kommen möge. Bei seiner Ankunft in Berlin sagte ihm O l b r i c h t, F r o m m und S t a u f f e n - b e r g seien zum Führerhauptquartier geflogen, wenn dabei etwas Neues passiere, sei es ihm lieb, wenn H o e p p n e r zur Verfügung stehe. H o e p n e r hat dann im Zimmer des von der L a n c k e n herumgesessen, bis er am Rande aus einem fernmündlichen Gespräch zwischen M e r t z und O l b r i c h t hörte, dass M e r t z soeben mit Stauffenberg telefoniert hätte und dabei erfuhr, dass die Besprechung im Führerhauptquartier, aus der Stauffenberg kurz herausgegangen war, vorzeitig abgebrochen wurde. In einem nochmaligen kurzen Gespräch mit Olbricht wurde er darüber

UNCLASSIFIED

50

Auszug aus dem Ermittlungsbericht des Chefs der Sicherheitspolizei und des SD vom 24. Juli 1944

Quelle: BArch, NS 6/4, fol. 120

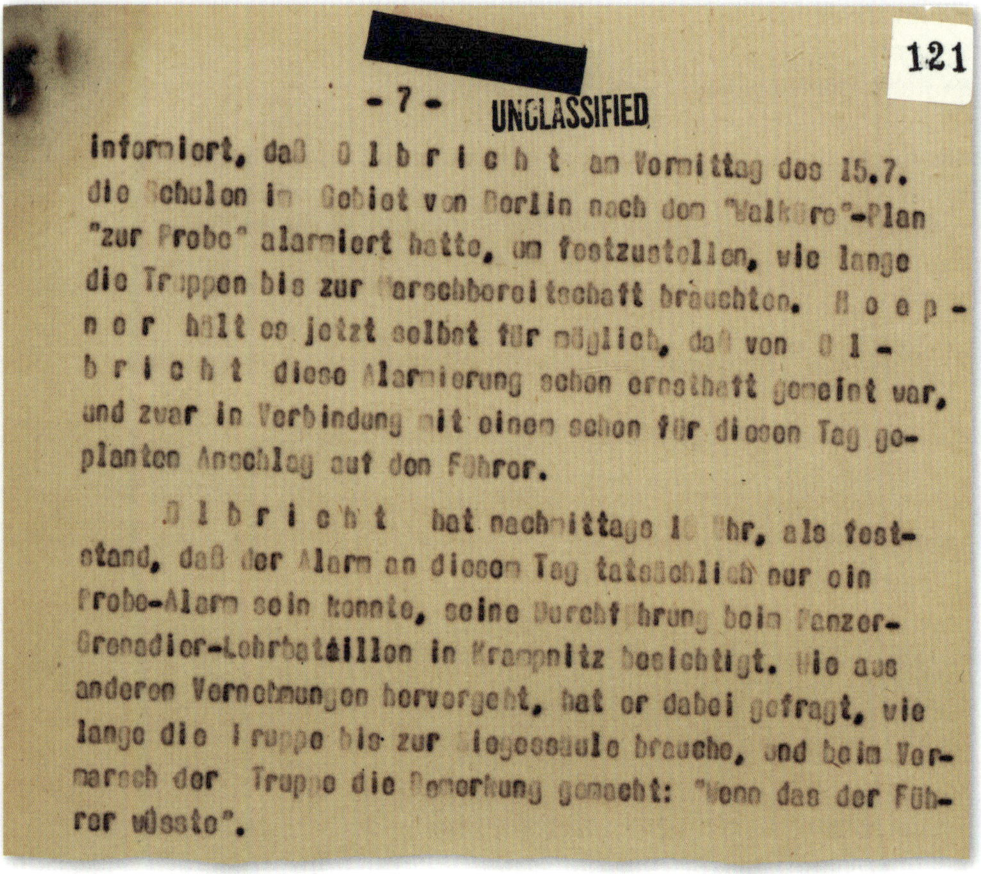

- 7 - UNCLASSIFIED

121

informiert, daß O l b r i c h t am Vormittag des 15.7. die Schulen im Gebiet von Berlin nach dem "Walküre"-Plan "zur Probe" alarmiert hatte, um festzustellen, wie lange die Truppen bis zur Marschbereitschaft brauchten. H o e p n e r hält es jetzt selbst für möglich, daß von O l b r i c h t diese Alarmierung schon ernsthaft gemeint war, und zwar in Verbindung mit einem schon für diesen Tag geplanten Anschlag auf den Führer.

O l b r i c h t hat nachmittags 16 Uhr, als feststand, daß der Alarm an diesem Tag tatsächlich nur ein Probe-Alarm sein konnte, seine Durchführung beim Panzer-Grenadier-Lehrbataillon in Krampnitz besichtigt. Wie aus anderen Vernehmungen hervorgeht, hat er dabei gefragt, wie lange die Truppe bis zur Siegessäule brauche, und beim Vormarsch der Truppe die Bemerkung gemacht: "Wenn das der Führer wüsste".

Ausdrücklich lobt Olbricht in der Infanterieschule Döberitz gegenüber dem Kommandeur der Schule, Generalleutnant Otto Hitzfeld, die Einsatzbereitschaft der ihm unterstellten Einheiten. Die Truppe hat im „Walküre"-Fall die Aufgabe, Funk- und Sendeanlagen um Berlin zu besetzen. Sie kommt am 20. Juli 1944 nicht zum Einsatz. Einen Tag später inspiziert Major von Oertzen die Ersatzbrigade „Großdeutschland" in Cottbus. Dabei wird deutlich, dass mit einem schnellen Eingreifen dieser Truppe in Berlin nicht gerechnet werden kann.

Die Gestapo-Sonderkommission fasst die Ereignisse vom 15. und 16. Juli 1944 so zusammen:

Tarnung der Massnahmen.

Insgesamt ergibt sich, dass der "Walküre"-Plan in seinem von S t a u f f e n b e r g und der Verschwörerclique gedachten Verwendungszweck raffiniert getarnt war. Bei mündlichen Erörterungen ist zwar auf die innerpolitische Zielsetzung immer wieder hingewiesen worden, doch deckten sich die Verschwörer ständig mit der Behauptung ab, dass bei dem ausserordentlich starken Einsatz ausländischer Arbeitskräfte ein Aufstand und Unruhen im Bereich der Möglichkeit lägen.

Als General O l b r i c h t am 15.7. die "übungshalber aufgerufenen" Schulen und Lehrtruppen in Potsdam, Krampnitz und Döberitz besichtigte, liess er zum Abschluss der Besichtigung jeweils die beteiligten Offiziere antreten, wobei er folgendes vorbrachte:
Bei der derzeitigen Entwicklung der Lage müsse jederzeit damit gerechnet werden, dass Teile des Ersatzheeres kurzfristig zum Einsatz herangezogen werden, sei es zum Einsatz im Osten, sei es bei einer gegebenenfalls stattfindenden Landung des Gegners in der Deutschen Bucht, sei

Auszug aus dem Ermittlungsbericht des Chefs der Sicherheitspolizei und des SD vom 6. August 1944

Quelle: BArch, NS 6/6, fol. 117-119

118

es zur Bekämpfgung innerer Unruhen, die besonders in Berli etwa durch die Anwesenheit der vielen Ausländer durchaus im Bereich der Möglichkeit lagen. Während O l b r i c h t sich nur einen oberflächlichen Eindruck von den Kampfgruppen, ihrer Gliederungen und Stärke verschaffte, legte er besonderen Wert darauf, die Kampfgruppen in geschlossener Marschkolonne auf der Strasse an sich vorbeifahren zu lassen (Bericht des Major d.G. H a r n a c k, Allgemeines Heeresamt, Stab I vom 5.8.44).

Auch die am 17.7.44 auf Befehl von O l b r i c h t durch Major d.G. von O e r t z e n durchgeführte Besichtigung der Ersatzbrigade Grossdeutschland in Cottbus diente vor allem der Klärung der Frage, wielange die aufgerufene Kampfgruppe benötige, um bei inneren Unruhen in Berlin sein zu können. Auch O e r t z e n arbeitete in Cottbus mit der Behauptung, die Möglichkeit innerer Unruhen sei bei den vielen Ausländern durchaus gegeben, Man habe schon mehrfach Zusammenrottungen von Ausländern beobachtet.

Durch die Tarnung der "Walküre"-Massnahmen mit verschiedenartigen, verschwommenen Begründungen ist die Auslösung des "Probe-Alarms" am 15.7. niemandem aufgefallen. Die Verschwörerclique hatte selbst befürchtet, dass es einen "Wirbele" geben würde. Nur einzelne Offiziere haben auch am 20.7. sofort erkannt, dass mit dem ausgelösten "Walküre"-Alarm etwas nicht stimmte und der Alarm an diesem Tage der Zielsetzung, die urspünglich zur Einrichtung

118

UNCLASSIFIED 119

\- 5 -

des "Walküre"-Systems geführt hatte, keineswegs entsprach.

So hat z.B. der Kommandeur Oberst S c h w i e r t z in der Besprechung beim Stadtkommandanten in richtiger Erkenntnis Bedenken erhoben, doch schnitt ihm Generalleutnant v. H a s e das Wort ab.

Hotel Esplanade in der Bellevuestraße 16–18a, 1920er Jahre

Quelle: BArch, Bild 146-1989-028-23 / Fotograf: o. Ang.

15. Juli 1944

Berlin, Hotel Esplanade

Am Nachmittag des 15. Juli warten Ludwig von Hammerstein und Georg Sigismund von Oppen im Hotel Esplanade auf ihren Einsatz. Der Bendlerblock kann von hier aus zu Fuß in zehn Minuten erreicht werden. Ewald Heinrich von Kleist informiert sie am späten Nachmittag über das Scheitern des Attentats. Er gibt ihnen die – nichtzutreffende – Begründung, Hitler habe die Lagebesprechung überraschend verlassen. Ludwig von Hammerstein notiert in seinem Taschenkalender: „Wieder hat die Nummer 1 durch seine Unberechenbarkeit die Sache zum Scheitern gebracht. Wir waren restlos erledigt. Es ist zu traurig."

Wohnung von Ludwig Beck in Berlin-Lichterfelde, Goethestraße 9 (heute 24), Aufnahme nach 1945

Quelle: Landesarchiv Berlin, F Rep. 290, Nr. 0143647

15. Juli 1944

Berlin-Lichterfelde, Wohnhaus von Ludwig Beck

Ludwig Beck und Carl Friedrich Goerdeler halten sich an diesem Tag in Becks Privathaus in Berlin-Lichterfelde auf. Ulrich-Wilhelm Graf von Schwerin von Schwanenfeld hat ihnen einen Wagen angekündigt, der sie zum Allgemeinen Heeresamt bringen soll. In der Wartezeit überarbeiten sie – so Gisevius, der als einzige Quelle für diese Stunden zur Verfügung steht – die geplanten Aufrufe für den Tag des Umsturzes sowie die Planungen für eine neue Regierung.

Als sie bis 18 Uhr keine Nachricht erhalten, trennen sie sich. Gisevius telefoniert mit Graf Helldorff und erhält die Information, dass die „Festveranstaltung", also das Attentat, nicht stattgefunden hat. Am Abend treffen sich Goerdeler und Gisevius bei Theodor und Elisabeth Strünck mit Helldorff, der sie über die Ereignisse des Tages im Allgemeinen Heeresamt informiert.

Erwin von Witzleben hält sich am 15. Juli auf Gut Seese bei Lübbenau auf, das seinem langjährigen Adjutanten Friedrich Wilhelm Graf zu Lynar gehört. Er ist bereit, jederzeit nach Berlin zu kommen.

16. Juli 1944

Berlin

In der Nacht vom 15. auf den 16. Juli 1944 fährt Stauffenberg mit dem OKW-Sonderzug nach Berlin zurück. Er teilt sich ein Abteil mit General Hermann Reinecke. Sie diskutieren Organisationsfragen des Heeres. Am Nachmittag dieses Sonntags sucht Stauffenberg Generaloberst Beck in dessen Wohnung auf. Über den Inhalt ihres Gesprächs sind keine Einzelheiten bekannt.

Gegen 19 Uhr treffen sich in der Tristanstraße die Brüder Stauffenberg mit Adam von Trott zu Solz, Fritz-Dietlof Graf von der Schulenburg und Georg Alexander Hansen. Sie sprechen über die aktuelle Kriegslage und mögliche Gespräche mit den Alliierten nach einem gelungenen Umsturzversuch.

Die Gestapo-Sonderkommission versucht, die Diskussionen vom 16. Juli 1944 in einem Ermittlungsbericht nachzuzeichnen.

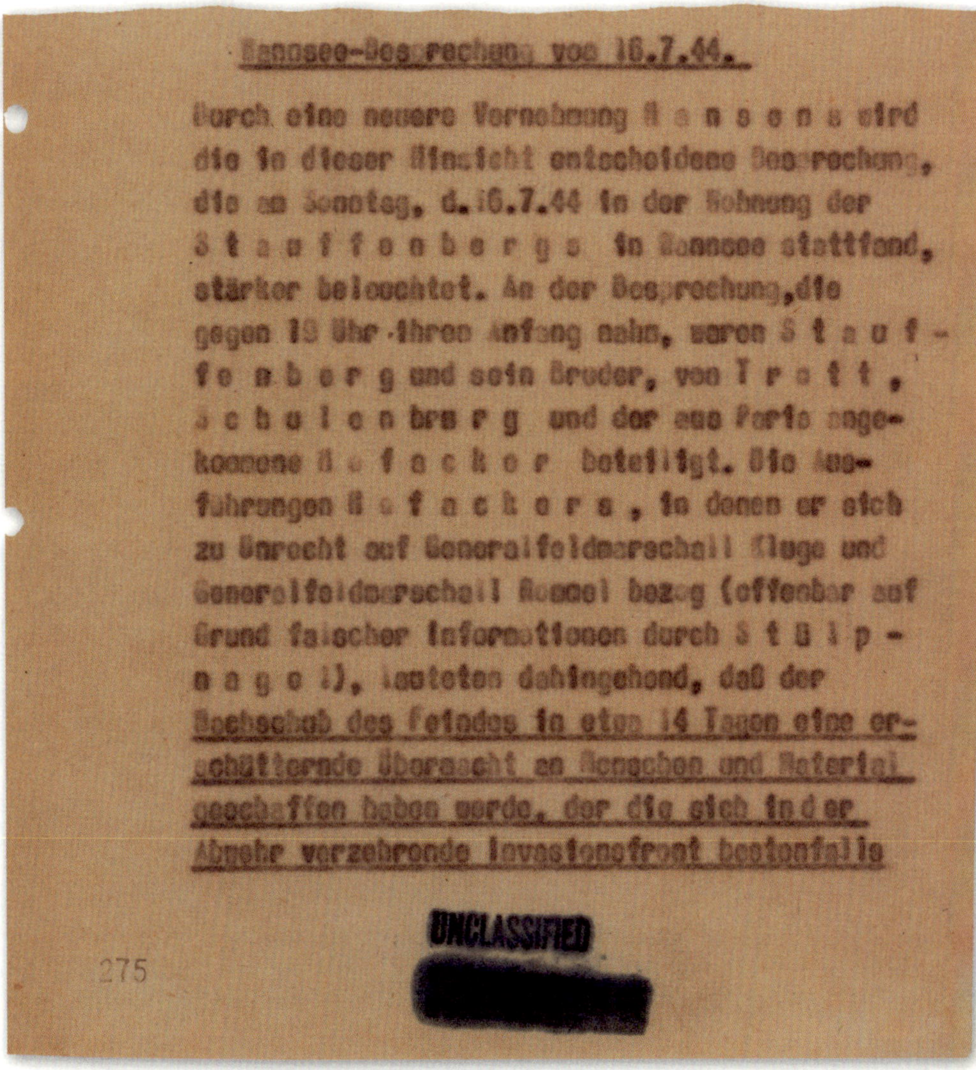

Wannsee-Besprechung vom 16.7.44.

Durch eine neuere Vernehmung H a n s e n s wird die in dieser Hinsicht entscheidende Besprechung, die am Sonntag, d. 16.7.44 in der Wohnung der S t a u f f e n b e r g s in Wannsee stattfand, stärker beleuchtet. An der Besprechung, die gegen 19 Uhr ihren Anfang nahm, waren S t a u f f e n b e r g und sein Bruder, von T r o t t , S c h u l e n b u r g und der aus Paris angekommene H o f a c k e r beteiligt. Die Ausführungen H o f a c k e r s , in denen er sich zu Unrecht auf Generalfeldmarschall Kluge und Generalfeldmarschall Rommel bezog (offenbar auf Grund falscher Informationen durch S t ü l p n a g e l), lauteten dahingehend, daß der **Nachschub des Feindes in etwa 14 Tagen eine erschütternde Übermacht an Menschen und Material geschaffen haben werde, der die sich in der Abwehr verzehrende Invasionsfront bestenfalls**

UNCLASSIFIED

275

Auszüge aus dem Bericht des Chefs der Sicherheitspolizei und des SD vom 30. Juli 1944 über die Besprechung am 16. Juli 1944

Quelle: BArch, NS 6/5, fol. 107 f.

108

noch 6 Wochen Widerstand leisten könne. S t a u f f e n b e r g führte aus, daß dies seine eigenen Auffassungen bestätige. Er erteilte daraufhin das Wort an von T r o t t, der über die aussenpolitische Lage referierte.

v. T r o t t vertrat den Standpunkt, daß man auf der Feindseite verhandlungsbereit sei, sobald dafür die Voraussetzung, ein völliger Wechsel des Regimes, geschaffen werde. In der anschließenden Diskussion wurde die Meinung vertreten, daß die Verhandlungen von Militär zu Militär geführt werden sollten, und zwar nicht nur mit den Feinden im Westen, sondern auch mit den Sowjets, wobei der alte S c h u l e n b u r g und der ehemalige Militârattaché in Moskau als Sachkenner in die Verhandlungen eingeschaltet werden sollten. Nach der englisch-amerikanischen Seite hin sollte v. T r o t t dabei sein. Ein besonders maßgeblicher deutscher Politiker, der dem Westen gegenüber verwendet werden könnte, fiel den Verschwörern nicht ein.

17. Juli 1944

Berlin

Am Nachmittag erfährt Hans Bernd Gisevius von Arthur Nebe, Chef des Reichskriminalpolizeiamtes, dass ein Haftbefehl gegen Carl Friedrich Goerdeler ausgestellt werden soll. Tatsächlich beruht diese Information nur auf einem Gespräch zwischen Spitzenbeamten des Reichssicherheitshauptamtes, das Nebe falsch interpretiert hat. Der Reichsführer-SS und Reichsinnenminister Heinrich Himmler hat die Festnahme Goerdelers abgelehnt. Die Gründe dafür sind unbekannt. Nach dem Gespräch mit Nebe hat Gisevius nach eigenen Angaben Ludwig Beck über den Haftbefehl gegen Goerdeler informiert. Goerdeler selbst ist am 16. Juli nach Leipzig gefahren und kommt am 18. Juli für einen Tag nach Berlin zurück.

18. Juli 1944

Bendlerblock, nachmittags

Gegen 17 Uhr erfährt Claus Schenk Graf von Stauffenberg, dass er zwei Tage später über die Aufstellung der neuen „Volksgrenadierdivisionen" in der „Wolfschanze" bei Hitler vortragen soll. Robert Bernardis wird beauftragt, die Unterlagen für den Vortrag vorzubereiten. Noch am selben Abend informiert Schwerin Peter Graf Yorck von Wartenburg sowie Kleist und Ludwig von Hammerstein. Auch Fritz-Dietlof Graf von der Schulenburg wird bei einem Besuch im Allgemeinen Heeresamt von Mertz von Quirnheim über den neuen Termin informiert. Er fährt noch am selben Abend zu seiner Frau Charlotte nach Trebbow und kehrt am nächsten Tag nach Berlin zurück.

Fritz-Dietlof Graf von der Schulenburg mit seiner Frau Charlotte und den Kindern Charlotte, Fritz, Christiane und Fredeke im Sommer 1942 in Trebbow

Quelle: Privatbesitz

Aus dem Lager „Koralle“ bei Bernau kommt Korvettenkapitän Alfred Kranzfelder zu Stauffenberg und berichtet über ein von Korvettenkapitän Sydney Jessen in Potsdam gehörtes Gerücht, wonach noch in derselben Woche das „Führerhauptquartier“ in die Luft gesprengt werden solle. Kranzfelder fragt, ob Stauffenberg unter den jetzigen militärischen Umständen den Anschlag noch für richtig halte. Stauffenbergs Antwort: „Da gibt es keine andere Wahl mehr. Der Rubikon ist überschritten.“

Berlin, nachmittags

Carl Friedrich Goerdeler ist für einen Tag nach Berlin zurückgekehrt. Hauptmann Hermann Kaiser, enger Vertrauter Olbrichts und Becks, informiert ihn über einen möglichen Haftbefehl und empfiehlt Goerdeler, Berlin erneut zu verlassen, ihm aber immer seine Anschrift mitzuteilen.

Auch Stauffenberg spricht kurz mit Goerdeler und bestärkt ihn in seinem Entschluss, unterzutauchen. Weder Hermann Kaiser noch Stauffenberg informieren Goerdeler über die konkreten Attentatsplanungen für den 20. Juli. Hermann Kaiser selbst verlässt Berlin am selben Tag oder am 19. Juli und fährt zu seiner Familie nach Kassel. Da er auf der Liste der „Politischen Beauftragten" steht, wird Hermann Kaiser in Kassel am 21. Juli 1944 ebenso wie seine Brüder Heinrich und Ludwig von der Gestapo festgenommen.

Zossen bei Berlin, Oberkommando des Heeres, abends

Am frühen Abend fährt Stauffenberg nach Zossen zu Generalquartiermeister Eduard Wagner und bekommt von diesem die Zusage, am 20. Juli 1944 ein Flugzeug für den Rückflug von Rastenburg nach Berlin zur Verfügung zu stellen. Auch Bernhard Klamroth, der kurz an der Besprechung teilnimmt, wird über das geplante Attentat am 20. Juli 1944 informiert.

Eduard Wagner
Quelle: Privatbesitz

Seit 1941 ist der Berufssoldat Eduard Wagner Generalquartiermeister des Heeres. In dieser Funktion verhandelt er im Frühjahr 1941 über die Kompetenzen der „Einsatzgruppen der Sicherheitspolizei und des SD", die als spezielle Mordkommandos ab Juni 1941 hinter der Front eingesetzt werden. Als Generalquartiermeister ist er mitverantwortlich für die Besatzungspolitik hinter der Front, für die Hungerpolitik gegenüber der Zivilbevölkerung, vor allem auch für die völlig unzureichende Ernährung der sowjetischen Kriegsgefangenen, die im Winter 1941/42 zu Hundertausenden sterben.

Seit 1943 teilt Wagner die Sorge der Verschwörer um den Ausgang des Krieges und unterstützt deshalb die Vorbereitung eines Attentats auf Hitler durch die verschiedenen Gruppen der Militäropposition. Im Juni 1944 drängt Eduard Wagner Claus Schenk Graf von Stauffenberg zu einer raschen Entscheidung über das Attentat, um das Vordringen sowjetischer Truppen auf das Reichsgebiet abzuwenden. Unter anderem stellt er am 20. Juli 1944 das Flugzeug für den Rückflug Stauffenbergs von Ostpreußen nach Berlin zur Verfügung. Wagners maßgebliche Beteiligung an dem Umsturzversuch wird der Gestapo rasch bekannt. Seiner Festnahme kommt Eduard Wagner am Mittag des 23. Juli 1944 durch den Freitod zuvor.

Bernhard Klamroth
Quelle: Privatbesitz

Bernhard Klamroth tritt 1930 in die Reichswehr ein. Als Kompaniechef nimmt er 1939 am Krieg gegen Polen teil und wird seit März 1942 als Generalstabsoffizier der 4. Armee an der Ostfront eingesetzt, wo er mit dem Ersten Offizier des Stabes Hellmuth Stieff zusammenarbeitet. Dieser wird im Oktober 1942 in die Organisationsabteilung des Heeres nach Berlin versetzt und fordert bald darauf Klamroth für eine Dienststelle in seinem Verantwortungsbereich an. Von Stieff erfährt er, dass aus dem Kreis um den ehemaligen Generalfeldmarschall Erwin von Witzleben die Generäle Friedrich Olbricht, Fritz Lindemann, Erich Fellgiebel und andere den Sturz Hitlers planen.

Bernhard Klamroth beschafft im Mai 1944 zusammen mit Albrecht von Hagen den Sprengstoff für das geplante Attentat. Am 10. Juli 1944 unterrichtet er seinen Vetter und Schwiegervater Johannes Georg Klamroth von den Absichten der Verschwörer. Am Tag des Umsturzversuches hält Klamroth sich bei General Wagner in Zossen auf.
Nach dem Scheitern wird Bernhard Klamroth am 21. Juli 1944 von der Gestapo festgenommen, am 15. August vom „Volksgerichtshof" zum Tode verurteilt und noch am selben Tag in Berlin-Plötzensee erhängt.

19. Juli 1944

Allgemeines Heeresamt, vormittags

General Friedrich Olbricht ruft Generalleutnant Wolfgang Thomale, Chef des Stabes des Generalinspekteurs der Panzertruppen Heinz Guderian, an. Er bittet ihn, wegen einer am 20. Juli 1944 anstehenden „Walküre"-Übung den Abtransport der Panzer-Lehrtruppen von Krampnitz nach Ostpreußen um drei Tage zu verschieben. Guderian zögert – nach eigenen Angaben – und gibt schließlich sein Einverständnis. Damit stehen die Einheiten in Krampnitz am 20. Juli 1944 noch zur Verfügung des Allgemeinen Heeresamtes.

Stab des Befehlshabers des Ersatzheeres, nachmittags

Ein Offizier berichtet über einen dienstlichen Besuch am Nachmittag des 19. Juli 1944 bei Stauffenberg:

„In der Frühe des 19. Juli fuhr ich mit der Eisenbahn von unserer Dienststelle im Osten nach Berlin. Ich hatte den Auftrag, beim OKH in der Bendlerstraße mit dem zuständigen Sachbearbeiter einige Fragen zu klären, welche die Zuständigkeit der Gauleiter und der Wehrkreisbefehlshaber in Oberquartiermeisterangelegenheiten betrafen für den Fall, daß die Sowjetstreitkräfte in die an der Ostgrenze des Reiches gelegenen Wehrkreise eindringen würden. Da schon in den Vormittagsstunden alliierte Bomberverbände über Berlin manövrierten, lag unser Zug stundenlang auf der Strecke, und ich konnte erst gegen 14 Uhr in der Bendlerstraße eintreffen. Es wurde gerade neuer Alarm gegeben, und als ich die Treppe im Hauptblock emporstieg, kam alles eilig herunter, um die Luftschutzräume aufzusuchen. Der diensthabende Offizier stellte mir anheim, trotz des Alarms nach oben zu gehen, wo ich den Ia treffen und sprechen könne. Dieser Ia war der Oberst Graf Stauffenberg.

Ich fand ihn in einem der oberen Stockwerke: ein freundlicher, verhältnismäßig junger Generalstabsoffizier, er mochte etwa 38 Jahre alt sein, eine schwarze Binde über dem einen Auge, in Stiefelhose mit den karminroten Streifen und weißer Litewka, die damals in den heißen Tagen allgemein in den Heimatdienststellen getragen wurde. ‚Bleiben Sie doch bis zur Besprechung um 15 Uhr', schlug er vor, ‚dann können wir Ihre Angelegenheit gleich miterledigen.' Ich erklärte mich einverstanden, besuchte in der Zwischenzeit im gleichen Stockwerk einen

Kameraden aus dem Ersten Weltkrieg und fand mich zur bestimmten Zeit in einem kleinen Saal ein, wo etwa 30 Offiziere zur Besprechung versammelt waren. Graf Stauffenberg übernahm den Vorsitz und ließ mich an seiner Seite Platz nehmen. Er sah sympathisch aus. Hätte er nicht die Generalstabsuniform getragen, so hätte er mit dem schmalen, geistigen Kopf für einen Künstler oder Wissenschaftler gelten können. Das dunkle Haar und die schwarze Binde über dem Auge ließen sein Gesicht etwas blaß erscheinen. Der künstliche Arm mit dem Lederhandschuh, Folgen einer schweren Verwundung auf dem nordafrikanischen Kriegsschauplatz, lag auf dem Tisch, als er zu sprechen begann.

Graf Stauffenberg nahm meine angebotene Zigarette mit einem Lächeln und das Feuer mit einem Kopfnicken und begann, ruhig und gemessen über die einzelnen Punkte der Tagesordnung zu sprechen. Dazwischen rief er in launigem Ton einigen jungen Offizieren, die nicht recht still sein konnten, etwas zu, und es fiel mir im Lauf der Besprechung auf, wie er öfters mit einem ‚Ihr Kerle dahinten' seine engeren Kameraden vom Generalstab apostrophierte. Sonst führte er die Verhandlungen ruhig und sachlich, so daß die ziemlich lange Tagesordnung einschließlich meiner eigenen Angelegenheiten im Laufe von zwei Stunden erledigt war. Anschließend verabschiedete ich mich und dankte ihm für die prompte Klärung der schwebenden Fragen. ‚Es hat aber noch Zeit damit', meinte er leichthin und begleitete seine Rede mit einer Bewegung seines gesunden Armes. ‚Um so besser. Wie lange rechnen Sie noch?' war meine Gegenfrage. ‚Vielleicht kommt es ganz anders, als wir alle denken', erwiderte er mit einem vielsagenden Lächeln und reichte mir die Hand zum Abschied.

Ich versuchte mir zu vergegenwärtigen, welchen Eindruck Graf Stauffenberg äußerlich gemacht hatte, als ich ihm gegenüberstand und später neben ihm saß. Nichts, nicht das geringste deutete darauf hin, was hinter seiner Stirn vorgegangen sein mußte. Er zeigte weder Nervosität noch Fahrigkeit, sondern trug eine absolute Ruhe und Gelassenheit zur Schau. Der Mann mußte sich mit übermenschlicher Kraft zusammengenommen haben, um nach außen einen ruhigen Eindruck zu machen. So, wie wir die Dinge heute sehen, mußte gerade in den Stunden, die ich mit ihm zusammen war, eine unerhörte Fülle von Erwägungen, Überlegungen, Zweifeln, Enttäuschungen, Sorgen und Ängsten auf ihn eingestürmt sein, die ihn zu dem Entschluß brachten, das zu wagen, was er am nächsten Tag gewagt hat."

Quelle: A.G., Letzte Begegnung mit Graf Stauffenberg, in: Stuttgarter Zeitung vom 20. Juli 1950.

Berlin und Potsdam, gegen 20 Uhr

Fritz-Dietlof Graf von der Schulenburg und Leutnant Helmut von Gottberg suchen Georg Sigismund von Oppen in dessen väterlicher Wohnung auf und teilen ihm mit, dass sich am nächsten Tag um 13 Uhr Friedrich-Karl Klausing, Ludwig von Hammerstein, Ewald Heinrich von Kleist und Oppen im Hotel Esplanade einfinden sollen. Im Anschluss daran fahren Gottberg, Schulenburg und Oppen zur Wohnung des Kommandanten des Ersatz-Bataillons 9 in Potsdam, Major Dr. Herbert Meyer. Während Gottberg dort verbleibt, fahren Schulenburg und Oppen weiter nach Berlin. In der Wohnung von Ludwig von Hammerstein treffen sie nur auf dessen Bruder Kunrat, den sie bitten, Ludwig von Hammerstein über das geplante Treffen am nächsten Tag zu informieren. Auch Friedrich-Karl Klausing, den sie als nächsten informieren wollen, treffen sie nicht an. Ewald Heinrich von Kleist wird erst am nächsten Vormittag von Oppen informiert.

Berlin, nach 20 Uhr

Claus Schenk Graf von Stauffenberg lässt sich von seinem Fahrer Karl Schweizer vom Bendlerblock nach Wannsee in die Tristanstraße fahren. Unterwegs lässt er an einer Kirche im Südwesten Berlins halten, in der er sich einige Zeit aufhält. Am Abend ist er danach mit seinem Bruder Berthold zusammen.

Berlin, abends

Ulrich-Wilhelm Graf von Schwerin von Schwanenfeld sucht Generalfeldmarschall Erwin von Witzleben in dessen Wohnung in der Delbrückstraße auf, um ihn über die Planungen für den nächsten Tag zu informieren. Witzleben soll nach dem gelungenen Attentat auf Hitler den Oberbefehl über die Wehrmacht übernehmen.

Generalfeldmarschall Erwin von Witzleben und Ulrich-Wilhelm Graf von Schwerin von Schwanenfeld

Quelle: Privatbesitz

Der 20. Juli 1944

Berlin-Wannsee, kurz nach 6.00 Uhr

Stauffenbergs ständiger Fahrer Karl Schweizer fährt die beiden Brüder Claus und Berthold Schenk Graf von Stauffenberg von der Wohnung in der Berliner Tristanstraße 8 zum Flughafen Rangsdorf. Stauffenberg trifft sich dort mit seinem Adjutanten Werner von Haeften und fliegt gegen 8.00 Uhr gemeinsam mit diesem und Generalmajor Hellmuth Stieff in das ostpreußische Rastenburg. Sie nutzen dazu eine Kuriermaschine vom Typ Heinkel He 111. Stauffenberg hat zwei Aktentaschen dabei: in der einen befinden sich Unterlagen für die Besprechungen, in der anderen zwei Sprengkörper mit Zündern. Gegen 12.42 Uhr wird einer der Sprengkörper in unmittelbarer Nähe Hitlers explodieren. Der Diktator überlebt.

Das Geschehen dieses Tages in der Wolfschanze ist ausführlich beschrieben in: Johannes Tuchel/Uwe Neumärker, Der 20. Juli 1944 im „Führerhauptquartier Wolfschanze", Berlin 2021.

20. Juli 1944 / 6.00 Uhr

Der Bendlerblock

In der zweiten Etage des Hauses Bendlerstraße 13 bis 14 sind sowohl der Stab des Chefs der Heeresrüstung und Befehlshabers des Ersatzheeres Friedrich Fromm als auch das Allgemeine Heeresamt untergebracht. Der Stab des Befehlshabers des Ersatzheeres befindet sich an der Front zur Bendlerstraße, die Räume des Allgemeinen Heeresamtes im Längsriegel am Innenhof. Beide Bereiche sind durch eine Treppe mit acht Stufen getrennt.

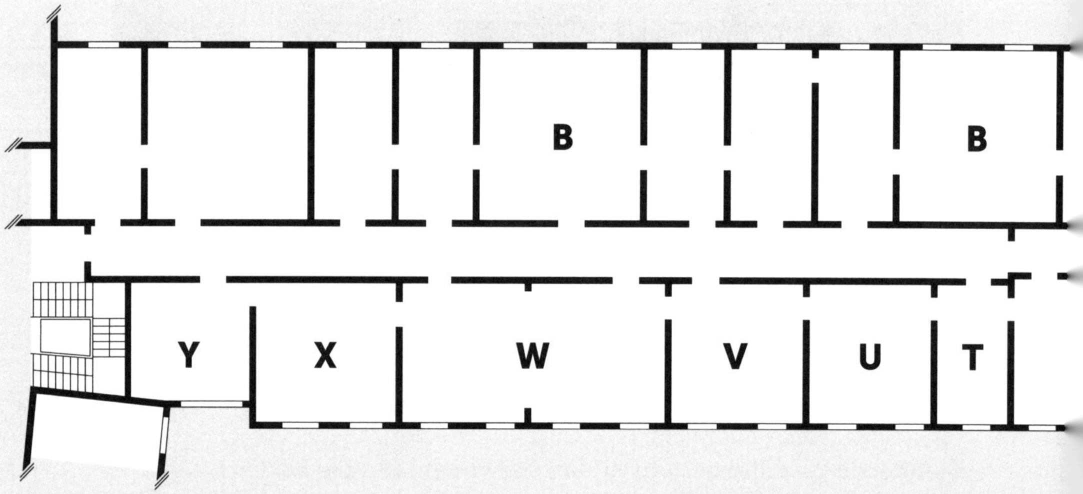

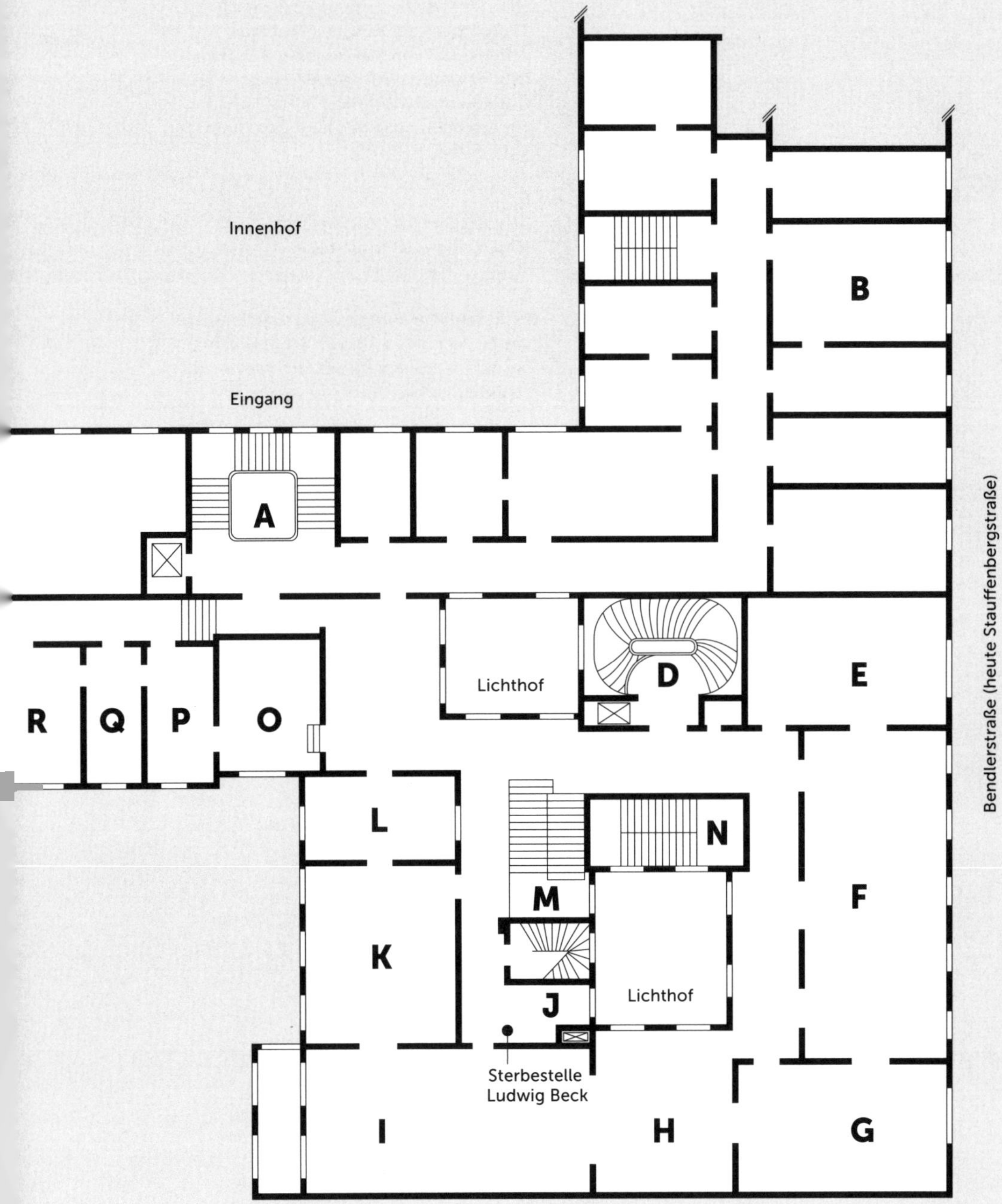

Legende auf den Folgeseiten

Der Bendlerblock

A
Über dieses Treppenhaus IV (heute Aufgang D 1) werden in der Nacht zum 21. Juli 1944 die Verschwörer Claus Schenk Graf von Stauffenberg, Friedrich Olbricht, Albrecht Ritter Mertz von Quirnheim und Werner von Haeften zur Erschießung in den heutigen Ehrenhof geführt.

B
Diensträume für Offiziere des Allgemeinen Heeresamtes

C
In diesem Flur kommt es am späten Abend des 20. Juli 1944 zu einem Schusswechsel, bei dem Stauffenberg am Arm oder an der Schulter verletzt wird

D
Separates repräsentatives Treppenhaus (zeitgenössische Bezeichnung: ObdH [Oberbefehlshaber des Heeres]-Treppe), genutzt für Gäste von Generaloberst Friedrich Fromm zur Bendlerstraße
Über dieses Treppenhaus entweichen am 20. Juli 1944 die Generale Specht und Kuntze, nachdem sie sich mit dem festgesetzten Fromm im Adjutantenzimmer (K) verständigt haben. Der Fahrstuhl daneben ist am 20. Juli 1944 außer Betrieb.

E
Arbeitszimmer für den Offizier vom Dienst des Chefs der Heeresrüstung und Befehlshabers des Ersatzheeres

F
Vorzimmer von Claus Schenk Graf von Stauffenberg als Stabschef des Chefs der Heeresrüstung und Befehlshabers des Ersatzheeres

G
Seit 1. Juli 1944 Arbeitszimmer von Oberst Claus Schenk Graf von Stauffenberg als Stabschef des Chefs der Heeresrüstung und Befehlshabers des Ersatzheeres

H
Kartenzimmer

I
Arbeitszimmer von Generaloberst Friedrich Fromm als Chef der Heeresrüstung und Befehlshaber des Ersatzheeres
Nach Fromms Festnahme am 20. Juli 1944 Zentrale des Umsturzversuches. Hier erklärt sich Fromm in der Nacht zum 21. Juli 1944 zum Standgericht und befiehlt die Erschießung von Stauffenberg, Olbricht, Mertz von Quirnheim und Werner von Haeften.

J
Anrichte/Abstellraum
In der Nacht vom 20. auf den 21. Juli 1944 gibt Generaloberst Fromm Ludwig Beck die Gelegenheit zum Freitod. Beck scheitert dabei zweimal und wird dann in diesem Raum auf Befehl von Fromm erschossen.

K
Arbeitszimmer des Adjutanten von Generaloberst Fromm, Rittmeister Heinz-Ludwig Bartram

L
Registratur/Schreibkraft

M
Aufgang zur Dienstwohnung von Generaloberst Friedrich Fromm, in der er am Nachmittag des 20. Juli 1944 gefangen gehalten wird und zu den Diensträumen der Gruppe III (General Kennes, Oberst Rohowsky und Oberstleutnant Kleber)

N
Treppenhaus

O
Offizier vom Dienst des Allgemeinen Heeresamtes
Hier werden am 20. Juli 1944 die SS-Offiziere Achamer-Pifrader und Buchner festgehalten.

P
Vorzimmer des Ersten Generalstabsoffiziers (I a) im Allgemeinen Heeresamt

Q
Arbeitszimmer des Ersten Generalstabsoffiziers (I a) im Allgemeinen Heeresamt, Oberstleutnant Bolko von der Heyde

R
Arbeitszimmer des Generalstabsoffiziers (I a I), Oberstleutnant Karl Pridun

S
Vorzimmer des I a I

T
Vorzimmer / Raum mit Feldbett

U
Arbeitszimmer des Stabschefs im Allgemeinen Heeresamt
Bis 1. Juni 1944 Oberst Claus Schenk Graf von Stauffenberg, danach Oberst Albrecht Ritter Mertz von Quirnheim

V
Vorzimmer mit den Sekretärinnen Anni Lerche und Delia Ziegler

W
Arbeitszimmer von General Friedrich Olbricht als Chef des Allgemeinen Heeresamtes im Oberkommando des Heeres

X
Arbeitszimmer von Oberstleutnant Fritz von der Lancken als Adjutant Olbrichts
Hier wird am 20. Juli 1944 General Kortzfleisch festgehalten.

Y
Registratur für Geheime Kommandosachen

Stab des Befehlshabers des Ersatzheeres, morgens

Friedrich Fromm fährt wie jeden Tag von Lebersee bei Teupitz nach Berlin herein und widmet sich am Vormittag seinen normalen Dienstgeschäften.

Arbeitszimmer von Friedrich Fromm, Sommer 1944

Quelle: Gedenkstätte Deutscher Widerstand

Berlin-Lichterfelde, morgens

Generaloberst Ludwig Beck unternimmt einen langen Spaziergang, und bespricht sich noch kurz mit dem in der Nähe wohnenden Gewerkschaftsführer Max Habermann.

Allgemeines Heeresamt, vor 12 Uhr

Ein Kradmelder fährt Major Egbert Hayessen zur Stadtkommandantur Unter den Linden. Hayessen informiert General Paul von Hase kurz nach 12 Uhr über das gegen Mittag geplante Attentat. Er hat die für den Großraum Berlin geltenden „Walküre"-Befehle dabei.

Stab des Befehlshabers des Ersatzheeres, gegen 12 Uhr

Friedrich Fromm geht zum Mittagessen in ein nahegelegenes Kasino am Matthäikirchplatz, wo er etwa eine Stunde verbringt.

Allgemeines Heeresamt, gegen 12 Uhr

Generaloberst Erich Hoepner begibt sich zu General Friedrich Olbricht. Olbricht berichtet über den „Rüffel" von Fromm, weil er am 15. Juli 1944 „Walküre" ausgelöst hatte, und über das für diesen Tag geplante Attentat auf Hitler. Anschließend gehen Olbricht und Hoepner zum Mittagessen in ein nahegelegenes Kasino. Sie kehren gegen 14 Uhr in den Bendlerblock zurück und warten in Olbrichts Dienstzimmer auf Nachrichten aus der „Wolfschanze". Doch diese bleiben aus, nachdem Stauffenbergs Bombe um 12.42 Uhr explodiert ist.

Berlin, gegen Mittag

Berthold Schenk Graf von Stauffenberg, Fritz-Dietlof Graf von der Schulenburg und Peter Graf Yorck von Wartenburg treffen sich im Büro von Ulrich-Wilhelm Graf von Schwerin von Schwanenfeld in der Großadmiral Prinz-Heinrich-Straße (heute: Hitzigallee) in der Nähe des Bendlerblocks. Sie sollen nach dem Gelingen des Attentats auf Hitler eine direkte Nachricht erhalten.

Bendlerblock, kurz vor 13 Uhr

Generalmajor Werner Kennes, Gruppenleiter im Stab Fromms, kehrt mit einigen Mitarbeitern aus dem Kasino in der Hildebrandtstraße zurück:

„Beim Einbiegen in die Bendlerstraße wunderten wir uns über eine Schlange von 22 offenen Volkswagen, die mit der Spitze am Eingang des OKH hielt. Den mir bekannten Feldwebel der Fahrbereitschaft, der neben der Kolonne an einem Wagen stand, fragte ich, was dieser Aufzug zu bedeuten hätte, und warum eine solche Kolonne ausgerechnet vor dem OKH parken müsste und nicht im Hof. Als Antwort erhielt ich, diese Kolonne sei auf Befehl des Generaloberst Fromm hierher befohlen und hätte auf seine Befehle zu warten. Ich konnte nicht umhin, ihm darauf zur Antwort zu geben, dass hier sicher jemand mit dem Namen meines hohen Herrn Chef Schindluder getrieben habe (da ich solche Befehle nicht von Fromm gewohnt war) und ich befahl ihm, möglichst schnell im Hof des OKH mit seinen Fahrzeugen zu verschwinden."

Quelle: BArch, MSg1/3135, Aufzeichnung von Werner Kennes

Die Fahrzeuge waren vermutlich von Mertz von Quirnheim angefordert worden, um Stoßtrupps aus dem Bendlerblock zu verschiedenen wichtigen Stellen in Berlin zu bringen, etwa zum Funkhaus. Sie kamen später nicht zum Einsatz.

Flugplatz Rangsdorf, zwischen 14.45 und 15.15 Uhr

Stauffenberg und Haeften landen in Rangsdorf. Nach der Landung ruft Haeften gegen 15.30 Uhr General Friedrich Olbricht an und teilt ihm mit, dass das Attentat gelungen sei. Vermutlich informiert er in einem zweiten Telefongespräch auch Ulrich-Wilhelm Graf von Schwerin von Schwanenfeld. Yorck von Wartenburg und Schulenburg begeben sich sofort in den Bendlerblock, Schwerin fährt mit dem Wagen Jens Jessens nach Lichterfelde, um Ludwig Beck abzuholen.

Allgemeines Heeresamt, zwischen 15.15 und 15.30 Uhr

General Fritz Thiele erhält aus dem „Führerhauptquartier" – vermutlich durch General Fellgiebel – die Mitteilung, es sei „ein Kommuniqué" zu erwarten. Er überbringt die Nachricht Olbricht, der ihn bittet, bei Fellgiebel zurückzufragen. Thiele – so heißt es im Urteil des „Volksgerichtshofs" vom 21. August 1944 „erfuhr, ein Unglück sei passiert, es habe einige Verwundete gegeben, sonst sei nichts geschehen; ‚wer führt?' ‚Keitel und Jodl'. Das meldete er Olbricht. Der kam aber bald zu ihm, er habe Nachricht, daß der Führer tot sei. Fellgiebels Nachricht stimme nicht."

Allgemeines Heeresamt, gegen 16 Uhr

Der Chef des Stabes des Allgemeinen Heeresamtes, Oberst i. G. Albrecht Ritter Mertz von Quirnheim löst telefonisch die „Walküre"-Alarmierung für den Raum Berlin aus und informiert sowohl das Stellvertretende Generalkommando als auch den Stadtkommandanten von Berlin, General Paul von Hase. Auch weitere Einheiten in und um Berlin werden alarmiert, darunter die Heeres-Feuerwerkerschule in Berlin-Lichterfelde, die Heeres-Waffenmeisterschule I in Berlin-Treptow, die Infanterieschule in Döberitz und die Panzertruppenschule in Krampnitz.

Ein Erscheinen von Hases in der Bendlerstraße – wie im unten abgebildeten Befehl vorgesehen – ist nicht notwendig, da sich Major Hayessen bereits mit den notwendigen Befehl bei ihm in der Kommandantur befindet.

Die Alarmierung betrifft auch das Wachbataillon „Großdeutschland" in seiner Moabiter Kaserne. Der Bataillonskommandeur, Major Otto Ernst Remer, fährt zur Einweisung zum Stadtkommandanten Paul von Hase. Dort wartet Remer im Zimmer des Adjutanten, Holm Erttel, bevor er weitere Weisungen bekommt.

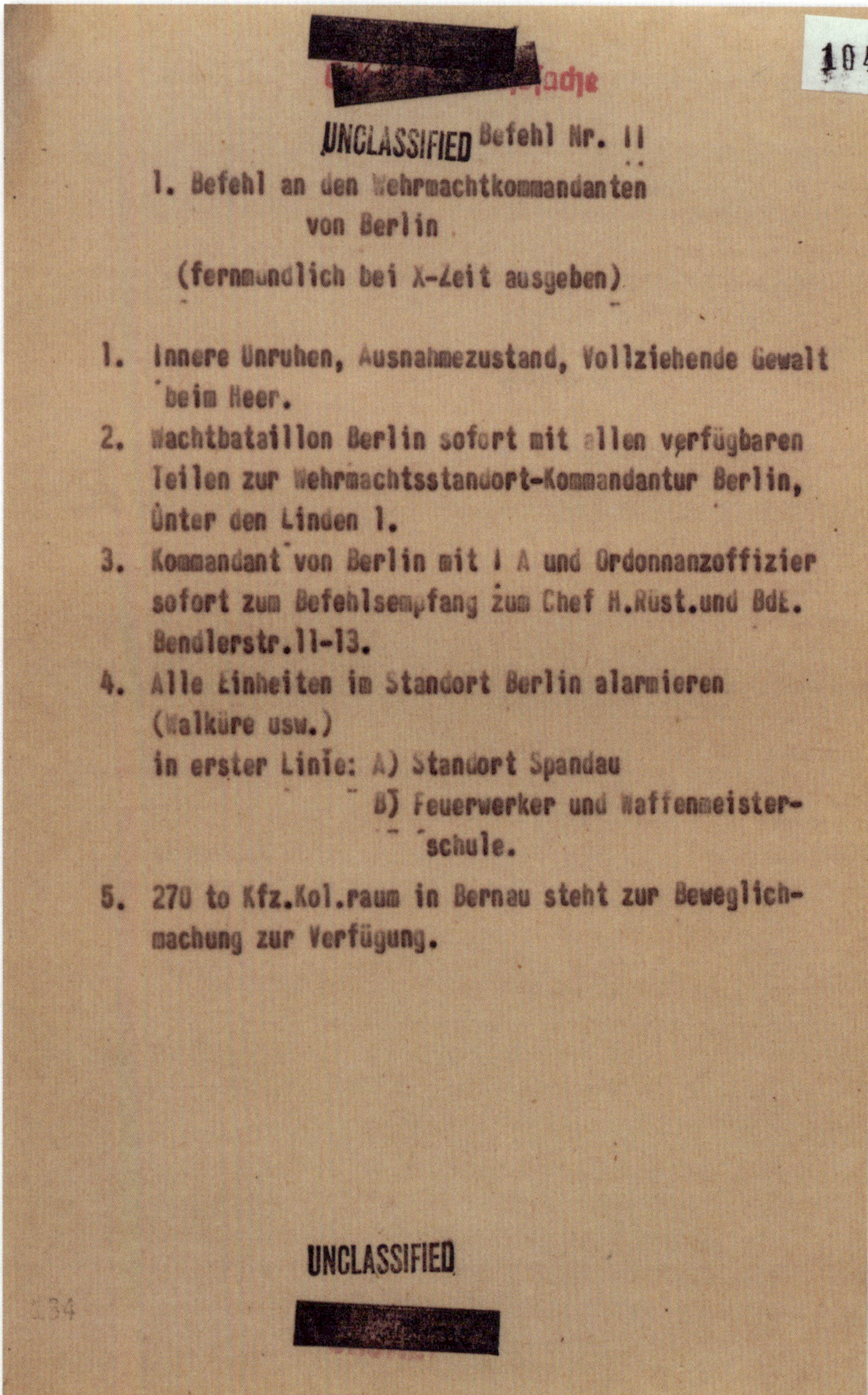

104

UNCLASSIFIED Befehl Nr. II

1. Befehl an den Wehrmachtkommandanten
von Berlin

(fernmündlich bei X-Zeit ausgeben)

1. Innere Unruhen, Ausnahmezustand, Vollziehende Gewalt beim Heer.
2. Wachtbataillon Berlin sofort mit allen verfügbaren Teilen zur Wehrmachtsstandort-Kommandantur Berlin, Unter den Linden 1.
3. Kommandant von Berlin mit I A und Ordonnanzoffizier sofort zum Befehlsempfang zum Chef H.Rüst.und BdE. Bendlerstr.11-13.
4. Alle Einheiten im Standort Berlin alarmieren (Walküre usw.)
   in erster Linie: A) Standort Spandau
   B) Feuerwerker und Waffenmeisterschule.
5. 270 to Kfz.Kol.raum in Bernau steht zur Beweglichmachung zur Verfügung.

UNCLASSIFIED

134

Stab des Befehlshabers des Ersatzheeres, gegen 16 Uhr

Friedrich Fromm ist seit etwa 14 Uhr wieder zurück in seinem Büro. Er hat eine längere Besprechung mit Generalmajor Hugo Beißwänger, dem General beim Chef der Heeresrüstung, anschließend eine mit seinem ersten Generalstabsoffizier (I a) Oberstleutnant d. G. Joachim Sadrozinski. Gegen 16 Uhr oder kurz danach betritt Friedrich Olbricht das Büro Fromms und bittet, diesen unter vier Augen sprechen zu dürfen. Er hat die „Walküre"-Befehle zur Unterschrift für Fromm dabei und teilt diesem mit, Hitler sei einem Attentat zum Opfer gefallen. Als Olbricht Fromms Büro wieder verlassen hat, soll Fromm zu Sadrozinski gesagt haben: „Ich habe Meldung bekommen, dass der Führer tot ist. Man will mich hier unter unerhörten Druck setzen, daß ich Maßnahmen treffe, die ich nicht gut heiße."

Erster „Walküre"-Befehl an den Wehrmachtkommandanten von Berlin, General Paul von Hase

Abschrift aus den Akten der Sonderkommission 20. Juli 1944

Quelle: BArch, NS 6/4, fol. 104

20. Juli 1944 / 16.00 Uhr

Allgemeines Heeresamt, nach 16 Uhr

Olbricht geht in seine Diensträume zurück und erfährt von Mertz von Quirnheim, dass dieser „Walküre" ausgelöst hat. Damit ist keine Umkehr mehr möglich. Olbricht und Mertz kehren gemeinsam mit General Fritz Thiele zu Fromm zurück. Im Urteil des „Volksgerichtshofs" gegen Thiele und andere Angeklagte vom 21. August 1944 wird das Gespräch so wiedergegeben:

Gleich darauf kam Olbricht mit Mertz von Quirnheim zurück. Auch Thiele kam herein. Der Generaloberst hieß sie sich um den runden Tisch setzen, forderte Thiele auf, für Fernverbindung mit Generalfeldmarschall Keitel besorgt zu sein und fragte Olbricht, woher er wisse, daß der Führer tot sei. Olbricht entgegnete, Klaus Graf von Stauffenbergs Begleitoffizier von Haeften habe das vom Flughafen telefonisch durchgegeben. Dann kam das Ferngespräch. Sadrozinski hörte es auf des Generalobersten Geheiß am zweiten Hörer mit. Er schildert es so:

Generaloberst Fromm: Wie geht es dem Führer ?

Generalfeldmarschall Keitel: "Der Führer ist verletzt; einige "Führer des Heeres" sind tot". Ein Attentat ist verübt.

Generaloberst Fromm : Habe ich besondere Maßnahmen zu treffen ?

Generalfeldmarschall Keitel: Nein, der Führer sei mit Mussolini in einer Besprechung, er müsse zu Graziani.

Den letzten Teil des Gespräches hörte Sadrozinski nicht mehr, denn Olbricht riß ihm nun den Hörer aus der Hand. Doch hörte er noch, daß Generaloberst Fromm auf eine Aufforderung des Feldmarschalls, nach dort zu kommen, erwiderte, er sei jetzt hier wichtiger; und daß er des Generalfeldmarschalls Anruf erbat, wenn er doch etwas veranlassen solle.

Quelle: BArch, R 3001/24775

Bevor Fromm mit Keitel verbunden wird, ist dessen Adjutant John von Freyend am Telefon. Freyend berichtet nach 1945:

„Ich habe bewusst nicht Keitel an den Apparat gelassen, um Fromm selbst ordnungsgemäß den Tatsachen entsprechend für seine etwaigen Entschlüsse orientieren zu können. Ich habe hierbei das Misslingen und die Fortführung aller vom FHQu gegebenen Befehle klar herausgestellt. Es wurde auch sofort von ihm begriffen. Er glaubte mir nur zunächst nicht die Tatsache des Misslingens. Ich habe ihn anschließend beschworen, sofort ins Hauptquartier zu kommen, um hier zunächst an Ort und Stelle die weitere Entwicklung abzuwarten und entsprechende Befehle mitzunehmen. Ich wollte damit verhindern, dass er durch eigene Entschlüsse etwa mit den von seinem Chef [des Stabes, d. h. Stauffenberg] nach Rückkehr veranlassten Strudel hineingeritten wird. Die Tatsache, dass Stauffenberg der Attentäter war, war zu diesem Zeitpunkt bereits bekannt. Fromm lehnte das Herüberkommen ab. Als ich nichts ausrichten konnte, stellte ich zunächst noch unsere Maschine zur Verfügung und machte Keitel, ehe ich ihm das Telefon übergab, einen gleichartigen Vorschlag. Keitel bestätigte darauf das Missglücken des Attentats, gab ihm einige Weisungen über das sofort zu Veranlassende, insbesondere seine Unterstellung unter den nach Berlin unterwegs befindlichen Himmler und forderte ihn ebenfalls auf, sofort ins FHQu zu fliegen."

Quelle: BArch, MSg 1/2938, Brief Ernst John von Freyend an Werner Kennes vom 12. Januar 1953

Fritz Thiele

Quelle: BArch, Pers 6/301080

Fritz Thiele tritt im März 1914 in die Armee ein und durchläuft eine Ausbildung zum Nachrichtenoffizier. Er wird 1936 ins Reichskriegsministerium versetzt und 1940 zum Chef der Amtsgruppe Wehrmachtnachrichtenverbindungen im Oberkommando der Wehrmacht ernannt. In dieser Eigenschaft arbeitet er eng mit dem Chef des Heeresnachrichtenwesens General Erich Fellgiebel und dessen Stellvertreter Oberst Kurt Hahn zusammen. Mit ihnen ist Thiele an der Vorbereitung von „Walküre"-Operationen und der Kappung der Nachrichtenverbindungen der „Wolfschanze" am 20. Juli 1944 beteiligt.

Als nach dem Scheitern des Attentats das Überleben Hitlers feststeht, wendet sich Thiele, der sich an diesem Tag im Bendlerblock aufhält, vom Umsturzversuch ab. Nach der Festnahme Fellgiebels am folgenden Tag übernimmt er zunächst dessen Aufgaben in der Nachrichtenzentrale beim „Führerhauptquartier". Am 11. August 1944 wird Fritz Thiele von der Gestapo festgenommen, am 21. August 1944 vom „Volksgerichtshof" zum Tode verurteilt und am 4. September 1944 in Berlin-Plötzensee erhängt.

Joachim Sadrozinski

Quelle: Privatbesitz

Der in Tilsit geborene Joachim Sadrozinski schlägt eine Offizierslaufbahn ein und tritt im April 1926 in die Reichswehr ein. Im Mai 1939 wird Sadrozinski zur Kriegsakademie nach Berlin abgeordnet. Nach verschiedenen Fronteinsätzen im Zweiten Weltkrieg wird der Oberstleutnant im Generalstab wegen einer Verwundung im Juni 1944 zur Führerreserve beim Oberkommando des Heeres versetzt und arbeitet als Gruppenleiter im Stab von General Friedrich Fromm, dessen Stabschef kurz zuvor Claus Schenk Graf von Stauffenberg geworden ist.

Am 20. Juli 1944 arbeitet Sadrozinski nach der Festnahme des gemeinsamen Vorgesetzten Generaloberst Fromm im Berliner Bendlerblock eng mit Stauffenberg zusammen. Joachim Sadrozinski wird unmittelbar nach dem Scheitern des Umsturzversuches vom 20. Juli 1944 von der Gestapo festgenommen, am 21. August 1944 vom „Volksgerichtshof" zum Tode verurteilt und am 29. September 1944 in Berlin-Plötzensee erhängt.

Fritz Jaeger

Quelle: BArch, Bild 146-1985-013-06 / Fotograf: o. Ang.

Kurz vor dem Ersten Weltkrieg tritt Fritz (Friedrich Gustav) Jaeger in die Kadettenanstalt Lichterfelde ein und nimmt im November 1918 seinen Abschied. Er beteiligt sich aber anschließend an den Kämpfen im Baltikum. In den zwanziger Jahren macht er sich einige Jahre als Kreditvermittler selbständig. Seine deutschnationale Orientierung führt ihn vorübergehend in die Adjutantur des Berliner Stahlhelm-Landesführers. Ende 1934 lässt er sich für die Reichswehr reaktivieren.

1942 dient Fritz Jaeger im Oberkommando des Heeres und lernt dort General Olbricht kennen. Als Kommandeur der Panzertruppen in den Wehrkreisen II (Stettin) und XXI (Kalisch) stellt er sich den Verschwörern zur Verfügung. Am 20. Juli 1944 meldet sich Jaeger bei Olbricht im Bendlerblock und ist für die Abriegelung des Gebäudekomplexes nach außen verantwortlich. Wenig später nimmt er zwei SS-Offiziere fest und kann sie entwaffnen. Nach dem Scheitern des Umsturzes wird er festgenommen, am 21. August 1944 vom „Volksgerichtshof" zum Tode verurteilt und noch am selben Tag in Berlin-Plötzensee erhängt.

Helmuth Cords

Quelle: Privatbesitz

Helmuth Cords wird nach dem Abitur 1937 zum Reichsarbeitsdienst und anschließend zur Wehrmacht eingezogen. Im Juli 1943 wird er an der Ostfront schwer verwundet und muss sich einer längeren Lazarettbehandlung unterziehen. 1944 lernt er im Haus seiner Verlobten Jutta Sorge, die er aufgrund ihrer jüdischen Herkunft nicht heiraten kann, Werner von Haeften kennen. Haeften, seit November 1943 als Adjutant von Claus Schenk Graf von Stauffenberg eingesetzt, kann für Cords eine Kommandierung als Hauptmann der Reserve zum Allgemeinen Heeresamt erreichen.

Am 20. Juli 1944 ist Cords mit der Überprüfung der Sicherungsmaßnahmen in der Bendlerstraße betraut. Er wird am 21. Juli im Bendlerblock festgenommen, in das Reichssicherheitshauptamt in der Prinz-Albrecht-Straße 8 gebracht und von dort in die Gestapo-Abteilung des Zellengefängnisses Lehrter Straße 3 überstellt. Ende September wird Cords mit einer Gruppe weiterer Häftlinge in das Gefängnis Tegel verlegt. Nachdem dieses bei einem Luftangriff stark beschädigt worden ist, wird er am 7. Oktober zurück in die Lehrter Straße gebracht. Ein zunächst für Oktober geplanter Prozess gegen Helmuth Cords wird wegen weiterer Ermittlungen verschoben. Cords wird am 23. April 1945 formal von der Sonderabteilung der Gestapo an die Justiz überstellt und zwei Tage später aus der Haft entlassen.

Bendlerblock, gegen 16.15 Uhr

Friedrich-Karl Klausing ist als Ordonnanzoffizier für Albrecht Ritter Mertz von Quirnheim eingeteilt. Er weist Hauptmann Helmuth Cords, seit 12. Juni 1944 Offizier im Allgemeinen Heeresamt, an, die Sicherungsmaßnahmen des Bendlerblocks zu überwachen und zu verstärken. Cords ist bereits am 11. und 15. Juli für diese Aufgaben vorgesehen gewesen und begibt sich jetzt zum Haupttor an der Bendlerstraße, wo er die Aufsicht über eine Gruppe des Wachbataillons unter Führung von Leutnant Herbert Arnds übernimmt. Alle Eingänge werden von Doppelposten besetzt, auch die Bombentrichter an der rückwärtigen Gebäudefront.

Nur Offiziere und Zivilisten mit orangefarbenen Sonderausweisen, die die Unterschrift Stauffenbergs tragen, dürfen passieren. Alle anderen Besucher müssen von Cords sofort Werner von Haeften, Oberst Fritz Jaeger oder Stauffenberg gemeldet werden.

Die Sonderausweise werden von Friedrich-Karl Klausing ausgegeben und von Georg Sigismund von Oppen im Zimmer des Offiziers vom Dienst durchnummeriert. Oppen erhält zwei Ausweise, als er gegen 18.45 Uhr Hans Bernd Gisevius zum Polizeipräsidium am Alexanderplatz fahren soll. Die Gestapo findet die Liste der Ausweise später:

S.K.IV Berlin, den 28. August 1944.

V e r m e r k

Anhand der Liste über die am 20.7.1944 in der Bendlerstrasse ausgestellten Ausweise sind die für Leutnant von O p p e n und dem von ihm zu begleitenden Zivilisten ausgestellten Ausweise nicht zu ermitteln. Nach Angaben des von O p p e n handelt es sich um niedrige Ausweisnummern; seiner Erinnerung nach zwischen 10 und 20. In der Liste der ausgestellten Ausweise ist nur ein Zivilist, und zwar unter Nr. 50, Dr. G e r s t e n m a i e r, verzeichnet.

Es wird jedoch darauf hingewiesen, dass in der Liste die Ausweisnummern 1 bis 4 nicht eingetragen sind, und dass sich hinter der Namenseintragung für die Ausweisnummern 25 bis 27 der Vermerk befindet: Ausgestellt von Hauptmann K l a u s i n g. Da der Befehl an v. O p p e n diesem von Hauptmann K l a u - s i n g erteilt wurde, ist anzunehmen, dass die fraglichen Ausweise sich unter den Nummern 25 bis 27 befinden.

Vermerk der Gruppe IV der Sonderkommission 20. Juli 1944 des Reichssicherheitshauptamtes über die Liste der von den Verschwörern ausgegebenen Ausweise

Quelle: BArch, NJ 1613

Stadtkommandantur, gegen 16.15 Uhr

Stadtkommandant Paul von Hase telefoniert mit dem Kommandeur der Heereswaffenmeister-Schule I, Generalmajor Walter Bruns. Einheiten aus dieser Schule sollten das Stadtschloss besetzen. Tatsächlich stehen dafür keine Fahrzeuge zur Verfügung. Eine Kompanie wird daher zu Fuß – oder mit öffentlichen Verkehrsmitteln – in Richtung auf das Schloss in Marsch gesetzt. Die beiden anderen Kompanien werden erst nach 19 Uhr eingesetzt, als immer noch keine Fahrzeuge gekommen sind, und besetzen das Schloss gegen Mitternacht. Teile der 1. Kompanie sind zu diesem Zeitpunkt bereits zum Bendlerblock umdirigiert worden und kommen dort nach ihrem Eintreffen gegen 21.45 Uhr nicht mehr zum Einsatz.

Für das weitere Vorgehen der Hase unterstehenden Einheiten gibt es detaillierte Befehle:

UNCLASSIFIED 105

Befehl Nr. III

2. Befehl an den Wehrmachtsstandort-Kommandanten von Berlin

(bei persönlicher Meldung des Kommandanten aushändigen und besprechen)

1.) Die Lage ist folgende: .....

2.) Wachbataillon Berlin sofort zur Absperrung des Regierungsviertels von Berlin ansetzen: Dorotheen-, Friedrich-, Koch-, Anhalter-, Saarland-, Bellevue-, Lenné- und Hermann Göring Str.

Aufgabe: Keine Person - auch kein Minister - darf aus dem abgesperrten Bezirk herein oder heraus. Bei Zuwiderhandlungen von der Waffe Gebrauch machen. - U- und S-Bahnhöfe sperren. Uebrigen Verkehr umleiten, oder leer durch den Sperrbezirk fahren lassen.
Alle Menschen im Sperrbezirk in die Häuser.
Das Propagandaministerium auf dem Wilhelmplatz und das ℌ-Hauptamt (Albrechtstrasse) ist besonders zu überwachen. Reichsminister Goebbels ist festzunehmen.

Sofort fernmündlich durch Kommandanten der Kommandantur befehlen lassen, damit keine Zeit verloren geht.

3.) Die Absperrung wird durch zwei Bataillone der Panzertruppenschule, die sogleich eintreffen werden, verstärkt werden.

4.) Kommandant von Berlin schafft sich weitere Verstärkungen durch Aufruf von Walküre und Alarmeinheiten in seinem Bereich.

UNCLASSIFIED

./.

Abschrift aus den Akten der Sonderkommission 20. Juli 1944

Quelle: BArch, NS 6/4, fol. 105 – 108

106

- 2 -

(Garnison Spandau, Feuerwerker- und Waffenmeisterschule) Durchgeführte Absperrung ist dem BdE, Chef AHA und Wehrkreis III, Abteilung I A, zu melden.

5.) Folgende Objekte sind zu besetzen:

a) Oberste Reichsbehörden (Anlage 1)
Erste Dringlichkeit Ziffer I a, b, c)
Propagandaministerium, SS-Hauptamt (Hermann-Göring-Str., Albrechtstr. und Kaiserallee)
Gauleitung Berlin (Vosstr.)
HJ-Führung (Kaiserdamm 45)
Auswärtiges Amt
Wohnungen Reichsminister
(Schwanenwerder und Lanke)

b) Nachrichtenanlagen (Anlage 2)
Erste Dringlichkeit;
Fernamt Berlin (Winterfeldtstr.)
Haupttelegrafenamt (Oranienburgerstr.)
SS-Hauptvermittlung (Albrechtstr.)
RP-Zentralamt (Ringbahnstr.)

c) Zeitung und Presse (Kochstrasse)

6.) Durch andere Einheiten des Wehrkreis-Kdos.III sind bereits besetzt:
Sender Tegel, Funkturm und Funkhaus (Masurenallee).
Diese Einheiten werden durch Wehrkreis-Kdo.III benötigt und sind durch Kommandanten von Berlin abzulösen.

7.) Die Polizei ist angewiesen, mit dem Heer zusammen zu arbeiten. Durch sie wird am Autobahnring Berlin eine Absperrung und Kontrolle errichtet.

136

./.

8.) Nach Eintreffen genügender Truppen und der vorgesehenen Führungsoffiziere und Beamten bei der Standortkommandantur sind Stosstrupps zu den einzelnen Reichsbehörden (Ziffer 5) zu entsenden, die die wichtigsten Persönlichkeiten festnehmen.
Für die Nachrichtenanlagen werden Nachrichtenoffiziere gestellt.

9.) Nach Durchführung der Festnahme sind alle belanglosen Personen aus dem Sperrbezirk zu entlassen. Personen, die die Sperre mehrfach durchschreiten müssen, sind von der Kommandantur mit Ausweisen zu versehen. Der Sperrbezirk darf nur an <u>einer</u> Stelle (z.B. Unter den Linden Richtung Schloss) verlassen werden.

10.) Der Kommandeur des Heeresstreifendienstes Berlin wird der Wehrmachtskommandantur Berlin unterstellt.

11.) Aus Brandenburg werden der Wehrmachtskommandantur Berlin 50 Mann der Div. Brandenburg auf Lkw zugeführt.

12.) SS-Einheiten und Regiment Hermann-Göring.

a) ein Stosstrupp unter Führung eines Generals ist zum SS-Standortkommandanten Berlin entsandt, um die Eingliederung der Waffen-SS in das Heer zu übermitteln und entsprechende Befehle an die Waffen-SS zu erwirken.

b) Dem Regiment Hermann-Göring in Tegel ist durch die Wehrmachtsstandort-Kommandantur zu befehlen: Innere Unruhen, Regiment -Hermann-Göring bleibt alarmbereit in seinen Unterkünften. Kommandeur mit Adjutant zur Wehrmachtsstandortkommandantur Berlin,Unter den Linden 1, zum Empfang weiterer Befehle.

13.) Alle wichtigen Ereignisse, Erfolge und Zwischenfälle sind dem Chef H.Rüst.und BdE, Chef AHA und Wehrkreis III, Abt. IA, zu melden.

Stadtplan von Berlin-Mitte 1941 mit militärischen Dienststellen und NS-Behörden

Quelle: Landesarchiv Berlin, F Rep. 270 Nr. A 2996, Blatt 423

POLIZEIPRÄSIDIUM
STADTKOMMANDANTUR
27
23
29
48
56
7
30
9
Legende auf den Folgeseiten
S-Bf. Börse
Alexanderpl.
Rathaus
Schloß
Lustgarten
Dom
Altes Museum
Reichsbank
Reichsmünze
Hausvogtei pl.
Spittelmarkt
Dönhoffplatz
Luisenstadt. Kirchenpark
Jannowitzbrücke
Stadthaus
Marstall
Börse
Schl. Monbijou
Volksbühne
Lothringer Str.
Rosentaler Pl.
Prenzlauer

Der 20. Juli 1944 in Berlin

Zentrale Orte

Bendlerblock
Chef der Heeresrüstung und
Befehlshaber des Ersatzheeres
Allgemeines Heeresamt
Bendlerstraße 11-14

Stadtkommandantur
Wehrmachtstandortkommandantur
Unter den Linden 1

Polizeipräsidium
Alexanderstr. 2, 10, 18

Funkhaus
Masurenallee (nicht auf dem Plan)

Wehrkreiskommando III
(Stellvertretendes Generalkommando III)
Hohenzollerndamm 144 (nicht auf dem Plan)

●●●●●●●●●●●●●●●●●●●●●●
Rot umrandete Gebiete: Vorgesehene
Absperrung des Regierungsviertels

Operation Walküre

**Vordringlich zu besetzende
Stellen von Staat, NSDAP und SS
(nach Dringlichkeit)**

1. Reichssicherheitshauptamt, Amt IV
(Geheime Staatspolizei)
Prinz-Albrecht-Straße 8

2. Reichsführer-SS, Persönlicher Stab
Prinz-Albrecht-Straße 9

3. SS-Führungshauptamt
Kaiserallee 188 (nicht im Plan)

4. Der Höhere SS- und Polizeiführer
Koenigsallee 11a (nicht im Plan)

5. Chef des SS-Fernmeldewesens
Wilhelmstraße 100

6. SS-Hauptamt
Lützowstraße 48-49 (nicht im Plan)

7. Reichssicherheitshauptamt, Amt V
(Reichskriminalpolizeiamt)
Werderscher Markt 5-6

8. SS-Funkstelle
Am Großen Wannsee 43 (nicht im Plan)

9. Reichsdruckerei
Oranienstraße 90-94

10. Deutscher Verlag -
„Völkischer Beobachter"
Zimmerstraße 88

11. SS-Führerschule Charlottenburg
Schloßstraße 1 (nicht im Plan)

12. Kanzlei des Führers
Voßstraße 4

13. Der Stellvertreter des Führers
Wilhelmstraße 64

14. Der Reichsorganisationsleiter der NSDAP
Tiergartenstraße 28-29 (nicht im Plan)

15. Der Reichspropagandaleiter der NSDAP
Belle-Alliance-Straße 38 (nicht im Plan)

16. Der Reichsleiter für die Presse
Graf-Spee-Straße 20 (nicht im Plan)

17. Der Reichspressechef der NSDAP
Wilhelmstraße 63

18. Reichsministerium für
Volksaufklärung und Propaganda
Wilhelmplatz 8-9

19. Reichsministerium des Innern
Unter den Linden 70-74

20. Reichspostministerium
Leipziger Straße 14-18

21. Preußisches Staatsministerium
(Ministerpräsident und Staatsrat)
Leipziger Straße 3

22. Der Stabschef der SA
Voßstraße 2

23. SA-Gruppe Berlin-Brandenburg
Horst-Wessel-Straße 14

24. NSDAP-Gauleitung Berlin
Hermann-Göring-Straße 14

25. NSDAP-Gauleitung Mark Brandenburg
Kurmärkische Straße 1 (nicht im Plan)

26. Der Reichsjugendführer
Kaiserdamm 45 (nicht im Plan)

27. Gebietsführung der Hitlerjugend
Elsässer Straße 86

(28) Deutsche Arbeitsfront (DAF)
Tiergartenstraße 28/29 (nicht im Plan)

(29) Sicherheitsdienst des Reichsführer-SS
Leitabschnitt Berlin
Kaiser-Wilhelm-Straße 22

(30) Reichspropadandaamt der NSDAP
Leipziger Straße 81

Nach Besetzung der vordringlichen Objekte zu besetzen:

(31) Auswärtiges Amt
Wilhelmstraße 74-76

(32) Beauftragter für den Vierjahresplan
Leipziger Straße 3

(33) Reichskommissar für die Preisbildung
Leipziger Platz 6-8

(34) Reichsarbeitsministerium
Saarlandstraße 96

(35) Reichsfinanzministerium
Wilhelmplatz 1-2

(36) Reichsforstamt
Leipziger Platz 11

(37) Reichsjustizministerium
Wilhelmstraße 65

(38) Ministeramt Reichsminister
Hans Frank
Leipziger Platz 15

(39) Ministeramt Reichsminister Arthur
Seyß-Inquart
Unter den Linden 27

(40) Reichsministerium für Rüstung und
Kriegsproduktion
Jebensstraße (nicht im Plan)
Pariser Platz 3

(41) Reichsministerium für Ernährung
und Landwirtschaft
Wilhelmstraße 72

(42) Reichsministerium für die kirchlichen
Angelegenheiten
Leipziger Straße 3

(43) Reichsministerium für Wissenschaft
und Volksbildung
Unter den Linden 69

(44) Reichsverkehrsministerium
Voßstraße 35

(45) Reichswirtschaftsministerium
Behrenstraße 42-44

(46) Reichsschatzmeister der NSDAP
Wilhelmstraße 64

(47) Amt Rosenberg
Margaretenstraße 17

(48) Kolonialpolitisches Amt der NSDAP
Hegelplatz 2

(49) Rassepolitisches Amt der NSDAP
Sächsische Straße 69 (nicht im Plan)

(50) Reichsrechtsamt der NSDAP
Tiergartenstraße 20-21

(51) Auslandsorganisation der NSDAP
Fehrbelliner Platz (nicht im Plan)

(52) Aufklärungsamt der SA
Bellevuestraße 8

(53) Nationalsozialistisches
Kraftfahrkorps (NSKK)
Graf-Spee-Straße 10 (nicht im Plan)

(54) NSKK-Motor-Gruppe Ost
Wichmannstraße 17 (nicht im Plan)

(55) NSKK-Motor-Gruppe Berlin
Graf-Spee-Straße 6 (nicht im Plan)

(56) Stadtverwaltung Groß-Berlin
Rathaus
Königstraße 15-18

(57) Reichsministerium für
die besetzten Ostgebiete
Unter den Linden 63
Kurfürstenstraße 134 (nicht im Plan)

(58) Oberpräsident der Provinz
Brandenburg
Viktoriastraße 34

(59) Pressepolitisches Amt der NSDAP
Zimmerstraße 89-90

(60) Forschungsamt für
Fernsprechüberwachung
Schillerstraße 59/159

(61) Lp. Einsatzstab des Höheren
SS- und Polizeiführers und
Inspekteurs der Ordnungspolizei
Radelandstraße 21 (nicht im Plan)

Bendlerblock, Nachrichtenzentrale, gegen 16.30 Uhr

Hauptmann Friedrich-Karl Klausing bringt die ersten „Walküre"-Befehle in die Nachrichtenzentrale des Bendlerblocks und übergibt sie dem Leiter der Nachrichtenzentrale des OKW im Bendlerblock, Leutnant Röhrig. Nach einer Meldung vom 22. Juli 1944 sei Röhrig Klausing nachgelaufen, da der Geheimhaltungsgrad und die Dringlichkeitsstufe gefehlt hätten. Auf dem Weg zu Klausing habe ihm eine „Vorzimmerdame AHA" das Fernschreiben wieder abgefordert. Zehn Minuten später habe Klausing ihm das Fernschreiben mit dem gestrichenen, aber noch lesbaren Satz „Der Führer Adolf Hitler ist tot" wieder übergeben. Dieses sei dann in der Zeit zwischen 17.35 Uhr und 21.03 Uhr an 20 Anschriften – ohne den gestrichenen Satz – durch vier besonders zur Geheimhaltung verpflichtete „Fernschreiberinnen aus dem G-Raum" abgesetzt worden.

Erstes Fernschreiben der Verschwörer aus dem Bendlerblock, 20. Juli 1944, 16.45 Uhr als Abschrift der Sonderkommission 20. Juli 1944 als Anlage zum Bericht vom 27. Juli 1944

Quelle: BArch, NS 6/4, fol. 30–32

30

Fernschreiben Abschrift

Anlage 1

— FHR — HOKW 02150 20.7.44 16.45

FHR an W.Kdo. XII -g K d o S-

Innere Unruhen.

I.

Eine gewissenlose Clique frontfremder Parteiführer hat es unter Ausnutzung dieser Lage versucht, der schwerringenden Front in den Rücken zu fallen und die Macht zu eigennützigen Zwecken an sich zu reissen.

II.

In dieser Stunde höchster Gefahr hat die Reichsregierung zur Aufrechterhaltung von Recht und Ordnung den militärischen Ausnahmezustand verhängt und mir zugleich mit dem Oberbefehl über die Wehrmacht die Vollziehende Gewalt übertragen.

III.

Hierzu befehle ich:

1.) Ich übertrage die Vollziehende Gewalt - mit dem Recht der Delegation auf die territorialen Befehlshaber - in dem Heimatkriegsgebiet auf den Befehlshaber des Ersatzheeres unter gleichzeitiger Ernennung zum Oberbefehlshaber im Heimatkriegsgebiet.

057

057

- 2 -

UNCLASSIFIED

31

- 2 -

In den besetzten Westgebieten auf den Oberbefehlshaber West (Oberbefehlshaber der H.Gr.D), in Italien auf den Oberbefehlshaber Südwest(Oberbefehlshaber der H.Gr.C), in dem Südostraum auf den Oberbefehlshaber Südost (Oberbefehlshaber der H.Gr.F), in den besetzten Ostgebieten auf die Oberbefehlshaber der H.Gr. Südukraine, Nordukraine, Mitte, Nord und den Wehrmachtbefehlshaber Ostland, für Ihren jeweiligen Befehlsbereich, in Dänemark und in Norwegen auf die Wehrmachtbefehlshaber.

2.) Den Inhabern der Vollziehenden Gewalt sind unterstellt:

a) Sämtliche in ihrem Befehlsbereich befindlichen Dienststellen und Einheiten der Wehrmacht einschl. der Waffen-SS, des RAD und der OT.

b) Alle öffentlichen Behörden (des Reichs, der Länder und der Gemeinden), insbes. die gesamte Ordnungs-, Sicherheits- und Verwaltungspolizei.

c) Alle Amtsträger und Gliederungen der NSDAP und der ihr angeschlossenen Verbände.

d) Die Verkehrs- und Versorgungsbetriebe.

3.) Die gesamte Waffen-SS ist mit sofortiger Wirkung in das Heer eingegliedert.

68

UNCLASSIFIED

- 3 -

UNCLASSIFIED

32

- 3 -

4.) Die Inhaber der Vollziehenden Gewalt sind für Aufrechterhaltung der Ordnung und öffentlichen Sicherheit verantwortlich. Sie haben insbesondere zu sorgen für:

a) Die Sicherung der Nachrichtenanlagen.

b) Die Ausschaltung des SD.

Jeder Widerstand gegen die militärische Vollzugsgewalt ist rücksichtslos zu brechen.

5.) In dieser Stunde höchster Gefahr für das Vaterland ist Geschlossenheit der Wehrmacht und Aufrechterhaltung voller Disziplin oberstes Gebot.

Ich mache es daher allen Befehlshabern des Heeres, der Kriegsmarine und der Luftwaffe zur Pflicht, die Inhaber der Vollziehenden Gewalt bei Durchführung ihrer schwierigen Aufgabe mit allen zu Gebote stehenden Mitteln zu unterstützen und die Befolgung ihrer Weisungen durch die untergeordneten Dienststellen sicherzustellen.

Der deutsche Soldat steht vor einer geschichtlichen Aufgabe. Von seiner Tatkraft und Haltung wird es abhängen, ob Deutschland gerettet wird.

Gleiches haben alle territorialen Befehlshaber, die Oberkdos. der Wehrmachtteile und die den Oberkdos. unmittelbar unterstehenden Kommandobehörden des

059

./.

UNCLASSIFIED

- 4 -

Heeres, der Kriegsmarine und der Luftwaffe.

Der Oberbefehlshaber der Wehrmacht
von Witzleben
Generalfeldmarschall
AHA/Stab 111/44 gKdos.

Chefsache v.20.7.44

gez. Graf Stauffenberg.

Stab des Befehlshabers des Ersatzheeres, gegen 16.30 Uhr

Ewald Heinrich von Kleist, Hans Karl Fritzsche, Georg Sigismund von Oppen und Ludwig von Hammerstein warten bis 16.30 Uhr im Hotel Esplanade auf ihren Einsatz. Friedrich-Karl Klausing beordert sie jetzt in den Bendlerblock.

Claus Schenk Graf von Stauffenberg und Werner von Haeften erreichen den Bendlerblock. Sie begeben sich in Stauffenbergs Dienstzimmer, wo sie auf die wartenden Fritz-Dietlof Graf von der Schulenburg, Oberst Fritz Jaeger, Hans Karl Fritzsche und Eugen Gerstenmaier treffen.

von links: Ludwig Freiherr von Hammerstein, Hans Karl Fritzsche, Eugen Gerstenmaier (vorne), Carl-Hans von Hardenberg, Ewald Heinrich von Kleist bei einer Gedenkfeier im Ehrenhof des Bendlerblocks, Anfang der 1950er Jahre

Quelle: Privatbesitz

Allgemeines Heeresamt, gegen 16.30 Uhr

Generaloberst Ludwig Beck – in Zivil, um seine Funktion als ziviles Staatsoberhaupt zu betonen – und Graf von Schwerin von Schwanenfeld treffen im Bendlerblock ein.

Stab des Befehlshabers des Ersatzheeres, nach 16.30 Uhr

Stauffenberg telefoniert mit seinem Vetter Cäsar von Hofacker in Paris und berichtet ihm über das Attentat. Daraufhin beginnen in Paris die Vorbereitungen für die Festsetzung von Gestapo und SD.

Stadtkommandantur Unter den Linden, gegen 16.45 Uhr

Major Remer meldet sich bei General von Hase und erhält die Information, Hitler sei tödlich verunglückt, das Heer habe die vollziehende Gewalt übernommen, mit inneren Unruhen sei zu rechnen, das Wachbataillon habe die Aufgabe, das Regierungsviertel hermetisch abzuriegeln. Von Hase folgt damit den Befehlen, die Hayessen übermittelt hat. Die Planung ist sehr detailliert, wird in den folgenden Stunden aber nur zum Teil umgesetzt.

Stab des Befehlshabers des Ersatzheeres, kurz vor 17 Uhr

Nach dem Telefonat mit Keitel erkundigt sich Fromm, ob schon Befehle erteilt worden sind. Mertz von Quirnheim bejaht dies, worauf Fromm einen Widerruf der Befehle verlangt und weitere Befehle verbietet.
Er erklärt Mertz von Quirnheim für festgenommen, der aber im Dienstzimmer Fromms verbleibt. Olbricht kehrt zu Hoepner zurück, der in seinem Büro auf ihn wartet.

Kurz danach begeben sich Olbricht und Stauffenberg wieder in das Büro von Fromm, wo sich noch Mertz und Sadrozinski befinden.
Im Urteil des „Volksgerichtshofs" vom 21. August 1944 heißt zu den folgenden Ereignissen:

Der Generaloberst fragte Graf von Stauffenberg, wie es mit dem Führer stehe; er sei, wie er erfahren, am Leben. Graf von Stauffenberg erwiderte, das sei falsch, er habe selbst vom Nebenzimmer die Explosion wahrgenommen; er habe gehört, wie nach Ärzten gerufen und der Führer weggetragen worden sei; es sei mit ihm zu Ende gewesen.

Fromm meinte: das müsse doch jemand aus des Führers Umgebung getan haben.

Da richtete sich Graf Stauffenberg auf und bekannte "mit fürchterlicher Stimme", "eiskalt": ich habe es getan.

Der Generaloberst sprang auf: "Nehmen Sie eine Pistole, Sie wissen doch, was Sie zu tun haben".

Graf Stauffenberg erwiderte: nein, das werde ich nicht tun. Der Generaloberst rief nun: Mertz, bringen Sie eine Pistole. Aber der entgegnete: ich bin ja in Schutzhaft. Darauf antwortete Graf Stauffenberg: Wenn hier jemand in Schutzhaft genommen wird, dann sind Sie es, Herr Generaloberst.

Ein Tumult entstand. Der Generaloberst drängte zur Tür und rief seinem Adjutanten zu "Bertram, eine Pistole"; in der Tür standen aber nun eine Reihe bewaffneter Offiziere, drängten den Generaloberst hinein und Sadrozinski hinaus.

Quelle: BArch, R 3001/24775

Über den „Tumult" gibt es verschiedene Darstellungen. Nach der Darstellung des einzigen Beteiligten, der den Krieg überlebte, Ewald Heinrich von Kleist, ging Fromm mit den Fäusten auf Stauffenberg los, habe sich dann „allerdings sehr schnell" beruhigt als Kleist und Haeften „ihm die Pistole auf seinen dicken Bauch setzten."

Fromm und sein Adjutant Rittmeister Bartram werden danach von Werner von Haeften und Ewald Heinrich von Kleist in dem neben Fromms Büro liegenden Dienstzimmer Bartrams festgesetzt.

Rathenower Straße 10, Kaserne des Wachbataillons „Großdeutschland", gegen 17 Uhr

Major Remer befiehlt seine Offiziere zu einer Kommandeursbesprechung und teilt ihnen die erhaltenen Befehle mit. Bei ihm ist auch Oberstleutnant Franz Wilhelm Wolter, ein Offizier aus dem Allgemeinen Heeresamt, der ihm von von Hase als Verbindungsmann attachiert worden ist. Der Hauptmann Hans W. Hagen berichtet ihm, dass er kurz zuvor einen PKW mit dem Ende 1941 entlassenen Generalfeldmarschall Walter von Brauchitsch in Uniform gesehen habe. Er halte dies für sehr ungewöhnlich. Diese Behauptung stellt sich später zwar als falsch heraus, führt aber dazu, dass Remer Hagen eine direkte Verbindungsaufnahme mit dem Reichspropagandaminister Joseph Goebbels gestattet. Hagen fährt sofort ins Reichspropagandaministerium.

Bendlerblock, kurz nach 17 Uhr

Leutnant Rudolf Schlee hat an der Kommandeursbesprechung in der Rathenower Straße teilgenommen. Unmittelbar danach fährt er zum Bendlerblock und berichtet wenige Tage später:

„Nach Durchführung der Wachverstärkung Moabiter Block fuhr ich sofort zur Hauptwache OKW Bendlerstraße 13. Dort wurde mir vom wachhabenden Offizier Lt. Arnds gemeldet, daß die Wache um 16:15 Uhr auf Befehl des Generals Olbricht alarmiert wurde und den Auftrag erhielt, alle Ausgänge zu sperren und jeglichen Durchgangsverkehr zu unterbinden. Dieser Befehl ist ihm von einem Hauptmann Klausing im Auftrage des Generals überbracht wurden. Lt. Arnds hat den Alarmbefehl sofort an das Btl. weitergemeldet.

Weiterhin meldete mir Lt. Arnds, daß er sich nach Durchführung der Alarmierung befehlsgemäß bei General Olbricht meldete. Dort wurde ihm mitgeteilt, daß der Führer tot sei und das Heer die Befehlsgewalt übernommen habe. Es müsse damit gerechnet werden, daß die SS auf Lkws anfahren würde. Die SS sei sofort zu bekämpfen. Herren der SS und der Partei habe die Wache nach vorheriger telefonischer Rücksprache zu ihm, dem General Olbricht, zu bringen.

Der Befehl des Generals Olbricht, die SS zu bekämpfen, ließ mich Furchtbares ahnen und ich fuhr sofort zum Btl.-Gefechtsstand in der Kommandantur zurück. Kurze Zeit nach meinem Eintreffen traf ich dort Major Remer vor dem Kommandantur-Gebäude an. Major Remer nahm mich zur Seite und teilte mir mit, daß er eben bei Reichminister Dr. Goebbels gewesen wäre. Es handele sich um einen Militärputsch. Daher sei größte Vorsicht geboten. Es dürften nur seine Befehle ausgeführt werden. Vorerst solle ich noch über die tatsächliche Lage schweigen."

Quelle: BArch, NS 6/23, Bericht Schlees vom 23. Juli 1944

Allgemeines Heeresamt, nach 17 Uhr

Olbricht und Stauffenberg sind wieder in Olbrichts Büro, wo sie auf Hoepner und den eben eingetroffenen Ludwig Beck treffen. Olbricht teilt Hoepner mit, dass er anstelle von Fromm Befehlshaber des Ersatzheeres werden soll und Generalfeldmarschall Erwin von Witzleben den Oberbefehl über die Wehrmacht übernommen habe. Hoepner bittet um eine schriftliche „Beorderung" durch Witzleben, die er kurz darauf von Olbricht erhält. Tatsächlich kann dieser Befehl nur von Olbricht selbst stammen, da Witzleben noch gar nicht im Bendlerblock eingetroffen ist.

Olbricht bittet Hoepner, die Amtsgeschäfte von Fromm in dessen Büro zu übernehmen. Auf dem Weg dahin begegnen sich Hoepner und Fromm noch kurz. Fromm betont, dass nach seiner Ansicht Hitler nicht tot sei. Anschließend besprechen Beck und Hoepner die militärische Lage. Als Ordonnanzoffizier für Hoepner teilt Stauffenberg den Hauptmann Hans Karl Fritzsche ein.

Stab des Befehlshabers des Ersatzheeres, nach 17 Uhr

Fromm befindet sich bis etwa 21 Uhr im Zimmer des Adjutanten Bartram, dessen Vorzimmer durch Major Ludwig Freiherr von Leonrod bewacht wird. Die Tür zum Flur, auf dem sich zwei Toilettenräume befinden, bleibt jedoch unbewacht. Bartram kann über diese Tür später zu Generalmajor Kennes gelangen. Er will Kennes veranlassen, von außen Hilfe zu holen. Dieser nimmt seine Meldung offensichtlich nicht ernst.

Stab des Befehlshabers des Ersatzheeres, nach 17 Uhr

Stauffenberg ruft im OKH-Lager Zossen bei General Wagner an und teilt ihm mit, er sei aus der „Wolfschanze" zurückgekehrt; dann übergibt er an Beck. Dieser informiert den Generalquartiermeister, dass er die Leitung des Staates übernommen habe. Der neue Oberbefehlshaber der Wehrmacht, Generalfeldmarschall von Witzleben, werde in Kürze in Zossen eintreffen und dort das Kommando übernehmen.

Berlin, Haus des Rundfunks, nach 17 Uhr

Major Friedrich Jakob, Taktiklehrer für Offiziere im alten Lager Döberitz, hält sich an diesem Tag in der Infanterieschule in Döberitz auf.
Er bekommt dort am Nachmittag den Befehl, mit einem motorisierten Bataillon des Lehrregiments der Infanterieschule das „Haus des Rundfunks" in der Masurenallee zu besetzen. Karl Schober, einer der Beteiligten, berichtet über den Einsatz später:

„Den mündlichen Auftrag, das Funkhaus in der Masurenallee mit einem motorisierten Bataillon des Lehrregiments der Infanterie-Schule zu besetzen, erhielt Major Jakob. Er wurde außerdem angewiesen, eine bestimmte Telefonnummer anzurufen, wenn das Funkhaus besetzt sei, und dem Inhaber des Apparates die vollzogene Aktion zu melden. Ferner wurde ihm aufgetragen, sofort nach seinem Eintreffen im Funkhaus in der Masurenallee alle Sendungen einstellen zu lassen. Dann sollte er so schnell wie möglich mit einem im Funkhaus befindlichen Nachrichtenoffizier des OKH Verbindung aufnehmen. Nur dieser Offizier sei berechtigt, Sende-Erlaubnis zu erteilen. Zur allgemeinen Lage wurde Major Jakob mitgeteilt, das Funkhaus sei von einer verstärkten Wache der SS besetzt. Es müsse unter Umständen mit Widerstand gerechnet werden. Jeder Widerstand sei mit Waffengewalt zu brechen.

Gegen 16.00 Uhr stand die Kampfgruppe von etwa 400 Mann in Döberitz bereit. Sie bestand aus drei Schützenkompanien, die aber nicht die volle Mannschaftsstärke hatten, und einer schweren Kompanie, die über mittlere Granatwerfer und schwere Maschinengewehre verfügte. Major Jakob ordnete an, auf den Dächern der Lastautos Maschinengewehre anzubringen, da mit einem Feuergefecht auf dem Weg in die Stadt gerechnet werden mußte. Dann hielt er eine kurze Ansprache an das Bataillon. Er informierte die Soldaten und Offiziere über die Lage, wie sie sich ihm darstellte.

In Fliegermarschtiefe setzte sich die Kampfgruppe sodann in Bewegung. Zwischen den einzelnen Kompanien wurde ein Abstand von 300 bis 400 Metern gehalten, zwischen den einzelnen Fahrzeugen ein Abstand von rund 50 Metern. Die fahrende Kolonne war mehr als drei Kilometer lang. An die Spitze setzten sich vier Motorräder mit Beiwagen unter Führung eines Leutnants. Sie hatten die Aufgabe einer Sicherungsstaffel. Dahinter folgte in einem offenen Auto Major Jakob. Es schlossen sich zwei Schützenkompanien an, gefolgt von der schweren Kompanie. Den Abschluß bildete wieder eine Schützenkompanie.

Berlin, Haus des Rundfunks in der Masurenallee, um 1935
Quelle: Landesarchiv Berlin, F Rep. 290 Nr. 0202388

Die Kolonne fuhr in einem Tempo von rund 50 Kilometern in der Stunde und näherte sich auf diese Weise über die Heerstraße rasch der Stadt. Unterwegs waren andere Truppenteile unbekannter Herkunft zu beobachten, die im Gelände lagerten. Besonders auffallend war eine Fliegerabwehrbatterie, die im freien Feld aufgefahren war. In ganz ungewöhnlicher Weise waren die Rohre der Geschütze gesenkt. Von unserer nach Berlin fahrenden Kampfgruppe nahmen diese Einheiten keine Notiz.

Kurz bevor die Spitze der Kolonne den Reichskanzlerplatz erreichte, überholte Major Jakob die vorausfahrenden Motorräder, auf denen mit Maschinenpistolen bewaffnete Soldaten saßen. Die Einheit, die sich vom Reichskanzlerplatz her dem Haus des Rundfunks näherte, erschien als kleine, unauffällige Gruppe: ein Kübelwagen und vier Motorräder. Die Fahrzeuge der ersten Schützenkompanien folgten mit einigen hundert Metern Abstand.

Die Spitzengruppe fuhr auf der gegenüberliegenden Fahrbahn der Masurenallee am Haupteingang des Funkhauses vorbei, bog links über die Straßenbahnschienen ein und hielt wenige Meter vor der Eingangstreppe. Major Jakob stieg aus und ging allein die Stufen hinauf. Auf dem oberen Treppenabsatz standen zwei SS-Posten. Als sie den Wehrmachtsmajor erblickten, präsentierten sie das Gewehr. Es war gegen 17.00 Uhr. Hinter dem Fenster der Empfangsloge sah Major Jakob einen SS-Offizier. Er betrat sofort den Raum. Der SS-Sturmführer sprang auf und grüßte. ‚Welche Aufgabe haben Sie hier?' fragte Major Jakob. ‚Funkhauswache', lautete die Antwort. Jakob: ‚Haben Sie heute Sonderbefehle erhalten?' Antwort: ‚Nein.' Jakob: ‚Ich bin beauftragt, den militärischen Schutz des Funkhauses zu übernehmen.' Der SS-Offizier griff zum Telefon, doch Jakob befahl ihm: ‚Bitte, das zu unterlassen. Sie folgen nur noch meinen Anordnungen. Halten Sie sich zu meiner Verfügung. Bleiben Sie in diesem Raum!'

Das Wachlokal der SS befand sich in dem gegenüberliegenden Raum, in dem heute die Garderobe untergebracht ist. Der Major ließ zwei Krad-Schützen bei dem SS-Sturmführer zurück und ging in das Wachlokal. Etwa 10 SS-Soldaten reinigten ihre Waffen. Sie meldeten und wurden ebenfalls angewiesen, den Raum nicht zu verlassen. In der Zwischenzeit waren die ersten Kompanien vor dem Funkhaus aufgefahren und hatten mit vorgehaltenen Waffen ebenfalls das Gebäude betreten. Einige Soldaten wurden beauftragt, das Wachlokal der SS-Männer zu beaufsichtigen. Ein stärkerer Trupp bezog Posten im großen Lichthof im Inneren des Hauses. Die SS-Wachen wurden nicht entwaffnet. Ihre beiden Posten am Haupteingang blieben stehen, doch wurden ihnen zwei Posten der Wehrmacht beigegeben.

Der Handstreich der Kampfgruppe war gelungen. Nun begann die Sicherung des Gebäudes nach außen. Zimmer im Erdgeschoß an der Vorderfront der Masurenallee wurden besetzt, Maschinengewehre und andere Infanterie-Waffen an den Fenstern in Stellung gebracht. Ein Kompanie-Chef erhielt den Befehl, sich mit seinen Soldaten im gesamten Erdgeschoß zur Rundumverteidigung einzurichten. Den Offizieren der Kampfgruppe stellte sich dabei die schwierige Aufgabe, sich in der verwirrenden Architektur des Hauses mit seinen Innenhöfen zurechtzufinden, ohne über einen Grundriß zu verfügen.

In der folgenden Stunde wurde nach und nach das gesamte Gebäude in allen Stockwerken besetzt. In den Innenhöfen wurden Granatwerfer in Stellung gebracht. Auf dem Dach des Hauses richteten Offiziere und Unteroffiziere Beobachtungs- und Feuerleitstellen ein. Mit diesen Maßnahmen waren die Kompaniechefs betraut. Major Jakob rief unterdessen aus einem Raum, der nicht mehr zu bezeichnen ist, die Telefonnummer an, die ihm mitgegeben worden war. Trotz mehrfacher Versuche meldete sich niemand am anderen Ende der Leitung. Jakob gab vorerst den Versuch auf und ließ sich zum Intendanten der Reichs-Rundfunk-Gesellschaft, Glasmeier, führen.

Er erklärte dem Intendanten, er habe den militärischen Schutz des Funkhauses übernommen, und fragte nach dem Nachrichtenoffizier des Oberkommandos des Heeres, der sich im Funkhaus aufhalten sollte. Glasmeier erwiderte, ein Offizier befinde sich nicht im Funkhaus und habe sich hier niemals aufgehalten.

Daraufhin ersuchte Major Jakob den Intendanten, zu veranlassen, daß sofort der Sendebetrieb eingestellt werde. Glasmeier erhob keinen Widerspruch und ließ zwei Techniker kommen, die den Auftrag Jakobs ausführen sollten. Sie gingen mit dem Major in einen Raum, in dem sich auch weibliche Angestellte befanden.

Im Hauptschaltraum, der sich damals mit der Telefonzentrale im ersten Stockwerk über dem hinteren Eingang in der Bredtschneiderstraße befand, wurde dem Major Jakob erklärt, die Sendungen seien eingestellt. Jakob war kein Experte, und er konnte nicht prüfen, ob diese Mitteilung der Wahrheit entsprach: er glaubte den Technikern. In Wahrheit wurde das Programm keine Minute lang unterbrochen. Der Hauptschaltraum, in den er geführt wurde, beherbergte zu diesem Zeitpunkt nicht mehr die eigentliche ‚Zelle', von der allein aus die Sender stillgelegt werden konnten. Die ‚Zelle' befand sich damals im Bunker neben dem Haus des Rundfunks, ebenso wie die Sprecherstudios und die Kontrollräume."

Quelle: Karl Schober, Eine Chance blieb ungenutzt, in: Darauf kam die Gestapo nicht. Beiträge zum Widerstand im Rundfunk, Berlin 1961, S. 56 ff.

Nach 19 Uhr wird Major Jakob von Reichspropagandaminister Goebbels angerufen und über die tatsächliche Lage informiert. Erst um diese Zeit rückt eine SS-Einheit im Funkhaus ein, die es dann gemeinsam mit den Soldaten des Heeres aus Döberitz bewacht.

Einige Sendeanlagen in der Nähe von Berlin – Königs Wusterhausen, Nauen, Herzberg – werden zwar in den folgenden Stunden von den alarmierten Einheiten besetzt, aber es erscheinen weder im Berliner Funkhaus noch bei einer der Sendeanlagen die dafür vorgesehenen

Nachrichtenoffiziere, die über das notwendige technische Wissen verfügen. Die Berichte über die Ursachen dafür sind widersprüchlich, sicher ist nur, dass die Nachrichtenoffiziere nicht zur Verfügung stehen. Auch General Fritz Lindemann, der Becks „Aufruf an das deutsche Volk" verlesen soll, wartet in seiner Wohnung vergeblich auf Nachricht.

Den Verschwörern gelingt es damit nicht, die zentralen Kommunikationsmittel der Diktatur, die Rundfunksendeanlagen, in ihrem Sinn zu nutzen. Damit können sie den Nachrichten aus dem „Führerhauptquartier Wolfschanze" keine eigene Interpretation der Ereignisse entgegensetzen.

Wehrkreis III (Berlin), bis 17.30 Uhr

Die Alarmierung der außerhalb Berlins liegenden Truppen, d. h. der Infanterieschule Döberitz, Panzertruppenschule Wünsdorf, der Artillerieschule Jüterbog und der Schule für Schnelle Truppen Krampnitz, ist bis zu diesem Zeitpunkt durchgeführt.

Allgemeines Heeresamt, nach 17 Uhr

Berthold von Stauffenberg ist eingetroffen und hält sich gemeinsam mit Oberst Fritz Jaeger im Vorzimmer von Mertz von Quirnheim auf. Auch der Berliner Polizeipräsident SA-Gruppenführer Wolf-Heinrich Graf von Helldorff ist von Olbricht angefordert worden und wird von Hans Bernd Gisevius und dem Potsdamer Regierungsvizepräsidenten Gottfried Graf von Bismarck-Schönhausen begleitet. Helldorf begibt sich nach der Information durch Olbricht wieder ins Polizeipräsidium, Bismarck-Schönhausen zu seinem Dienstsitz in Potsdam. Kurz nachdem er dort eingetroffen ist, wird er von Gauleiter Emil Stürtz über das Scheitern des Attentats informiert und trifft keine weiteren Maßnahmen mehr.

Allgemeines Heeresamt, nach 17 Uhr

Der SS-Oberführer Humbert Achamer-Pifrader, Gruppenleiter im Reichssicherheitshauptamt, erscheint im Bendlerblock mit der Weisung Himmlers, Stauffenberg festzunehmen. Achamer-Pifrader und sein Begleiter

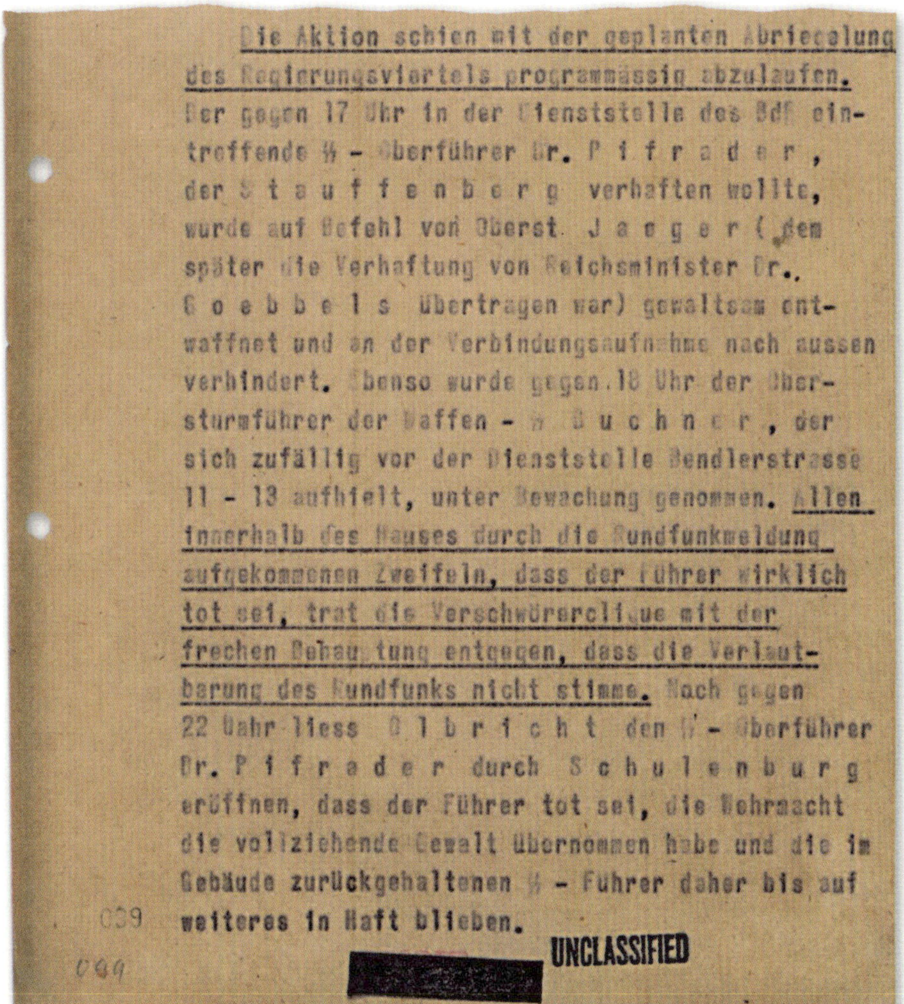

Die Aktion schien mit der geplanten Abriegelung des Regierungsviertels programmässig abzulaufen. Der gegen 17 Uhr in der Dienststelle des BdE eintreffende SS - Oberführer Dr. P i f r a d e r , der S t a u f f e n b e r g verhaften wollte, wurde auf Befehl von Oberst J a e g e r (dem später die Verhaftung von Reichsminister Dr. G o e b b e l s übertragen war) gewaltsam entwaffnet und an der Verbindungsaufnahme nach aussen verhindert. Ebenso wurde gegen 18 Uhr der Obersturmführer der Waffen - SS B u c h n e r , der sich zufällig vor der Dienststelle Bendlerstrasse 11 - 13 aufhielt, unter Bewachung genommen. Allen innerhalb des Hauses durch die Rundfunkmeldung aufgekommenen Zweifeln, dass der Führer wirklich tot sei, trat die Verschwörerclique mit der frechen Behauptung entgegen, dass die Verlautbarung des Rundfunks nicht stimme. Nach gegen 22 Uhr liess O l b r i c h t den SS - Oberführer Dr. P i f r a d e r durch S c h u l e n b u r g eröffnen, dass der Führer tot sei, die Wehrmacht die vollziehende Gewalt übernommen habe und die im Gebäude zurückgehaltenen SS - Führer daher bis auf weiteres in Haft blieben.

039

UNCLASSIFIED

Auszug aus dem Ermittlungsbericht der Sonderkommission 20. Juli 1944 vom 24. Juli 1944

Quelle: BArch, NS 6/4, Bl. 72

werden auf Befehl von Oberst Fritz Jaeger entwaffnet und in einem Offiziersbüro in Arrest genommen. Sein Fahrer wird am Haupttor von Hauptmann Cords ebenfalls festgesetzt.

Der erwähnte SS-Obersturmführer der Waffen-SS ist Hermann Buchner, Bataillonskommandeur im SS-Panzer-Grenadier-Regiment „Totenkopf“ und hat am 18. Juni 1944 das Ritterkreuz des Eisernen Kreuzes erhalten. Warum er sich am 20. Juli 1944 im Bendlerblock aufhält, ist unklar. Am

29. Juli 1944 wird Buchner zum SS-Sturmbannführer der Waffen-SS befördert. Ob dies eine Folge der Verleihung des Ritterkreuzes ist oder ob er als einer der wenigen Beteiligten der SS im Bendlerblock am 20. Juli 1944 ausgezeichnet wird, ließ sich nicht klären.

Wenige Tage später wird Buchner in seiner Heimatstadt Rothenburg/Tauber öffentlich die am 20. Juli 1944 Beteiligten für die militärischen Rückschläge an der Ostfront verantwortlich machen. Hermann Buchner fällt am 11. November 1944 in der Nähe von Modlin. Hubert Achamer-Pifrader kommt bei einem Luftangriff im Luftschutzkeller der Gestapo in Linz am 25. April 1945 ums Leben.

Bendlerblock, nach 17 Uhr

Rechtsanwalt Otto John, Mitarbeiter der Lufthansa, und ebenso wie sein Bruder Hans John seit langem an den Vorbereitungen für den Umsturzversuch beteiligt, trifft nach telefonischer Aufforderung von Werner von Haeften im Bendlerblock ein. Er beobachtet die Festnahme von Achamer-Pifrader durch Oberst Jaeger, bevor er im Allgemeinen Heeresamt ein längeres Gespräch mit Ulrich-Wilhelm Graf von Schwerin von Schwanenfeld führt.

Ministerwohnung Goebbels, nach 17 Uhr

Goebbels telefoniert mit Hitler. Er soll eine Rundfunkmeldung über das Attentat veranlassen und mitteilen, dass Hitler überlebt habe und nur leicht verletzt sei. Die erste Meldung kommt um 17.42 Uhr, um 18.28 Uhr über alle Sender des „Großdeutschen Rundfunks“ und danach um 18.38 Uhr, 18.42 Uhr, 19.01 Uhr und im Anschluss daran vielfach in den folgenden Stunden.

Otto John
Quelle: Privatbesitz

Der Jurist Otto John ist zwischen 1937 und 1944 als Mitarbeiter des Syndikus der Rechtsabteilung der Lufthansa Klaus Bonhoeffer, zuletzt in Madrid, tätig. Im Juni 1944 bespricht er sich in Berlin mit Oberst Alexander Hansen sowie mit Josef Wirmer. Über Otto John sollen nach dem Umsturzversuch in Madrid Kontakte zu den Westmächten aufgenommen werden, um Waffenstillstandsverhandlungen zu beginnen. Am 19. Juli kehrt John auf Aufforderung von Hansen aus Madrid nach Berlin zurück, und begibt sich am späten Nachmittag des 20. Juli 1944 auf Anforderung von Werner von Haeften in den Bendlerblock. In den folgenden Stunden erlebt er dort die Ereignisse mit, ohne selbst eingreifen zu können. Gegen 20.30 Uhr kann er den Bendlerblock verlassen.

Otto John fliegt am 24. Juli 1944 unbehelligt von Berlin nach Madrid, später über Lissabon nach Großbritannien. Nach einer kurzen Zeit der Internierung arbeitet er dort beim deutschsprachigen „Soldatensender Calais“, der vom britischen Foreign Office betrieben wird. Die Gestapo entdeckt seine Mitwirkung am Umsturzversuch erst Mitte August 1944.

Hans John

Quelle: Privatbesitz

Der Jurist Hans John beginnt 1939 eine Tätigkeit als Assistent am Institut für Luftfahrtrecht der Universität Berlin. Im Juni 1940 wird er zur Wehrmacht eingezogen und im März 1942 an der Ostfront schwer verwundet. Deshalb entlassen, kann er seine wissenschaftliche Arbeit fortsetzen. Er und sein Bruder Otto, der in Madrid für die Lufthansa arbeitet, sind intensiv an der Vorbereitung des Umsturzversuches vom 20. Juli 1944 beteiligt. Die Brüder haben Kontakte zu den Widerstandskreisen im Amt Ausland/Abwehr des Oberkommandos der Wehrmacht. Nach der Verhaftung Hans Osters und Hans von Dohnanyis im Frühjahr 1943 unterstützen sie den entkommenen Hauptmann Ludwig Gehre bei der Beschaffung von illegalen Quartieren. Hans John wird im August 1944 festgenommen, nach schweren Misshandlungen am 2. Februar 1945 vom „Volksgerichtshof" zum Tode verurteilt und in der Nacht zum 23. April 1945 auf einem Gelände beim Berliner Zellengefängnis Lehrter Straße von einem Sonderkommando aus dem Reichssicherheitshauptamt erschossen.

Ministerwohnung Goebbels, nach 17 Uhr

Hagen informiert Goebbels über die Befehle für das Wachbataillon. Goebbels befiehlt ihm, sofort Remer zu holen. Gleichzeitig wird die Ersatzeinheit der SS-Leibstandarte Adolf Hitler alarmiert, aber in der Lichterfelder Kaserne in „Sitzbereitschaft" belassen.

Stellvertretendes Generalkommando des III. Armeekorps, Hohenzollerndamm, nach 17 Uhr

Dem Stellvertretenden Generalkommando des III. Armeekorps unter Leitung des Generals Joachim Kortzfleisch unterstehen alle Einheiten des Ersatzheeres im Großraum Berlin (Wehrkreis III). Dazu gehören u.a. die Infanterieschule Döberitz, die Truppen-Luftschutzschule Karlshorst, die Artillerieschule Jüterbog, die Panzertruppenschule II Krampnitz, die Schule für Heeresmotorisierung Wünsdorf, die Heeres-Reit- und Fahrschule Krampnitz und die Wehrkreis-Reit- und Fahrschule Beeskow. Die Soldaten und Offiziere dieser Aktionen sollen im Rahmen der „Walküre"-Befehle eingesetzt werden.

Gegen 17.10 Uhr wird das Stellvertretende Generalkommando über „wichtige Befehle" informiert. Der Kommandierende General Joachim Kortzfleisch wird zu Olbricht befohlen. Generalmajor Otto Herfurth, Oberstleutnant Bruno Mitzkus und Major Hans-Ulrich von Oertzen geben die Befehle weiter und erhalten die Information, dass dieselben Befehle teilweise schon vom Allgemeinen Heeresamt gekommen seien. Darum hatte Oertzen vor seinem Aufbruch im Bendlerblock noch Oberstleutnant Robert Bernardis gebeten, der die außerhalb Berlins stehenden Einheiten im Wehrkreis III telefonisch informierte.

Oertzen informiert telefonisch auch Oberst Wolfgang Glaesemer in der Panzertruppenschule II in Krampnitz. Einheiten von dort sollen sich nach Berlin in den Raum Tiergarten/Siegessäule begeben, andere den Sender Königs Wusterhausen besetzen. Glaesemer selbst soll vorausfahren und sich beim Befehlshaber des Ersatzheeres melden. Bevor er fährt, fragt er jedoch bei Oberst Ernest Bolbrinker in der Inspektion der Panzertruppen am Fehrbelliner Platz nach, ob die Befehle echt seien. Nach Rückfrage bei General Olbricht bestätigt Bolbrinker die Echtheit.

Stab des Befehlshabers des Ersatzheeres, nach 17.30 Uhr

Hoepner lässt die anwesenden Gruppenleiter des Stabes des Befehlshabers des Ersatzheeres in das zwischen Stauffenberg und Fromms Arbeitszimmern liegende Kartenzimmer bitten und erklärt ihnen, dass Hitler tot sei, Generaloberst Beck die Führung des Reiches und Generalfeldmarschall von Witzleben den Oberbefehl über die Wehrmacht übernommen habe. Er selbst habe die Geschäfte Fromms übernommen. Die Offiziere sollten „ebenso treu und zuverlässig wie bisher" weiterarbeiten.

Stab des Befehlshabers des Ersatzheeres, nach 17.30 Uhr

Die Generale Karl Wilhelm Specht, Inspekteur des Führernachwuchses, und Walter Kuntze, Chef des Ausbildungswesens beim Chef der Heeresrüstung und Befehlshaber des Ersatzheeres, sind zu einem länger geplanten Termin mit Fromm erschienen. Sie ignorieren den als Wache eingeteilten Major Leonrod und dringen zu Fromm vor. Wie lange sie bei Fromm im Adjutantenzimmer bleiben, ist unklar. Fromm informiert Specht darüber, dass Stauffenberg der Attentäter gewesen sei. Specht solle den Befehlen der „neuen Leute" nicht folgen. Später, vermutlich gegen 20.30 Uhr, gelingt es Fromms Adjutant Bartram, Specht und Kuntze über ein ansonsten selten genutztes repräsentatives Treppenhaus, das von den Diensträumen des Stabes von Fromm direkt auf die Bendlerstraße führt, aus dem Gebäude zu schleusen.

Stadtkommandantur, nach 17.30 Uhr

Major Remer kehrt nach der Kommandeursbesprechung mit Oberstleutnant Wolter und einem Adjutanten in die Stadtkommandantur zurück. Dort entnimmt er einem Gespräch zwischen General von Hase und Oberstleutnant Hermann Schöne, dass zur Festnahme von Goebbels nicht mehr das Wachbataillon, sondern eine Abteilung des Heeres-Streifendienstes vorgesehen ist. Remer bekommt von von Hase in Anwesenheit von Major Egbert Hayessen den Befehl, die Sicherungskräfte im Gebiet nördlich der Anhalter Straße, also in der Nähe des Reichssicherheitshauptamtes, zu verstärken.

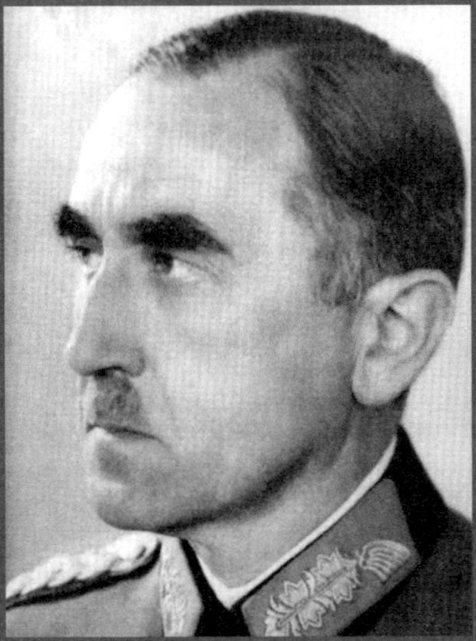

Karl Freiherr von Thüngen
Quelle: Privatbesitz

Im Sommer 1944 ist Karl Freiherr von Thüngen Inspekteur des Wehrersatzwesens in Berlin. Von den Verschwörern wird er am 20. Juli 1944 zum Befehlshaber für den Wehrkreis III (Berlin) ernannt, nachdem der bisherige Befehlshaber General von Kortzfleisch von ihnen festgesetzt worden ist. Thüngen trifft erst nach 19 Uhr im Stellvertretenden Generalkommando am Hohenzollerndamm ein und wird von Herfurth und Oertzen über die bis dahin herausgegangenen „Walküre"-Befehle informiert.

Am 8. August 1944 wird Karl Freiherr von Thüngen von der Gestapo festgenommen und nach einigen Tagen im „Hausgefängnis" der Gestapo in der Prinz-Albrecht-Straße 8 in das Zellengefängnis Lehrter Straße eingeliefert. Am 14. August 1944 wird Thüngen auf Vorschlag des „Ehrenhofs des Heeres" aus der Wehrmacht entlassen und am 5. Oktober 1944 vom „Volksgerichtshof" zum Tode verurteilt. Am 24. Oktober wird er in das Zuchthaus Brandenburg-Görden eingeliefert und das Todesurteil am selben Tag durch Erschießen vollstreckt.

Otto Herfurth

Quelle: Privatbesitz

Otto Herfurth wählt zu Beginn des Ersten Weltkrieges die Laufbahn des Berufsoffiziers und wird nach Kriegsende in die Reichswehr übernommen. 1935 kommt er als Adjutant des Chefs des Heereswirtschaftsamtes ins Reichswehrministerium. Ab 1. Juni 1944 ist er als Generalmajor Chef des Stabes beim Wehrkreiskommando III (Berlin). Obwohl er in die Planungen der Verschwörer offenbar nicht eingeweiht ist, werden ihm am 20. Juli 1944 die „Walküre"-Befehle zugeleitet, die er zuerst befolgt und weiterleitet. Nach einem Anruf von Generalfeldmarschall Wilhelm Keitel nimmt Herfurth die Befehle zurück.

Nachdem General Kortzfleisch wieder im Stellvertretenden Generalkommando eintrifft, vernimmt Herfurth auf dessen Befehl Hans-Ulrich von Oertzen. Herfurth wird einige Tage nach dem 20. Juli 1944 festgenommen und am 14. August 1944 auf Vorschlag des „Ehrenhofs des Heeres" aus der Wehrmacht ausgestoßen. Otto Herfurth wird am 29. September 1944 vom „Volksgerichtshof" zum Tode verurteilt und am selben Tag in Berlin-Plötzensee erhängt.

Adolf-Friedrich Graf von Schack

Quelle: Privatbesitz

Adolf-Friedrich Graf von Schack ist aktiver Offizier im Ersten Weltkrieg und leitet ab 1923 das Familiengut in Zülow in Mecklenburg. Er gehört dem rechtskonservativen Stahlhelm, Bund der Frontsoldaten an. Mit Beginn des Zweiten Weltkrieges wird er reaktiviert und ist 1944 als Major z. V. Leiter der Organisationsabteilung in der Berliner Stadtkommandantur. Schack arbeitet am 20. Juli 1944 eng mit den Verschwörern um Generalleutnant Paul von Hase, dem Berliner Stadtkommandanten, zusammen. Er beteiligt sich an der Weitergabe der „Walküre"-Befehle. Als deutlich wird, dass der Umsturzversuch scheitert, gelingt es von Schack gemeinsam mit Hermann Schöne, belastende Papiere zu vernichten.

Adolf-Friedrich Graf von Schack wird am 21. Juli 1944 festgenommen und am 24. August 1944 auf Vorschlag des „Ehrenhofs des Heeres" aus der Wehrmacht entlassen. In einer ersten Verhandlung vor dem „Volksgerichtshof" am 19. September plädiert der Vertreter des Oberreichsanwalts auf „Freispruch wegen mangelnder Beweise", zieht diesen Antrag jedoch einen Tag später „zur weiteren Klärung des Tatbestandes" zurück. Adolf-Friedrich Graf von Schack wird am 10. Oktober 1944 vom „Volksgerichtshof" zum Tode verurteilt. Im Anschluss daran wird er im Gefängnis Berlin-Tegel festgehalten und am 15. Januar 1945 gemeinsam mit Hermann Schöne in das Zuchthaus Brandenburg-Görden verlegt. Das Todesurteil wird dort am selben Tag durch Erschießen vollstreckt.

Hermann Schöne

Quelle: Privatbesitz

Nach dem Abitur tritt Hermann Schöne 1908 als Fahnenjunker in ein Infanterieregiment ein, nimmt am Ersten Weltkrieg teil und wird schwer verwundet. Er besucht die Kriegsschule und dient anschließend als Generalstabsoffizier. Nach Kriegsende wird er in die Reichswehr übernommen. Als sein Vater schwer erkrankt, scheidet er 1921 aus der Reichswehr aus, um die elterliche Lederfabrik zu leiten. Ende 1939 meldet sich Hermann Schöne zur Wehrmacht. Seit 1943 dient er als Oberstleutnant d. R. bei der Berliner Stadtkommandantur unter Generalleutnant Paul von Hase.

Am 20. Juli 1944 gibt er die „Walküre"-Befehle weiter und berät Paul von Hase. Nach dem gescheiterten Umsturzversuch wird er am 21. Juli 1944 festgenommen und in das „Hausgefängnis" der Geheimen Staatspolizei in der Prinz-Albrecht-Straße 8 eingeliefert. In einer ersten Verhandlung vor dem „Volksgerichtshof" am 19. September plädiert der Vertreter des Oberreichsanwalts auf „Freispruch wegen mangelnder Beweise", zieht diesen Antrag jedoch einen Tag später „zur weiteren Klärung des Tatbestandes" zurück. Hermann Schöne wird am 10. Oktober 1944 vom „Volksgerichtshof" zum Tode verurteilt. Im Anschluss daran wird er im Gefängnis Berlin-Tegel festgehalten und am 15. Januar 1945 gemeinsam mit Adolf-Friedrich Graf von Schack in das Zuchthaus Brandenburg-Görden verlegt. Das Todesurteil wird dort am selben Tag durch Erschießen vollstreckt.

Treppenhaus zu den Diensträumen Fromms, Zustand 2014
Quelle: Gedenkstätte Deutscher Widerstand/
Foto: Georg Engels, Braun Engels Gestaltung (Ulm)

Bendlerblock, Nachrichtenzentrale, gegen 17.50 Uhr

Hauptmann Klausing überbringt der Nachrichtenzentrale das Fernschreiben: „Die vollziehende Kraft wird in den Wehrkreisen den stellvertretenden Kommandierenden Generalen und den Wehrkreisbefehlshabern übertragen." Dieses Fernschreiben wird von 18.30 bis 21.23 Uhr an die entsprechenden Adressen abgesetzt. Die Wehrkreise VII, München und XX, Danzig, haben es nicht erhalten. Leutnant Röhrig, dem Leiter der Nachrichtenzentrale kommen nach eigener Darstellung erste Bedenken. Er behauptet später, die Befehle der Verschwörer seit diesem Zeitpunkt nur mit Verzögerung weitergegeben zu haben.

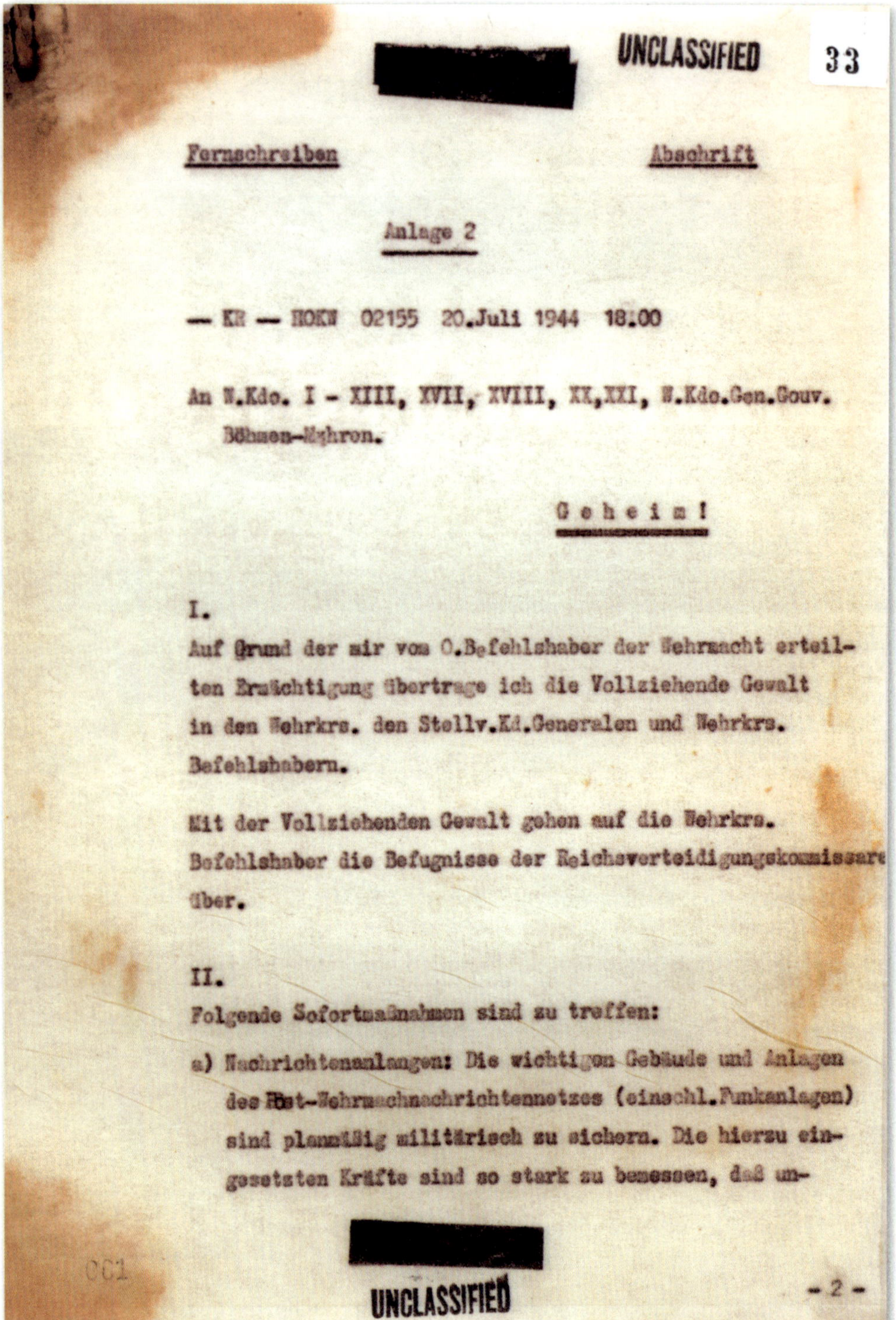

UNCLASSIFIED 33

Fernschreiben Abschrift

Anlage 2

— KR — HOKW 02155 20.Juli 1944 18.00

An W.Kdo. I - XIII, XVII, XVIII, XX,XXI, W.Kdo.Gen.Gouv.
Böhmen-Mähren.

Geheim!

I.

Auf Grund der mir vom O.Befehlshaber der Wehrmacht erteilten Ermächtigung übertrage ich die Vollziehende Gewalt in den Wehrkrs. den Stellv.Kd.Generalen und Wehrkrs. Befehlshabern.

Mit der Vollziehenden Gewalt gehen auf die Wehrkrs. Befehlshaber die Befugnisse der Reichsverteidigungskommissare über.

II.

Folgende Sofortmaßnahmen sind zu treffen:

a) Nachrichtenanlagen: Die wichtigen Gebäude und Anlagen des Post-Wehrmachnachrichtennetzes (einschl.Funkanlagen) sind planmäßig militärisch zu sichern. Die hierzu eingesetzten Kräfte sind so stark zu bemessen, daß un-

UNCLASSIFIED -2-

Zweites Fernschreiben der Verschwörer aus dem Bendlerblock, 20. Juli 1944, 18.00 Uhr

Quelle: BArch, NS 6/4, fol. 33–36

UNCLASSIFIED

34

- 2 -

befugte Eingriffe und gewaltsame Zerstörungen verhindert werden. Wichtige nachrichtentechnische Anlagen sind mit Offizieren zu besetzen. Insbesondere sind zu sichern:

Verstärkerämter, Durchgangsvermittlungen des Heeresführungsnetzes sowie Großfunkstellen (Rundfunksender) Fernsprech- und Telegrafenämter, soweit wichtige Fernsprechleitungen durchlaufen, Verstärker- und Batterieräume, Antennen-, Sende- und Notstromanlagen sowie Betriebsräume. Das Fernmeldenetz der Reichsbahn ist im Einvernehmen mit den Transportdienststellen zu schützen.

Funknetz ist aus eigenen Mitteln zu schaffen.

b) Verhaftungen: Ohne Versug ihres Amtes zu entheben und in besondere gesicherte Einzelhaft zu nehmen sind: Sämtliche Gauleiter, Reichsstatthalter, Minister, Oberpräsidenten, Polizeipräsidenten, Höheren SS- und Polizeiführer, Gestapoleiter und Leiter der SS-Dienststellen, Leiter der Propagandaämter und Kreisleiter.

Ausnahmen befehle ich.

c) Konzentrationslager: Die Konzentrationslager sind beschleunigt zu besetzen, die Lagerkommandanten zu verhaften, die Wachmannschaften zu entwaffnen und zu kasernieren. Den Politischen Häftlingen ist zu eröffnen, daß sie sich

UNCLASSIFIED

062

- 3 -

UNCLASSIFIED

35

- 3 -

bis zu ihrer Entlassung aller Kundgebungen und Einzelaktionen zu enthalten haben.

d) Waffen-SS: Bestehen Zweifel am Gehorsam von Führern der Verbände der Waffen-SS oder der Standortältesten der Waffen-SS oder erscheinen sie ungeeignet, sind sie in Schutzhaft zu nehmen und durch Offiziere des Heeres zu ersetzen.

Verbände der Waffen-SS, deren uneingeschränkte Unterordnung zweifelhaft ist, sind rücksichtslos zu entwaffnen. Dabei energisches Zugreifen mit überlegenen Kräften, damit stärkeres Blutvergießen vermieden wird.

e) Polizei: Die Dienststellen der Gestapo und des SD sind zu besetzen.

Im übrigen ist die Ordnungspolizei zur Entlastung der Wehrmacht weitgehend einzusetzen.

Befehl ergeht durch den Chef der Deutschen Polizei auf dem polizeilichen Kommandowege.

f) Kriegsmarine und Luftwaffe: Mit den Befehlshabern der Kriegsmarine und Luftwaffe ist Verbindung aufzunehmen. Gemeinsames Handeln ist sicherzustellen.

063

063

- 4 -

UNCLASSIFIED

UNCLASSIFIED

36

- 4 -

III.

Für die Bearbeitung aller politischen Fragen, die sich aus dem militärischen Ausnahmezustand ergeben, bestelle ich bei jedem Wehrkrs.Befhlh. einen Politischen Beauftragten. Dieser übernimmt bis auf weiteres die Aufgaben des Verwaltungschefs. Er berät den Wehrkrs.Befehlshaber in allen politischen Fragen.

IV.

Bearbeitende Stelle des Oberbefehlshabers im Heimatkriegsgebiet in allen Angelegenheiten der Vollziehenden Gewalt ist der Heimatführungsstab. Er entsendet zu den Wehrkrs.Befehlshabern zur wechselseitigen Unterrichtung über Lage und Absichten einen Verbindungsoffizier (VO OKH).

V.

Bei Ausübung der Vollziehenden Gewalt dürfen keine Willkür- und Racheakte geduldet werden. Die Bevölkerung muß sich des Abstandes zu den willkürlichen Methoden der bisherigen Machthaber bewußt werden.

Der Oberbefehlshaber im Heimatkriegsgebiet

Nr.32 160/44 geh.

gez. F r o m m
Generaloberst

Graf Stauffenberg

064

UNCLASSIFIED

Stab des Befehlshabers des Ersatzheeres, gegen 18 Uhr

Beck ruft den wenige Tage zuvor abgesetzten Militärbefehlshaber Belgien und Nordfrankreich, General Alexander von Falkenhausen, an. Er veranlasst Falkenhausen, auf Generalfeldmarschall Günther von Kluge, den Oberbefehlshaber West, einzuwirken.

Kurz darauf telefoniert Beck mit dem Militärbefehlshaber Frankreich, General Carl Heinrich von Stülpnagel, der sich sofort zur Mitwirkung bereit erklärt. Als ihn Beck fragt, welche Haltung Kluge einnehmen werde, verbindet ihn Stülpnagel mit Kluge. Dieser hat gerade die Nachricht vom Überleben Hitlers erhalten, und will darüber erst einmal nachdenken. Kluge lässt sich mit General Helmuth Stieff im „Führerhauptquartier Wolfschanze“ verbinden, der ihm die Nachricht bestätigt. Kluge ruft daraufhin Beck zurück. Der Anruf wird von Stauffenberg entgegengenommen, der ihn an Hoepner weiterleitet. Das Gespräch wird kurz darauf unterbrochen. Generalfeldmarschall von Kluge versagt sich endgültig dem Umsturzversuch.

Allgemeines Heeresamt, gegen 18.00 Uhr

Nachdem Stauffenbergs Adjutant Werner von Haeften die Offiziere des Stabes des Allgemeinen Heeresamtes in Stauffenbergs Dienstzimmer zusammengerufen hat, informiert Hoepner diese in Anwesenheit von Olbricht und Mertz. In der Verhandlung vor dem „Volksgerichtshof“ am 7. August 1944 gibt er seine Ansprache wieder: „Meine Herren, der Führer ist tot; ich bin hierher gesetzt worden als Vertreter des Generaloberst Fromm, und es handelt sich jetzt darum, dass wir weiter arbeiten, ohne dass eine Unterbrechung stattfindet.“ Eine Nachfrage von General Karl Wilhelm Specht, ob Hitler wirklich tot sei, beantwortet Hoepner: „Ich habe eine mehrfache Meldung darüber, dass er tot ist, sie wird allerdings von anderer Seite bezweifelt. ... wir werden sehen, dass wir in allerkürzester Zeit etwas Endgültiges feststellen.“

Im Anschluss an die Besprechung verbleiben Generalmajor Kennes und Oberst Ernst von Roell im Vorzimmer Stauffenbergs und warten dort auf ihn. Kurze Zeit später informiert Stauffenberg die drei Gruppenleiter des Befehlshabers des Ersatzheeres, Kennes, von Roell, Joachim Sadrozinski sowie Oberst Johannes Rohowsky und Oberstleutnant

Kleber in seinem Dienstzimmer darüber, dass Hitler tot sei, Fromm sich „der Notwendigkeit der Stunde versagt“ und sich freiwillig in Schutzhaft begeben habe. Die Besprechung wird unterbrochen, weil Olbricht Stauffenberg in das danebenliegende Kartenzimmer holt.

Kennes wird über die direkte Tür zum Flur von Fromms Adjutanten Bartram in dessen Raum gebracht, in dem sich Fromm weiterhin aufhält. Fromm gibt Kennes die Weisung, den Bendlerblock zu verlassen, um Truppenteile an den Bendlerblock heranzuführen.

Bendlerblock, Nachrichtenzentrale, kurz nach 18 Uhr

Werner von Haeften übergibt Leutnant Röhrig das Fernschreiben, das die zweite Stufe des „Walküre“-Plans auslösen soll. Nach der Darstellung von Röhrig wird es, weil alle Leitungen durch die ersten beiden Fernschreiben noch belegt sind, erst zwischen 20.45 und 23.00 Uhr abgesetzt.

Das von Mertz unterschriebene Fernschreiben ist im Original überliefert. Bernd Ruland, im Zivilberuf Journalist, ist seit 1941 Fernschreib-Offizier im „Nachrichtenbetrieb OKW/OKH“ in der Bendlerstraße. Er fälscht ein Protokoll, das die Verbrennung der Fernschreiben bestätigen soll, steckt die Dokumente ein und verbirgt sie zu Hause in einem dicken Kunstband. 1947 veröffentlicht er sie erstmals in DIE WELT und stellt die Dokumente für wissenschaftliche und publizistische Auswertungen zur Verfügung. Zu den von Bernd Ruland geretteten Dokumenten gehört auch dieses Fernschreiben von 18.15 Uhr.

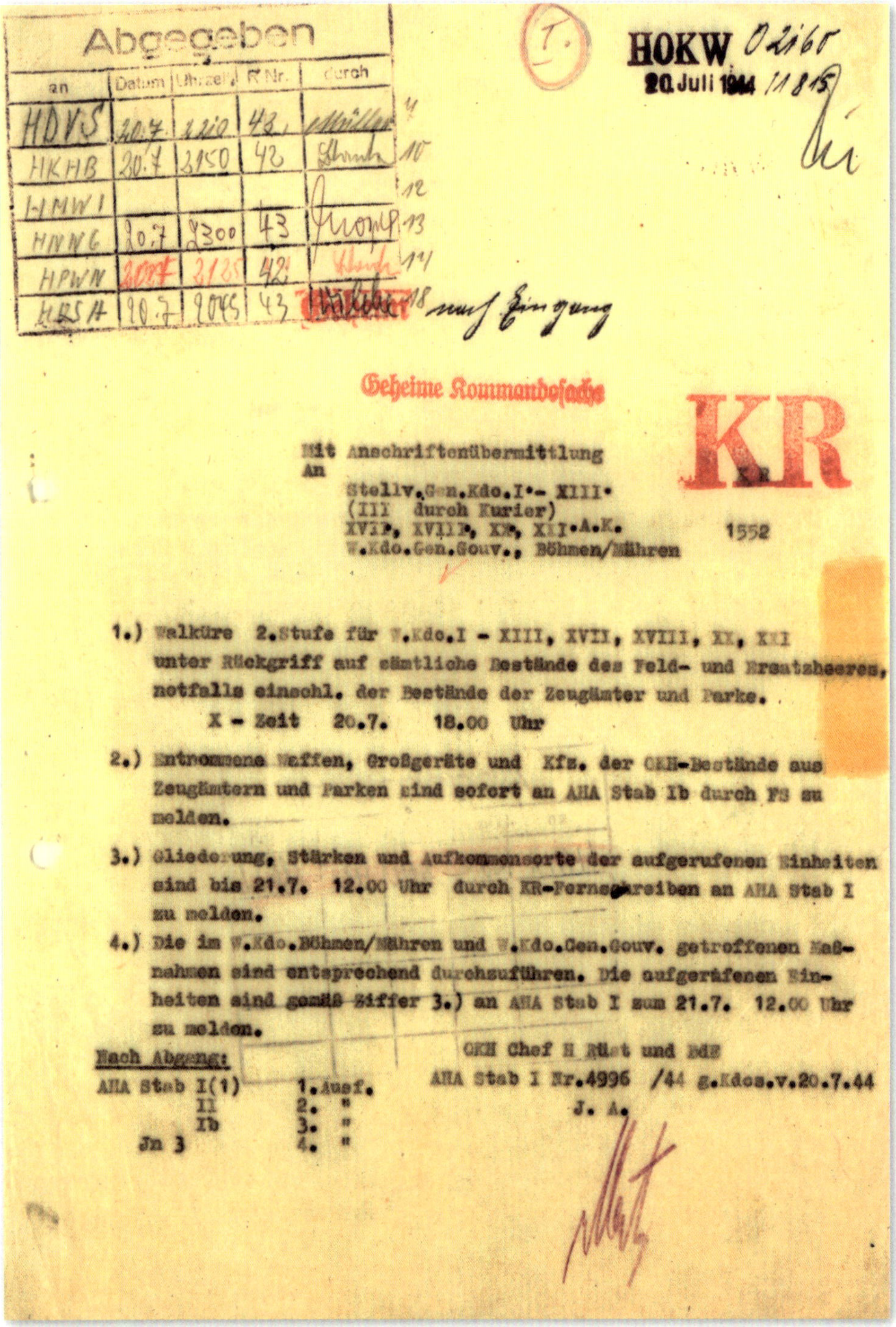

Abgegeben

an	Datum	Uhrzeit	R Nr.	durch
HDVS	20.7	2210	43	Müller
HKHB	20.7	2150	42	[illegible]
HMWI				
HNWG	20.7	2300	43	[illegible]
HPWN	20.7	2125	42	[illegible]
HBSA	20.7	2045	43	[illegible]

HOKW 02160
20 Juli 1944 1815

nach Eingang

Geheime Kommandosache

KR

Mit Anschriftenübermittlung
An
Stellv.Gen.Kdo.I.- XIII.
(III durch Kurier)
XVII, XVIII, XX, XXI.A.K.
W.Kdo.Gen.Gouv., Böhmen/Mähren

1552

1.) Walküre 2.Stufe für W.Kdo.I - XIII, XVII, XVIII, XX, XXI unter Rückgriff auf sämtliche Bestände des Feld- und Ersatzheeres, notfalls einschl. der Bestände der Zeugämter und Parke.
X - Zeit 20.7. 18.00 Uhr

2.) Entnommene Waffen, Großgeräte und Kfz. der OKH-Bestände aus Zeugämtern und Parken sind sofort an AHA Stab Ib durch FS zu melden.

3.) Gliederung, Stärken und Aufkommensorte der aufgerufenen Einheiten sind bis 21.7. 12.00 Uhr durch KR-Fernschreiben an AHA Stab I zu melden.

4.) Die im W.Kdo.Böhmen/Mähren und W.Kdo.Gen.Gouv. getroffenen Maßnahmen sind entsprechend durchzuführen. Die aufgerufenen Einheiten sind gemäß Ziffer 3.) an AHA Stab I zum 21.7. 12.00 Uhr zu melden.

OKH Chef H Rüst und BdE
AHA Stab I Nr.4996 /44 g.Kdos.v.20.7.44
J. A.

Nach Abgang:
AHA Stab I(1) 1.Ausf.
II 2. "
Ib 3. "
Jn 3 4. "

Auslösung der zweiten Stufe der „Walküre"-Befehle mit der Unterschrift von Albrecht Ritter Mertz von Quirnheim, 20. Juli 1944, 18.15 Uhr

Quelle: Privatbesitz

Geheimes Staatspolizeiamt in der Prinz-Albrecht-Straße 8

Quelle: Gedenkstätte Deutscher Widerstand

Prinz-Albrecht-Straße 8 (Reichssicherheitshauptamt Amt IV – Gestapo), gegen 18.45 Uhr

SS-Sturmbannführer Wilhelm Treusch erhält vom Chef des Amtes IV, SS-Gruppenführer Heinrich Müller, den Befehl, die Wachen im Haus zu verstärken und es zu sichern. Ohne Erlaubnis von Müller, Himmlers Verbindungsmann in Berlin, SS-Sturmbannführer Paul Baumert oder Treusch darf niemand mehr das Gebäude verlassen. Niemand darf das Gebäude ohne den roten Gestapo-Ausweis oder den gelben Hausausweis betreten. Müllers Befehl: „Gegen jedermann, gleichgültig wer es auch sei, der gewaltsam in das Dienstgebäude einzudringen versucht, ist sofort und rückhaltlos mit der Waffe einzuschreiten." Zur Verstärkung kommen nach 19 Uhr fünf Unterführer und 45 Mann der 2. Panzerwerkstattkompanie der SS-Leibstandarte Adolf Hitler aus Lichterfelde hinzu. Bis 22.15 Uhr werden sie durch 12 Führer und 290 Männer verstärkt. Damit stehen mehr als 350 SS-Offiziere und SS-Männer mit 5 leichten Maschinengewehren, mehr als 100 Gewehren und acht Maschinenpistolen zur Verfügung. Nach 1 Uhr am 21. Juli 1944 kommen ein Panzer 38 (t) mit einer 3,7 cm Kanone und zwei Maschinengewehren sowie ein Panzerspähwagen mit drei Maschinengewehren hinzu.
Sie werden im Garagenbereich postiert.

Damit ist die Reaktion der Gestapo-Führung um Heinrich Müller klar. Sie rechnet mit einem Angriff auf das Dienstgebäude und führt so schnell wie möglich Verstärkung und Waffen heran. Die Gestapo führt also Sicherungsmaßnahmen durch, bleibt aber sonst merkwürdig passiv. Zwar ist SS-Oberführer Achamer-Pifrader in die Bendlerstraße geschickt worden, aber sein Ausbleiben führt zu keiner erkennbaren Reaktion. Auch nach der Landung des Chefs des Reichssicherheitshauptamtes, SS-Obergruppenführer Ernst Kaltenbrunner, um 21.30 Uhr in Tempelhof ist keine Aktivität der Gestapo erkennbar. Das Dienstgebäude wird gesichert; erst gegen 1 Uhr erscheinen Kaltenbrunner und der SS-Standartenführer Otto Skorzeny sowie ein Gestapo-Kommando im Bendlerblock.

Stab des Befehlshabers des Ersatzheeres, kurz nach 18 Uhr

General der Infanterie Joachim von Kortzfleisch, Kommandierender General des Wehrkreises III (Berlin) erscheint in der Bendlerstraße. In Fromms Dienstzimmer sprechen Beck, Olbricht und Hoepner in Anwesenheit Schwerins mit ihm. Er lehnt es ab, den „Walküre"-Befehlen zu folgen und verlässt eilig das Arbeitszimmer von Fromm. Schwerin befiehlt daraufhin Georg Sigismund von Oppen, der sich als Ordonnanzoffizier auf dem Flur befindet, Kortzfleisch festzunehmen. Georg Sigismund von Oppen sagt darüber später vor der Gestapo aus:

> General v. K o r t z f l e i s c h kam mit ungewöhn-
> lich schnellem Tempo aus dem Zimmer des Generalobersten
> F r o m m heraus, an mir vorbei. Kurz hinter ihm der
> Hauptmann Graf S c h w e r i n. Schwerin rief mir zu,
> ich soll den General v. K o r t z f l e i s c h unbe-
> dingt anhalten. Daraufhin lief ich hinterher, rief ihn,
> weil er bereits auf der Treppe war, mehrfach an, worauf
> er nicht reagierte. Am Ausgang lief ich vor ihn und
> hielt ihn mit vorgehaltener Pistole an.

Auszug aus der Aussage von Georg Sigismund von Oppen vor der Gestapo am 12. August 1944

Quelle: BArch, NJ 1613

General von Kortzfleisch wird in einem Offiziersbüro festgehalten. Nach einiger Zeit versucht er erneut, das Gebäude zu verlassen. Ludwig von Hammerstein berichtet:

„Auf meinem Platz im Vorzimmer zurück, holte mich Olbricht in sein Zimmer und sagte, ich solle mich bei ihm aufhalten, nebenan sitze der General von Kortzfleisch, der dürfte auf keinen Fall irgendwelche Dummheiten machen. Nach knapp fünf Minuten stürzte schon der Adjutant, der alte Oberstleutnant z.V. von der Lancken mit dem Ruf herein: ‚Der General ist weg!' Ich flitzte sofort hinterher, sah den General auf dem Flur zum Ausgang laufen, und brüllte: ‚Achtung Ausgang!' Dort stand Kleist mit einem zuverlässigen Unteroffizier, der dem General gleich die Pistole auf die Brust setzte. [...] Ich expedierte den Herrn sehr höflich auf sein Zimmer zurück und habe ihn für den Rest des Abends bewachen müssen. Zuerst tobte er noch, brüllte, wem wir den Fahneneid geschworen hätten. Dann beruhigte er sich allmählich. Später kam sein Ordonnanz-Offizier, ein völlig ahnungsloser Infanterie-Hauptmann, um sich zu erkundigen, wo sein Kommandierender geblieben sei. Olbricht ließ den Hauptmann zu uns herein. Er berichtete, daß die Befehle, die sie bisher bekommen hätten, ausgeführt seien."

Quelle: Kunrat von Hammerstein, Spähtrupp, Stuttgart 1965, S. 280.
Im Anschluss an seinen Fluchtversuch wird Kortzfleisch von Ludwig von Hammerstein und Oberstleutnant Fritz von der Lancken bewacht.

Stab des Befehlshabers des Ersatzheeres, nach 18.20 Uhr

Karl Freiherr von Thüngen, der am Nachmittag bereits einmal im Bendlerblock gewesen und dann von Olbricht „auf Abruf" nach Hause geschickt worden war, wird von Stauffenberg zurückgerufen und darüber informiert, dass er den Kommandierenden General Joachim von Kortzfleisch vertreten müsse. Es kommt zu einem kurzen Gespräch mit Beck und Hoepner, bevor Thüngen ins Generalkommando fährt.

Stab des Befehlshabers des Ersatzheeres, kurz nach 18 Uhr

Oberst Rudolf Langhaeuser besucht an diesem Tag seit 14.30 Uhr seine alte Dienststelle. Er war bis 30. Juni 1944 I a (erster Generalstabsoffizier) des Chefs der Heeresrüstung und Befehlshabers des Ersatzheeres Friedrich Fromm gewesen. Er spricht an diesem Tag mehrfach mit seinem Nachfolger, Oberstleutnant Joachim Sadrozinski; Stauffenberg soll ihn gebeten haben, „im Hause und zu seiner Verfügung zu bleiben, da er alle Kräfte brauche." Gegen 18.20 Uhr trifft Langhaeuser auf dem

Flur vor dem Adjutantenzimmer auf Generaloberst Fromm. Fromm erklärt ihm, mit Keitel gesprochen zu haben und Hitler lebe: „Fromm sagte mir weiter, daß es sich hier offensichtlich um einen Staatsstreich handle, der im übrigen schon mißlungen sei. Ich solle selbst zusehen, daß ich so schnell wie möglich hier wegkäme, ich würde sonst Kopf und Kragen verlieren." Langhaeuser lasst sich daraufhin von Werner von Haeften einen Passierschein zum Verlassen des Bendlerblocks ausstellen, der von Stauffenberg unterzeichnet wird. Langhaeuser geht gegen 20 Uhr.

Bendlerblock, 18.28 Uhr

Der „Großdeutsche Rundfunk" bringt über alle Sender die Nachricht vom Überleben Hitlers. Sowohl die Verschwörer im Bendlerblock als auch eine Reihe der Generalstabsoffiziere hören davon. Unmittelbar danach bereitet Stauffenberg ein Fernschreiben mit einem Dementi der Rundfunknachricht vor. Hitler hat überlebt und die Nachricht von seinem Überleben ist an die Öffentlichkeit gelangt. Die Chancen für einen erfolgreichen Umsturzversuch haben sich damit radikal verschlechtert.

Bendlerblock, Nachrichtenzentrale, gegen 18.30 Uhr

Eine Sekretärin gibt das Fernschreiben bei Leutnant Röhrig ab, mit dem vor allem die Oberbefehlshaber an den Fronten und in den besetzten Gebieten instruiert werden sollen. Es übernimmt Elemente aus dem ersten Fernschreiben der Verschwörer an die Wehrkreiskommandos enthält aber zusätzlich den einleitenden Satz: „Der Führer Adolf Hitler ist tot!"

Röhrig hat mittlerweile die Rundfunknachricht vom Überleben Hitlers gehört. Später hat Röhrig behauptet, diese Fernschreiben nur noch an die Marine und an die Luftwaffe weitergegeben zu haben. Diese Ausfertigung des Befehls, die auf der dritten Seite die Paraphe von Albrecht Ritter Mertz von Quirnheim trägt, sollte als Vorlage für die Fernschreiberin dienen, die es an den Deutschen General beim Oberkommando der Rumänischen Wehrmacht, der Heeresgruppe Nordukraine, der Heeresgruppe Mitte und der Heeresgruppe Nord senden sollte. Dies ist jedoch nicht mehr geschehen.

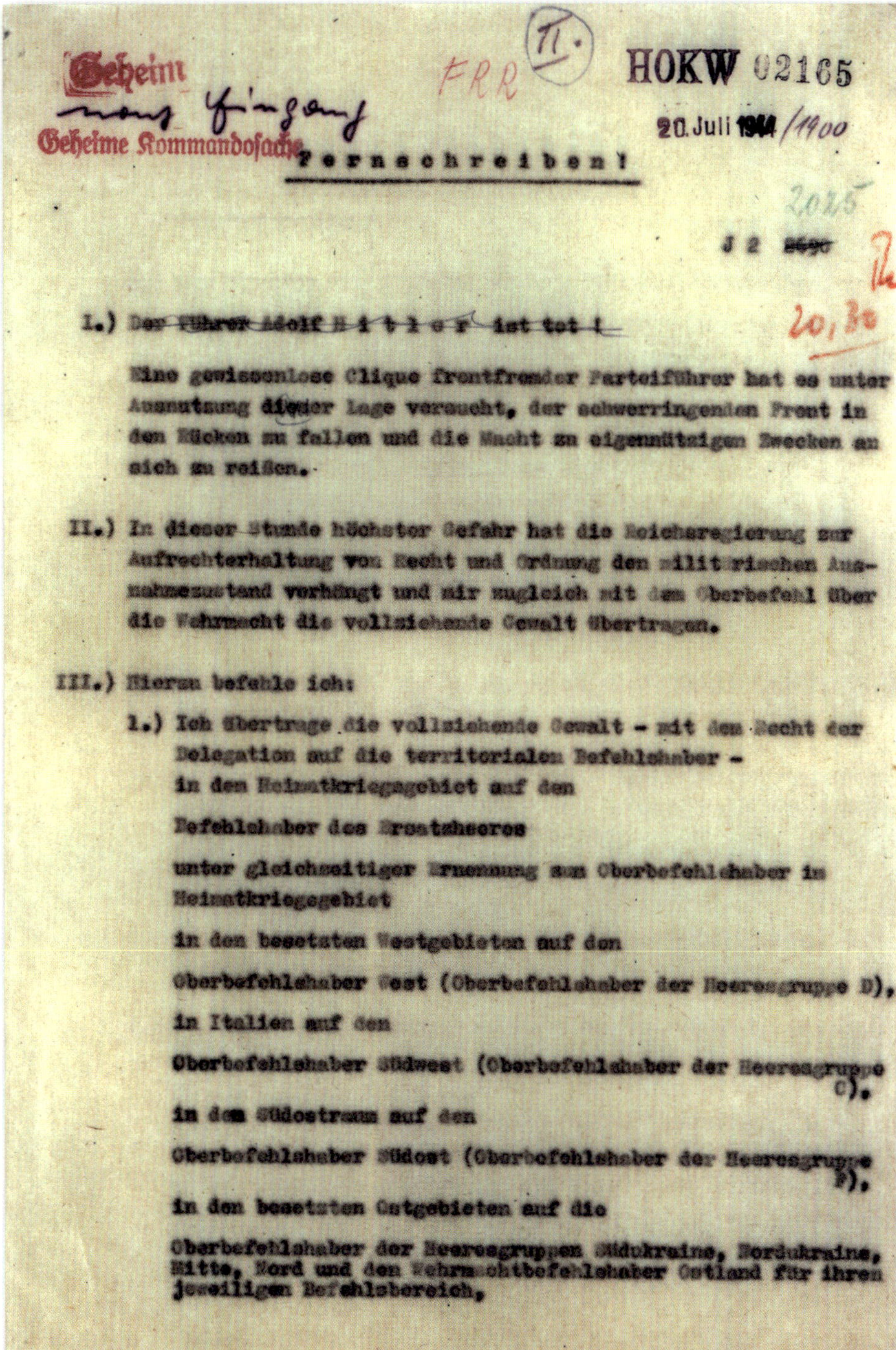

Geheim

Geheime Kommandosache

HOKW 02165

20. Juli 1944 /1900

Fernschreiben!

J 2 ~~2690~~

1.) ~~Der Führer Adolf Hitler ist tot!~~

Eine gewissenlose Clique frontfremder Parteiführer hat es unter Ausnutzung dieser Lage versucht, der schwerringenden Front in den Rücken zu fallen und die Macht zu eigennützigen Zwecken an sich zu reißen.

II.) In dieser Stunde höchster Gefahr hat die Reichsregierung zur Aufrechterhaltung von Recht und Ordnung den militärischen Ausnahmezustand verhängt und mir zugleich mit dem Oberbefehl über die Wehrmacht die vollziehende Gewalt übertragen.

III.) Hierzu befehle ich:

1.) Ich übertrage die vollziehende Gewalt - mit dem Recht der Delegation auf die territorialen Befehlshaber - in dem Heimatkriegsgebiet auf den

Befehlshaber des Ersatzheeres

unter gleichzeitiger Ernennung zum Oberbefehlshaber im Heimatkriegsgebiet

in den besetzten Westgebieten auf den

Oberbefehlshaber West (Oberbefehlshaber der Heeresgruppe D),

in Italien auf den

Oberbefehlshaber Südwest (Oberbefehlshaber der Heeresgruppe C),

in dem Südostraum auf den

Oberbefehlshaber Südost (Oberbefehlshaber der Heeresgruppe F),

in den besetzten Ostgebieten auf die

Oberbefehlshaber der Heeresgruppen Südukraine, Nordukraine, Mitte, Nord und den Wehrmachtbefehlshaber Ostland für ihren jeweiligen Befehlsbereich,

Fernschreiben an die höheren Kommandostellen der Wehrmacht, 20. Juli 1944, 19 Uhr

Quelle: Privatbesitz

- 2 -

in Dänemark und
in Norwegen auf die
Wehrmachtbefehlshaber

2.) Den Inhabern der vollziehenden Gewalt sind unterstellt:

a) sämtliche in ihrem Befehlsbereich befindlichen Dienststellen und Einheiten der Wehrmacht einschl. der Waffen-SS des RAD und der OT.

b) alle öffentlichen Behörden (des Reichs, der Länder und der Gemeinden), insbesondere die gesamte Ordnungs-, Sicherheits- und Verwaltungspolizei,

c) alle Amtsträger und Gliederungen der NSDAP und der ihr angeschlossenen Verbände,

d) die Verkehrs- und Versorgüngsbetriebe.

3.) Die gesamte Waffen-SS ist mit sofortiger Wirkung in das Heer eingegliedert.

4.) Die Inhaber der vollziehenden Gewalt sind für Aufrechterhaltung der Ordnung und öffentlichen Sicherheit verantwortlich. Sie haben insbesondere zu sorgen für:

a) die Sicherung der Nachrichtenanlagen
b) die Ausschaltung des SD.
Jeder Widerstand gegen die militärische Vollzugsgewalt ist rücksichtslos zu brechen.

5.) In dieser Stunde höchster Gefahr für das Vaterland ist Geschlossenheit der Wehrmacht und Aufrechterhaltung voller Disziplin oberstes Gebot.
Ich mache es daher allen Befehlshabern des Heeres, der Kriegsmarine und der Luftwaffe zur Pflicht, die Inhaber der vollziehenden Gewalt bei Durchführung ihrer schwierigen Aufgabe mit allen zu Gebote stehenden Mitteln zu unterstüt-

\- 3 -

zen und die Befolgung ihrer Weisungen durch die untergeord-
neten Dienststellen sicherzustellen.
Der deutsche Soldat steht vor einer geschichtlichen Aufgabe.
Von seiner Tatkraft und Haltung wird es abhängen, ob
Deutschland gerettet wird.

Gleiches haben alle territorialen Befehlshaber, die Oberkommandos
der Wehrmachtteile und die den Oberkommandos unmittelbar unter-
stehenden Kommandobehörden des Heeres, der Kriegsmarine und der
Luftwaffe.

Der Oberbefehlshaber der Wehrmacht
gez. v. Witzleben
Generalfeldmarschall

Der Chef der Heeresrüstung und
Befehlshaber des Ersatzheeres
Stab Nr.4500/44 g.

Berlin, den 20. Juli 1944

Vorstehenden Erlaß zur Kenntnis.

J. A.

zurück an AHA/Stab

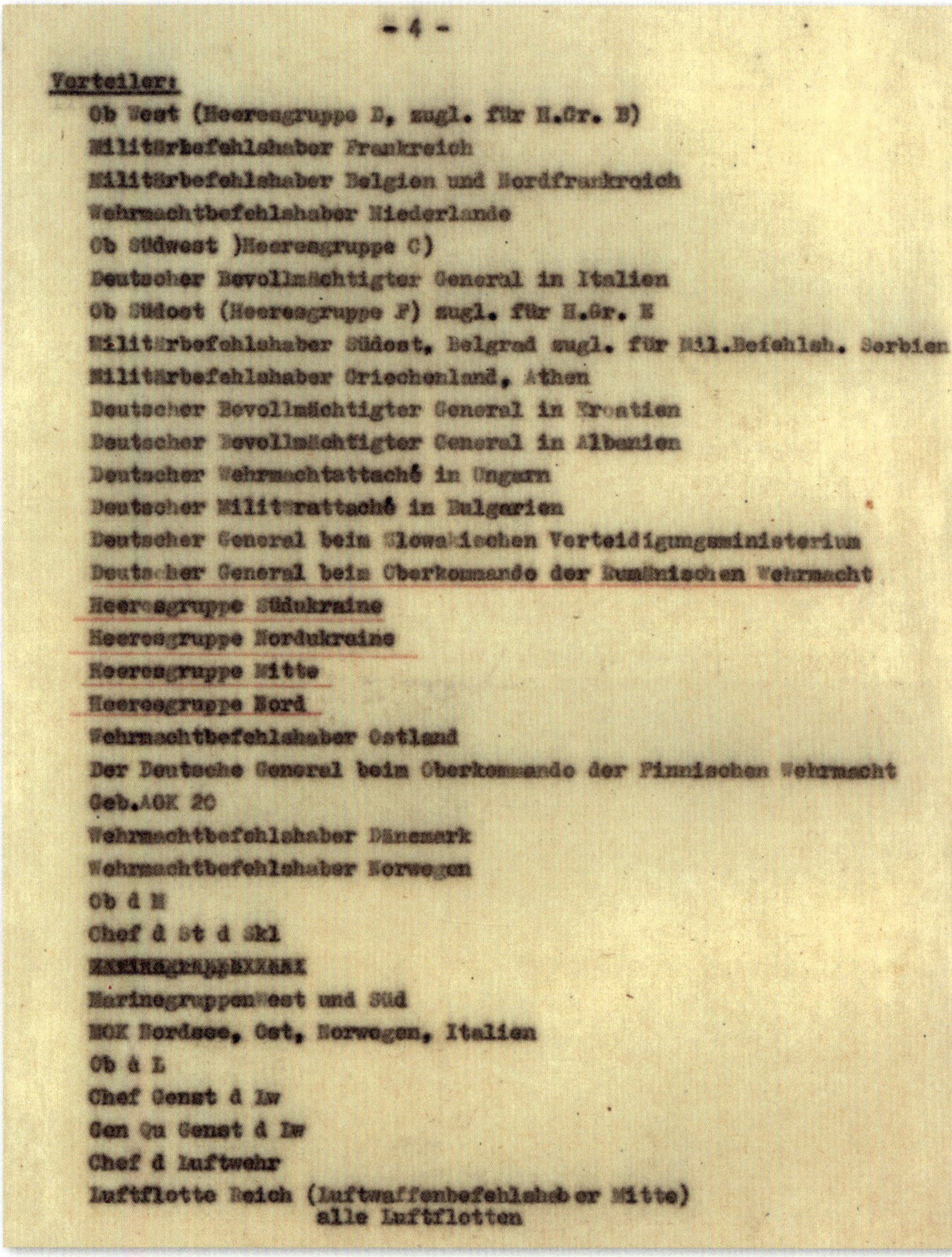

\- 4 -

Verteiler:

Ob West (Heeresgruppe D, zugl. für H.Gr. B)
Militärbefehlshaber Frankreich
Militärbefehlshaber Belgien und Nordfrankreich
Wehrmachtbefehlshaber Niederlande
Ob Südwest)Heeresgruppe C)
Deutscher Bevollmächtigter General in Italien
Ob Südost (Heeresgruppe F) zugl. für H.Gr. E
Militärbefehlshaber Südost, Belgrad zugl. für Mil.Befehlsh. Serbien
Militärbefehlshaber Griechenland, Athen
Deutscher Bevollmächtigter General in Kroatien
Deutscher Bevollmächtigter General in Albanien
Deutscher Wehrmachtattaché in Ungarn
Deutscher Militärattaché in Bulgarien
Deutscher General beim Slowakischen Verteidigungsministerium
Deutscher General beim Oberkommando der Rumänischen Wehrmacht
Heeresgruppe Südukraine
Heeresgruppe Nordukraine
Heeresgruppe Mitte
Heeresgruppe Nord
Wehrmachtbefehlshaber Ostland
Der Deutsche General beim Oberkommando der Finnischen Wehrmacht
Geb.AOK 20
Wehrmachtbefehlshaber Dänemark
Wehrmachtbefehlshaber Norwegen
Ob d M
Chef d St d Skl
[illegible]
Marinegruppen West und Süd
MOK Nordsee, Ost, Norwegen, Italien
Ob d L
Chef Genst d Lw
Gen Qu Genst d Lw
Chef d Luftwehr
Luftflotte Reich (Luftwaffenbefehlshaber Mitte)
alle Luftflotten

Das Fernschreiben ist tatsächlich an den Oberbefehlshaber der Marine, den Chef des Stabes der Seekriegsleitung sowie an die Marineoberkommandos Ost, Nord, Norwegen und Italien gegangen. Diese Fassung des Fernschreibens wurde über Nachrichtenverbindungen der Marine am 20. Juli 1944 um 19.28 Uhr abgesandt und erreichte den Chef des Stabes der Seekriegsleitung um 20.05 Uhr.

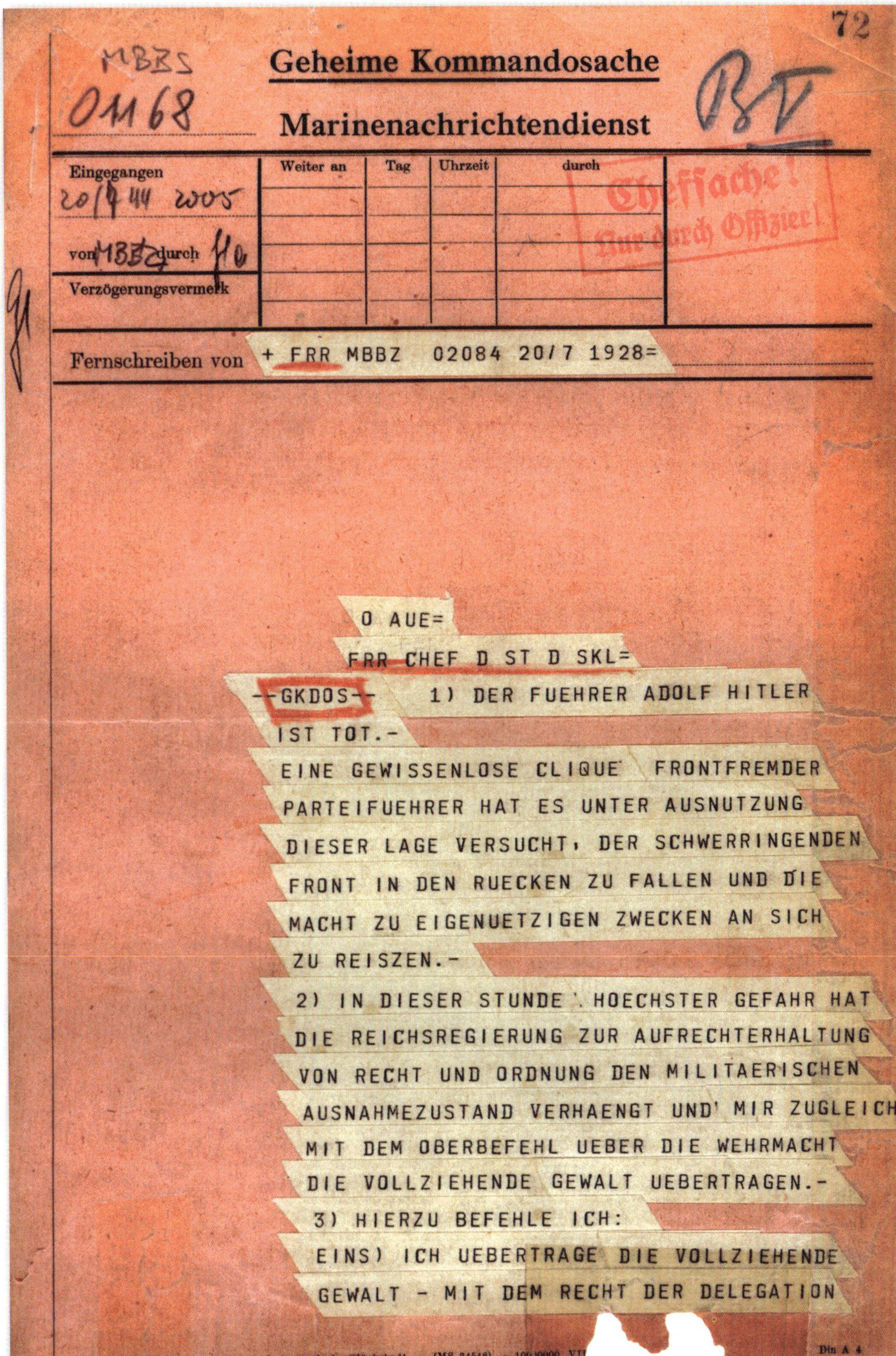

72

MBBS 0168

Geheime Kommandosache

Marinenachrichtendienst

Chefsache! Nur durch Offizier!

Eingegangen 20/7 44 2005	Weiter an	Tag	Uhrzeit	durch
von MBBZ durch				
Verzögerungsvermerk				

Fernschreiben von + FRR MBBZ 02084 20/7 1928=

O AUE=

FRR CHEF D ST D SKL=

--GKDOS-- 1) DER FUEHRER ADOLF HITLER IST TOT.-

EINE GEWISSENLOSE CLIQUE FRONTFREMDER PARTEIFUEHRER HAT ES UNTER AUSNUTZUNG DIESER LAGE VERSUCHT, DER SCHWERRINGENDEN FRONT IN DEN RUECKEN ZU FALLEN UND DIE MACHT ZU EIGENUETZIGEN ZWECKEN AN SICH ZU REISZEN.-

2) IN DIESER STUNDE HOECHSTER GEFAHR HAT DIE REICHSREGIERUNG ZUR AUFRECHTERHALTUNG VON RECHT UND ORDNUNG DEN MILITAERISCHEN AUSNAHMEZUSTAND VERHAENGT UND MIR ZUGLEICH MIT DEM OBERBEFEHL UEBER DIE WEHRMACHT DIE VOLLZIEHENDE GEWALT UEBERTRAGEN.-

3) HIERZU BEFEHLE ICH:

EINS) ICH UEBERTRAGE DIE VOLLZIEHENDE GEWALT - MIT DEM RECHT DER DELEGATION

Vordrucklager der Kriegsmarine: J. J. Augustin in Glückstadt. — (MS 34548) — 100000 VI Din A 4

Fernschreiben an den Chef des Stabes der Seekriegsleitung, 20. Juli 1944, 19.28 Uhr

Quelle: BArch, RM 7/101, Bl. 72 f.

AUF DIE TERRITORALEN BEFEHLSHABER - IN
DEM HEIMATKRIEGSGEBIET AUF DEN BEF HABER
DES ERSATZHEERES, UNTER GLEICHZEITIGER
ERNENNUNG ZUM OB BEF HABER
IM HEIMTKRIEGSGEBIET, IN DEN BESETZTEN
WESTGEBIETEN AUF DEN OB BEF HABER WEST
(OB BEF HABER DER H GR D), IN ITAL
AUF DEN OB SUEDWEST (OB BEF HABER
DER H GR C), IN DEM SUEDOSTRAUM AUF
OB SUEDOST (OB BEF HABER DER H GR F),
IN DEN BESETZTEN OSTGEBIETEN AUF DIE
OB BEF HABER DER H GR SUEDUKRAINE,
NORD UKRAINE, MITTE, NORD UND DEN W
WEHRMACHTBEF HABER OSTLAND FUER IHREN
JEWEILIGEN BEF BEREICH, IN DAEN UND
NORW AUF DIE WEHR MACH BEF HABER.-
ZWEI) DEN INHABERN DER VOLLZIEHENDEN
GEWALT SIND UNTERSTELLT: R
A) SAEMTLICHE IN IHREN BEF BERICH
BEFINDLICHEN DIENSTSTELLEN UND
EINHEITEN DER WEHRMACHT EINSCHL DER
WAFFEN SS DES RAD UND DER OT.-
B) ALLE OEFFENTLICHEN BEHOERDEN
(DES REICHS, DER LAENDER UND DER
GEMEINDEN), INSBES DIE GESAMTE

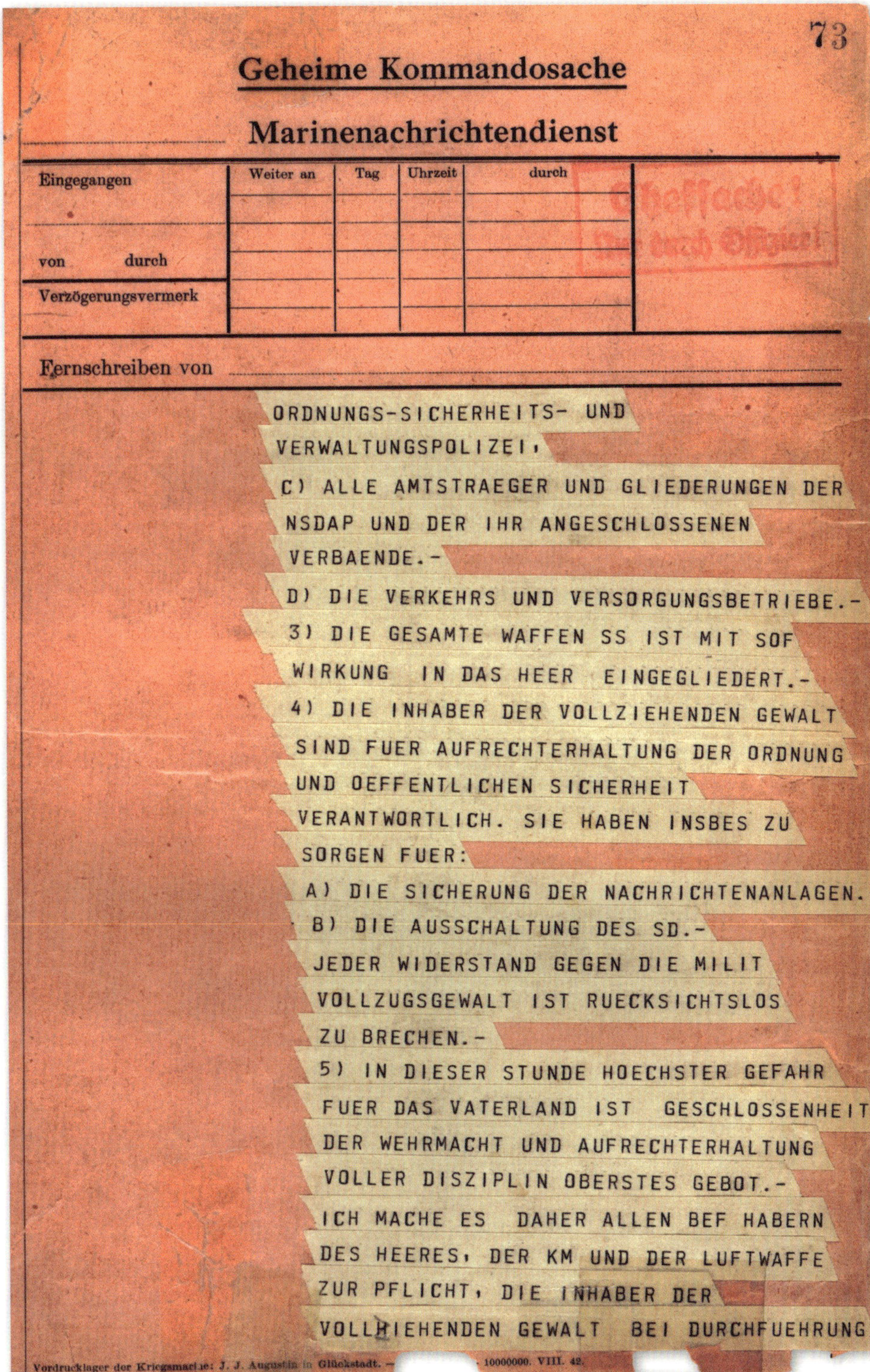

73

Geheime Kommandosache

Marinenachrichtendienst

Eingegangen	Weiter an	Tag	Uhrzeit	durch	Chefsache! Nur durch Offizier!
von durch					
Verzögerungsvermerk					

Fernschreiben von

ORDNUNGS-SICHERHEITS- UND
VERWALTUNGSPOLIZEI,
C) ALLE AMTSTRAEGER UND GLIEDERUNGEN DER
NSDAP UND DER IHR ANGESCHLOSSENEN
VERBAENDE.-
D) DIE VERKEHRS UND VERSORGUNGSBETRIEBE.-
3) DIE GESAMTE WAFFEN SS IST MIT SOF
WIRKUNG IN DAS HEER EINGEGLIEDERT.-
4) DIE INHABER DER VOLLZIEHENDEN GEWALT
SIND FUER AUFRECHTERHALTUNG DER ORDNUNG
UND OEFFENTLICHEN SICHERHEIT
VERANTWORTLICH. SIE HABEN INSBES ZU
SORGEN FUER:
A) DIE SICHERUNG DER NACHRICHTENANLAGEN.-
B) DIE AUSSCHALTUNG DES SD.-
JEDER WIDERSTAND GEGEN DIE MILIT
VOLLZUGSGEWALT IST RUECKSICHTSLOS
ZU BRECHEN.-
5) IN DIESER STUNDE HOECHSTER GEFAHR
FUER DAS VATERLAND IST GESCHLOSSENHEIT
DER WEHRMACHT UND AUFRECHTERHALTUNG
VOLLER DISZIPLIN OBERSTES GEBOT.-
ICH MACHE ES DAHER ALLEN BEF HABERN
DES HEERES, DER KM UND DER LUFTWAFFE
ZUR PFLICHT, DIE INHABER DER
VOLLZIEHENDEN GEWALT BEI DURCHFUEHRUNG

Vordrucklager der Kriegsmarine: J. J. Augustin in Glückstadt. — 10000000. VIII. 42.

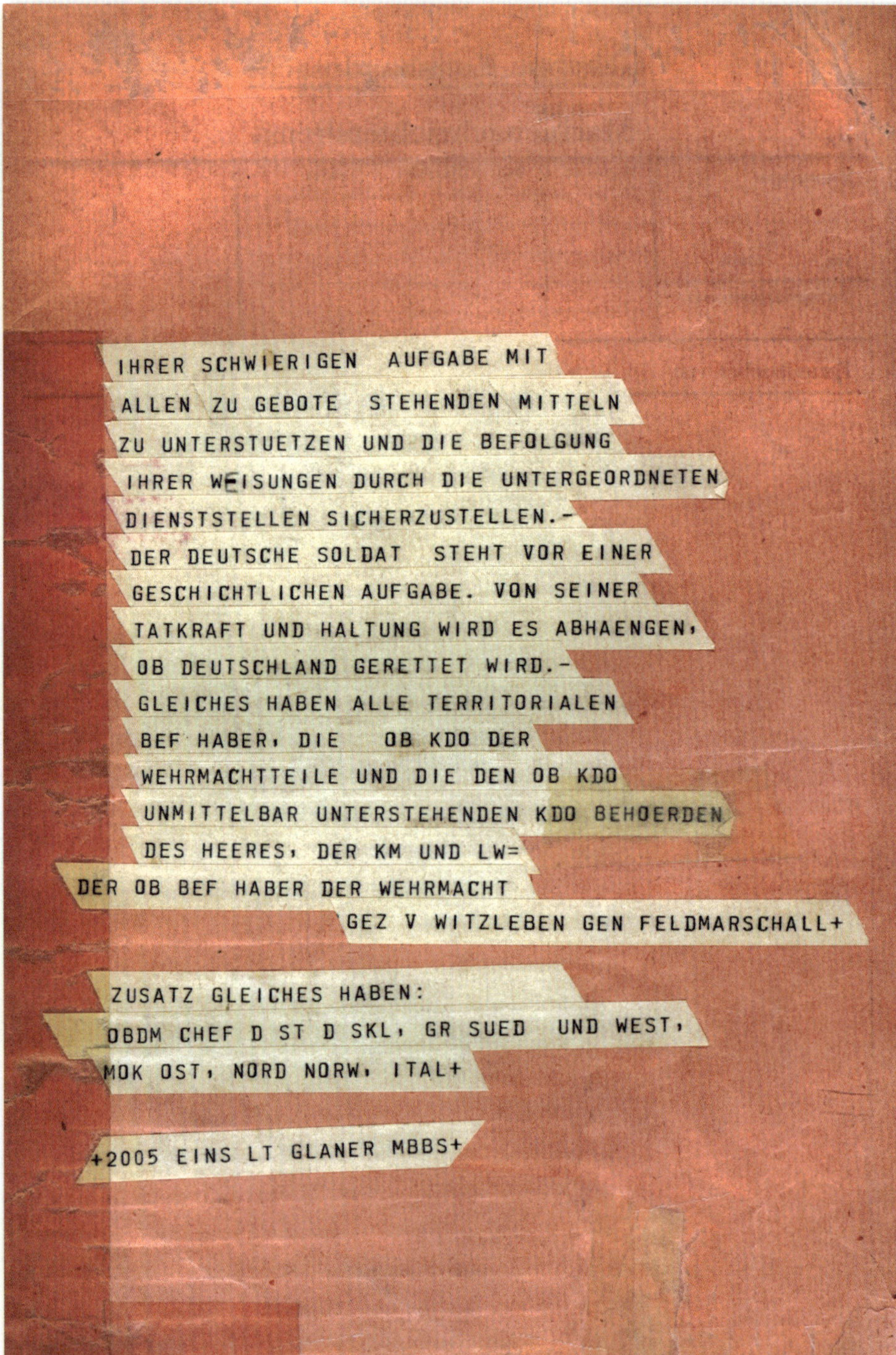

IHRER SCHWIERIGEN AUFGABE MIT
ALLEN ZU GEBOTE STEHENDEN MITTELN
ZU UNTERSTUETZEN UND DIE BEFOLGUNG
IHRER WEISUNGEN DURCH DIE UNTERGEORDNETEN
DIENSTSTELLEN SICHERZUSTELLEN.-
DER DEUTSCHE SOLDAT STEHT VOR EINER
GESCHICHTLICHEN AUFGABE. VON SEINER
TATKRAFT UND HALTUNG WIRD ES ABHAENGEN,
OB DEUTSCHLAND GERETTET WIRD.-
GLEICHES HABEN ALLE TERRITORIALEN
BEF HABER, DIE OB KDO DER
WEHRMACHTTEILE UND DIE DEN OB KDO
UNMITTELBAR UNTERSTEHENDEN KDO BEHOERDEN
DES HEERES, DER KM UND LW=
DER OB BEF HABER DER WEHRMACHT
GEZ V WITZLEBEN GEN FELDMARSCHALL+

ZUSATZ GLEICHES HABEN:
OBDM CHEF D ST D SKL, GR SUED UND WEST,
MOK OST, NORD NORW, ITAL+

+2005 EINS LT GLANER MBBS+

Regierungsviertel, gegen 18.30 Uhr

Major Remer hat die Sperrlinie des Regierungsviertels zweimal abgefahren und festgestellt, dass sie umfassend ist. Er erhält von einem Kompanieführer die Mitteilung Hagens, dass es sich um einen „Militärputsch" handle und er sofort zu Goebbels kommen solle. Remer will daraufhin General von Hase gefragt haben, ob er dorthin fahren könne. Von Hases Antwort sei gewesen: „Remer, Sie bleiben hier." Trotz dieses Befehls will sich Remer entschlossen haben, umgehend zu Goebbels zu fahren.

Bendlerblock, nach 18.30 Uhr

Hauptmann Helmuth Cords, dem die Sicherung des Haupttors an der Bendlerstraße anvertraut worden ist, ist

„sehr erstaunt, als um 18.30 Uhr ungefähr drei oder vier Oberstleutnante – [Hans Heinrich] Kuban war einer von ihnen – sehr gelassen durch den Hof kamen und kurz mit mir sprachen. Sie mussten wohl schon die Radio-Nachrichten gehört haben, und gaben mir zu verstehen, dass irgendetwas ‚nicht ganz richtig' sei. Das war für mich das erste Anzeichen, dass diese Oberstleutnants nicht dazu gehörten und müßig spazieren gehen konnten, während, wie ich von meinen häufigen, aber kurzen Besuchen in Stauffenbergs Dienstzimmer wusste, dort sehr aufgeregt und hektisch gearbeitet wurde. Noch war aber kein Anzeichen, dass sie sich mit der Waffe gegen Stauffenberg stellen würden, das kam dann wohl erst später, als sie sich ihrer Zukunft versichern wollten."

Quelle: Gedenkstätte Deutscher Widerstand, Brief von Helmuth Cords vom 11. April 1971

Bendlerblock, nach 18.30 Uhr

Oberstleutnant Herber, der dienstälteste Gruppenchef im Allgemeinen Heeresamt, gibt Major Herbert Fliessbach den Befehl, sofort Maschinenpistolen, Handgranaten und Munition zu besorgen. Die Handgranaten und die Munition werden von der Heeresmunitionsanstalt in Töpchin gegen 20 Uhr geliefert, die Maschinenpistolen gegen 21.45 Uhr aus Spandau.

Bendlerblock, Nachrichtenzentrale, gegen 18.45 Uhr

Leutnant Röhrig erhält von einer Sekretärin des Allgemeinen Heeresamts dieses Fernschreiben. Er will es verzögert haben und von 20.20 bis 21.15 Uhr nur an einige Anschriften versandt haben.

Abschrift des Fernschreibens der Ernennung Hoepners zum Befehlshaber des Ersatzheeres und Oberbefehlshaber des Heimatkriegsgebiets durch Erwin von Witzleben aus den Akten der Sonderkommission 20. Juli 1944

Danach wurde das Fernschreiben bereits um 20.08 Uhr versandt.

Quelle: BArch; NS 6/1, fol. 122

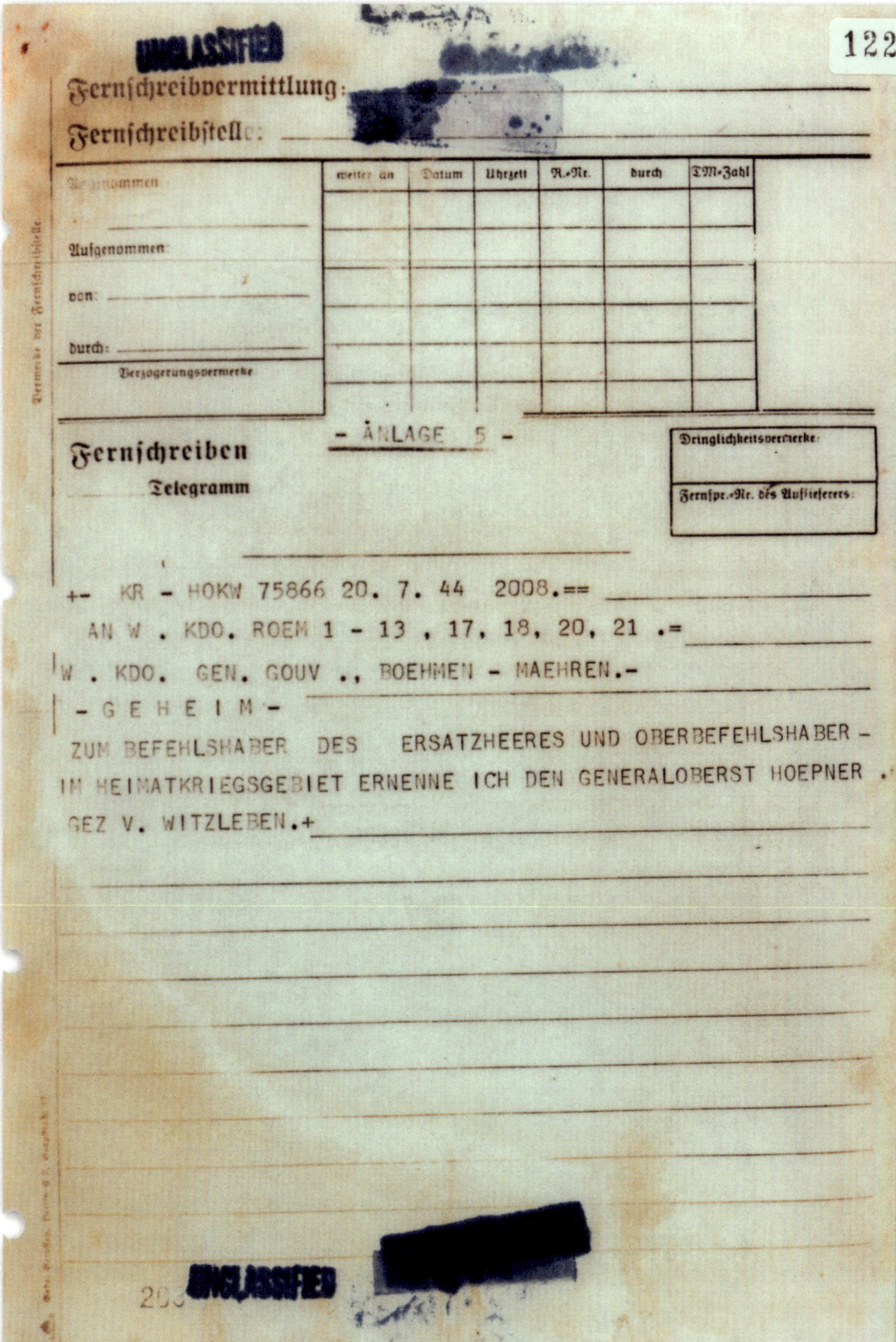

UNCLASSIFIED

122

Fernschreibvermittlung:

Fernschreibstelle:

Angenommen

Aufgenommen:

von:

durch:

Verzögerungsvermerke

weiter an	Datum	Uhrzeit	R.-Nr.	durch	TM-Zahl

- ANLAGE 5 -

Fernschreiben
Telegramm

Dringlichkeitsvermerke:

Fernspr.-Nr. des Auflieferers:

+- KR - HOKW 75866 20. 7. 44 2008.==

AN W . KDO. ROEM 1 - 13 , 17, 18, 20, 21 .=

W . KDO. GEN. GOUV ., BOEHMEN - MAEHREN.-

- G E H E I M -

ZUM BEFEHLSHABER DES ERSATZHEERES UND OBERBEFEHLSHABER -

IM HEIMATKRIEGSGEBIET ERNENNE ICH DEN GENERALOBERST HOEPNER .=

GEZ V. WITZLEBEN.+

UNCLASSIFIED

Stadtkommandantur, kurz vor 19 Uhr

Ein Offizier informiert von Hase über die Nachricht von Hitlers Überleben. Er ruft bei Olbricht an und fragt, ob alle Maßnahmen jetzt abgebrochen werden sollen. Olbricht antwortet: „Diese Radiosendung entspricht nicht der Wahrheit; sie ist von der Gegenseite ausgegeben worden, um die innere Verwirrung zu erhöhen."

Stab des Befehlshabers des Ersatzheeres, gegen 19 Uhr

Oberst Wolfgang Glaesemer trifft im Bendlerblock ein. Er hat die Nachricht vom Überleben Hitlers gehört und befragt Olbricht. Dieser bestätigt Hitlers Tod; Glaesemer soll sich bei Mertz von Quirnheim melden, dieser werde ihm weitere Befehle geben. Glaesemer verweigert sich; daraufhin wird er von Mertz in einer oberen Etage festgesetzt. Nach einiger Zeit gelingt es einem seiner Offiziere ihn zu informieren, dass die ersten Panzer an der Siegessäule eingetroffen sind. Glaesemer soll keine Befehle Olbrichts mehr befolgen, jedoch auf Weisung von Oberst Bolbrinker sofort zur Inspektion der Panzertruppen an den Fehrbelliner Platz kommen. Dies sei ein Befehl des Generalinspekteurs der Panzertruppen, General Heinz Guderian. Glaesemer behauptet jetzt im Allgemeinen Heeresamt, er werde die Befehle Olbrichts befolgen und kann den Bendlerblock verlassen.

Das Ausbleiben der Unterstützung durch die Einheiten der Panzerschule bedeutet, dass zu keiner Zeit die für den Umsturzversuch vorgesehenen Panzer tatsächlich eingesetzt werden.

Stab des Befehlshabers des Ersatzheeres, gegen 19 Uhr

Stauffenberg erhält einen Anruf von General Ferdinand Schaal aus Prag, der Fromm sprechen will. Nach dem Gespräch übernimmt Schaal die Vollziehende Gewalt als Wehrkreisbefehlshaber im „Protektorat Böhmen und Mähren".

Stadtkommandantur, gegen 19 Uhr

Oberst Fritz Jaeger erscheint auf Weisung Olbrichts bei von Hase und bittet um einen Stoßtrupp, damit er jetzt endlich Goebbels festnehmen könne. Die von von Hase angeforderten Einheiten sind jedoch noch nicht eingetroffen und ein vorhandener Stoßtrupp erscheint Jaeger nicht kampfkräftig genug. Als ihm mitgeteilt wird, dass Truppen der Krampnitzer Panzertruppenschule am Brandenburger Tor stehen, fährt er dorthin, um sich diese zu unterstellen. Ein Offizier der Einheit verweigert jedoch den Befehl Jaegers, zwingt ihn in seinen Wagen und bringt ihn zum Stellvertretenden Generalkommando, wo Jaeger später am Abend festgenommen wird.

Ministerwohnung Goebbels, gegen 19 Uhr

Major Remer meldet sich bei Goebbels und wird von diesen telefonisch mit Hitler verbunden. Hitler unterstellt sich Remer direkt und befiehlt, den Militärputsch sofort niederzuwerfen. Er verlegt seinen Befehlsstand in das Vorzimmer von Goebbels. Remer telefoniert mit Major Wackernagel in Cottbus. Dieser meldet ihm, dass Teile der Panzergrenadier-Ersatzbrigade „Großdeutschland" auf Königs Wusterhausen marschieren, um den Deutschlandsender zu besetzen. In der folgenden Stunde berichtet Remer mehrfach Goebbels.

Stellvertretendes Generalkommando des III. Armeekorps, Hohenzollerndamm, nach 19 Uhr

Generalleutnant Karl von Thüngen, der jetzt als Nachfolger des im Bendlerblock festgesetzten Kortzfleisch als Befehlshaber des Wehrkreises III agiert, bespricht sich mit General Paul von Hase, der auf Thüngens Bitte ins Generalkommando gefahren ist, und Generalmajor Otto Herfurth. Von Hase teilt mit: „Es ist alles ruhig; es ist zu keinem

Blutvergießen gekommen." Thüngen hat die Mitteilung von Hitlers Überleben gehört. Für ihn ist die Lage „völlig unklar; es ist aber gesagt worden, dass der Führer im Radio selber sprechen wird; bei dieser Gelegenheit werden wir an der Stimme erkennen, ob er lebt oder nicht." Im Anschluss wird Thüngen von Oertzen in Anwesenheit von Herfurth über die bisher ergangenen „Walküre"-Befehle informiert.

Haus des Rundfunks, Masurenallee, nach 19 Uhr

Major Remer meldet sich telefonisch bei Major Jakob und will ihn mit Goebbels verbinden. Dies schlägt zunächst fehl, kurz danach kommt das Gespräch zustande. Karl Schober berichtet darüber:

„Später aber wurde eine telefonische Unterredung im Bunker neben dem Funkhaus zwischen Goebbels und Jakob vermittelt. Es gab dort eine direkte Leitung zum Propaganda-Ministerium. Goebbels eröffnete das Gespräch mit den Worten: ‚Herr Major, Sie haben das Funkhaus besetzt. Wie ist Ihre Einstellung?' Jakob stellte die Gegenfrage: ‚Wie ist Ihre Einstellung, Herr Minister?' Darauf Goebbels: ‚Diese Frage habe ich erwartet. Ich werde Sie aufklären.' […] Goebbels sagte ihm dann, er solle keine Befehle entgegennehmen von Olbricht, Beck, Höppner und Kortzfleisch. Eine kleine Gruppe des OKH habe den Anschlag auf den Führer verübt. Und dann: ‚Sie erhalten weitere Befehle von der Infanterie-Schule. Aus dem Funkhaus darf nur auf meine ausdrückliche Weisung hin gesendet werden.' Den letzten Satz des Ministers wiederholte Jakob gegenüber den im Bunker anwesenden Sprechern und Technikern. Abschließend fragte Jakob den Minister: ‚Was soll mit der SS im Funkhaus geschehen?' Goebbels antwortete: ‚Lassen Sie das alles so, wie es ist.' Kurze Zeit danach wurde der Major von der Infanterie-Schule angerufen und gefragt, ob es bei der Besetzung des Funkhauses zu Schießereien gekommen sei. Jakob verneinte. Wenig später erschien sein damaliger Lehrgruppenkommandeur im Funkhaus. Die Offiziere der Kampfgruppe wurden zusammengerufen. Es wurde ihnen mitgeteilt, daß der Anschlag auf Hitler, wie Goebbels gesagt hatte, von Offizieren des OKH verübt worden war."

Quelle: Karl Schober, Eine Chance blieb ungenutzt, in: Darauf kam die Gestapo nicht. Beiträge zum Widerstand im Rundfunk, Berlin 1961, S. 63 ff.

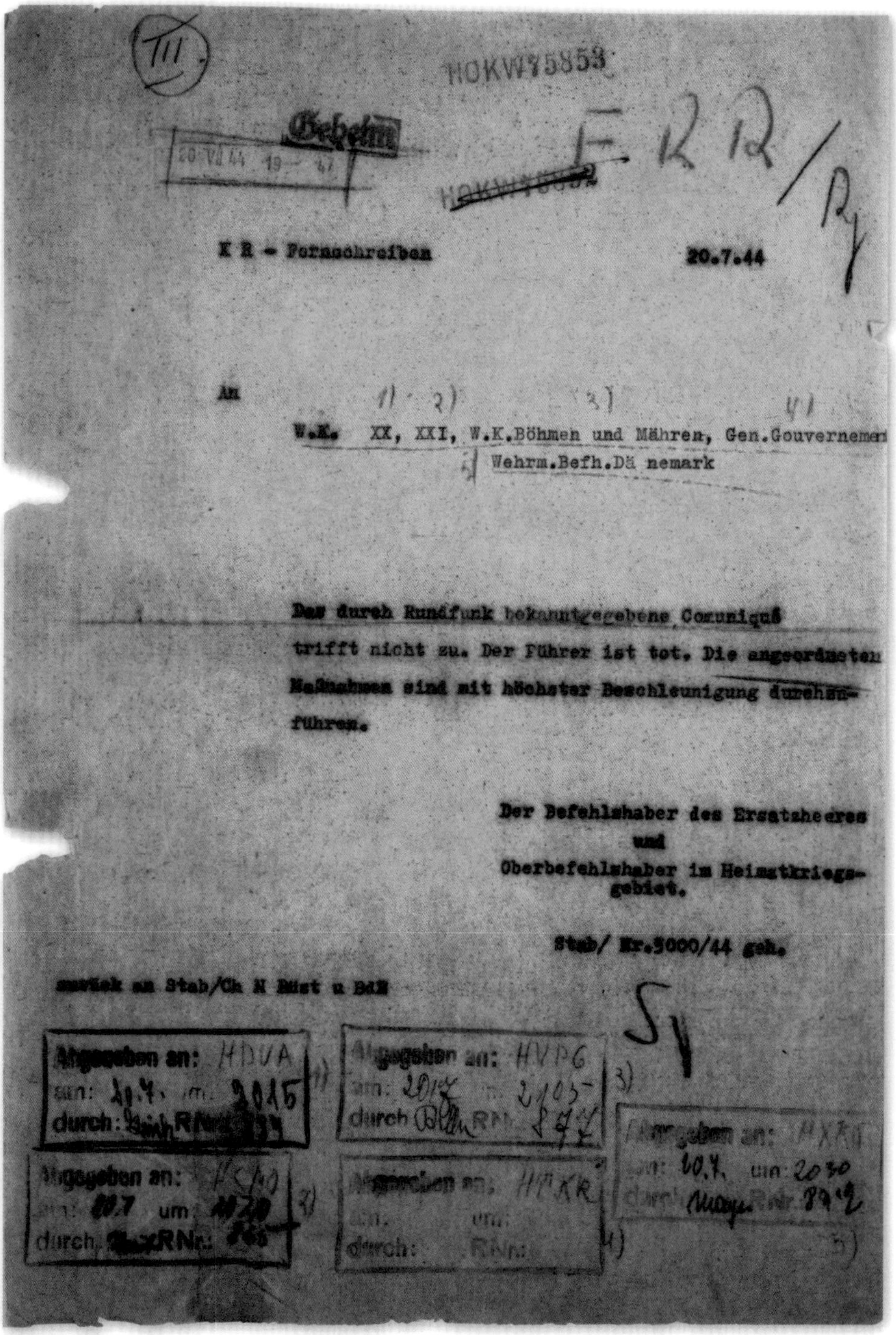

HOKW 75853

Geheim

20 VII 44 19 – 47

K R – Fernschreiben 20.7.44

An

W.K. XX, XXI, W.K.Böhmen und Mähren, Gen.Gouvernement
Wehrm.Befh.Dänemark

Das durch Rundfunk bekanntgegebene Comuniqué trifft nicht zu. Der Führer ist tot. Die angeordneten Maßnahmen sind mit höchster Beschleunigung durchzuführen.

Der Befehlshaber des Ersatzheeres
und
Oberbefehlshaber im Heimatkriegsgebiet.

Stab/ Nr.3000/44 geh.

zurück an Stab/Ch N Rüst u BdE

Fernschreiben mit der Paraphe Stauffenbergs,
20. Juli 1944, 19.47 Uhr

Quelle: Privatbesitz

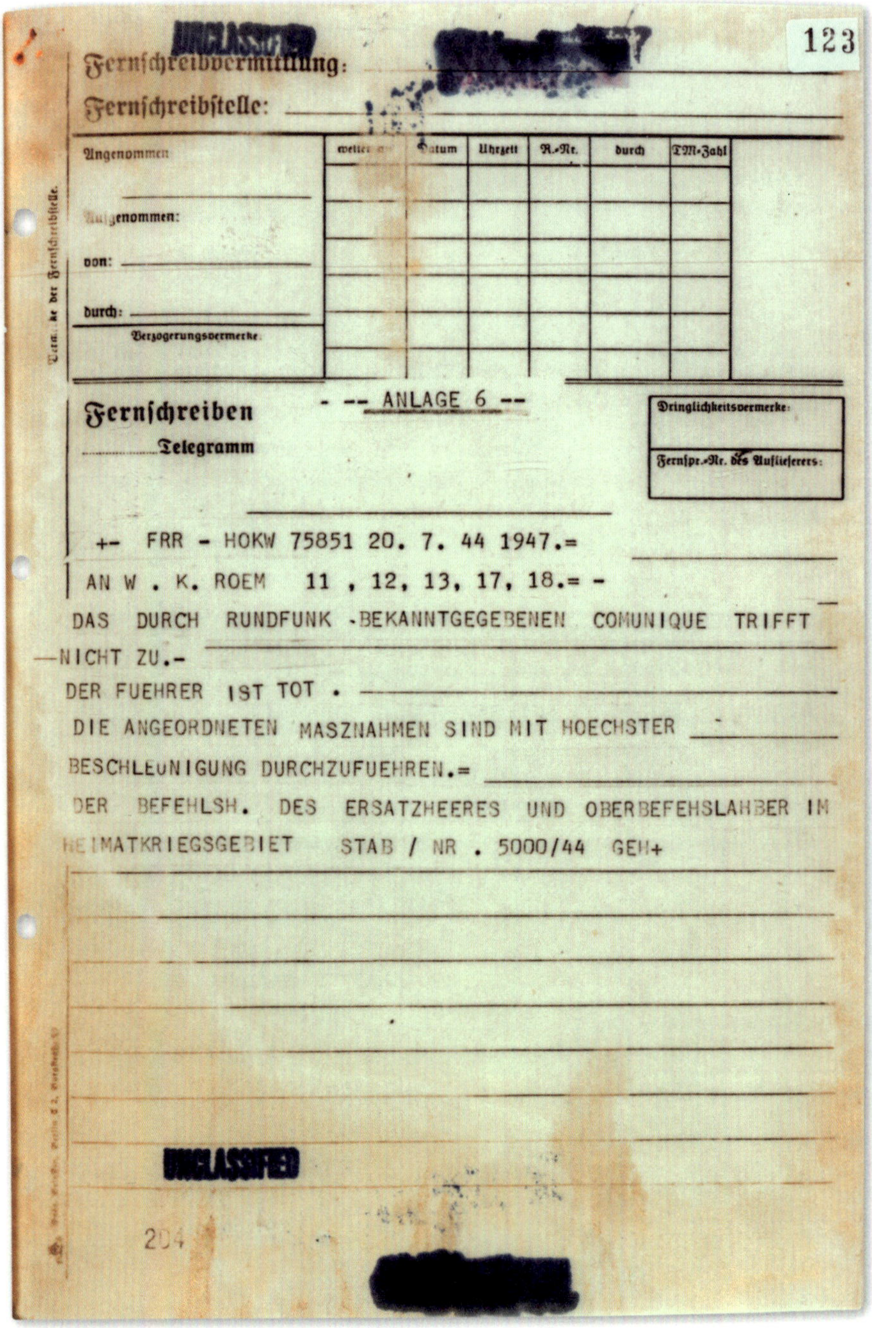

UNCLASSIFIED

123

Fernschreibvermittlung:

Fernschreibstelle:

Angenommen

Aufgenommen:

von:

durch:

Verzögerungsvermerke

weiter an	Datum	Uhrzeit	R.-Nr.	durch	TM-Zahl

Fernschreiben

Telegramm

- -- ANLAGE 6 --

Dringlichkeitsvermerke:

Fernspr.-Nr. des Auflieferers:

+- FRR - HOKW 75851 20. 7. 44 1947.=

AN W . K. ROEM 11 , 12, 13, 17, 18.= -

DAS DURCH RUNDFUNK -BEKANNTGEGEBENEN COMUNIQUE TRIFFT NICHT ZU.-

DER FUEHRER IST TOT .

DIE ANGEORDNETEN MASZNAHMEN SIND MIT HOECHSTER BESCHLEUNIGUNG DURCHZUFUEHREN.=

DER BEFEHLSH. DES ERSATZHEERES UND OBERBEFEHSLAHBER IM HEIMATKRIEGSGEBIET STAB / NR . 5000/44 GEH+

UNCLASSIFIED

204

Abschrift des Fernschreibens aus den Unterlagen der Sonderkommission 20. Juli 1944

Diese Ausfertigung des Fernschreibens zeigt, dass es um 19.47 Uhr an die Wehrkreise XI (Hannover), XII (Wiesbaden), XIII (Nürnberg), XVII (Wien) und XVIII (Salzburg) gesandt wurde.

Quelle: BArch, NS 6/1, fol. 123

Bendlerblock, Nachrichtenzentrale, gegen 19.15 Uhr

Eine Sekretärin überbringt Leutnant Röhrig die Ernennungen der Politischen Beauftragten und der Verbindungsoffiziere in den Wehrkreisen. Diese Fernschreiben werden zwischen 19.48 und 19.50 Uhr abgesetzt.

Die Ernennungen erreichen die Beauftragten und Verbindungsoffiziere nicht mehr. Fast alle werden in den Tagen darauf von der Gestapo festgenommen.

Wehrkreis	Pol. Beauftragter	Unterbeauftragter	Verbindungsoffizier
I Königsberg	Heinrich Graf zu Dohna		Heinrich Graf von Lehndorff
II Stettin	Achim Freiherr von Willisen	Ewald von Kleist-Schmenzin	Hans-Jürgen Graf von Blumenthal
IV Dresden	Walter Cramer		Hans Oster
V Stuttgart	Albrecht Fischer		Reinhold Frank
VI Münster	Bernhard Letterhaus	Felix Sümmermann	
VII München	Otto Geßler		Ludwig Freiherr von Leonrod
VIII Breslau	Hans Lukaschek	Fritz Voigt	Friedrich Scholz-Babisch
IX Kassel	Gustav Noske	August Frölich	Ulrich Freiherr von Sell
X Hamburg	Gustav Dahrendorf	Theodor Tantzen	
XI Hannover	Arthur Menge	Hermann Lüdemann	Siegfried Wagner
XII Wiesbaden	Ludwig Schwamb	Bartholomäus Kossmann	Hermann Kaiser
XIII Nürnberg	Georg Böhme		
XVII Wien	Karl Seitz	Josef Reither	Rudolf Graf von Marogna-Redwitz
XVIII Salzburg	Franz Rehrl	Anton Mörl-Pfalzen	Otto Armster
XX Danzig	Ferdinand Freiherr von Lüninck		Hasso von Boehmer
XXI Posen	Ernst Vollert		Georg Conrad Kißling
Böhmen-Mähren			Nikolaus Graf von Üxküll-Gyllenband

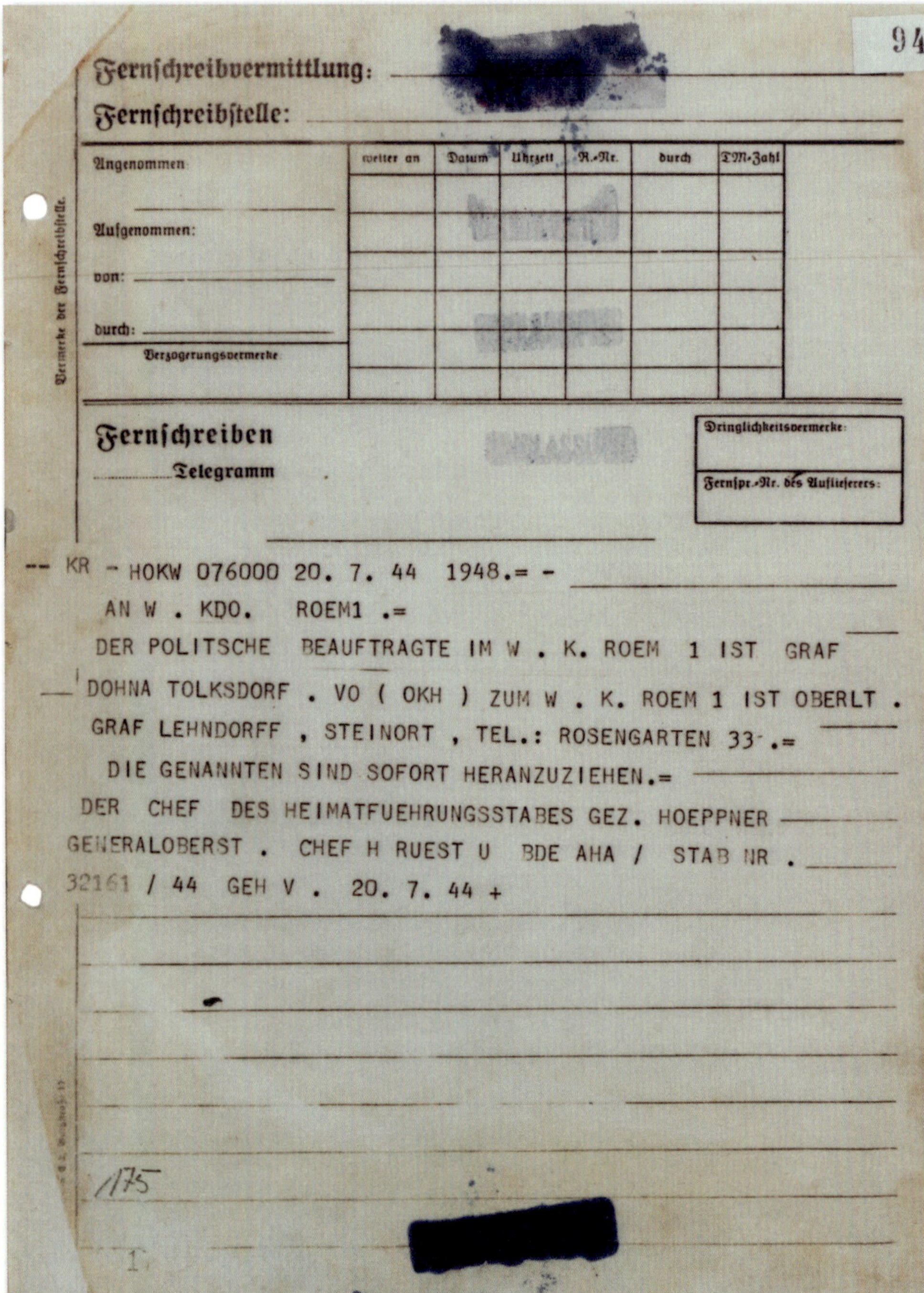

94

Fernschreibvermittlung:

Fernschreibstelle:

Angenommen	weiter an	Datum	Uhrzeit	R.-Nr.	durch	TM-Zahl
Aufgenommen:						
von:						
durch:						
Verzögerungsvermerke						

Vermerke der Fernschreibstelle.

Fernschreiben

Telegramm

Dringlichkeitsvermerke:

Fernspr.-Nr. des Auflieferers:

-- KR - HOKW 076000 20. 7. 44 1948.= -

AN W . KDO. ROEM1 .=

DER POLITSCHE BEAUFTRAGTE IM W . K. ROEM 1 IST GRAF DOHNA TOLKSDORF . VO (OKH) ZUM W . K. ROEM 1 IST OBERLT . GRAF LEHNDORFF , STEINORT , TEL.: ROSENGARTEN 33 .=

DIE GENANNTEN SIND SOFORT HERANZUZIEHEN.=

DER CHEF DES HEIMATFUEHRUNGSSTABES GEZ. HOEPPNER GENERALOBERST . CHEF H RUEST U BDE AHA / STAB NR . 32161 / 44 GEH V . 20. 7. 44 +

1175

Ernennung des politischen Beauftragten und des Verbindungsoffiziers für den Wehrkreis XX (Danzig), 20. Juli 1944, 19.49 Uhr

Quelle: BArch, NS 6 /1, fol. 108

Bendlerblock, gegen 19.30 Uhr

Olbricht bittet General Thiele, die Nachrichtenverbindungen vom „Führerhauptquartier Wolfschanze" abschalten zu lassen. Thiele hat sich durch einen Anruf bei Fellgiebel am späten Nachmittag vergewissert, dass Hitler lebt und sich danach auf sein Dienstzimmer zurückgezogen. Jetzt hält er Olbrichts Bitte für „zwecklos" und lehnt sie ab.

Stab des Befehlshabers des Ersatzheeres, kurz vor 20 Uhr

Stauffenberg telefoniert mit dem Chef des Stabes der Heeresgruppe Nord Generalmajor Eberhard Kinzel und teilt mit, dass die Rundfunkmeldungen über das Überleben Hitlers falsch seien. Beck habe die Bildung einer neuen Regierung übernommen. Hoepner sei Oberbefehlshaber im Heimatkriegsgebiet und Inhaber der vollziehenden Gewalt geworden.

„Nach Ansicht der neuen Führung kommt es für die Heeresgruppe Nord darauf an, in dem schon im OKH besprochenen Sinne zu verfahren, d.h. die Heeresgruppe unverzüglich zurückzuführen, um die Ostprovinz des Reiches zu retten. Generaloberst Beck wird dazu noch sprechen.

Generaloberst Beck ergreift das Wort und erklärt, daß es, soweit er das übersehen könne, nunmehr darauf ankommt, daß die Heeresgruppe sich unverzüglich nach Westen durchschlägt unter Verzögerung des feindlichen Vormarsches an den bisherigen Kampffronten. Dieser Entschluß muß durchgeführt werden, auch wenn von der bisherigen Führung der Wehrmacht entgegengesetzte Befehle gegeben worden sind. Jeder Führer hat dabei die Handlungsfreiheit, die er vor seinem Gewissen und vor der Geschichte verantworten kann, er haftet dafür mit seinem Kopf. Sich einfach – wie bei Stalingrad – einschließen zu lassen, das ist keine Führung. Ob das, was er anregt, durchführbar sei, müsse die Führung der Heeresgruppe besser wissen. Chef erklärt, daß es jetzt nur langsam und schrittweise durchführbar sei. Generaloberst Beck betont, daß das jedenfalls immer noch besser sei, als sich sinnlos einschließen zu lassen, wie das bei Stalingrad geschehen sei und sich jetzt hier wieder anbahne."

Quelle: Auszug aus dem Kriegstagebuch der Heeresgruppe Nord vom 20. Juli 1944, zit. nach: Bundeszentrale für politische Bildung, Der 20. Juli 1944, 5. Auflage, Bonn 1964, S. 150 f.

Beck agiert hier nicht als ziviles Staatsoberhaupt, sondern als militärischer Oberbefehlshaber, hat also die Funktion übernommen, die der noch nicht im Bendlerblock eingetroffene Generaloberst von Witzleben übernehmen soll.

Bendlerblock, Nachrichtenzentrale, gegen 19.45 Uhr

Leutnant Röhrig informiert seinen Chef Oberst Otto Köllner über die bei ihm aufgetretenen Zweifel. Gegen 20 Uhr überbringt eine Sekretärin des Allgemeinen Heeresamtes Röhrig den Befehl mit der Standrechtverordnung Nr. 1 mit der Unterschrift von Hoepner und der Paraphe von Albrecht Ritter Mertz von Quirnheim. Röhrig behauptet später, diese Fernschreiben nur an die Wehrkreise I und X gesandt zu haben. Von dieser Ausfertigung hätte das Fernschreiben an die Wehrkreise XIII, XVII, XVIII, XX, XXI und Böhmen-Mähren gesandt werden sollen. Sie trägt jedoch keine Erledigungsvermerke.

Standrechtverordnung Nr. 1, 20. Juli 1944, 20.26 Uhr

Quelle: Privatbesitz

63

A 7

VIII

HOKW451902

20 VII 44 20 20

F R R

1934

An

W.Kdo. roem. 1 - 13, 17, 18, 20, 21

W.Kdo. Gen. Gouv., Böhmen-Mähren

Standrechtverordnung Nr. 1

Für das gesamte Reichsgebiet ordne ich an:

I) Aufmärsche, Kundgebungen und Gruppenbildungen auf Straßen und Plätzen sowie Versammlungen in geschlossenen Räumen sind verboten.

II) Zum Tragen von Waffen sind nur die Wehrmacht und die ihr unterstellte Polizei sowie die dienstlich mit militärischen und sonstigen Bewachungsaufgaben betrauten Formationen berechtigt. Alle hiernach zum Tragen von Waffen nicht berechtigten Personen müssen den Besitz von Waffen jeglicher Art innerhalb von 24 Stunden nach Veröffentlichung dieser Anordnung bei den zuständigen Polizeirevieren und, soweit solche nicht vorhanden sind, bei den Ortspolizeibehörden melden.

III) Es ist untersagt, Flugblätter herzustellen und zu verteilen.

IV) Wer den vorstehenden Anordnungen zuwiderhandelt, verfällt dem Standrecht.

Der Oberbefehlshaber im Heimatkriegsgebiet
gez. Hoepner
Generaloberst

Ministerwohnung Goebbels/Stadtkommandantur, zwischen 20.00 und 20.30 Uhr

Remer fährt noch einmal zur Stadtkommandantur, die er aber nicht mehr betritt. Er lässt das gesamte Wachbataillon jetzt die Sperrlinie verlassen und sammelt es im Garten der Ministerwohnung von Goebbels. Er befiehlt zudem, dass sämtliche am Brandenburger Tor eintreffenden Truppenteile dorthin umgeleitet werden sollen. Goebbels hält nach 20.30 Uhr eine Ansprache an die jetzt in seinem Garten wartenden Soldaten. Remer beschreibt die Situation zwei Tage später so:

„Er [Goebbels, d. V.] umriss kurz die Situation, geißelte mit offenen Worten den verbrecherischen Anschlag auf das Leben des Führers und wies auf die geschichtliche Aufgabe hin, die in diesem Augenblick dem Wachbtl. Großdeutschland gestellt sei. Anschließend teilte ich meinen Männern mit, dass ich vom Führer persönlich den Auftrag bekommen habe, jeden Widerstand rücksichtslos zu brechen. Ich entschloss mich, den Gebäudekomplex Reichskanzlei – Wilhelmstraße – Hermann-Göring-Straße mit 2 Kompanien zur Nahverteidigung einzurichten."

Quelle: BArch, NS 6/23, fol. 11 ff., Bericht Remers vom 22. Juli 1944.

In den folgenden Stunden hält sich Remer in der unmittelbaren Nähe von Goebbels auf. Sein Ziel ist es, möglichst viele der nach Berlin befohlenen Kräfte entweder zu sich umzuleiten oder die Umkehr in die Standorte zu befehlen.

Bendlerblock, gegen 20.30 Uhr

Generalfeldmarschall Erwin von Witzleben trifft mit Wilhelm-Friedrich Graf von Lynar im Bendlerblock ein. Witzleben war vorher bis 20 Uhr etwa eine Stunde in Zossen bei Generalquartiermeister Eduard Wagner gewesen und hatte sich mit diesem über die Lage beraten. Bei Wagner erfuhr er auch von den Radiomeldungen, nach denen Hitler überlebt hatte.

Witzleben wird am Haupttor nicht von Hauptmann Cords erkannt.
Da er auch nicht über einen Sonderausweis verfügt, muss dieser erst bei Stauffenberg nachfragen, ob er Witzleben einlassen soll.

Witzleben und Lynar begeben sich in den zweiten Stock, wo sich Witzleben im Dienstzimmer Fromms bei Beck meldet. Sie sprechen in Fromms Arbeitszimmer zuerst unter vier Augen, danach werden Stauffenberg und Schwerin von Schwanenfeld hinzugezogen, später Hoepner, Olbricht und Mertz von Quirnheim. Beck berichtet Witzleben über die ergriffenen Maßnahmen und die Befehle, die mit Witzlebens Unterschrift bereits hinausgegangen sind.

Witzleben ist mit dem bisher Erreichten nicht zufrieden: Hitler lebt, der Rundfunk ist nicht unter Kontrolle und es stehen auch nicht genügend Truppen zur Verfügung. Er spricht es deutlich aus: „Schöne Schweinerei, das!"

Vor dem „Volksgerichtshof" sagt Witzleben am 7. August 1944 aus: „Alles war vorbei mit dem Moment, wo wir die Reichshauptstadt nicht in unsere Hände kriegten."

Er ist dennoch bereit, noch einmal nach Zossen zu fahren, um zu sehen, ob von dort aus noch etwas unternommen werden kann. Er trifft gegen 22 Uhr dort ein und informiert Generalquartiermeister Wagner sowie Oberstleutnant Bernhard Klamroth, bevor er gegen 23 Uhr nach Gut Seese zurückfährt.

Bendlerblock, nach 20.30 Uhr

Otto John hat die Ankunft Witzlebens beobachtet. Er verlässt den Bendlerblock, um den preußischen Finanzminister Johannes Popitz über den bisherigen Verlauf des Umsturzversuches zu informieren. Vorher hat er gegen 20 Uhr seinen Bruder Hans John und Klaus Bonhoeffer angerufen. Sie sollen weiter auf Nachrichten von ihm warten. Otto John gelingt es, Deutschland am 24. Juli 1944 zu verlassen.

Bendlerblock, nach 20.30 Uhr

Oberst von Roell, Gruppenleiter im Stab des Befehlshabers des Ersatzheeres, setzt sich telefonisch mit General Wilhelm Burgdorf, der am Nachmittag die Geschäfte des beim Attentat von Stauffenberg schwer verletzten Chefs des Heerespersonalamtes Generalleutnant Rudolf Schmundt übernommen hat, in Verbindung. Burgdorf weist ihn an, umgehend zum Ausweichquartier des Heerespersonalamtes in Lübben zu fahren. Erst nach einiger Zeit gelingt es Leutnant Kemp, für sich und von Roell Sonderausweise zum Verlassen des Gebäudes zu erhalten. Roell informiert auf dem Weg nach Lübben noch die Ehefrau von Generaloberst Fromm in Lebersee, „dass sie damit rechnen müsse, dass ihr Mann diese Nacht nicht nach Hause käme." Gegen 23.45 Uhr trifft von Roell in Lübben ein.

Bendlerblock, Nachrichtenzentrale, zwischen 20 und 21 Uhr

Leutnant Röhrig erhält von einer Sekretärin des Allgemeinen Heeresamtes die Standrechtverordnungen Nr. 2 bis Nr. 5, den Befehl über Maßnahmen gegen die Partei, ihre Gliederungen und angeschlossenen Verbände. Er will diese Fernschreiben alle sofort angehalten haben. Die Erledigungsvermerke auf dieser Ausfertigung zeigen jedoch, dass die Standrechtverordnung Nr. 2 mindestens an einen Empfänger versandt wurde.

Standrechtverordnung Nr. 2 mit der Unterschrift von Erich Hoepner und der Paraphe von Albrecht Ritter Mertz von Quirnheim, 20. Juli 1944, nach 20 Uhr

Quelle: Privatbesitz

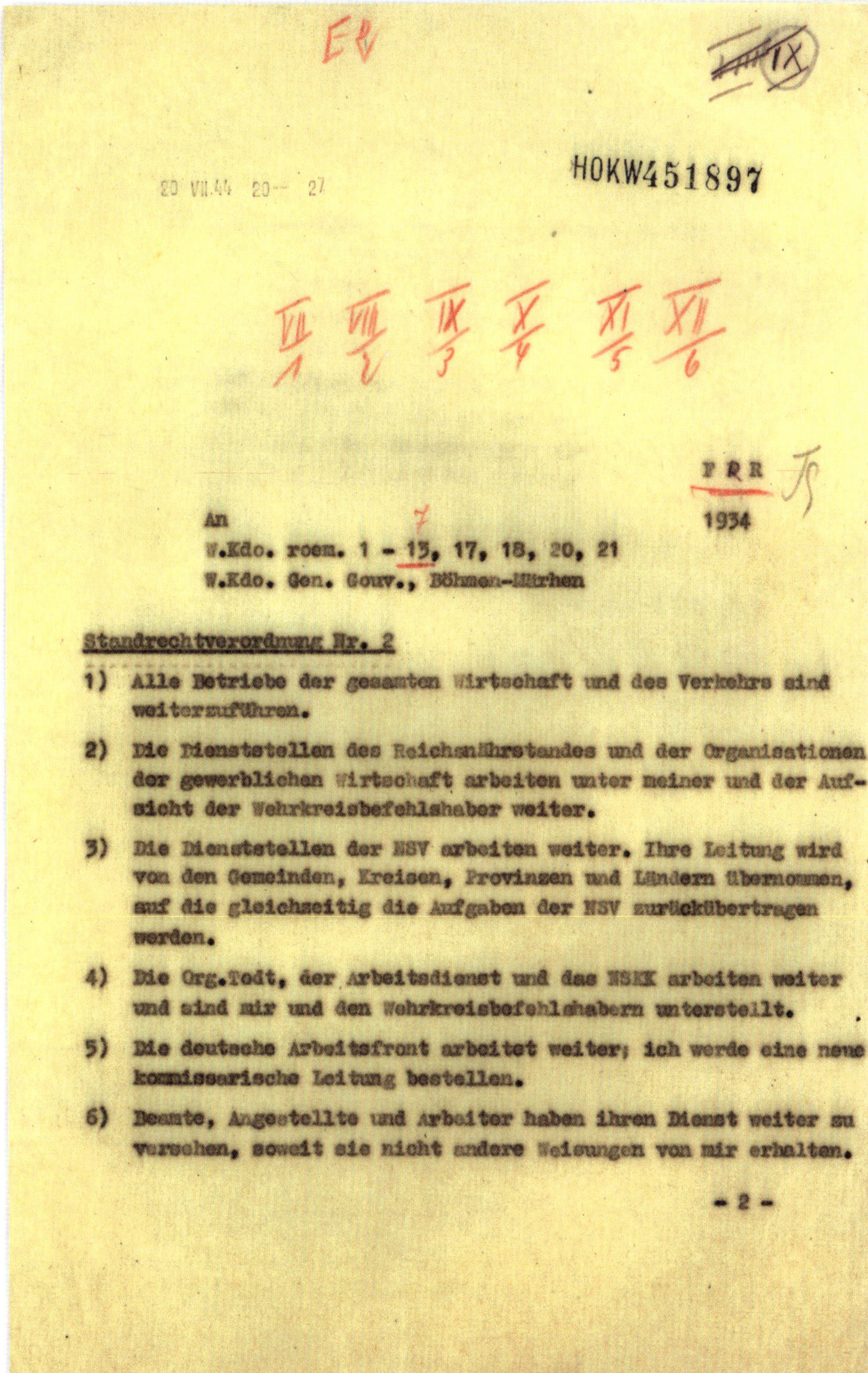

20 VII.44 20-- 27

HOKW451897

FRR
1934

An
W.Kdo. roem. 1 - 13, 17, 18, 20, 21
W.Kdo. Gen. Gouv., Böhmen-Mähren

Standrechtverordnung Nr. 2

1) Alle Betriebe der gesamten Wirtschaft und des Verkehrs sind weiterzuführen.

2) Die Dienststellen des Reichsnährstandes und der Organisationen der gewerblichen Wirtschaft arbeiten unter meiner und der Aufsicht der Wehrkreisbefehlshaber weiter.

3) Die Dienststellen der NSV arbeiten weiter. Ihre Leitung wird von den Gemeinden, Kreisen, Provinzen und Ländern übernommen, auf die gleichzeitig die Aufgaben der NSV zurückübertragen werden.

4) Die Org.Todt, der Arbeitsdienst und das NSKK arbeiten weiter und sind mir und den Wehrkreisbefehlshabern unterstellt.

5) Die deutsche Arbeitsfront arbeitet weiter; ich werde eine neue kommissarische Leitung bestellen.

6) Beamte, Angestellte und Arbeiter haben ihren Dienst weiter zu versehen, soweit sie nicht andere Weisungen von mir erhalten.

- 2 -

- 2 -

7) Alle Urlaube für Beamte und Angestellte des Reichs, der Länder und Gemeinden werden mit Ausnahme der Krankheitsurlaube widerrufen. Die Beamten haben auch außerhalb der Dienstzeit für ihre Vorgesetzten stets erreichbar zu sein.

8) Wer entgegen den vorstehenden Anordnungen die Arbeit niederlegt, oder die auf Grund des militärischen Ausnahmezustandes erlassenen Weisungen nicht durchführt, verfällt dem Standrecht.

Der Oberbefehlshaber im Heimatkriegsgebiet

gez. Hoepner

Generaloberst

Abgegeben an:
am:
durch:
RNr.:

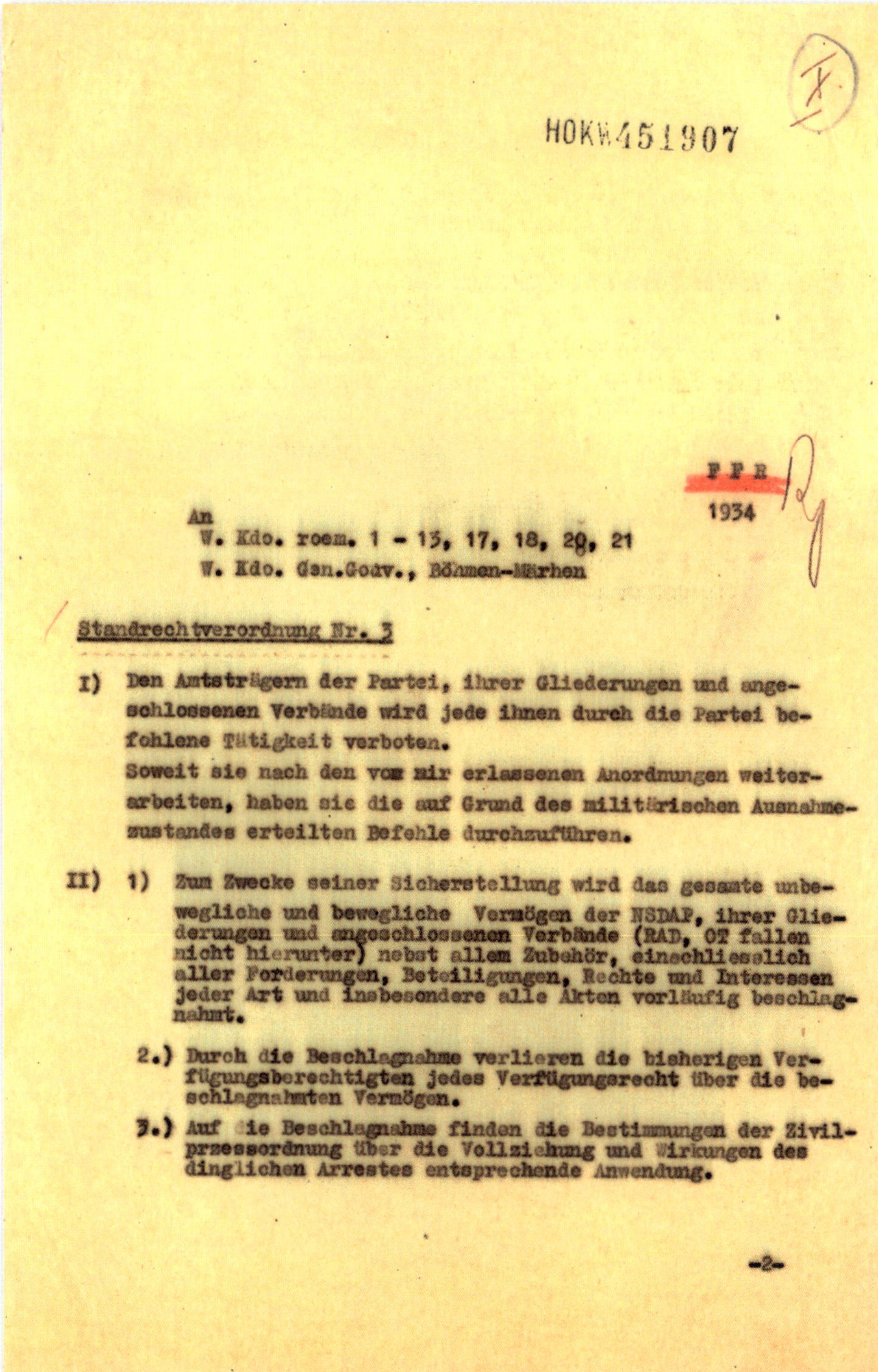

HOKW451907

FFR
1934

An
W. Kdo. roem. 1 - 15, 17, 18, 20, 21
W. Kdo. Gen.Gouv., Böhmen-Märhen

Standrechtverordnung Nr. 3

I) Den Amtsträgern der Partei, ihrer Gliederungen und angeschlossenen Verbände wird jede ihnen durch die Partei befohlene Tätigkeit verboten.
Soweit sie nach den vom mir erlassenen Anordnungen weiterarbeiten, haben sie die auf Grund des militärischen Ausnahmezustandes erteilten Befehle durchzuführen.

II) 1) Zum Zwecke seiner Sicherstellung wird das gesamte unbewegliche und bewegliche Vermögen der NSDAP, ihrer Gliederungen und angeschlossenen Verbände (RAD, OT fallen nicht hierunter) nebst allem Zubehör, einschliesslich aller Forderungen, Beteiligungen, Rechte und Interessen jeder Art und insbesondere alle Akten vorläufig beschlagnahmt.

2.) Durch die Beschlagnahme verlieren die bisherigen Verfügungsberechtigten jedes Verfügungsrecht über die beschlagnahmten Vermögen.

3.) Auf die Beschlagnahme finden die Bestimmungen der Zivilprozessordnung über die Vollziehung und Wirkungen des dinglichen Arrestes entsprechende Anwendung.

-2-

Standrechtverordnung Nr. 3 mit der Unterschrift von Erich Hoepner und der Paraphe von Albrecht Ritter Mertz von Quirnheim, 20. Juli 1944, nach 20 Uhr

Quelle: Privatbesitz

- 2 -

III) Dem Standrecht verfällt

a) wer den vorstehenden Anordnungen zuwiderhandelt,

b) wer eine Urkunde, ein Register, Akten oder einen sonstigen Gegenstand, der zum Vermögen der NSDAP und ihrer Gliederungen und ihrer angeschlossenen Verbände gehört oder sich dort befindet, vorsätzlich vernichtet, beiseite schafft, unterschlägt, beschädigt oder verfälscht.

Der Oberbefehlshaber im Heimatkriegsgebiet

gez. H o e p n e r

Generaloberst

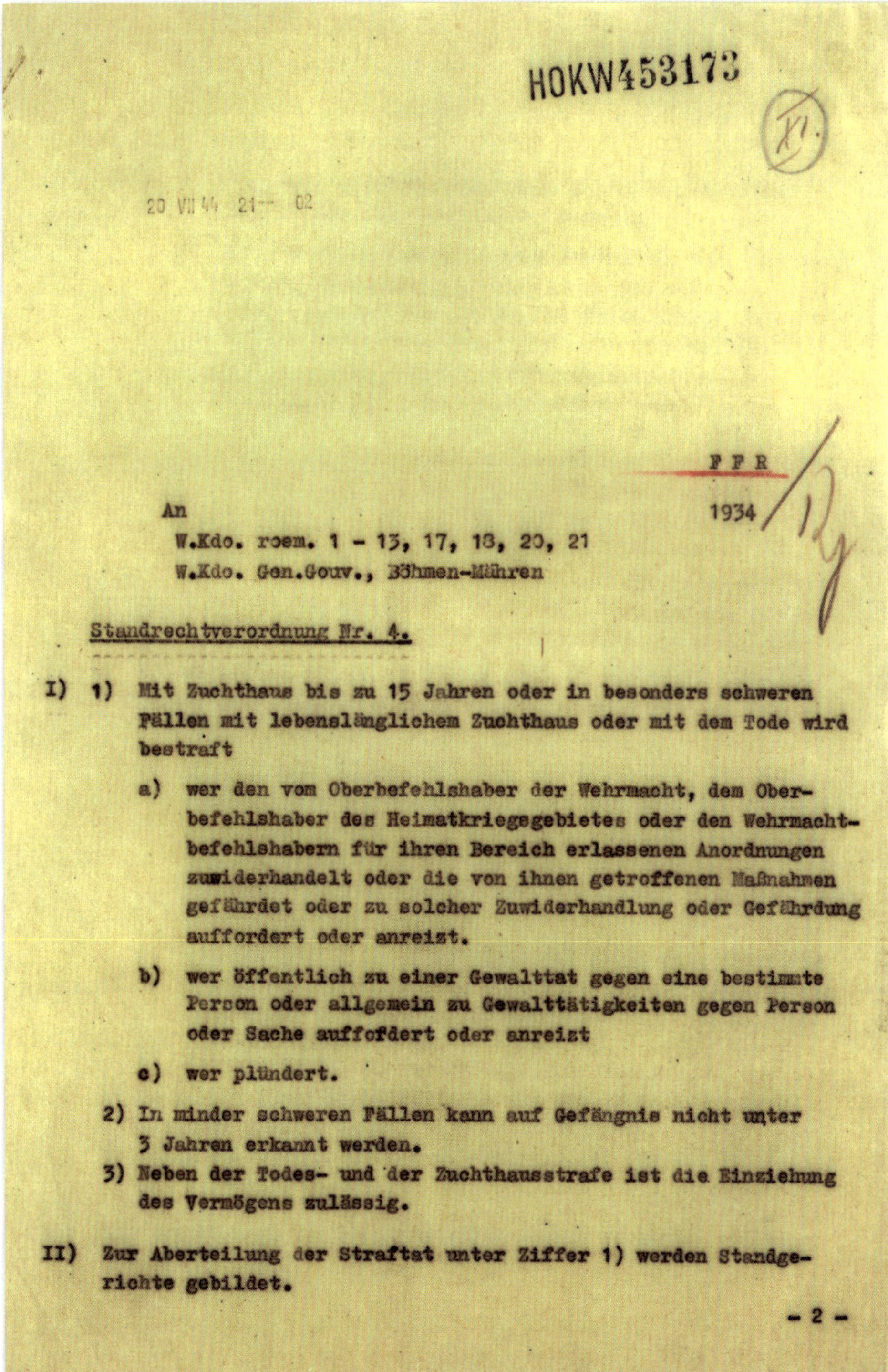

HOKW453173

20 VII 44 21-- 02

F F R

1934

An

W.Kdo. roem. 1 - 13, 17, 18, 20, 21

W.Kdo. Gen.Gouv., Böhmen-Mähren

Standrechtverordnung Nr. 4.

I) 1) Mit Zuchthaus bis zu 15 Jahren oder in besonders schweren Fällen mit lebenslänglichem Zuchthaus oder mit dem Tode wird bestraft

a) wer den vom Oberbefehlshaber der Wehrmacht, dem Oberbefehlshaber des Heimatkriegsgebietes oder den Wehrmachtbefehlshabern für ihren Bereich erlassenen Anordnungen zuwiderhandelt oder die von ihnen getroffenen Maßnahmen gefährdet oder zu solcher Zuwiderhandlung oder Gefährdung auffordert oder anreizt.

b) wer öffentlich zu einer Gewalttat gegen eine bestimmte Person oder allgemein zu Gewalttätigkeiten gegen Person oder Sache auffofdert oder anreizt

c) wer plündert.

2) In minder schweren Fällen kann auf Gefängnis nicht unter 3 Jahren erkannt werden.

3) Neben der Todes- und der Zuchthausstrafe ist die Einziehung des Vermögens zulässig.

II) Zur Aberteilung der Straftat unter Ziffer 1) werden Standgerichte gebildet.

- 2 -

Standrechtverordnung Nr. 4 mit der Unterschrift von Erich Hoepner und der Paraphe von Albrecht Ritter Mertz von Quirnheim, 20. Juli 1944, nach 20 Uhr

Quelle: Privatbesitz

III) 1) Die Standgerichte sind auch zur Aburteilung von Angehörigen der Wehrmacht zuständig.

2) Die Standgerichte sind auch zuständig, wenn ein zu ihrer Zuständigkeit gehörendes Verbrechen oder Vergehen zugleich den Tatbestand einer anderen Handlung erfüllt oder wenn eine andere Straftat mit einem zur Zuständigkeit der Standgerichte gehörenden Verbrechen oder Vergehen im Zusammenhang steht.

IV) 1) Sitze und Bezirke der Standgerichte werden von dem Oberbefehlshaber im Heimatkriegsgebiet bestimmt. Solange dies noch nicht geschehen ist, werden sie durch die Wehrmachtbefehlshaber bestimmt.

2) Die Befehlshaber mobiler Verbände der Wehrmacht bis herab zum Bataillon (Abteilung) sind befugt, für den Bezirk ihres Einsatzes Standgerichte zu errichten.

V) 1) Die Standgerichte entscheiden in der Besatzung von drei Mitgliedern, von denen eines nach Möglichkeit die Befähigung zum Richteramt besitzen soll.

2) Die Anklage wird von einem hierzu bestellten Offizier oder einer Person, die die Befähigung zum Richteramt besitzt, erhoben und vertreten. Der Oberbefehlshaber im Heimatkriegsgebiet und für ihren Bereich die Wehrmachtbefehlshaber können einen Leiter der Anklagevertreter bestellen. Die Anklagevertreter haben den dienstlichen Weisungen des Leiters Folge zu leisten.

VI) 1) Die Standgerichte bestimmen das Verfahren nach eigenem Ermessen in Anlehnung an die Grundsätze der Reichsstrafprozeßordnung. Sie laden den Beschuldigten vor oder lassen ihn vorführen, geben ihm rechtliches Gehör, vernehmen gegebenenfalls Zeugen und fällen sofort das Urteil.

- 3 -

2) Die vorstehenden Straftaten können, soweit dadurch der bisherige gesetzliche Strafraum überschritten wird mit Zuchthaus bis zu 15 Jahren, mit lebenslangem Zuchthaus oder mit dem Tode bestraft werden.

3) Neben der Todes- oder Zuchthausstrafe ist die Einziehung des Vermögens zulässig.

Der Oberbefehlshaber im Heimatkriegsgebiet
gez. H o e p n e r
Generaloberst

Ehrenhof des Bendlerblocks, Zustand 1953
Quelle: Gedenkstätte Deutscher Widerstand

Die Zahlen bezeichnen – so Bernd Ruland, der hier seit 1941 arbeitete – die wichtigsten Räume der Kommunikationszentrale im Bendlerblock:

① Zimmer des Fernsprechoffiziers
② Leiter des Nachrichtenbetriebes OKW/OKH
③ Fernschreiboffizier OKW/OKH

Bernd Ruland schreibt dazu:

„An die Hinterfront dieses Traktes schloß sich der Flügel mit der Fernschreibvermittlung an. Er wurde während des Krieges mit bombensicheren Mauern und Decken umgeben, die ihn zum Hochbunker machten. […] Die Fernschreibstelle, die Fernschreib- und Fernsprechvermittlung in der Bendlerstraße, die größte der Wehrmacht, waren mit allen anderen Netzen verbunden – mit ‚Wolfschanze' (Führerhauptquartier bei Rastenburg in Ostpreußen), mit ‚Zeppelin' (Lager Maybach: Oberkommando des Heeres in Zossen, südlich von Berlin), mit ‚Kurfürst' (Hauptquartier der Luftwaffe bei Wildpark-Werder, südwestlich von Berlin) und ‚Koralle' (Hauptquartier der Kriegsmarine bei Bernau, nördlich von Berlin)."

Quelle: Bernd Ruland, Die Augen Moskaus. Fernschreibzentrale der Wehrmacht in Berlin. Zwei Mädchen gegen Hitler, Zürich 1973, S. 129, S. 138 f.

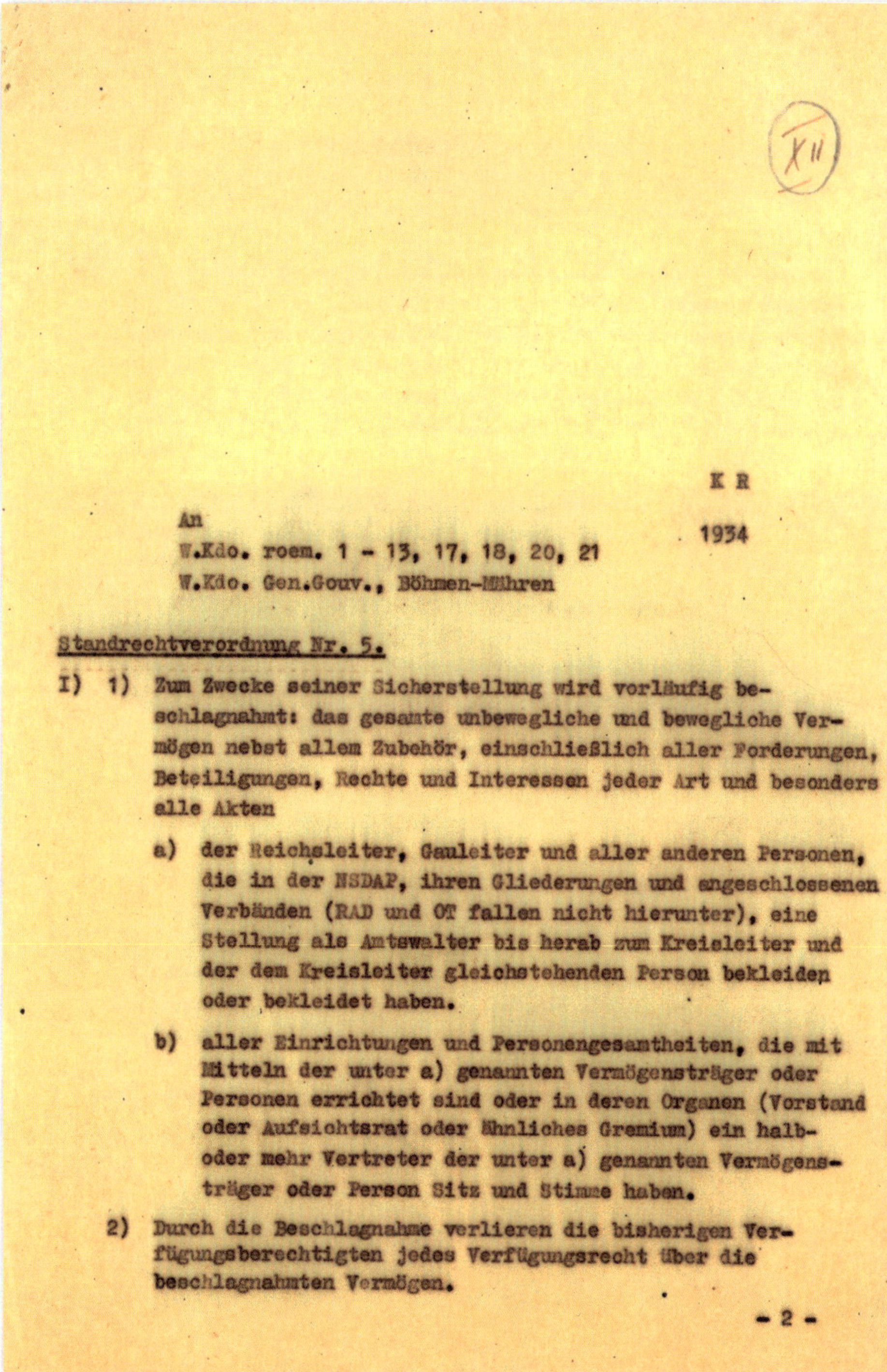

K R

1934

An
W.Kdo. roem. 1 - 13, 17, 18, 20, 21
W.Kdo. Gen.Gouv., Böhmen-Mähren

Standrechtverordnung Nr. 5.

I) 1) Zum Zwecke seiner Sicherstellung wird vorläufig beschlagnahmt: das gesamte unbewegliche und bewegliche Vermögen nebst allem Zubehör, einschließlich aller Forderungen, Beteiligungen, Rechte und Interessen jeder Art und besonders alle Akten

a) der Reichsleiter, Gauleiter und aller anderen Personen, die in der NSDAP, ihren Gliederungen und angeschlossenen Verbänden (RAD und OT fallen nicht hierunter), eine Stellung als Amtswalter bis herab zum Kreisleiter und der dem Kreisleiter gleichstehenden Person bekleiden oder bekleidet haben.

b) aller Einrichtungen und Personengesamtheiten, die mit Mitteln der unter a) genannten Vermögensträger oder Personen errichtet sind oder in deren Organen (Vorstand oder Aufsichtsrat oder ähnliches Gremium) ein halb- oder mehr Vertreter der unter a) genannten Vermögensträger oder Person Sitz und Stimme haben.

2) Durch die Beschlagnahme verlieren die bisherigen Verfügungsberechtigten jedes Verfügungsrecht über die beschlagnahmten Vermögen.

- 2 -

Standrechtverordnung Nr. 5 mit der Unterschrift von Erich Hoepner und der Paraphe von Albrecht Ritter Mertz von Quirnheim, 20. Juli 1944, nach 20 Uhr

Quelle: Privatbesitz

- 2 -

3) Auf die Beschlagnahme finden die Bestimmungen der Zivilprozeßordnung über die Vollziehung und Wirkungen des dinglichen Arrestes entsprechende Anwendung.

II) Die Zuständigkeit der Standgerichte wird auf die Verbrechen und Vergehen des Mordes und der Freiheitsberaubung, der Erpressung, der Bestechung erstreckt, die unter Macht und Amtsmißbrauch gegen Wehrlose oder aus Bereicherungssucht begangen wurden, und die eine rasche Sühne erfordern, weil sie in besonderem Maße die berechtigte Volksempörung hervorgerufen haben.

III) 1) Die Standgerichte sind ferner zuständig für folgende Straftaten, wenn sie vorsätzlich während des militärischen Ausnahmezustandes begangen werden:

a) Hochverrat (§ 80 - 85 Reichsstrafgesetzbuch)
b) Landesverrat (§ 89 - 92 ")
c) Widerstand gegen die Staatgewalt (§ 110 - 122 b RSTGB)
d) Verbrechen und Vergehen gegen die öffentliche Ordnung (§ § 123 - 143a - mit Ausnahme des § 134 b - Reichsstrafgesetzbuch)
e) Religionsvergehen (§ § 166 - 168 RSTGB)
f) Verbrechen und Vergehen gegen das Leben (~~§§x213xx-x216xx~~ (§ § 211 - 215 RSTGB)
g) Verbrechen und Vergehen gegen § 239 RSTGB)
h) Raub und Erpressung (§ § 249 - 256 RSTGB)
i) Sachbeschädigung (§ § 303 - 305 RSTGB)
k) Gemeingefährliche Verbrechen (§ § 306 - 330 c RSTGB)
l) Verbrechen und Vergehen gegen das Gesetz gegen den verbrecherischen und gemeingefährlichen Gebrauch von Sprengstoffen vom 9.6.1884
m) Verbrechen nach § § 1 u. 2 der Verordnung gegen Gewaltverbrecher vom 5.12.1939.

- 3 -

- 3 -

2) Die Wehrmachtbefehlshaber sind berechtigt, Verfahren an das beim Wehrkreiskommando errichtete Standgericht zu ziehen.

VII) Die Urteile der Standgerichte sind endgültig und ohne Aufschub zu vollstrecken.

Der Oberbefehlshaber im Heimatkriegsgebiet
gez. H o e p n e r
Generaloberst

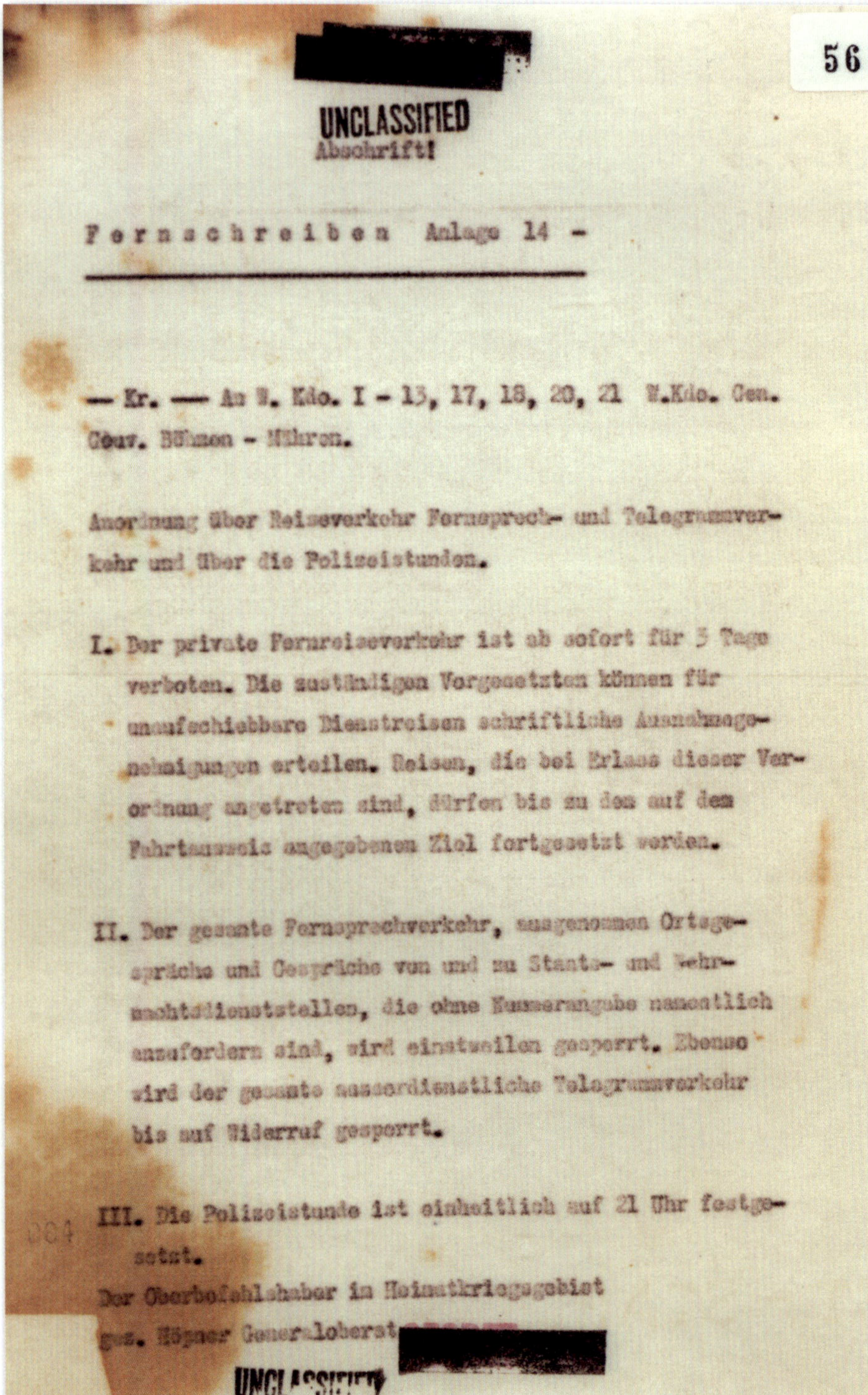

56

UNCLASSIFIED

Abschrift!

Fernschreiben Anlage 14 -

— Kr. — An W. Kdo. I - 13, 17, 18, 20, 21 W.Kdo. Gen. Gouv. Böhmen - Mähren.

Anordnung über Reiseverkehr Fernsprech- und Telegrammverkehr und über die Polizeistunden.

I. Der private Fernreiseverkehr ist ab sofort für 3 Tage verboten. Die zuständigen Vorgesetzten können für unaufschiebbare Dienstreisen schriftliche Ausnahmegenehmigungen erteilen. Reisen, die bei Erlass dieser Verordnung angetreten sind, dürfen bis zu dem auf dem Fahrtausweis angegebenen Ziel fortgesetzt werden.

II. Der gesamte Fernsprechverkehr, ausgenommen Ortsgespräche und Gespräche von und zu Staats- und Wehrmachtdienststellen, die ohne Nummerangabe namentlich anzufordern sind, wird einstweilen gesperrt. Ebenso wird der gesamte ausserdienstliche Telegrammverkehr bis auf Widerruf gesperrt.

III. Die Polizeistunde ist einheitlich auf 21 Uhr festgesetzt.

Der Oberbefehlshaber im Heimatkriegsgebiet

gez. Höpner Generaloberst

UNCLASSIFIED

Anordnung über Reiseverkehr, Fernsprech- und Telegrammverkehr und über die Polizeistunden, 20. Juli 1944, nach 20 Uhr

Abschrift aus den Akten der Sonderkommission 20. Juli 1944

Quelle: BArch, NS 6/4, fol. 56

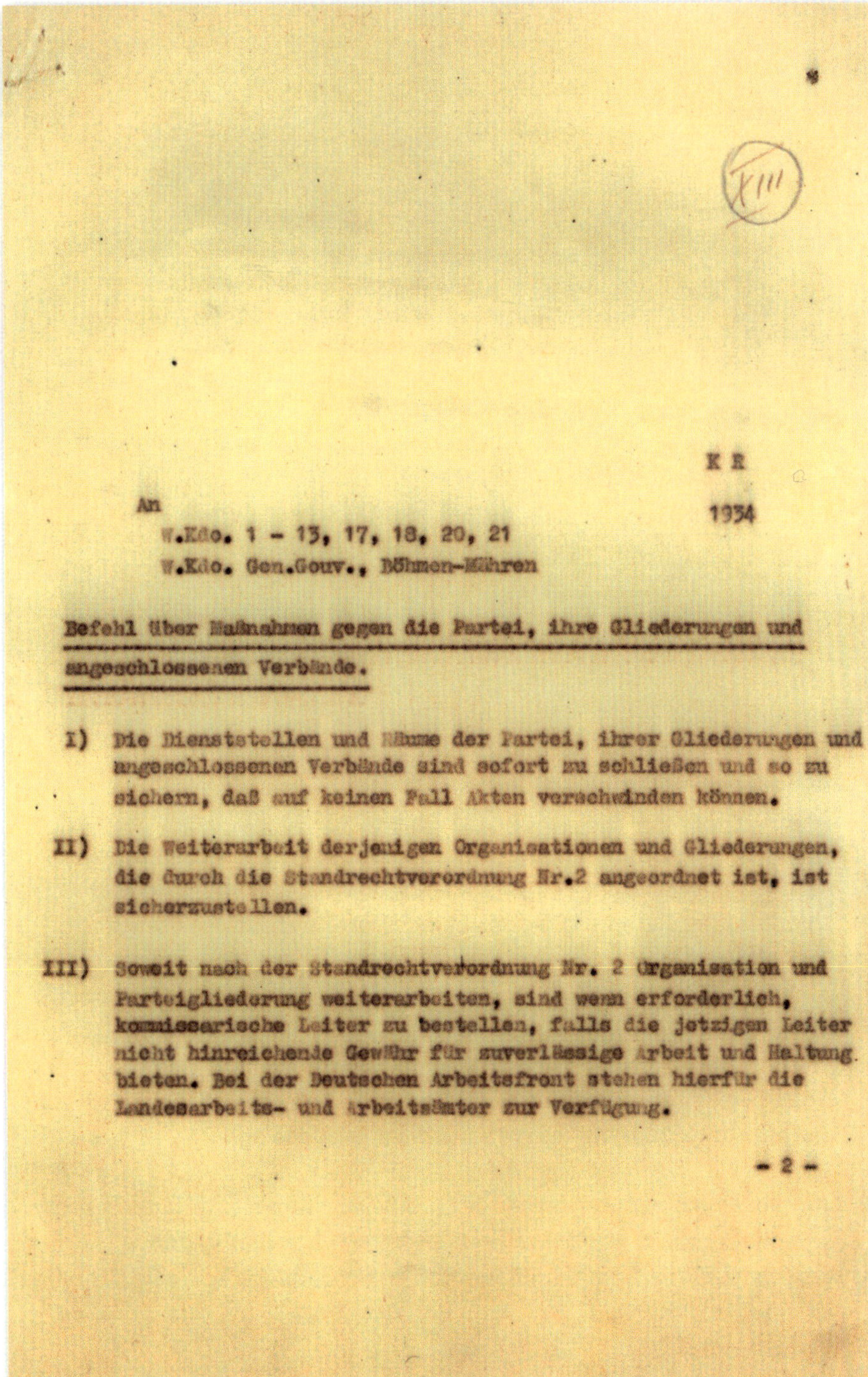

K R

1934

An
W.Kdo. 1 – 13, 17, 18, 20, 21
W.Kdo. Gen.Gouv., Böhmen-Mähren

Befehl über Maßnahmen gegen die Partei, ihre Gliederungen und angeschlossenen Verbände.

I) Die Dienststellen und Räume der Partei, ihrer Gliederungen und angeschlossenen Verbände sind sofort zu schließen und so zu sichern, daß auf keinen Fall Akten verschwinden können.

II) Die Weiterarbeit derjenigen Organisationen und Gliederungen, die durch die Standrechtverordnung Nr.2 angeordnet ist, ist sicherzustellen.

III) Soweit nach der Standrechtverordnung Nr. 2 Organisation und Parteigliederung weiterarbeiten, sind wenn erforderlich, kommissarische Leiter zu bestellen, falls die jetzigen Leiter nicht hinreichende Gewähr für zuverlässige Arbeit und Haltung bieten. Bei der Deutschen Arbeitsfront stehen hierfür die Landesarbeits- und Arbeitsämter zur Verfügung.

– 2 –

Befehl über Maßnahmen gegen die Partei, ihre Gliederungen und angeschlossenen Verbände mit der Unterschrift von Erich Hoepner und der Paraphe von Albrecht Ritter Mertz von Quirnheim, 20. Juli 1944, nach 20 Uhr

Quelle: Privatbesitz

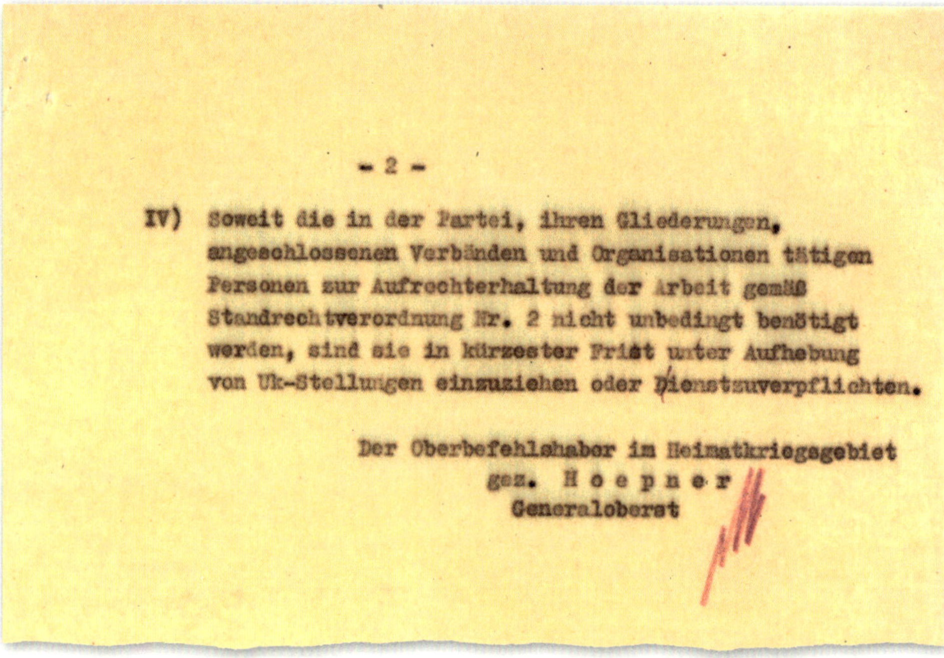

\- 2 -

IV) Soweit die in der Partei, ihren Gliederungen, angeschlossenen Verbänden und Organisationen tätigen Personen zur Aufrechterhaltung der Arbeit gemäß Standrechtverordnung Nr. 2 nicht unbedingt benötigt werden, sind sie in kürzester Frist unter Aufhebung von Uk-Stellungen einzuziehen oder Dienstzuverpflichten.

Der Oberbefehlshaber im Heimatkriegsgebiet
gez. H o e p n e r
Generaloberst

Allgemeines Heeresamt, gegen 21 Uhr

Generalfeldmarschall Wilhelm Keitel, Chef des Oberkommandos der Wehrmacht, teilt den Wehrkreisbefehlshabern die Ernennung Heinrich Himmlers zum Befehlshaber des Ersatzheeres mit. Befehle seien nur von Keitel oder Himmler anzunehmen. Keitel nennt hier erstmals die Namen von Witzleben und Hoepner. Der Befehl ist auch an General Olbricht adressiert. Keitel weiß also um 20.20 Uhr noch nicht, dass Olbricht am Umsturzversuch beteiligt ist. Gegen 21 Uhr erhält Leutnant Röhrig dieses Fernschreiben und übergibt es seinem Vorgesetzten, Oberst Otto Köllner, der es persönlich zu Olbricht bringt.

Olbrichts Entscheidung, das Fernschreiben nicht weiterzuleiten, wird von Köllner und Röhrig mißachtet. Sie leiten es in den folgenden Stunden an eine Vielzahl militärischer Kommandostellen weiter. Die bis dahin abgesandten Fernschreiben der Verschwörer mit den „Walküre"-Befehlen werden für ungültig erklärt.

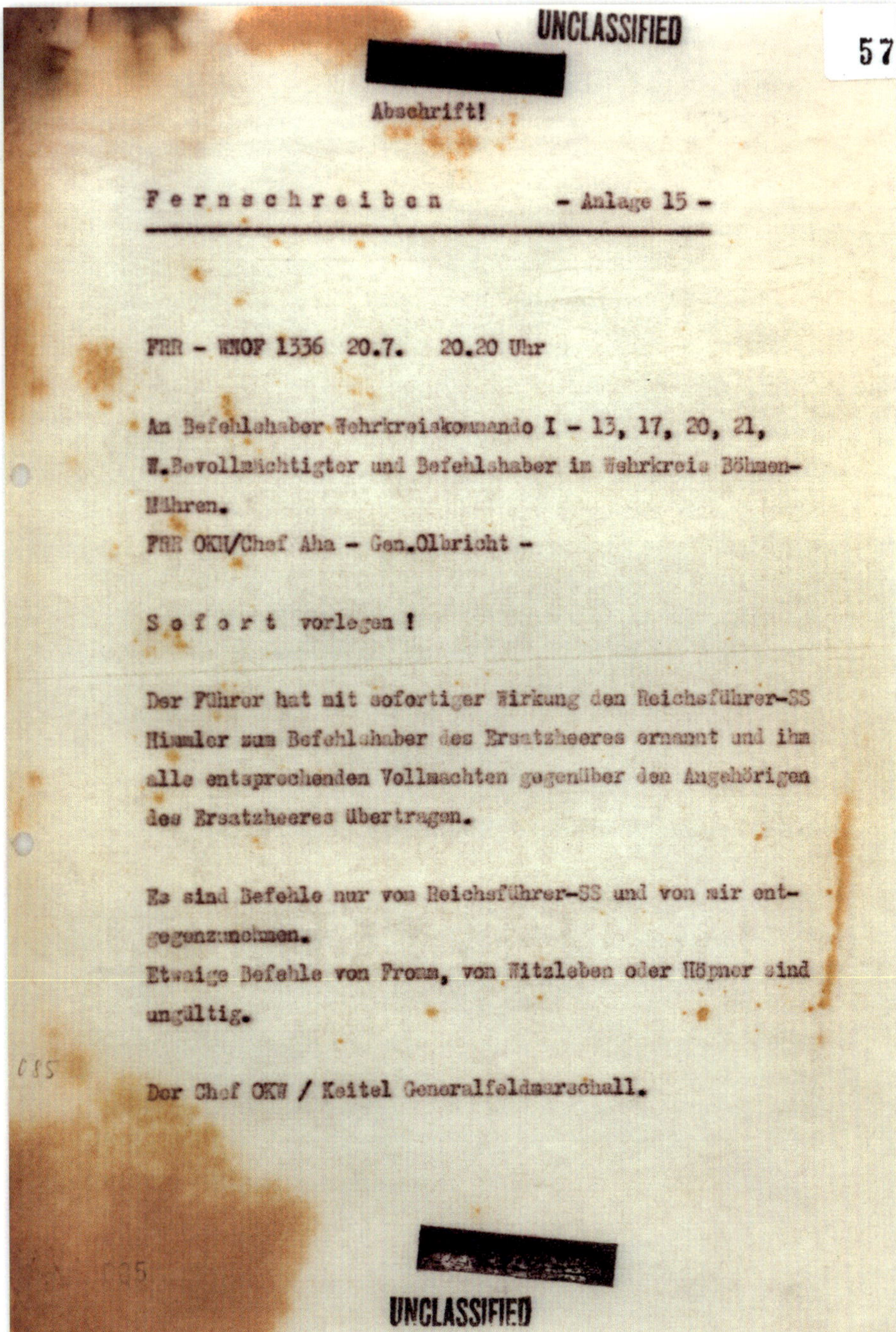

UNCLASSIFIED

57

Abschrift!

F e r n s c h r e i b e n - Anlage 15 -

FRR - WNOF 1336 20.7. 20.20 Uhr

An Befehlshaber Wehrkreiskommando I - 13, 17, 20, 21,
W.Bevollmächtigter und Befehlshaber im Wehrkreis Böhmen-Mähren.
FRR OKH/Chef Aha - Gen.Olbricht -

S o f o r t vorlegen !

Der Führer hat mit sofortiger Wirkung den Reichsführer-SS Himmler zum Befehlshaber des Ersatzheeres ernannt und ihm alle entsprechenden Vollmachten gegenüber den Angehörigen des Ersatzheeres übertragen.

Es sind Befehle nur vom Reichsführer-SS und von mir entgegenzunehmen.
Etwaige Befehle von Fromm, von Witzleben oder Höpner sind ungültig.

Der Chef OKW / Keitel Generalfeldmarschall.

UNCLASSIFIED

Fernschreiben Keitels aus dem „Führerhauptquartier Wolfschanze", 20. Juli 1944, 20.20 Uhr

Abschrift in den Akten der Sonderkommission 20. Juli 1944

Quelle: BArch, NS 6/4, fol. 57

Stab des Befehlshabers des Ersatzheeres, nach 20.30 Uhr

Stauffenberg telefoniert zum zweiten Mal mit dem Befehlshaber im Wehrkreis XVII (Wien), General Hans-Karl von Esebeck. In Wien hatte der Chef des Stabes, Oberst Heinrich Kodré, die „Walküre"-Befehle erhalten und in Zusammenarbeit mit Rudolf Freiherr von Marogna-Redwitz und Karl Szokoll erfolgreich ausgelöst. Esebeck stellt sich hinter den Umsturzversuch. Kodré will mit Fromm sprechen, erreicht telefonisch aber nur Stauffenberg. Dieser unterstreicht die Rechtmäßigkeit der Befehle.

Nach dem Eintreffen der Gegenbefehle aus der „Wolfschanze" telefonieren Kodré und Esebeck erneut mit Berlin. Nachdem Esebeck mit Stauffenberg gesprochen hat, übernimmt Generaloberst Hoepner das Telefon. Esebeck teilt ihm mit, er habe einen Befehl von Keitel erhalten, dass die aus Berlin kommenden Weisungen nicht zu befolgen seien. Hoepner stellt ihm frei, nach den Weisungen von Keitel zu handeln: „Dann lassen Sie das, dann gilt für Sie der Befehl Keitel, dann gilt für Sie nicht, was von hier befohlen wurde" – so Hoepner in einem Verhör wenige Tage später. Daraufhin macht Esebeck die „Walküre"-Maßnahmen in Wien rückgängig.

Stab des Befehlshabers des Ersatzheeres, nach 20.30 Uhr

Hoepner setzt sich telefonisch mit dem Stellvertretenden Kommandierenden General im Wehrkreis II (Stettin), Werner Kienitz, in Verbindung. Kienitz ist ebenfalls schon von Keitel telefonisch informiert worden und weigert sich, die von Hoepner erhaltenen Befehle zu befolgen. Nach eigener Aussage vor dem „Volksgerichtshof" am 7. August 1944 antwortet Hoepner: „Dann ist es gut; dann befolgen Sie den Befehl von Keitel."

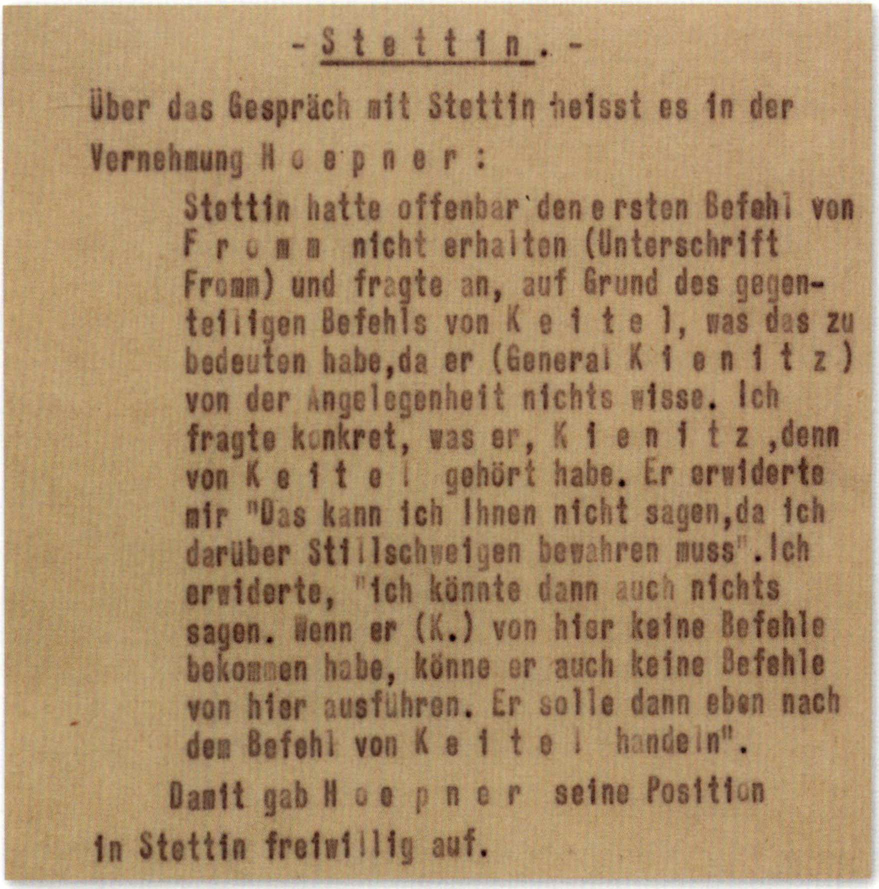

-Stettin.-

Über das Gespräch mit Stettin heisst es in der Vernehmung H o e p n e r :

Stettin hatte offenbar den ersten Befehl von F r o m m nicht erhalten (Unterschrift Fromm) und fragte an, auf Grund des gegenteiligen Befehls von K e i t e l, was das zu bedeuten habe,da er (General K i e n i t z) von der Angelegenheit nichts wisse. Ich fragte konkret, was er, K i e n i t z ,denn von K e i t e l gehört habe. Er erwiderte mir "Das kann ich Ihnen nicht sagen,da ich darüber Stillschweigen bewahren muss".Ich erwiderte, "ich könnte dann auch nichts sagen. Wenn er (K.) von hier keine Befehle bekommen habe, könne er auch keine Befehle von hier ausführen. Er solle dann eben nach dem Befehl von K e i t e l handeln".

Damit gab H o e p n e r seine Position in Stettin freiwillig auf.

Auszug aus dem Ermittlungsbericht „Die Entwicklungen in den Wehrkreisen nach dem Anschlag vom 20. Juli 1944" vom 30. Juli 1944

Quelle: BArch, NS 6/5, fol. 122 f.

Stab des Befehlshabers des Ersatzheeres, gegen 21 Uhr

Fromm erbittet sich von Hoepner die Erlaubnis, seine ein Stockwerk höher gelegene Dienstwohnung aufzusuchen, um sich dort auszuruhen. Im Gegenzug verpflichte er sich, nichts zu unternehmen, und nicht zu telefonieren. Fromm hat zwar Kennes befohlen, Truppenteile heranzuholen und Kleber die Weisung gegeben, sich mit Speer in Verbindung zu setzen. Doch selbst bleibt er in diesen Stunden bis zu seiner Befreiung untätig. Auch Kennes verlässt das Gebäude erst gegen 22 Uhr und kann keinen Einfluss auf die folgenden Ereignisse mehr nehmen.

20. Juli 1944 / 21.00 Uhr

Stadtkommandantur, kurz nach 21 Uhr

General von Hase ist aus dem Generalkommando zurück. Er wird von General Hermann Reinecke angerufen, der von Goebbels kurz zuvor Hitlers Befehl erhalten hat, das Kommando über die Truppen im Wehrkreis III und das Wachbataillon zu übernehmen und gegen die Verschwörer vorzugehen. Es ist unklar, ob Reinecke von Hase anweist, zu Goebbels zu fahren oder ob von Hase dies aus eigener Initiative gegen 21.30 Uhr selbst tut. Paul von Hase bleibt dann über Nacht in Goebbels Ministerwohnung und wird am nächsten Morgen „interniert" und später auch festgenommen.

Stellvertretendes Generalkommando des III. Armeekorps, Hohenzollerndamm, nach 21 Uhr

Generalmajor Otto Herfurth telefoniert mit dem Chef des Heerespersonalamtes, General Wilhelm Burgdorf, und macht deutlich, dass er keine weiteren Befehle aus dem Bendlerblock befolgen wird. In den folgenden Stunden werden die „Walküre"-Befehle für den Raum Berlin auf Veranlassung von Herfurth und Thüngen mit dem Zusatz „Halten sich alarmbereit im Standort" zurückgezogen. General Joachim Kortzfleisch kehrt nach Mitternacht aus dem Bendlerblock zurück und bespricht sich mit Herfurth, der wenige Tage später von der Gestapo festgenommen wird. Major Hans-Ulrich von Oertzen wird im Gebäude des Generalkommandos vernommen und unter Arrest gestellt. Er nimmt sich dort am Morgen des 21. Juli 1944 mit zwei Handgranaten das Leben.

„Führerhauptquartier Wolfschanze", 21.20 Uhr

Martin Bormann teilt den Gauleitern erstmals mit, dass auch General Friedrich Olbricht zu den Verschwörern gehört und stellt die – historisch völlig abwegige – These auf, dass die „Generalsclique Fromm – Olbrich – Huebner" (also Friedrich Fromm, Friedrich Olbricht und Erwin Hoepner) nach Verabredung mit dem Nationalkomitee „Freies Deutschland" gehandelt habe.

29

fuehrerhauptquartier den 20.7.1944 2120 uhr

UNCLASSIFIED

reichsleiter m. bormann
an alle gauleiter

rundschreiben nr 4. eilt sehr sofort auf den tisch

1.
zu den verbrechern, die an dem mordanschlag gegen
den fuehrer beteiligt sind , gehoert auch der
general o l b r i c h .

2.
die glueckliche rettungdes fuehrers bedeutet gleichzeitig
xx zugleich die rettung des deutschen volkes .

3.
das reaktionaere verbrechergesindel hat offenbar
nach verabredung mit dem '' national komitee freies
deutschland '' in moskau (general von seydlitz und
graf einsiedel) den anschlag gegen den fuehrer und gegen
die dem fuehrer treu ergebenen offiziere inszeniert.
nach gelingen des anschlages sollte die vollziehende
gewalt von der generalsclique fromm- olbrich -
huebner uebernommen und danach frieden mit moskau
geschlossen werden.

dass dieser sogenannte ' frieden' das leben des deutschen
volkes kosten wuerde, liegt klar auf der hand .

das misgluecken des anschlages bedeutet damit die rettung
deutschlands, denn nun sind sie auf die
reaktionaeren generale gesetzten hoffnungen endgueltig
zersotert.

heil hitler .'
gez.:m. bormann.

47

UNCLASSIFIED

durchgegeben: krueger
angenommen: freier pk muenchen, tel. aufgenommen 2215 uhr

Fernschreiben Keitels aus dem „Führerhauptquartier Wolfschanze“, 20. Juli 1944, 20.20 Uhr

Abschrift in den Akten der Sonderkommission 20. Juli 1944

Quelle: BArch, NS 6/4, fol. 57

Flughafen Tempelhof, 21.30 Uhr

Reichsführer-SS und Reichsinnenminister Heinrich Himmler landet in Begleitung der SS-Obergruppenführer Ernst Kaltenbrunner, Karl Wolff und mehrerer SS-Unterführer seiner Leibwache und seines Persönlichen Stabes in Berlin-Tempelhof. Da Himmler die Situation in Berlin offenbar zu unsicher ist, begibt er sich zu einem Ausweichquartier des SS-Führungshauptamtes und kehrt erst nach Mitternacht nach Berlin zurück. Ernst Kaltenbrunner begibt sich in das Reichssicherheitshauptamt in der Prinz-Albrecht-Straße 8.

417

- 2 -

21,30 Uhr Landung Flugplatz Tempelhof
Abholung durch
SS-Obergruppenführer J ü t t n e r
SS-Standartenführer B a u m e r t
Fahrt zum SS-Führungshauptamt
nach Saarow
Besprechung mit SS-Obergruppenführer
J ü t t n e r
General der Flieger S e i d e l

24,00 Uhr kleines Essen

- - - -

Aus dem Terminkalender Heinrich Himmlers vom 20. Juli 1944

Quelle: CAMO 500/12493/5 Bl. 416 f., Dienstkalender Heinrich Himmlers für den 20. Juli 1944

Stab des Befehlshabers des Ersatzheeres, zwischen 21.30 und 22 Uhr

General Werner Kennes, Franz Kleber, Johannes Rohowsky und Hauptmann Gadebusch verlassen mit Ausweisen, die ihnen von Oberstleutnant Fritz von der Lancken mit Genehmigung Stauffenbergs ausgestellt worden sind, den Bendlerblock. Rohowsky begründet dies nach 1945 in einem Gespräch mit dem Stauffenberg-Biografen Joachim Kramarz damit, dass für diese Offiziere „ihre Arbeitszeit beendet war und für sie nichts mehr zu tun vorlag." Damit verbleiben nur noch wenige Offiziere des Stabs des Befehlshabers des Ersatzheeres im Bendlerblock.

Allgemeines Heeresamt, gegen 21.40 Uhr

Oberst Wolfgang Müller von der Infanterieschule Döberitz, die seit 17.00 Uhr in Alarmbereitschaft ist, trifft im Bendlerblock ein. Da der Schulkommandeur dienstlich abwesend und Müller erst um 20.30 Uhr vom Außendienst zurückgekehrt ist, werden die Alarmmaßnahmen so spät ausgeführt. Müller spricht zuerst mit Oberstleutnant Fritz von der Lancken, später mit Albrecht Ritter Mertz von Quirnheim. Müller ist bereit, mit den Soldaten der Infanterieschule unverzüglich die Rundfunksender in Berlin zu besetzen. Er schlägt vor, das Lehrbataillon aus Döberitz, das sich im Moment noch auf einer Nachtübung befindet, zum Bendlerblock umzuleiten. Dafür benötigt er einen schriftlichen Befehl, den Mertz diktiert und General Olbricht unterschreibt. Als Müller gegen 22.45 Uhr wieder in Döberitz eintrifft, sind dort bereits die Gegenbefehle Keitels eingetroffen.

Stab des Befehlshabers des Ersatzheeres, gegen 21.45 Uhr

General Ferdinand Schaal ruft an und will mit Fromm sprechen. Im Anschluss an das Gespräch lässt er SS-Standartenführer Gies frei.

Ferdinand Schaal

Quelle: Privatbesitz

Die Gestapo versucht die Rekonstruktion des Telefongesprächs zwischen Schaal und Hoepner:

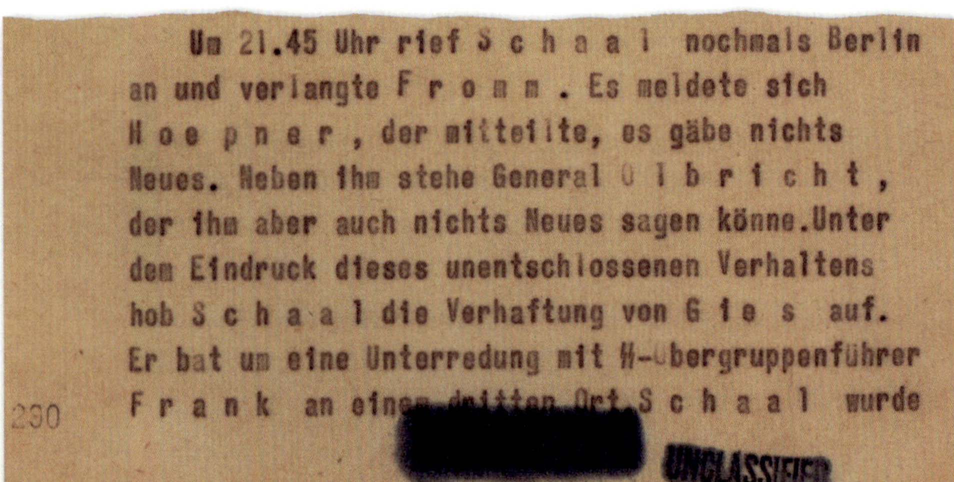

Um 21.45 Uhr rief S c h a a l nochmals Berlin an und verlangte F r o m m . Es meldete sich H o e p n e r , der mitteilte, es gäbe nichts Neues. Neben ihm stehe General O l b r i c h t , der ihm aber auch nichts Neues sagen könne.Unter dem Eindruck dieses unentschlossenen Verhaltens hob S c h a a l die Verhaftung von G i e s auf. Er bat um eine Unterredung mit SS-Obergruppenführer F r a n k an einem dritten Ort.S c h a a l wurde

290

UNCLASSIFIED

Auszug aus dem Ermittlungsbericht „Die Entwicklungen in den Wehrkreisen nach dem Anschlag vom 20. Juli 1944" vom 30. Juli 1944

Quelle: BArch, NS 6/5, fol. 122 f.

DECLASSIFIED 123

\- 9 -

daraufhin vom Befehlshaber der Waffen-SS, SS-Brigadeführer Graf P ü c k l e r , zur Dienststelle des Befehlshabers der Waffen-SS gebeten, wo S c h a a l um 22.40 Uhr eintraf. Auf Verlangen von SS-Obergruppenführer F r a n k ordnete S c h a a l die sofortige Zurücknahme der Alarmbefehle an. Er, S c h a a l, sei sich nunmehr darüber im klaren, daß er von einer Verräterclique getäuscht worden sei. Er stehe SS-Obergruppenführer F r a n k zur Verfügung.

General S c h a a l wurde auf Befehl des Reichsführers-SS in Ehrenhaft genommen.

Zu dem schnellen Zusammenbruch des Unternehmens im Reich hat wesentlich die unentschlossene und unsichere Führung durch Generaloberst H o e p n e r beigetragen. H o e p n e r wurde, wie sich aus seiner Vernehmung ergibt, von S t a u f f e n b e r g und anderen immer wieder bedrängt, den Befehlshabern der Wehrkreise "scharf einzuheizen". Statt dessen hat H o e p n e r nach seiner Bekundung, die auch durch die Mitteilungen aus den einzelnen Wehrkreisen bestätigt werden, in den von ihm geführten Ferngesprächen keinerlei bestimmte und energische Direktiven gegeben.

Bendlerblock, vor 22 Uhr

Den Beteiligten im Bendlerblock wird klar, dass der Umsturzversuch gescheitert ist. Stauffenberg versucht jedoch bis zuletzt, telefonisch die Kommandostellen in den Wehrkreisen vom Tod Hitlers und der Gültigkeit der Befehle aus dem Bendlerblock zu überzeugen.

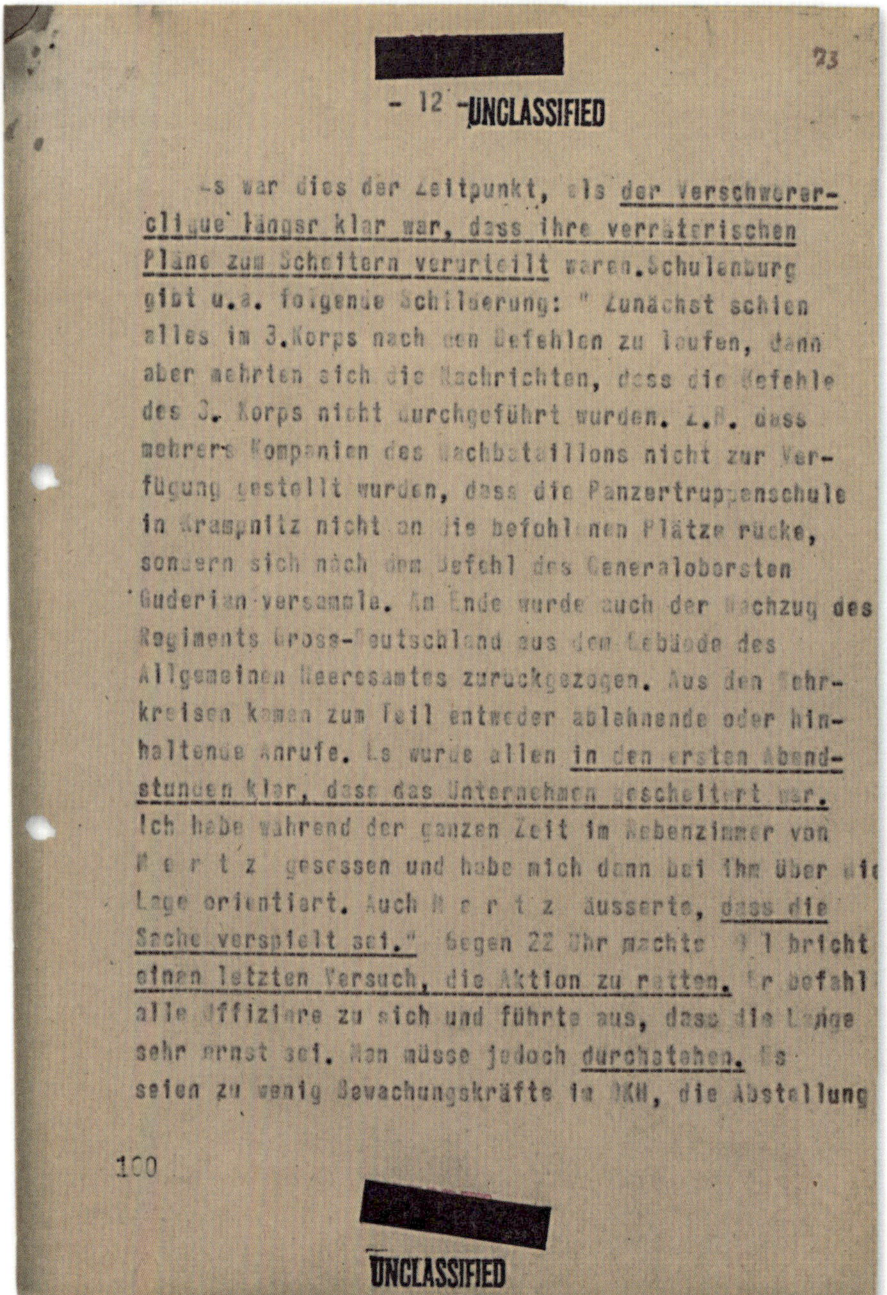

73

- 12 - UNCLASSIFIED

Es war dies der Zeitpunkt, als der Verschwörer-clique länger klar war, dass ihre verräterischen Pläne zum Scheitern verurteilt waren. Schulenburg gibt u.a. folgende Schilderung: " Zunächst schien alles im 3. Korps nach den Befehlen zu laufen, dann aber mehrten sich die Nachrichten, dass die Befehle des 3. Korps nicht durchgeführt wurden. Z.B. dass mehrere Kompanien des Wachbataillons nicht zur Verfügung gestellt wurden, dass die Panzertruppenschule in Krampnitz nicht an die befohlenen Plätze rücke, sondern sich nach dem Befehl des Generalobersten Guderian versammle. Am Ende wurde auch der Wachzug des Regiments Gross-Deutschland aus dem Gebäude des Allgemeinen Heeresamtes zurückgezogen. Aus den Wehrkreisen kamen zum Teil entweder ablehnende oder hinhaltende Anrufe. Es wurde allen in den ersten Abendstunden klar, dass das Unternehmen gescheitert war. Ich habe während der ganzen Zeit im Nebenzimmer von M e r t z gesessen und habe mich dann bei ihm über die Lage orientiert. Auch M e r t z äusserte, dass die Sache verspielt sei." Gegen 22 Uhr machte O l b r i c h t einen letzten Versuch, die Aktion zu retten. Er befahl alle Offiziere zu sich und führte aus, dass die Lage sehr ernst sei. Man müsse jedoch durchstehen. Es seien zu wenig Bewachungskräfte im OKH, die Abstellung

100

UNCLASSIFIED

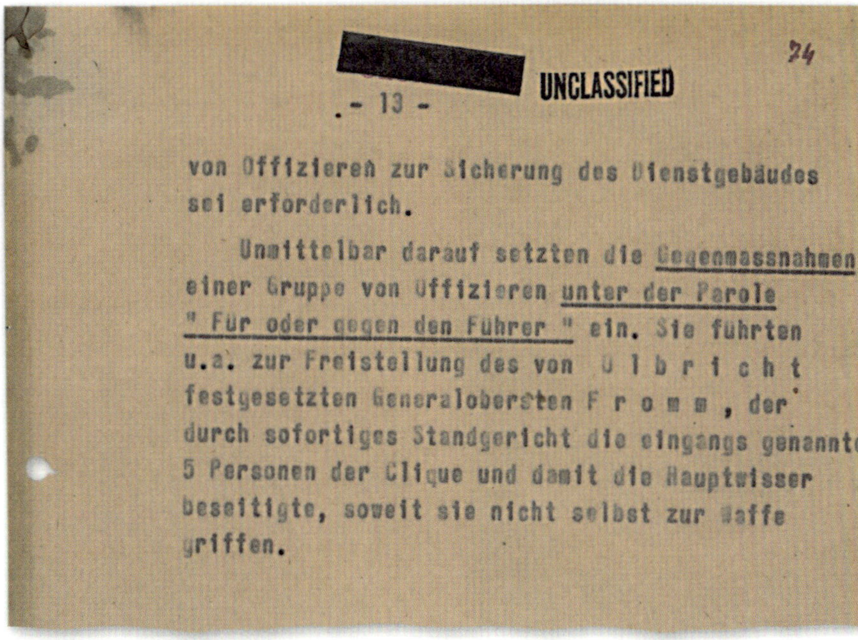

74

UNCLASSIFIED

- 13 -

von Offizieren zur Sicherung des Dienstgebäudes sei erforderlich.

Unmittelbar darauf setzten die Gegenmassnahmen einer Gruppe von Offizieren unter der Parole " Für oder gegen den Führer " ein. Sie führten u.a. zur Freistellung des von O l b r i c h t festgesetzten Generalobersten F r o m m , der durch sofortiges Standgericht die eingangs genannten 5 Personen der Clique und damit die Hauptwisser beseitigte, soweit sie nicht selbst zur Waffe griffen.

Aussage von Fritz-Dietlof Graf von der Schulenburg und weitere Ermittlungsergebnisse über die Zeit nach 21 Uhr im Bendlerblock im Bericht der Sonderkommission 20. Juli 1944 vom 24. Juli 1944

Mit dem „3. Korps" bezeichnet Schulenburg die im Wehrkreis III dem Stellvertretenden Generalkommando unterstehenden Einheiten.

Quelle: BArch, NS 6/4, Bl. 73-74

20. Juli 1944 / 22.00 Uhr

Bendlerblock, gegen 22.15 Uhr

General Olbricht befiehlt die rund 30 Offiziere des Stabes des Allgemeinen Heeresamtes zu sich. Er teilt mit, dass die Bewachung des Hauses durch Offiziere übernommen werden müsse, da jetzt zu wenig Wachmannschaften vorhanden seien. Oberst Franz Herber fragt nach den Gründen für diesen Befehl. Olbricht antwortet – so Robert Bernardis in seiner Aussage vor dem „Volksgerichtshof": „Meine Herren, wir haben schon lange Zeit die Entwicklung der Lage mit großer Sorge betrachtet; es hat sich zweifellos eine Katastrophe angebahnt; es müssten Maßnahmen ergriffen werden, um dieser Sache vorzugreifen; diese Maßnahmen sind zur Auslösung gekommen; ich bitte Sie, mich zu unterstützen." Die Generalstabsoffiziere verlassen das Dienstzimmer Olbrichts und sammeln sich bei Oberstleutnant i. G. Bolko von der Heyde.

Über die jetzt folgenden Ereignisse gibt es mehrere Augenzeugenberichte. Die wichtigsten Beteiligten Olbricht, Stauffenberg, Mertz von Quirnheim und Haeften werden noch in der Nacht erschossen; die Berichte stammen also entweder von Offizieren des Allgemeinen Heeresamtes oder von Friedrich Olbrichts Schwiegersohn Friedrich Georgi, der an diesem Abend zu Olbricht gerufen wird.

Allgemeines Heeresamt, gegen 22.30 Uhr

Nach der Besprechung mit Olbricht gegen 22 Uhr bewaffnen sich mehrere Generalstabsoffiziere des Allgemeinen Heeresamts. Sie werden angeführt von Oberstleutnant Herber, dem sich Oberstleutnant von der Heyde und Major Herbert Fließbach, Major Franz Kleber und Oberstleutnant Kuban anschließen. Insgesamt nehmen rund 40 Offiziere, Soldaten und Beamte an der jetzt folgenden Gegenaktion teil. Franz Herber hat seinem Bericht vom 21. Juli 1944 eine Liste beigefügt:

Oberstlt.d.G. v.d.Heyde
Oberstlt.d.G. Herber
Oberstlt.d.G. Pridun
Oberstlt.d.G. Kuban
Oberst Dannecker
Oberstlt.(W) Ammon
Major d.G. Harnack
Major v.Xylander
Major Sperber
Major (W) Fließbach
Major Kaphengst
Hptm. Bernd
Hptm. Behrenbeck
Hptm. Anner
Hptm. Weigelt
Hptm. Silomon
Hptm.(W) Hofner
Oblt.(W) Girtzig
Oblt.(W) Serke
Lt. Fehmel
Lt. v.Wegerer
Baurat Adam
Baurat Hopf
Jnsp. Lüdtke
Jnsp. Gruner

Oberfeldw. Wieder
" Kleo
OSchirrm. Grieben
Uffz. Seifert
" Rudolf
" Stephan
" Wurl
Ogefr. Sukowsky

O.Feldw. Eckey
" Wedler
" Müllerskowsky
O.Frw. Gräftner
Feldw. Pade
Uffz. Lenk

Feldw. Dux
O.Feldw. Volk
Wachtmstr. Sterndorf
Feldw. Schuhmacher

Liste der an der Gegenaktion beteiligten Offiziere, Soldaten und Beamten, aufgestellt von Franz Herber am 21. Juli 1944

Quelle: BArch, N 712/30

Hauptmann Adolf Bernt berichtet nach 1945:

„ ‚Schnell, schnell nach oben!' Ich eilte mit den anderen einen Stock höher. In einem hell erleuchteten Zimmer war der Fußboden bedeckt mit fabrikneuen, noch eingefetteten Schußwaffen. Eine Stimme: ‚Die haben wir aus Spandau auf Umwegen gerade noch hierher durchschmuggeln können. Los ran!' Einige Offiziere standen herum: ‚Wer kann die Dinger bedienen?' Ich griff nach einer Maschinenpistole, dann in eine Kiste nach einem Magazin, setzte es mit dem geübten Griff des ehemaligen Kompanieführers an, lud und gab die Waffe weiter, und so weiter. ‚Was nun? Los! Aber schnell!' Einige Offiziere eilten mit großen Schritten fort und sausten die Treppen hinunter. Ich, äußerst gespannt, ihnen nach, die Maschinenpistole untern Arm und eine Pistole in der Tasche der langen Hose.

‚Was wird das geben?' Ziel war das Zimmer General Olbrichts. Im Vorzimmer drängten sich Offiziere, unentschlossen, abwartend, irgendetwas murmelnd. Ein Bewaffneter aus der herangezauberten Waffenkammer brach sich Bahn. Sofort betrat er das Chefzimmer, dessen Tür offen stand. General Olbricht saß hinter seinem Schreibtisch, sah auf, erhob sich und trat zur Mitte des Raumes. Der Offizier stellte sich ihm entgegen: ‚Herr General, sind Sie für oder sind Sie gegen den Führer?'"

Quelle: Adolf Bernt, Der 20. Juli in der Bendlerstraße (Bericht eines Augenzeugen), in: Die Gegenwart, 22. September 1956, S. 597 ff.

Einen Bericht von Oberstleutnant d. G. Franz Herber vom 21. Juli 1944 hat der Biograf von Friedrich Fromm, Bernhard R. Kroener, in den heute in Moskau liegenden Akten des Reichspropagandaministeriums gefunden und erstmals veröffentlicht. Eine weitere Ausfertigung des Berichts liegt im Bundesarchiv/Militärarchiv. Herber beschreibt darin, dass sich die Stabsoffiziere des Allgemeinen Heeresamtes – mit Ausnahme von Robert Bernardis – bewaffnet zu Olbricht begeben hätten.

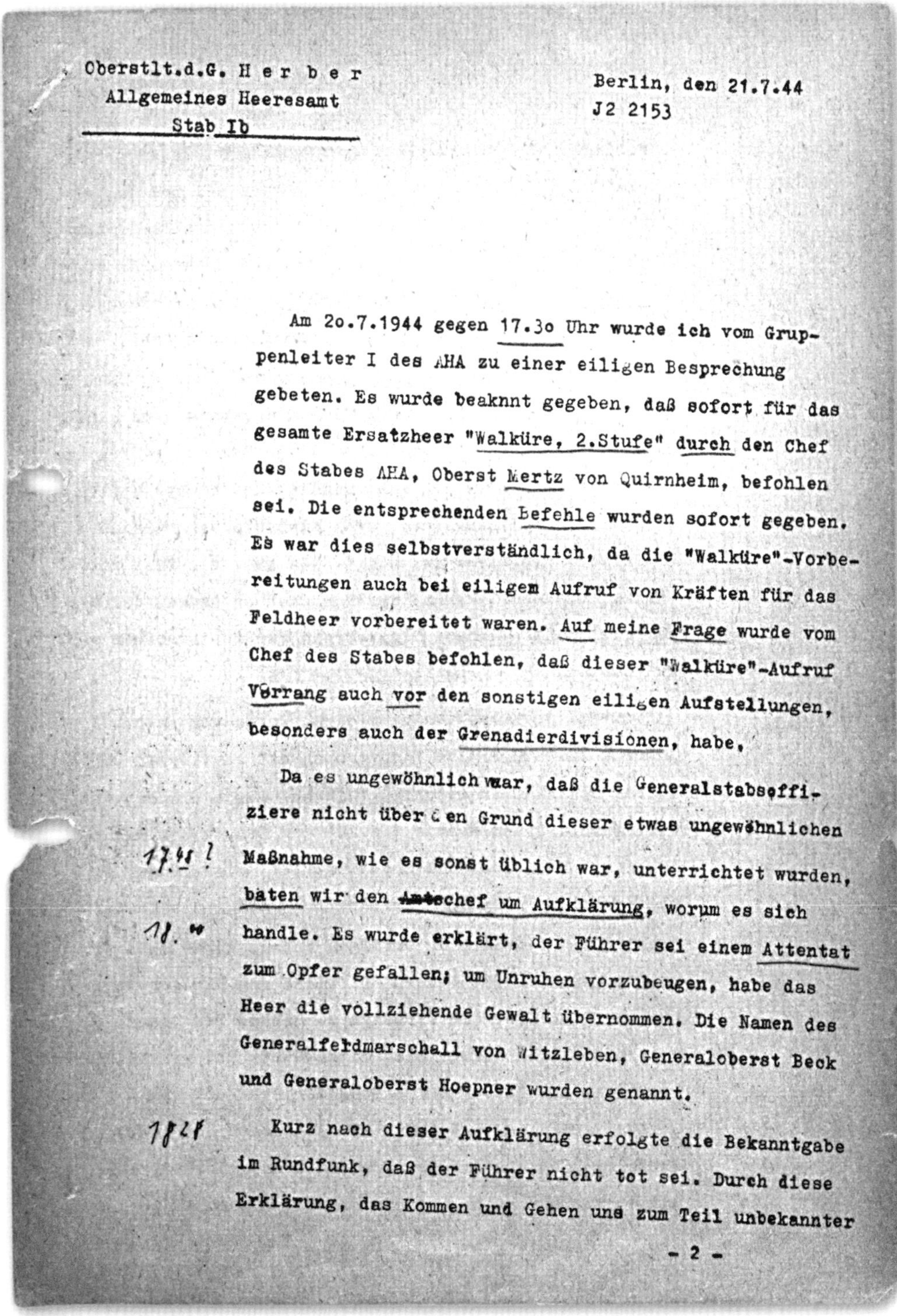

Oberstlt.d.G. H e r b e r
Allgemeines Heeresamt
Stab Ib

Berlin, den 21.7.44
J2 2153

Am 2o.7.1944 gegen 17.3o Uhr wurde ich vom Gruppenleiter I des AHA zu einer eiligen Besprechung gebeten. Es wurde beaknnt gegeben, daß sofort für das gesamte Ersatzheer "Walküre, 2.Stufe" durch den Chef des Stabes AHA, Oberst Mertz von Quirnheim, befohlen sei. Die entsprechenden Befehle wurden sofort gegeben. Es war dies selbstverständlich, da die "Walküre"-Vorbereitungen auch bei eiligem Aufruf von Kräften für das Feldheer vorbereitet waren. Auf meine Frage wurde vom Chef des Stabes befohlen, daß dieser "Walküre"-Aufruf Vorrang auch vor den sonstigen eiligen Aufstellungen, besonders auch der Grenadierdivisionen, habe.

Da es ungewöhnlich war, daß die Generalstabsoffiziere nicht über den Grund dieser etwas ungewöhnlichen Maßnahme, wie es sonst üblich war, unterrichtet wurden, baten wir den ~~Amts~~chef um Aufklärung, worum es sich handle. Es wurde erklärt, der Führer sei einem Attentat zum Opfer gefallen; um Unruhen vorzubeugen, habe das Heer die vollziehende Gewalt übernommen. Die Namen des Generalfeldmarschall von Witzleben, Generaloberst Beck und Generaloberst Hoepner wurden genannt.

Kurz nach dieser Aufklärung erfolgte die Bekanntgabe im Rundfunk, daß der Führer nicht tot sei. Durch diese Erklärung, das Kommen und Gehen uns zum Teil unbekannter

\- 2 -

Bericht Herbers vom 21. Juli 1944

Quelle: BArch, N 712/30. Nach der im Moskauer Archiv liegenden Fassung abgedruckt in: Bernhard R. Kroener, „Der starke Mann im Heimatkriegsgebiet". Generaloberst Friedrich Fromm. Eine Biographie, Paderborn u.a. 2005, S. 697.

Offiziere, das Durchsickern der Nachricht, daß Generaloberst Fromm plötzlich verhaftet worden sei und das geschäftige Treiben des Generals Olbricht, des Chefs des Stabes pp, wurde bei den Offizieren des Stabes AHA der Verdacht wach, daß die Angelegenheit nicht ordnungsgemäß sei. Jch gab an Major(W) Fließbach den Befehl, sofort Maschinenpistolen, Handgranaten und Munition zu besorgen. Gegen 2o Uhr kamen die Handgranaten und Munition mit Lkw aus Töpchin, gegen 21.3o Uhr die Waffen an. Die Herren des Stabes AHA/Ib machten sofort die Waffen einsatzbereit. Jnzwischen waren sich die Generalstabsoffiziere, Offiziere und Beamte des AHA, die fast vollzählig versammelt waren, darüber klar geworden, daß bei der ersten Gelegenheit die Verschwörer festgenommen werden mußten.

Während der Besprechungen dazu, wurde vom Amtschef AHA für 22.15 Uhr eine Besprechung mit sämtlichen Offizieren und Beamten befohlen. Hierbei wurde erklärt, daß die Offiziere und Beamte des AHA den Schutz des Gebäudes des OKH zu übernehmen hätten. Auf meine Frage, ob die sonstigen wichtigen Vorbereitungen für die Neuaufstellungen pp weiter zu erfolgen haben, wurde dies verneint. Darauf wurde General Olbricht von mir gebeten, Einzelheiten über die Vorgänge zu geben. Den Generalstabsoffizieren wurde jetzt mitgeteilt, daß verschiedene Maßnahmen zur Aufrechterhaltung der Ruhe und Ordnung zu treffen seine und daß jeder die gegebenen Befehle durchzuführen habe. Darauf bewaffneten sich alle Offiziere und Beamte (siehe anliegende Liste), mit Ausnahme des

- 3 -

Oberstlt.d.G. Bernardis, mit den vorhandenen Waffen.

Jch rief den mir gut bekannten Oberstlt.d.G. Rutz

22 10 vom Gen St d H an und machte ihm die Mitteilung, daß wir gewillt seien, aktiv einzugreifen. Da wir keine Ahnung hatten, wer alles gegen den Führer war, bat ich ihn, nach Möglichkeit von draussen uns zur Hilfe zu eilen. Er versprach es mir.

Mit einigen Herren begab ich mich dann in das

22 45 Amtszimmer des Amtschefs, nachdem vorher einigen mir unbekannten jüngeren Offizieren auf dem Flur die Waffen abgenommen und ihre Festnahme befohlen war. Jch fragte den Amtschef, ob sich die Maßnahmen gegen den Führer richteten und wo der Generaloberst Fromm sei, den ich sofort sprechen wollte. Der Amtschef, bei dem sich zunächst nur sein Schwiegersohn, ein Major der Luftwaffe, befand, gab eine ausweichende Auskunft, worauf ich ihn aufforderte, nicht mehr das Zimmer zu verlassen. Jetzt kamen der Chef des Stabes AHA, Oberst Mertz von Quirnheim, und Oberst Graf Stauffenberg hinzu. Joh forderte sie auf, ebenfalls nicht das Zimmer zu verlassen, bis ich den Generaloberst Fromm gesprochen hätte. Darauf versuchte Oberst Graf Stauffenberg, das Zimmer zu verlassen, worauf Major Fließbach und ich einen Schuß auf ihn abgaben. Es entstand ein Tumult, wobei ich noch auf dem Flur zwei Schüsse abgab und von dem Hauptmann Klausing auf mich geschossen wurde. Es sollen insgesamt hierbei 8 Schüsse abgegeben worden seien. Jnzwischen waren von den anderen Offizieren und Beamten die uns unbekannten bzw. verdächtigen

- 4 -

Offiziere festgenommen, entwaffnet und in das Zimmer des Chefs des Stabes gebracht bzw. auf anderen Zimmern festgesetzt worden. Mit einigen Herren veranlasste ich den Amtschef, mit mir zum Zimmer des Generaloberst Fromm zu kommen, wo sich Generaloberst Beck in Zivil, Generaloberst Hoepner, Oberst Graf Stauffenberg, Oberst Mertz v. Quirnheim und Oberleutnant v. Haeften befanden. Jch erklärte ihnen, daß wir nicht gewillt seien, einen Putsch gegen den Führer mitzumachen, forderte sie auf, das Zimmer nicht zu verlassen und stellte eine Wache an die Tür.

Auf dem Wege zum Zimmer des Generalobersten wurden die SS-Obersturmführer Dr. Pifrader und Dudmer und SS-Untersturmführer Heller, die festgesetzt waren, von mir freigelassen und mit Waffen versehen. Andere Offiziere befreiten den General v. Kortzfleisch, der dann verschiedene telefonische Anordnungen gab.

Durch Hauptmann Bernd wurde Generaloberst Fromm in seiner Wohnung benachrichtigt, daß die Anführer festgenommen seien und wir um weitere Befehle bäten. Gegen 23.00 Uhr erschien der Generaloberst Fromm in Uniform und gab verschiedene Befehle, die ich zum Teil nicht mithörte, da ich mich um die Bewachung des Gebäudes und die Festnahme der noch Beteiligten kümmern mußte. Ausserdem wurde von mir ein Hauptsturmführer im Stabe des Reichsführers SS fernmündlich unterrichtet, der mich an den Obergruppenführer Kaltenbrunner verwies. Dieser versprach, sofort Verstärkung zu schicken. Ausserdem war inzwischen das Wachbataillon Gr. Deutschland alarmiert

- 5 -

worden, welches nach einiger Zeit eintraf, um den Schutz des Gebäudes, der vorher durch Angehörige des Stabes notdürftig übernommen war, übernahm. Später erschien Sturmbannführer Skorzenny, dann General Reinicke und Obergrüppenführer Kaltenbrunner, denen ich die Vorgänge meldete. Von diesen wurde das weitere veranlasst, besonders auch meine Bitte, die Herausgabe entsprechender Befehle, damit die "Walküre"-Vorbereitungen aufgehoben und damit die notwendigen Maßnahmen zur Aufstellung der Grenadier-Divisionen wieder anlaufen konnten.

Es verdient hervorgehoben zu werden, daß ausser dem Amtschef, dem Chef des Stabes und dem Adjutanten des AHA keiner der Verschwörer dem AHA/Stab angehört und daß alle anwesenden Offiziere, Beamte, Unteroffiziere, Mannschaften und Angestellten mit Ausnahme des Oberstlt.d.G. Bernardis sich sofort für ein aktives Eingreifen zur Verfügung stellten.

Herber

Bendlerblock, kurz vor 23 Uhr

Franz Herber gibt am 27. Juli 1944 Oberst i. G. Curt Pollex, zu dieser Zeit Chef des Stabes beim Sonderbeauftragten für die Vereinheitlichung der Wehrmachtorganisation, einen ausführlichen Bericht über die Ereignisse des 20. Juli. Darin beschreibt er noch einmal die Schießerei auf dem Flur:

Obstlt. Herber mit Major Fließbach durchschritt den Flur, wo vor einzelnen Türen jüngere Offiziere Wache standen. Der energischen Aufforderung, die Pistolen herauszugeben, wurde in jedem Falle nach einigem Zögern Folge geleistet .

Die beiden Offz. drangen in das Zimmer des Gen. Olbricht ein, der bestürzt war, auf die Frage , was hier gespielt würde, ausweichend antwortete und dann mit einiger Gewalt verhaftet und von Obstlt. Herber abgeführt werden sollte. Bei ihm befand sich noch ein Major i.G. der Luftwaffe, der , wie sich durch Erklärung Gen. Olbricht herausstellte, sein Schwiegersohn sei und nichts mit der Sache zu tun hätte.

Diese Worte , "daß er nichts mit der Sache zu tun hätte" überzeugten Obstlt. Herber, und seine Leute vollends, daß hier ein Putsch gegen den Führer vorläge.

In diesem Augenblick tauchte im Rücken Obstlt. Herber Oberst Graf v. Stauffenberg auf, der kurz stutzt, sich dann plötzlich umdreht und aus dem Zimmer läuft. Obstlt. Herber und Major Fließbach laufen hinterher auf den Flur und schießen hinter ihm her. St. verschwindet in einem Zimmer und überquert kurz darauf nochmals den Gang, wobei nochmals auf ihn geschossen wurde. Ein Hauptmann Klausing, der anscheinend zur Verschwörergruppe gehört, feuert auf nächste Entfernung auf Obstlt. Herber, der sich instinktiv fallen läßt, so daß der Schuß vorbeigeht. Auf einen Schuß von Obstlt. Herber fällt Hptm. Klausing zu Boden . Es stellte sich hinterher heraus, daß bei dem ganzen Kugelwechsel von ca. 8 Schuß niemand außer Graf v. Stauffenberg getroffen wurde, der angeblich aus einer Verletzung an der Schulter blutete.

Bericht von Franz Herber vom 27. Juli 1944

Quelle: BArch, N 712/35

Bendlerblock, kurz vor 23 Uhr

Delia Ziegler ist die langjährige Sekretärin von General Olbricht und Augenzeugin der Schießerei:

„Auf dem langen Flur zu den Räumen des Befehlshabers hin begegneten mir Oberst Graf von Stauffenberg und Oberleutnant von Haeften in tiefem Gespräch. Jetzt mußte etwas Entsetzliches geschehen, das war mir klar. Es handelte sich um Sekunden, wo Stauffenberg und Haeften in unser Vorzimmer eintraten, aber sofort wieder herauskamen und mich überholten. Hinter uns knallten ungefähr 10 Schuß. Stauffenberg muß am linken Oberarm verwundet worden sein, er zuckte merklich zusammen. Diese Schüsse kamen hinter uns aus dem Vorzimmer […]"

Quelle: IfZ, ED 88/2, Leserbrief von Delia Ziegler an DIE WELT, undatiert [1947].

Bendlerblock, kurz vor 23 Uhr

Friedrich Olbricht hat gerade seinem Schwiegersohn den Verlauf des Tages im Bendlerblock und seine Beteiligung daran erläutert und ihm einige Akten zur Verbrennung mitgegeben, als die Generalstabsoffiziere eindringen:

„In diesem Augenblick drangen etwa 6 – 8 Generalstabsoffiziere mit gezogenen Pistolen und Maschinenpistolen in Väterchens [Olbrichts, d. V.] Büro ein und verlangten von ihm Aufklärung, was nun los sei und wollten den Generaloberst Fromm sprechen. Dann wollten sie Väterchen sprechen, da sie vom Generalstab im Hauptquartier gehört hätten, dass der Führer gar nicht tot sei und sie nun wissen wollten, was hinter der Sache steckte.

Graf Stauffenberg, der inzwischen eingetreten war, sagte, er wolle mal sehen, ob Fromm zu sprechen sei und ging hinaus in das Vorzimmer, das ebenfalls von Offizieren mit Maschinenpistolen besetzt war. In Begleitung von zwei Offizieren, die ihre Schusswaffen auf ihn richteten, ging er ins Nebenzimmer. Väterchen schickte mich ebenfalls aus dem Zimmer, was jedoch durch die eingedrungenen Offiziere verhindert wurde. Ich verabschiedete mich dann nochmals von Väterchen und Stauffenberg, der inzwischen zurückgekommen war, mit einem langen festen Händedruck, der mehr sagte, als Worte hätten sagen können, und drängte mich mit Gewalt ins Vorzimmer. Stauffenberg kam hinter mir her, ging rasch ins Nebenzimmer, von 2 Offizieren gefolgt. Dann schlug er die Tür plötzlich zu, es fiel ein Pistolenschuss, der eine allgemeine Schiesserei zur Folge hatte. Der Korridor war frei, aus jeder Tür lugte ein Offizier und schoss auf jede Bewegung auf dem Korridor. Väterchen befahl mir noch einmal zu gehen – er war inzwischen noch einmal an die Tür seines Zimmers gekommen. Der Versuch, ihm meine Pistole auszuhändigen, wurde von den uns beide umringenden Offizieren verhindert. Ich gab ihm nun durch die Offiziere hindurch noch einmal – ein letztes Mal – fest die Hand und sah ihm tief in die Augen [...]. Dann drängte ich mich aus dem Kreis der mich umringenden Offiziere aus dem Vorzimmer heraus und ging aufrecht, langsam und festen Schrittes den Korridor entlang. In diesem Augenblick fiel kein Schuss, da ich mit Handanlegen an die Kopfbedeckung an den einzelnen Offizieren vorbeiging, von denen mich daraufhin auch keiner anhielt. Ich passierte ohne Zwischenfall die Wache und fuhr nach Bernau."

Quelle: Gedenkstätte Deutscher Widerstand, Bericht von Friedrich Georgi vom 21. Juli 1944, 00.10 Uhr.

Bendlerblock, kurz vor 23 Uhr

Ludwig von Hammerstein bewacht um kurz vor 23 Uhr noch immer General Kortzfleisch, der ihn zu Ludwig Beck mit der Bitte schickt, dieser möge entscheiden, wo er die Nacht über bleiben solle. Becks Antwort ist deutlich: „Der Kerl soll bleiben, wo er ist. Ein weiteres Gespräch mit ihm lohnt sich nicht." Hammerstein begibt sich von den Diensträumen Fromms jetzt wieder ins Allgemeine Heeresamt:

„Ich ging zurück, vor mir ging Stauffenberg, begleitet von seinem Ordonanzoffizier Haeften, und verschwand im Vorzimmer von Olbricht Ich blieb davor stehen. Es waren auf einmal lauter Offiziere dort zu sehen, die gut bewaffnet waren, Maschinenpistolen und Handgranaten hatten und traf meinen Freund Dr. Hans Fritzsche, der mit uns auch aus Potsdam dorthin gekommen war. Der sagte mir: ‚Es stimmt, der Hitler lebt, das Wachbataillon macht nicht mit, und die ganze Sache wird schwieriger.' Dann versuchten mich diese bewaffneten Offiziere in den Vorzimmerraum von Olbricht hineinzudrängen. Ich tat das aber nicht, weil ich zurück wollte zu dem stellvertretenden Kommandierenden General [Kortzfleisch, d. V]. Als ich auf dem halben Weg war, fielen auf einmal mehrere Schüsse. Ich ging, wie man das als Soldat tut, hinter einem Schrank in volle Deckung, zog meine Pistole. Daraufhin sagte ein

neben mir stehender Oberstleutnant im Generalstab, der mir zwar schon aufgefallen war, weil er ungewöhnlich aussah, aber ich wußte nicht, wer er war oder wie er hieß: ‚Lassen Sie stecken, es hat doch keinen Zweck!' Ich ließ also meine Pistole stecken und überlegte mir: ‚Wo ist der Mann einzuordnen?' Ich schaute auf diesen dunklen Flur, den es heute noch gibt, und sah, wie Stauffenberg sich einmal um sich selber drehte und wie auch ein oder zwei Schüsse von dem Ordonanzoffizier [Werner von Haeften, d. V.] zurück abgegeben wurden. Jedenfalls bildete ich mir das ein, dass es so gewesen ist. Dann verschwand Stauffenberg, es wurde still, und auf einmal ging mir gegenüber die Tür auf. Der Oberstleutnant von der Lancken, auch ein alter Potsdamer Mitbürger, Reserveoffizier, der der Adjutant Olbrichts war, und den ich vorher gesehen hatte, weil ich mich eine Zeitlang in Olbrichts Zimmer aufgehalten hatte, wollte heraus. Sofort hatten nun meine beiden Nachbaroffiziere ihre Pistolen in der Hand, darunter auch dieser kleine Oberstleutnant. Der Herr von der Lancken sah das aber sofort, machte die Tür wieder zu. Daraufhin war mir klar: Aha, die sind von der Gegenseite! Dann sagte auch schon dieser Oberstleutnant: ‚Los, jetzt alle an das Ende des Ganges.' Dort hatte er die Pistole in der Hand und sagte: ‚Hier ist ein Putsch gegen den Führer im Gange, der ist mit dem Fahneneid nicht zu vereinbaren, Sie stehen mir zur Verfügung'. Und dann fragte er den Ordonanzoffizier des stellvertretenden Kommandierenden Generals: ‚Wie kommen denn Sie hier überhaupt her? Er sagte: ‚Ich bin der Ordonanzoffizier des Generals!' Daraufhin war er salviert. Ich kriegte in dem Moment einen furchtbaren Schreck, denn ich dachte, jetzt werde ich gefragt, denn mich kannte er ja auch nicht. Ich hatte mir auf Rat meines Freundes Ewald Heinrich Kleist noch die 9 von der Schulter abgemacht, weil er mir sagte: ‚Wenn Du die 9 drauf hast, weiß jeder, wo du stehst. Das ist zu gefährlich, mach die ab.' Also, die war nicht drauf, und erstaunlicherweise fragte er mich nicht, sondern dann wurde eingeteilt: ‚Sie sperren das ab, Sie sperren das ab, der Rest hier die Treppe rauf.'

Ich hatte mir in diesen paar Sekunden überlegt: Was machst du? Es war klar, daß die Sache nicht zu retten war. Entweder man schoß auch um sich, ich hätte diesen Oberstleutnant totschießen können, aber ich dachte dann: Wer weiß, vielleicht ist es doch besser, man geht nach der alten Devise eines Soldaten vor: Es ist wichtig, im richtigen Moment auszureißen. Und dieses tat ich, weil ich die Örtlichkeiten genau kannte. Es waren die Wohnung und die Dienstgebäude, wo wir während der Zeit, in der mein Vater Chef der Heeresleitung war, wohnten."

Quelle: Gedenkstätte Deutscher Widerstand, Rede von Ludwig Freiherr von Hammerstein vom 18. Juli 1993 in der Kirche zu Bornstedt, S. 4.

Bendlerblock, kurz vor 23 Uhr

Das Geschehen verlagert sich jetzt vom Allgemeinen Heeresamt in die Räume des eine Halbetage höher gelegenen Stab des Befehlshabers des Ersatzheeres. Franz Herber berichtet am 21. Juli 1944, dass zuerst die festgesetzten SS-Führer und General Kortzfleisch befreit werden:

Auf dem Wege zum Zimmer des Generalobersten wurden die SS-Obersturmführer Dr.Pifrader und Dudmer und SS-Untersturmführer Heller, die festgesetzt waren, von mir freigelassen und mit Waffen versehen. Andere Offiziere befreiten den General v.Kortzfleisch, der dann verschiedene telefonische Anordnungen gab.

Durch Hauptmann Berndt wurde Generaloberst Fromm in seiner Wohnung benachrichtigt, daß die Anführer festgenommen seien und wir um weitere Befehle bäten. Gegen 23.00 Uhr erschien der Generaloberst Fromm in Uniform und gab verschiedene Befehle, die ich zum Teil nicht mithörte, da ich mich um die Bewachung des Gebäudes und die Festnahme der noch Beteiligten kümmern mußte. Ausserdem wurde von mir ein Hauptsturmführer im Stabe des Reichsführers SS fernmündlich unterrichtet, der mich an den Obergruppenführer Kaltenbrunner verwies. Dieser versprach, sofort Verstärkung zu schicken. Ausserdem war inzwischen das Wachbataillon Gr.Deutschland alarmiert

worden, welches nach einiger Zeit eintraf, und den Schutz des Gebäudes, der vorher durch Angehörige des Stabes notdürftig übernommen war, übernahm. Später erschien Sturmbannführer Skorzenny, dann General Reinicke und Obergruppenführer Kaltenbrunner, denen ich die Vorgänge meldete. Von diesen wurde das weitere veranlasst, besonders auch meine Bitte, die Herausgabe entsprechender Befehle, damit die "Walküre"-Vorbereitungen aufgehoben und damit die notwendigen Maßnahmen zur Aufstellung der Grenadier-Divisionen wieder anlaufen konnten.

Bericht Herbers vom 21. Juli 1944

Quelle: BArch, N 712/30. Nach der im Moskauer Archiv liegenden Fassung abgedruckt in: Bernhard R. Kroener, „Der starke Mann im Heimatkriegsgebiet" Generaloberst Friedrich Fromm. Eine Biographie, Paderborn u.a. 2005, S. 697.

Bendlerblock, kurz vor 23 Uhr

Hauptmann Adolf Bernt trifft auf den Adjutanten von Fromm und erhält von ihm die Auskunft, Fromm sei in seinen Wohnräumen. Bernt will nachsehen und entdeckt, dass der zur Wache eingeteilte Major von Leonrod Fromm nicht mehr bewacht:

„Ich ging und schaute nach der Tür. Niemand stand dort. Merkwürdig. Ich trat näher, besann mich einen Augenblick und drückte auf den Klingelknopf. Ich wartete. Drinnen kamen Schritte näher. Die Tür öffnete sich langsam. Ich sah eine Frau. Sie sagte nichts, nur ihre Augen fragten unruhig. Es war wohl die Hausdame. ‚Bitte ist der Herr Generaloberst zu sprechen?' Sie betrachtete mich, den unbekannten Offizier ohne Koppel, mit langen Hosen, die Maschinenpistole an die Seite geklemmt. Dann verschwand sie in einem Zimmer. Nach geraumer Zeit kam sie zurück und sagte: ‚Bitte.' Ich betrat den Flur der kleinen Wohnung. ‚Einen Augenblick.' Sie verschwand wiederum. Es war nichts zu vernehmen. Offenbar unterhielt man sich leise. Plötzlich trat der Generaloberst heraus. Ein baumlanger Mann. Ich stand still. Er sah mich reserviert und prüfend an. Er kannte mich nicht.

‚Herr Generaloberst, ich bitte um Entschuldigung, wenn ich in diesem Aufzug mit einer Maschinenpistole hier eingetreten bin, aber ich weiß nicht mehr, was schwarz und was weiß ist hier im Hause.' Er betrachtete mich aufmerksam, ergriff meine Hand, umfasste sie mit einem warmen Druck und sagte bewegt: ‚Ich danke Ihnen, dass Sie zu mir gekommen sind […] Ich werde Ihnen zeigen, was los ist!'

Kurz überlegte er, bat mich abzuwarten und verschwand in einem Zimmer. Bald kam er zurück. Anscheinend hatte er etwas gesucht. Er rief der Frau zu: ‚Ich finde meine Pistole nicht.' Ich griff in die Hosentasche und bot ihm meine an. Er nahm sie, sah sie an und ging sogleich aus der Wohnung."

Quelle: Adolf Bernt, Der 20. Juli in der Bendlerstraße
(Bericht eines Augenzeugen), in: Die Gegenwart, 22. September 1956, S. 597 ff.

Bendlerblock, kurz nach 23 Uhr

Die Wachen des Wachbataillons sind – mit Ausnahme der Posten am Haupttor – abgezogen worden. Inzwischen ist ein Zug Soldaten aus der Heeres-Waffenmeisterschule in Treptow eingetroffen, die gerade von Hauptmann Helmuth Cords eingewiesen werden, als die Kompanie des Wachbataillons unter Oberleutnant Schlee eintrifft. Hauptmann Cords will dies Olbricht mitteilen, gerät aber in die Schießerei auf dem Flur des Allgemeinen Heeresamtes. Mit Friedrich-Karl Klausing begibt er sich wieder zum Haupttor, das von den Soldaten der Heeres-Waffenmeisterschule für die Kompanie des Wachbataillons geöffnet worden ist. Klausing und Cords verlassen den Bendlerblock über die Bombentrichter an der Hinterfront.

Haupttor des Bendlerblocks, Bendlerstraße 13, 1942
Quelle: bpk / Arthur Grimm

Oberleutnant Schlee, Führer der 4. Kompanie des Wachbataillons, berichtet über die Entwicklung des Abends:

 24

- 3 -

Major Remer befand sich eben bei Reichsminister Dr.Goebbels. Lt. Hagen vermittelte mir dann, dass ich sofort zu Reichsminister Dr. Gœbbels vorgelassen wurde. Dort meldete ich, dass die gesamte Verräterclique in den Gebäuden des OKW sitzt und schlug vor, alle dortigen Gebäude mit stärkeren Kräften zu besetzen. Reichsminister Dr.Goebbels führte daraufhin sogleich ein Gespräch mit dem Führer, welcher die Erlaubnis zum sofortigen Eingreifen gab. Ich bekam den Befehl, mit meiner 35 Mann starken Wache, 2 Zügen der 5.Kompagnie und 1 Radfahrzeug einer anderen Einheit das OKW zu besetzen und sämtliche Generale festzunehmen.
Auf die Meldung hin, dass das OKW bereits durch eine Panzerschützen-Kompagnie besetzt sei, welche auf unserer Seite stehe, wurde mein Abmarsch verzögert. Lt. Arnds und Lt,Schady wurden beauftragt, den Führer dieser Einheit festzustellen. Nach kurzer Zeit kam Lt. Arnds wieder zurück und meldete, dass die Panzerschützen-Kompagnie nicht mehr im OKW sei. Nun war höchste Eile geboten. Lt.Arnds besetzte sofort sämtliche Ein- und Ausgänge. Lt. Schady baute auf meinen Befehl mit 70 Mann eine Postenkette um das OKW, so dass ein Ausbruchsversuch nicht möglich war.

Am Haupteingang Bendlerstrasse 11-13 ging es toll zu. Offiziere, welche mit Maschinenpistolen bewaffnet waren, rannten umher und versuchten, Befehle zu geben und Anordnungen zu treffen. Im rücksichtslosen Durchgreifen wurde jeder festgenommen, der sich mir widersetzte und in die Pförtnerloge gesperrt. Ein Oberst und ein Oberstleutnant wurden mit Gewalt entwaffnet. Es galt vorerst, möglichst jede Schiesserei zu vermeiden, denn ich war mir bewusst, dass der erste Schuss der Auftakt zu einer wüsten Knallerei geworden wäre.Dies wollte ich vermeiden.

Nachdem wir den Haupteingang im Besitz genommen hatten, beauftragte ich ein Kommando von 20 Mann, den Männe rn der Nachrichtenzentrale zu Hilfe zu eilen. An allen Ausgämgen wurden Maschinengewehre aufgebaut.

Nachdem die Sicherung von aussen her vollzogen war, konnte ich darangehen, im Innern des Gebäudes aufzuräumen. Da hatten aber bereits treue deutsche Offiziere zur Selbsthilfe gegriffen und Generaloberst F r o m m befreit, der von der Verräterclique in

ein

36

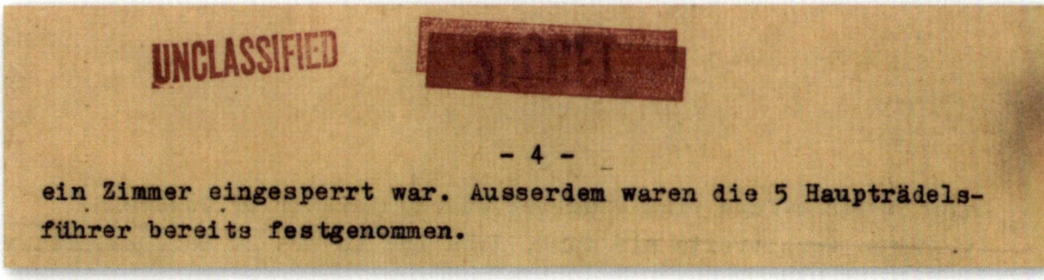
UNCLASSIFIED

- 4 -

ein Zimmer eingesperrt war. Ausserdem waren die 5 Haupträdelsführer bereits festgenommen.

Bericht von Oberleutnant Schlee vom 23. Juli 1944 über seinen Einsatz am 20. Juli 1944

Quelle: BArch, NS 6/23, fol. 23 f.

Bendlerblock, gegen 23 Uhr

Oberstleutnant Herber eskortiert mit einigen anderen Offizieren General Olbricht zum Arbeitszimmer von Friedrich Fromm. Hier stoßen sie zuerst auf Ludwig Beck und Erich Hoepner, später auf Mertz von Quirnheim und Haeften. Generaloberst Fromm kommt hinzu, begleitet von Hauptmann Bernt, flankiert jetzt von Major i. G. Fritz Harnack.

Adolf Bernt beschreibt die folgende Szene so:

„Ich folgte seinen [Fromms, d. V.] langen zielsicheren Schritten in Richtung seiner engeren Diensträume. Sie bestanden aus seinem eigenen Zimmer, das rückwärtig an einem Lichthof lag, und dem Arbeitszimmer Stauffenbergs [...] Beide verband ein Kartenzimmer. Es war zu Stauffenbergs Raum hin mit einer Glastür verschlossen, während sich in Fromms Zimmer, hinter einer bühnenartigen Türöffnung, dieses Bild bot: vorn links ein kleiner Tisch, unter dem mit gelber Flamme einige Papiere brannten. Rechts daneben, also vorn in der Mitte, stand Stauffenberg, die Höhle seines herausgeschossenen Auges durch keine Klappe mehr verdeckt, den einzigen Arm mit den zwei Fingern leicht gebeugt. Wütend und drohend sah er auf Fromm. Rechts von Stauffenberg stand Oberst Mertz von Quirnheim, Olbrichts Chef des Stabes, schweigend und abweisend zu Boden sehend. Rechts an der Wand, etwas weiter hinten, lehnte sich Oberleutnant von Haeften, aufrecht stehend, mit den Händen auf dem Rücken leicht gegen die Wand. [...] Ganz vorn links, hinter dem Tisch, unter dem die Papiere brannten, saß ein älterer Herr in Zivil. [...] Es mußte der Generaloberst Beck sein. Auch er sah vor sich hin, ohne sich zu rühren. Hinter Stauffenberg stand ein großer Tisch inmitten des Zimmers. Hinter diesen saß merkwürdiger Weise General Olbricht, der doch eben

verhaftet worden war. Ganz im Hintergrund, neben Fromms Schreibtisch am Fenster, ragte die hohe Gestalt des Generaloberst Hoepner, von unten hell beschienen ... .

Der Generaloberst postierte sich in der Türöffnung. Ich trat rechts hinter ihm näher. Links von Fromm hatte sich der Generalstabsoffizier Harnack eingefunden. Einen Moment war es still. Ungeahnte Spannungen durchschwebten den Raum. Dann sprach Fromm mit tönender und fester Stimme: ‚Meine Herren, so wie ich Ihnen heute früh gegenüberstand, so stehen Sie mir jetzt gegenüber.' Er befahl, die Waffen abzugeben. Da die Offiziere aber keine hatten, geschah nichts."

Quelle: Adolf Bernt, Der 20. Juli in der Bendlerstraße (Bericht eines Augenzeugen), in: Die Gegenwart, 22. September 1956, S. 597 ff.

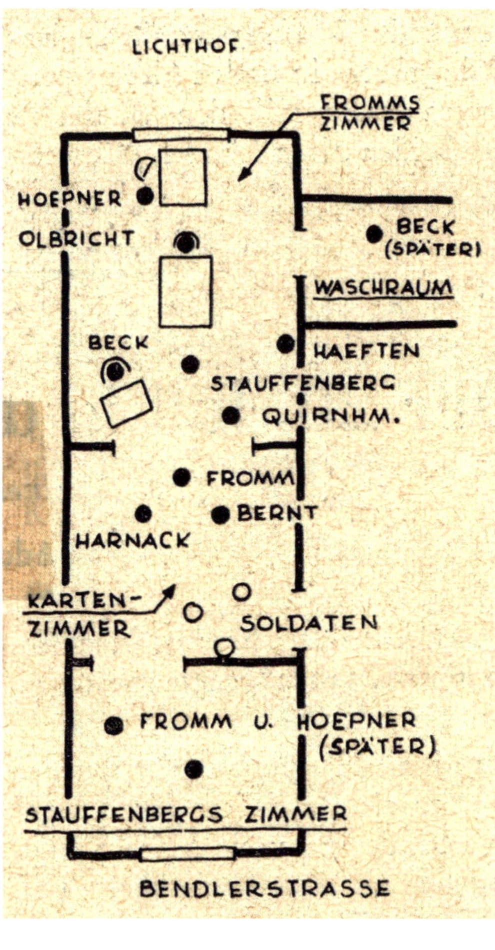

Die Situation im Arbeitszimmer von Generaloberst Fromm kurz vor Mitternacht

Quelle: Adolf Bernt, Der 20. Juli in der Bendlerstraße (Bericht eines Augenzeugen), in: Die Gegenwart, 22. September 1956, S. 597 ff.

Erich Hoepner schilderte die nächsten Minuten vor dem „Volksgerichtshof" am 7. August 1944:

„Fromm hat dann zu Beck gesagt: ‚Legen Sie die Waffe weg!', worauf Beck erwiderte: ‚Ich möchte meine Waffe zum privaten Gebrauch behalten.' Dann sagte Fromm: ‚Aber dann gleich.' Darauf hat er die Pistole, die auf seinem Koffer lag, genommen, sie geladen, und nach ein paar Worten hat er geschossen, sich aber nur einen Streifschuss beigebracht. Darauf sagte Fromm: ‚Nehmen Sie dem alten Herrn die Waffe weg; die anderen Herren, die noch etwas aufschreiben wollen, haben noch Gelegenheit, hier etwas aufzuschreiben, bitte sehr!' Darauf habe ich mich an den Schreibtisch Olbrichts, an den Mitteltisch gesetzt. Dann ist Fromm einen Augenblick verschwunden, kam wieder und sagte: ‚Im Namen des Führers hat ein von mir bestelltes Standgericht das Urteil gesprochen: es werden der Oberst im Generalstab von Mertz, General Olbricht, der Oberst – den ich mit Namen nicht nennen will – und der Oberleutnant von Haeften zum Tode verurteilt.'"

Quelle: National Archives and Records Administration, RG 226, Box 27, Peter Vossen, Stenographisches Protokoll der Verhandlung vor dem „Volksgerichtshof" gegen von Witzleben und Genossen am 7. und 8. August 1944 im Großen Plenarsaal des Kammergerichts Berlin, S. 110.

Bendlerblock, zwischen 23 Uhr und Mitternacht

Franz Herber lässt weitere am Umsturzversuch beteiligte Offiziere festnehmen. Er telefoniert zuerst mit einem Hauptsturmführer aus dem Persönlichen Stab Reichsführer-SS, der ihn an den Chef des Reichssicherheitshauptamtes, Ernst Kaltenbrunner, verweist. Herber ruft Kaltenbrunner an, der zusagt, Verstärkung zum Bendlerblock zu schicken. Offenbar haben Kaltenbrunner und Gestapo-Chef Heinrich Müller abgewartet, bis sie genauere Nachrichten aus dem Bendlerblock erhalten. Den ganzen Nachmittag und Abend waren außer Oberführer Achamer-Pifrader und seinem Begleiter keine Gestapo-Beamten zum Bendlerblock geschickt worden.

21. Juli 1944

Bendlerblock, Nachrichtenzentrale, 0.10 Uhr

Bevor Fromm sein Arbeitszimmer wieder betritt und die Erschießung Stauffenbergs und der anderen drei Offiziere befiehlt, hat er ein Fernschreiben an die militärischen Kommandostellen, die „Walküre"-Befehle erhalten haben, diktiert und mitgeteilt, dass der Umsturzversuch niedergeschlagen worden ist und dessen „Anführer" erschossen worden sind. Tatsächlich sind sie zu dieser Zeit noch wenige Minuten am Leben.

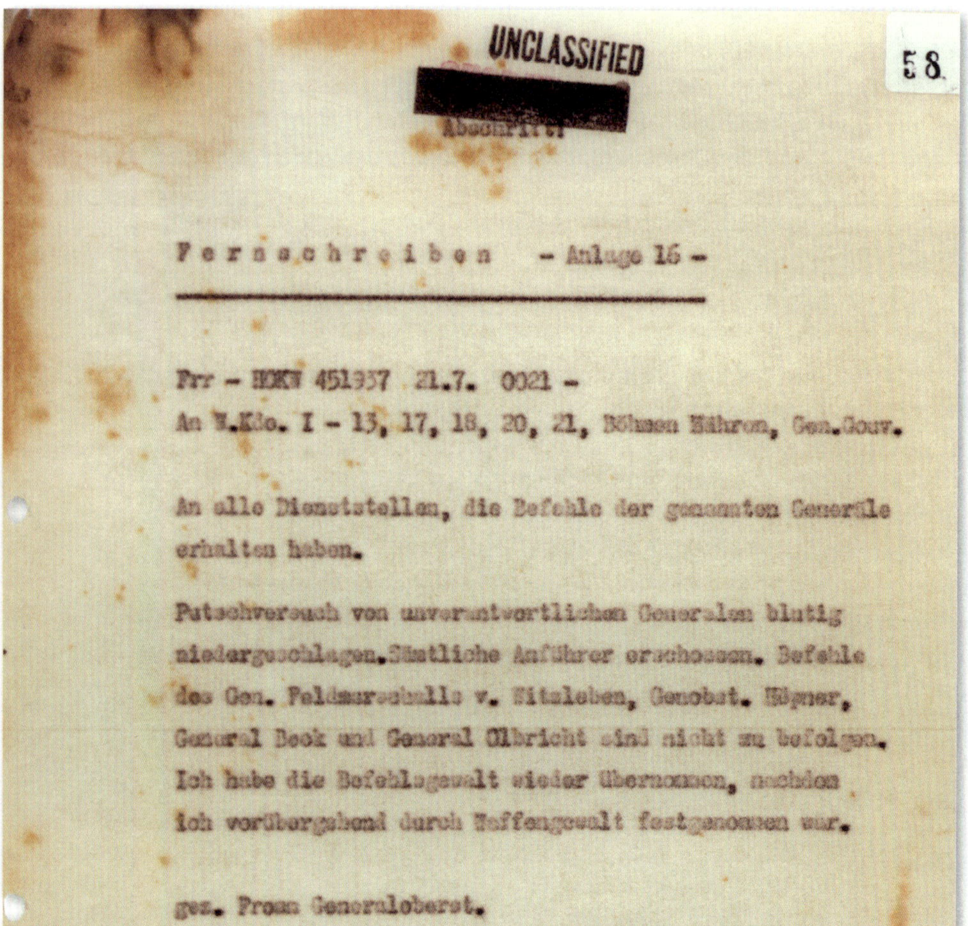

UNCLASSIFIED

58

Abschrift!

F e r n s c h r e i b e n - Anlage 16 -

Frr - HOKW 451937 21.7. 0021 -
An W.Kdo. I - 13, 17, 18, 20, 21, Böhmen Mähren, Gen.Gouv.

An alle Dienststellen, die Befehle der genannten Generäle erhalten haben.

Putschversuch von unverantwortlichen Generalen blutig niedergeschlagen. Sämtliche Anführer erschossen. Befehle des Gen. Feldmarschalls v. Witzleben, Genobst. Höpner, General Beck und General Olbricht sind nicht zu befolgen. Ich habe die Befehlsgewalt wieder übernommen, nachdem ich vorübergehend durch Waffengewalt festgenommen war.

gez. Fromm Generaloberst.

Fernschreiben von Friedrich Fromm vom 21. Juli 1944, 0.21 Uhr, an die Kommandeure in den Wehrkreisen

Quelle: BArch, NS 6/4, fol. 58

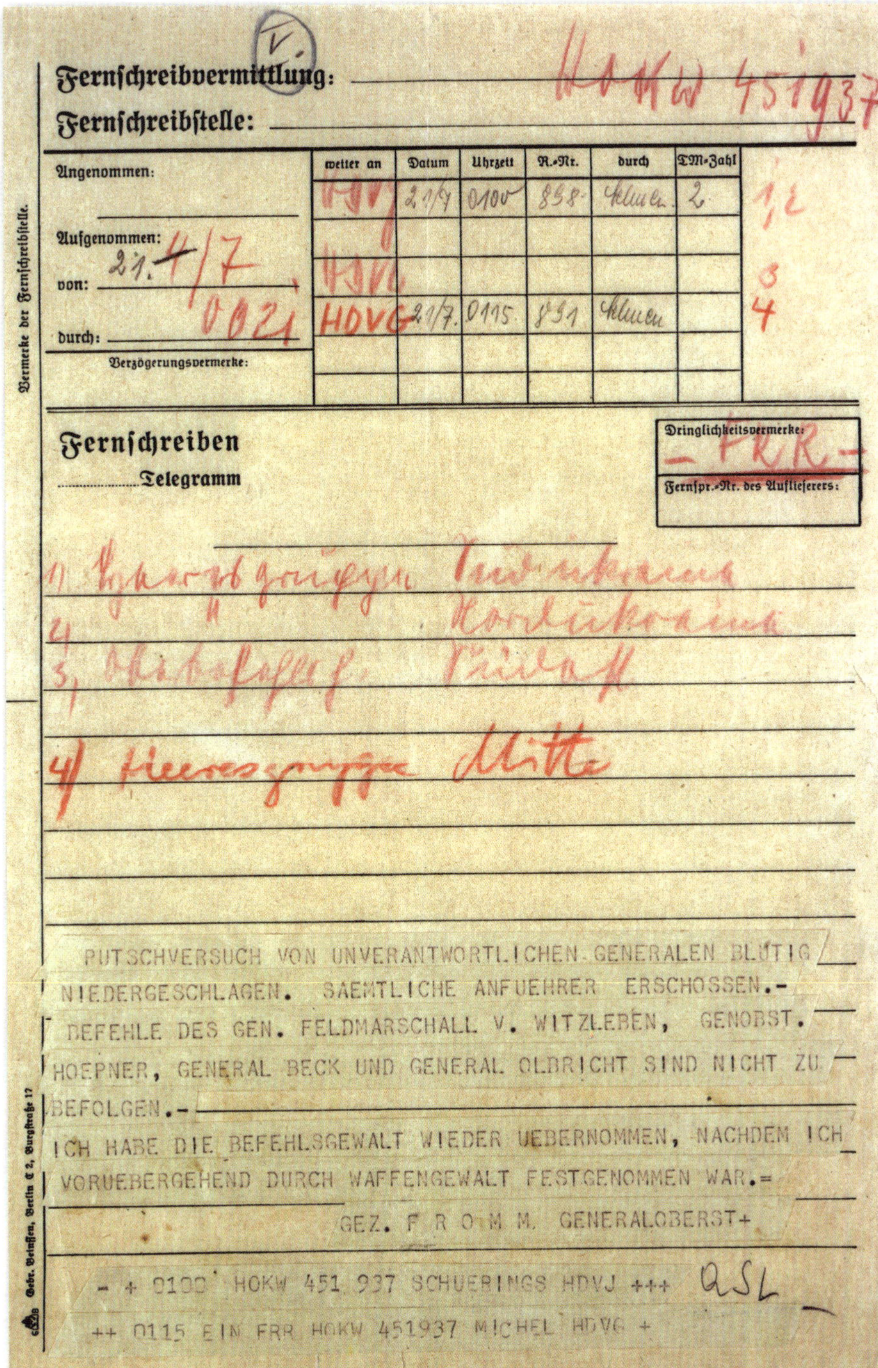

Fernschreibvermittlung: HOKW 451937
Fernschreibstelle:

Angenommen:	weiter an	Datum	Uhrzeit	R.-Nr.	durch	TM-Zahl
Aufgenommen: 21.7		21/7	0100	838		2
von:						
durch: 0021	HDVG	21/7.	0115	831		
Verzögerungsvermerke:						

Fernschreiben
Telegramm

Dringlichkeitsvermerke: – FRR. –
Fernspr.-Nr. des Auflieferers:

PUTSCHVERSUCH VON UNVERANTWORTLICHEN GENERALEN BLUTIG NIEDERGESCHLAGEN. SAEMTLICHE ANFUEHRER ERSCHOSSEN.- BEFEHLE DES GEN. FELDMARSCHALL V. WITZLEBEN, GENOBST. HOEPNER, GENERAL BECK UND GENERAL OLBRICHT SIND NICHT ZU BEFOLGEN.-

ICH HABE DIE BEFEHLSGEWALT WIEDER UEBERNOMMEN, NACHDEM ICH VORUEBERGEHEND DURCH WAFFENGEWALT FESTGENOMMEN WAR.=

GEZ. F R O M M, GENERALOBERST+

- + 0100 HOKW 451 937 SCHUERINGS HDVJ +++ QSL

++ 0115 EIN FRR HOKW 451937 MICHEL HDVG +

Vermerke der Fernschreibstelle.

Gebr. Weinssen, Berlin C 2, Burgstraße 17

Fernschreiben von Friedrich Fromm vom 21. Juli 1944, 0.21 Uhr, hier an die Heeresgruppe Südukraine, die Heeresgruppe Nordukraine, den Oberbefehlshaber Südost und die Heeresgruppe Mitte

Quelle: Privatbesitz

Bendlerblock, gegen 0.30 Uhr

Friedrich Fromm befiehlt dem Kompaniechef des Wachbataillons, Oberleutnant Rudolf Schlee, ein Exekutionskommando aufzustellen, dass die vier Offiziere erschießen soll. Schlee bestimmt Leutnant Werner Schady und zehn Unteroffiziere dazu.

Nach dem Bericht von Bernt übernimmt Claus Schenk Graf von Stauffenberg noch einmal die volle Verantwortung für das Geschehene: „Alles, was heute geschehen ist, wurde durch meine Befehle veranlaßt. Nur das, was ich sagte, wurde getan. Alle haben als Soldaten, als meine Untergebenen nur auf mich gehört, so wie sie es mußten. Sie trifft darum überhaupt keine Schuld. Ich bin es allein, der alles zu verantworten hat. Ich allein bin daher schuldig."

Claus Schenk Graf von Stauffenberg, Werner von Haeften, Albrecht Ritter Mertz von Quirnheim und Friedrich Olbricht werden aus der zweiten Etage über das Treppenhaus D 1 in den Hof geführt und dort im Licht von Autoscheinwerfern erschossen. Stauffenbergs letzte Worte werden in zwei Versionen wiedergegeben: „Es lebe das heilige Deutschland" oder „Es lebe das geheime Deutschland".

Oberleutnant Schlee berichtet:

Inzwischen war Oberstleutnant G e h r k e eingetroffen, der sofort Verbindung mit Generaloberst Fromm aufnahm. Generaloberst Fromm befahl, ein Exekutionskommando zusammenzustellen, um die Verräter sofort zu erschiessen. Ich bestimmte Lt. Schady und 10 Unteroffiziere dazu. Die Exekution fand etwa am 21.7.44 xxx um o,30 Uhr in einem Hofe des Bendlerblockes statt. Generaloberst B e c k hatte sich bereits selbst erschossen. Von unserem Kommando wurden erschossen: General der Inf. Olbricht, Oberst Graf von Stauffenberg, Oberst von Mertz und Oberleutnant Haeften. Generaloberst Höpfner wurde festgenommen und befehlsgemäss ins W.U.G. Lehrterstrasse eingeliefert.

Anschliessend erschien mein Kommandeur, Major Remer, und ordnete die weitere Festnahme verdächtiger Offiziere an. Ausserdem überzeugte er sich von den von mir getroffenen Absperrmassnahmen.

Inzwischen war Generaloberst Reinicke und übernahm den Befehl über den gesamten Bereich des OKW. Kurz nach 1,oo Uhr traf die Staatspolizei unter Führung von Obersturmbannführer Skorzeny ein, welcher die weiteren Nachforschungs- und Aufklärungsarbeiten übernahm. Sämtliche verdächtigen Zimmer wurden von uns besetzt, Streifen und Durchsuchungen angeordnet. Einige verdächtige Offiziere konnten noch im Laufe der Nacht von unseren Männern, bei dem Versuch zu fliehen, festgenommen werden.
Am 21.7.1944 blieb die Wache weiterhin verstärkt.

gez. Schlee
Oberleutnant und Kompagnie-Chef.

Bericht von Oberleutnant Schlee vom 23. Juli 1944 über seinen Einsatz am 20. Juli 1944

Quelle: BArch, NS 6/23, fol. 24

Bendlerblock, nach 0.30 Uhr

Nach der Darstellung von Adolf Bernt sprechen Hoepner und Fromm noch einmal unter vier Augen in Stauffenbergs Arbeitszimmer. Ludwig Beck setzt nach der Aufforderung durch Fromm zu einem zweiten Schuss an. Auch dieser ist ein Fehlschuss. Bernt berichtet: „Generaloberst Beck war noch nicht tot. Mit nach vorn gesunkenem Kopf hing er in den Armen auf den Lehnen seines Sessels. Öfter sagte er phantasierend einiges, was man nicht verstehen konnte. Nur einmal habe ich etwas von ‚Kameradschaft' vernommen." Kurz darauf wird Beck in einen kleinen Nebenraum gebracht.

Hauptmann Bernt sieht ihn dort auf dem Rücken liegen. „Das Gesicht war blass und blutig. Er hatte wohl kein Bewusstsein mehr, denn er röchelte stark und in gemessenen Abständen ... Er musste jeden Augenblick sterben." Bevor Friedrich Fromm den Bendlerblock verlässt, erkundigt er sich noch einmal nach Beck und befiehlt einem Offizier aus dem Stab des Allgemeinen Heeresamtes, Beck zu erschießen. Ob dieser den Befehl an einen Feldwebel weitergibt oder ihn selbst ausführt, ist unklar.

Der Leichnam Ludwig Becks wird über das Treppenhaus D 1 in den Hof gebracht und dort mit den vier anderen Toten auf die Ladefläche eines Lastkraftwagens gelegt.

Adolf Bernt überliefert eine Skizze der Situation:

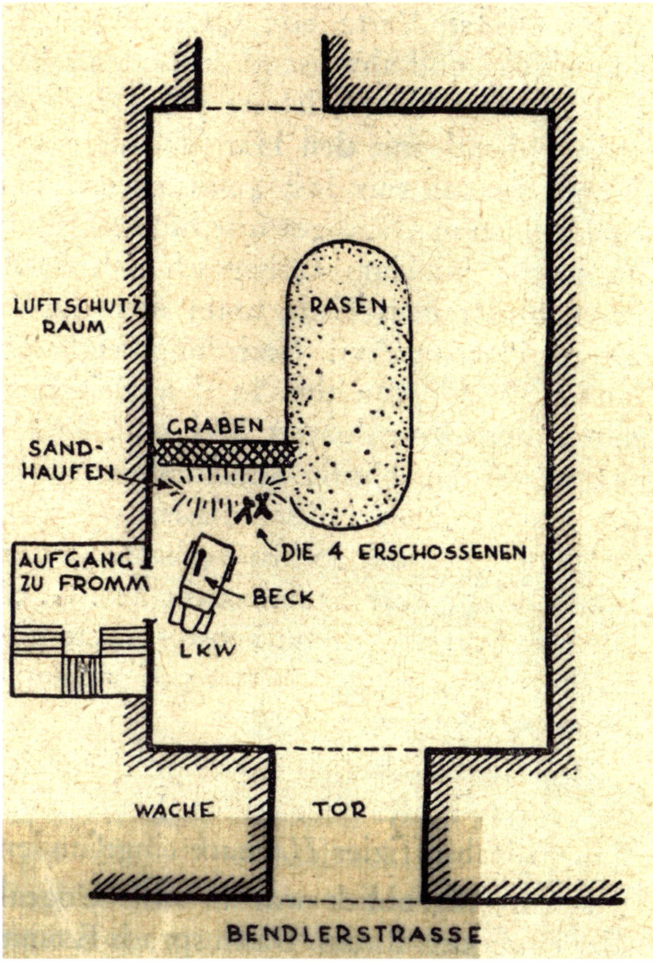

Quelle: Adolf Bernt, Der 20. Juli in der Bendlerstraße (Bericht eines Augenzeugen), in: Die Gegenwart, 22. September 1956, S. 597 ff.

Die fünf Toten werden unmittelbar danach auf Befehl Fromms auf dem Alten St. Matthäus-Kirchhof in Schöneberg begraben. Friedrich Fromms Biograf Bernhard Kroener hält fest: „Es ist anzunehmen, dass Fromm die Verschwörer nicht nur lebend, sondern auch tot dem Zugriff des Regimes entziehen wollte."

Ihre Leichname werden am nächsten Tag wieder ausgegraben, im Krematorium Berlin-Wedding verbrannt, ihre Asche nach der Aussage von Heinrich Himmler über die Rieselfelder im Norden Berlins verstreut.

Gedenkstein auf dem Alten St. Matthäus-Kirchhof in Berlin-Schöneberg

Quelle: Holger Hübner

Bendlerblock, nach 0.30 Uhr

Erst jetzt, nach den Erschießungen, trifft Otto Ernst Remer, der sich in den letzten Stunden bei Goebbels aufgehalten hat, und der in den folgenden Tagen und Wochen von der nationalsozialistischen Propaganda zum erfolgreichen Sieger über den Umsturzversuch aufgebaut wird, im Bendlerblock ein. Remer hat die Stunden davor damit verbracht, nach Berlin einrückende Truppenverbände zu stoppen oder umzudirigieren und sich dabei eng mit Goebbels abgestimmt.

Da Remer kein eigener Wagen zur Verfügung steht, fährt ihn der Rüstungsminister Albert Speer vom Propagandaministerium in den Bendlerblock. Nach dem Krieg behauptet Speer wenig glaubwürdig, er sei zur Bendlerstraße aufgebrochen, um eine Exekution zu verhindern. In seinen „Erinnerungen" beschreibt Speer die Szene so:

„Bollbrinker und Remer saßen in meinem Auto. Die Bendlerstraße war im völlig abgedunkelten Berlin durch Scheinwerfer hell erleuchtet: ein unwirkliches und gespenstisches Bild. […] Als ich in die Bendlerstraße einbiegen wollte, wurde mir von einem SS-Offizier bedeutet, am Bordstein der Tiergartenstraße anzuhalten. Im Dunkel der Bäume standen, fast unkenntlich, Kaltenbrunner, der Chef der Gestapo und Skorzeny, der Mussolini-Befreier, umgeben von zahlreichen Unterführern. […] Ich erklärte Kaltenbrunner, daß ich gekommen sei, das Standgericht Fromms zu verhindern. Doch sowohl Kaltenbrunner wie Skorzeny, von dem ich eher Ausdrücke des Hasses oder doch des Triumphes über die moralische Niederlage des konkurrierenden Heeres erwartet hatte, entgegneten mir fast gleichmütig, daß die Ereignisse in erster Linie eine Angelegenheit des Heeres seien: ‚Wir wollen uns nicht einmischen und keinesfalls eingreifen. Im übrigen ist das Standgericht wohl schon vollzogen.' Kaltenbrunner belehrte mich: Zur Niederschlagung des Aufruhrs oder zum Vollzug von Standgerichten würde keine SS eingesetzt. Er habe seinen Leuten sogar verboten, das Gebäude in der Bendlerstraße zu betreten. Jedes Eingreifen der SS müsse neue Verstimmungen mit dem Heer erzeugen und die bereits vorhandenen Spannungen vergrößern. Solche taktischen Erwägungen, aus der Stunde geboren, erwiesen sich jedoch als kurzlebig. Bereits Stunden später war die Verfolgung der beteiligten Offiziere des Heeres durch die Organe der SS in vollem Gange.

Kaum hatte Kaltenbrunner geendet, als gegen den hellerleuchteten Hintergrund der Bendlerstraße ein mächtiger Schatten sichtbar wurde. In Uniform, ganz allein, kam Fromm mit schwerem Schritt auf uns zu. Ich verabschiedete mich von Kaltenbrunner und seiner Suite und ging aus dem Dunkel der Bäume Fromm entgegen. ‚Der Putsch ist beendet', begann er sich mit Mühe beherrschend; ‚Ich habe soeben an alle Wehrkreiskommandos die notwendigen Befehle gegeben. Zeitweilig war ich verhindert, den Befehl über das Heimatheer auszuüben. Man hatte mich tatsächlich in ein Zimmer eingeschlossen. Mein Stabschef und meine engsten Mitarbeiter!' Empörung und auch Unruhe wurden spürbar, als er mit immer lauter werdender Stimme die Füsilierung seines Stabes rechtfertigte. ‚Als Gerichtsherr war ich verpflichtet, unverzüglich über alle, die an dem Putsch beteiligt waren, ein Standgericht zu halten.' Leise fügte er gequält hinzu: ‚General Olbricht und mein Stabschef, Oberst von Stauffenberg, leben nicht mehr.'"

Quelle: Albert Speer, Erinnerungen, Berlin 1969, S. 397.

Otto Ernst Remer beschreibt die Situation später so:

„Herr Speer ist nur dadurch zum Bendlerblock gekommen, daß ich ihn gebeten habe, mich von meinem Gefechtsstand in der Goebbelschen Dienstwohnung zum Bendlerblock zu fahren. Ich hatte kurz zuvor die Meldung erhalten, daß im Bendlerblock Erschießungen stattfänden. Da im Augenblick mein Wagen nicht greifbar war, ich aber eiligst zwecks Verhinderung von Erschießungen zum Bendlerblock wollte, bat ich Speer, mich dorthin zu fahren. Er tat das auch umgehend mit seinem weißen Lancia-Sportwagen. Wenn Sie also so wollen, war Speer nichts anderes als mein Fahrer, wenn auch ein prominenter! Wir sind von niemandem angehalten worden. Ich traf im Durchgang zum Bendlerblock Fromm mit einer kleinen Begleitung, nach meiner Meinung war das unmittelbar nach der Erschießung Stauffenbergs und anderer.

Fromm kannte mich. Er sagte zu mir: Endlich ein anständiger Offizier von Großdeutschland. Was wissen Sie von der Lage? Ich sagte ihm, dass ich von Hitler alle Vollmachten für Berlin hätte und für die Sicherheit der Regierung und für die Wiederherstellung der legitimen Ordnung verantwortlich sei. Ich schlug Fromm vor, wenn er Genaueres über die politische Situation wissen wolle, zu Goebbels zu fahren, wo ich auch meinen Gefechtsstand habe.

Ich erinnere mich, daß nach diesem Gespräch Speer und Fromm noch miteinander sprachen. Wie Fromm und Speer dann in die Goebbelssche Dienstwohnung kamen, weiß ich nicht. Ich war lediglich sehr verwundert, als ich eine halbe Stunde später dort eintraf, daß der auf dem Flur hängende Mantel von Fromm von SS-Männern durchsucht wurde."

Quelle: Bericht Remers, in: Otto Skorzeny, Meine Kommandounternehmen. Krieg ohne Fronten, Wiesbaden und München 1977, S. 274.

Bendlerblock, nach 1 Uhr

Kaltenbrunner und Skorzeny betreten den Bendlerblock. Kaltenbrunner kommt aus der Prinz-Albrecht-Straße 8, Skorzeny aus einer Außenstelle des Amtes VI des Reichssicherheitshauptamtes in der Berkaer Straße. Kaltenbrunner hält sich nur kurz auf und begibt sich dann zu Goebbels. Auch General Hermann Reinecke ist inzwischen eingetroffen. Die bis dahin von Offizieren des Allgemeinen Heeresamtes bewachten Beteiligten am Umsturzversuch werden jetzt einem Kommando aus dem RSHA unter der Führung von SS-Standartenführer Walter Huppenkothen übergeben. In der Nacht vom 20. auf den 21. Juli 1944 werden im Bendlerblock – nach heutiger Kenntnis – festgenommen und in das „Hausgefängnis" der Gestapo in der Prinz-Albrecht-Straße 8 gebracht:

Robert Bernardis
Adolf Bernt
Heinrich von Biel
Eugen Gerstenmaier
Erich Hoepner
Fritz Jaeger
Ewald Heinrich von Kleist
Fritz von der Lancken
Alfred Mrugalla
Klaus Petersen
Friedrich-Karl Graf von Pfeil
Barnim von Ramin
Joachim Sadrozinski
Fritz-Dietlof Graf von der Schulenburg
Ulrich-Wilhelm Graf von Schwerin von Schwanenfeld
Berthold Schenk Graf von Stauffenberg
Martin Stein
Peter Graf Yorck von Wartenburg
Harald Wendelstein

Nachdem er die Häftlinge in der Prinz-Albrecht-Straße abgeliefert hatte, bekommt Huppenkothen von Gestapo-Chef Heinrich Müller den Befehl, sich in der Wohnung von Goebbels bei Kaltenbrunner zu melden.

Einige der Offiziere (Adolf Bernt, Heinrich von Biel, Alfred Mrugalla, Klaus Petersen, Friedrich-Karl Graf von Pfeil, Barnim von Ramin, Martin Stein und Harald Wendelstein) werden nach einiger Zeit aus der Haft entlassen. Das Verfahren gegen Ewald Heinrich von Kleist wird vom Oberreichsanwalt beim „Volksgerichtshof" eingestellt. Eugen Gerstenmaier wird zu einer Freiheitsstrafe verurteilt. Die übrigen im Bendlerblock festgenommen Offiziere werden zum Tode verurteilt und ermordet.

Friedrich-Karl Klausing, Helmuth Cords und Hans Karl Fritzsche sind am Abend des 20. Juli entkommen. Klausing stellt sich am nächsten Morgen; Helmuth Cords meldet sich am nächsten Tag zum Dienstantritt bei seinem Vorgesetzten Hans Heinrich Kuban und wird von diesem zu Otto Skorzeny gebracht, der sich in Stauffenbergs Arbeitszimmer eingerichtet hat. Skorzeny nimmt Cords fest und lässt ihn in die Gestapo-Zentrale in der Prinz-Albrecht-Straße bringen. Hans Karl Fritzsche wird erst einige Tage später festgenommen.

Ministerwohnung Goebbels, gegen 1 Uhr

Fromm lässt sich zur Ministerwohnung von Goebbels fahren, auch Speer kehrt wieder dorthin zurück. Mittlerweile sind dort etwa 50 führende Funktionäre von Staat und Partei versammelt. Fromm will mit Hitler telefonieren, dies wird ihm von Goebbels verweigert. Goebbels spricht selbst mit Hitler; daraufhin zieht vor dem Zimmer, in dem sich Fromm aufhält, ein Posten auf. Bald darauf wird Fromm auf Weisung von RSHA-Chef Ernst Kaltenbrunner von SS-Oberführer Friedrich Panzinger als „Ehrenhäftling" in das Gästehaus der Sicherheitspolizei und des SD Am Großen Wannsee 56–58 gebracht. Kurz darauf begleitet SS-Standartenführer Walter Huppenkothen General Paul von Hase ebenfalls dorthin. Nach einiger Zeit wird bei Fromm und Hase die „Ehrenhaft" in „Schutzhaft" umgewandelt. Paul von Hase wird am 8. August 1944 vom „Volksgerichtshof" zum Tode verurteilt und noch am selben Tag in Berlin-Plötzensee hingerichtet. Friedrich Fromm wird am 7. März 1945 vom „Volksgerichtshof" wegen „Feigheit" zum Tode verurteilt und am 12. März 1945 im Zuchthaus Brandenburg-Görden erschossen.

Jetzt stößt auch Heinrich Himmler dazu. Albert Speer hält in seinen Erinnerungen fest:

> *„Es war bereits nach Mitternacht, als der bis dahin unauffindbar gewesene Himmler bei Goebbels eintraf. Umständlich und ganz unaufgefordert begründete er sein Fernbleiben mit einer bewährten Regel bei der Bekämpfung von Aufständen: Man müsse sich stets vom Zentrum fernhalten und Gegenaktionen nur von außen einleiten. Das sei Taktik. Goebbels schien das zu akzeptieren und genoß es, durch eine detaillierte Schilderung des Hergangs Himmler zu zeigen, wie er praktisch ganz allein die Lage gemeistert habe."*
>
> Quelle: Albert Speer, Erinnerungen, Berlin 1969, S. 398.

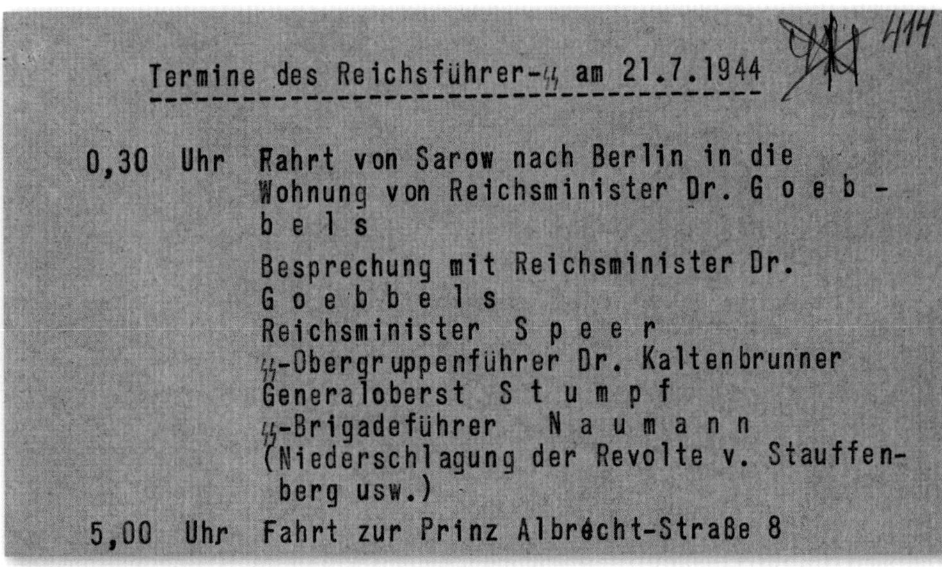

414

Termine des Reichsführer-SS am 21.7.1944

0,30 Uhr Fahrt von Sarow nach Berlin in die Wohnung von Reichsminister Dr. G o e b - b e l s

Besprechung mit Reichsminister Dr. G o e b b e l s
Reichsminister S p e e r
SS-Obergruppenführer Dr. Kaltenbrunner
Generaloberst S t u m p f
SS-Brigadeführer N a u m a n n
(Niederschlagung der Revolte v. Stauffenberg usw.)

5,00 Uhr Fahrt zur Prinz Albrecht-Straße 8

Dienstkalender Heinrich Himmlers für den 21. Juli 1944 (Auszug)

Generaloberst Hans-Jürgen Stumpff ist Oberbefehlshaber der Luftflotte Reich und damit der ranghöchste in Berlin verfügbare Offizier der Luftwaffe. SS-Brigadeführer Werner Naumann ist geschäftsführender Staatssekretär im Reichspropagandaministerium und einer der engsten Mitarbeiter von Goebbels

Quelle: CAMO 500/12493/5, Bl. 414

Ministerwohnung Goebbels, nach 1 Uhr

Oberst Wolfgang Müller trifft bei Goebbels ein, nachdem er zuvor am Matthäikirchplatz in einer Außenstelle des Allgemeinen Heeresamtes die „Walküre"-Befehle für den Wehrkreis VII (München) aufgehoben hat. Er berichtet später:

„Ich fahre zu Goebbels, treffe dort Obergruppenführer Jüttner, melde ihm die Schulen, erbitte Befehle. Jüttner, Typ des eiskalten fanatischen SS.-Mannes. Ich sehe, wie General von Hase abgeführt wird. Im Hintergrund festgenommene Generale. Ein Parteimann brüllt dauernd ‚Die Wahnsinnigen'. Vor dem Haus eine Kraftradstaffel. Ich erhalte von Jüttner Befehl, nur General Reinecke zu gehorchen, einem hitlerhörigen General, nicht General Kuntze und nicht Generaloberst Fromm. Ich gebe die ganze Nacht Befehle zum Rückzug, decke so die Mitwisser draußen im Reich. Losschlagen ohne Kopf ist sinnlos!"

Quelle: Wolfgang Müller, Gegen eine neue Dolchstoßlegende. Ein Erlebnisbericht zum 20. Juli 1944, Hannover 1947, S. 46.

UNCLASSIFIED

Sonderaktion 20.7.1944 **Anlage 1.)**

Erwin von W i t z l e b e n , Generalfeld-marschall	21.7.44 H
Erich H o e p n e r, Generaloberst	21.7.44 H
Erich F e l l g i e b e l, General	21.7.44 H
Helmuth S t i e f f , Generalmajor	21.7.44 H
Fritz J ä g e r, Oberst	21.7.44 H
Harald M o m m , Oberst	21.7.44 H
Martin S t e i n , Oberst	21.7.44 H
Graf Berthold S t a u f f e n b e r g , Oberstabsr.	21.7.44 H
Hermann S c h ö n e , Oberstltn. i.G.	22.7.44 H
Fritz v.d.Lancken, Oberstltn.	21.7.44 F
Robert B e r n a r d i s , Oberstltn.	21.7.44 L
Bernhard K l a m r o t h , Oberstltn.	21.7.44 L
Joachim S a d r o z i n s k i, Oberstltn.	21.7.44 L
Graf Wilhelm-Friedrich zu L y n a r , Major d.R.	21.7.44 H
Ludwig Freih. v.L e o n r o d, Major	21.7.44 H
Egbert H a y e s s e n , Major	21.7.44 L
Klaus P e t e r s e n , Major	21.7.44 L
Graf v.Ullrich-Wilhelm S c h w e r i n , Hpt.	21.7.44 F
Friedrich-Karl Graf v.P f e i l , Hpt.	21.7.44 L
Friedrich-Karl K l a u s i n g , Hpt.	21.7.44 L
Helmuth C o r d s , Hpt.	21.7.44 L
Barnim v. R a m i n , Rittmeister	21.7.44 F
Heinrich v.B i e l, Rittmeister	21.7.44 H
Albrecht H a g e n , Oberleutnant	21.7.44 H
Harald M e n d e l s t e i n , Oberleutnant	21.7.44 L
Alfred K r u g a l l a , Oberleutnant	21.7.44 L
Graf Dietlof-Fritz v.Schulenburg, Oberltn.	21.7.44 L
Graf v. Y o r k , Leutnant	21.7.44 F
Ewald-Heinrich v. K l e i s t , Lt.	21.7.44 F

UNCLASSIFIED

Erste Festnahmeliste der Sonderkommission 20. Juli 1944 vom 24. Juli 1944

Quelle: BArch, NS 6/4

Bendlerblock, nach 1 Uhr

SS-Sturmbannführer Otto Skorzeny übernimmt das Arbeitszimmer Stauffenbergs und will danach befohlen haben, alle „Walküre"-Befehle zurückzurufen:

„Es herrschte immer noch große Aufregung. An allen Ecken tauchten bewaffnete Offiziere auf. Ich versuchte, die Gemüter zu beruhigen und informierte mich bei den Obersten Pridun und Herber, die ich persönlich kannte, über die Ereignisse des Nachmittags. Dann betrat ich das Büro Stauffenbergs. Ein mir bekannter Offizier der Luftwaffe sagte mir, daß der Chef der Funkabteilung für heute nacht auf Befehle warte. Ich wies ihn an, alles, was im Zusammenhang mit Walküre stand, zu annullieren und wieder eine normale Verbindung zum FHQu, den Wehrkreisen und den Generalstäben der verschiedenen Fronten herzustellen."

Quelle: Otto Skorzeny, Meine Kommandounternehmen.
Krieg ohne Fronten, Wiesbaden und München 1977, S. 275.

Allgemeines Heeresamt, 2.10 Uhr

Major Fritz Harnack teilt telefonisch dem Stab des Militärbefehlshabers im Generalgouvernement mit, dass Generaloberst Fromm wieder in Freiheit sei und die Hauptbeteiligten am Umsturzversuch auf seinen Befehl erschossen worden seien.

33

79

A k t e n n o t i z !

21.7.44 02,10 Uhr.

Anruf Major H a r n a c k A.H.A. - Stab- I

1.) Unbeschadet des Übergangs des Befehls des BdE an Himmler teilt Generaloberst Fromm folgendes mit:

Generaloberst Fromm, den General Olbricht verhaftet hatte, ist durch Generalstabsoffiziere des AHA befreit worden. Er hat daraufhin von den Verschwörern den General Olbricht, den Oberst Graf Stauffenberg, den Oberst von Merz und den Oberleutnant von Haften erschiessen lassen.

Er hat dem Generaloberst Beck Gelegenheit gegeben, sein Leben selbst zu beendigen - das ist erfolgt - und hat den Generaloberst Höppner ins Gefängnis eingeliefert.

Fromm versucht jetzt persönliche Verbindung mit dem Führer aufzunehmen.

2.) Ich habe Major Harnack darauf hingewiesen, dass ich keine Befehle von Generaloberst Fromm entgegennehme. Harnack antwortete, das wäre auch kein Befehl, sondern eine Orientierung des Generaloberst Fromm an die Chefs der Generalstäbe der W.Kdos.

Lo 21/7

(8)

Aktennotiz aus dem Stab des Militärbefehlshabers im Generalgouvernement, 21. Juli 1944

Quelle: BArch, RH 53-29/59 fol. 79

Bendlerblock, nach 3 Uhr

Skorzeny telefoniert mit dem Chef des Wehrmachtführungsstabes, Generaloberst Alfred Jodl:

„Ich bat, man möge mich durch einen kompetenten General ablösen. Man werde am Vormittag Entsprechendes unternehmen, hörte ich, und in der Zwischenzeit solle ich auf meinem Posten bleiben. Ich blieb dann über dreißig Stunden – manchmal schläfrig in meinem Sessel, trotz dem Kaffee, den mir die Sekretärinnen Stauffenbergs kochten. Es gab Berichte und Telegramme zu lesen. Ich diktierte den Sekretärinnen Olbrichts und Stauffenbergs und unterschrieb hinausgehende Befehle ‚i. A.' (im Auftrag). Um die Mittagszeit rief mich GenOb Jodl selbst aus Rastenburg an und hieß mich noch ein paar Stunden weitermachen."

Quelle: Otto Skorzeny, Meine Kommandounternehmen.
Krieg ohne Fronten, Wiesbaden und München 1977, S. 276.

Bendlerblock, tagsüber

Eine Serie von drei Fotos, deren Fotograf unbekannt ist, zeigt die Ankunft von SS-Sturmbannführer Otto Skorzeny im Bendlerblock am 21. Juli 1944.

Meldung

Quelle: BArch, Bild 146-1972-109-20A

Begrüßung

Quelle: BArch, Bild 146-1972-109-19A

Skorzeny und sein Begleiter, ein Wehrmachtoffizier, begeben sich zum Aufgang D 1 des Bendlerblocks.

Quelle: BArch, Bild 146-1972-109-18A

Bendlerblock, 13.15 Uhr

Heinrich Himmler, der am 20. Juli zum neuen Chef der Heeresrüstung und Befehlshaber des Ersatzheeres ernannt worden ist, trifft im Bendlerblock ein. Als seinen ständigen Vertreter ernennt Himmler den SS-Obergruppenführer und General der Waffen-SS Hans Jüttner. Als Nachfolger Stauffenbergs wird dessen Vorgänger, Generalmajor Audax Kühne, bestimmt. Himmler hält eine längliche Rede vor den Offizieren des Befehlshabers des Ersatzheeres und des Allgemeinen Heeresamtes.

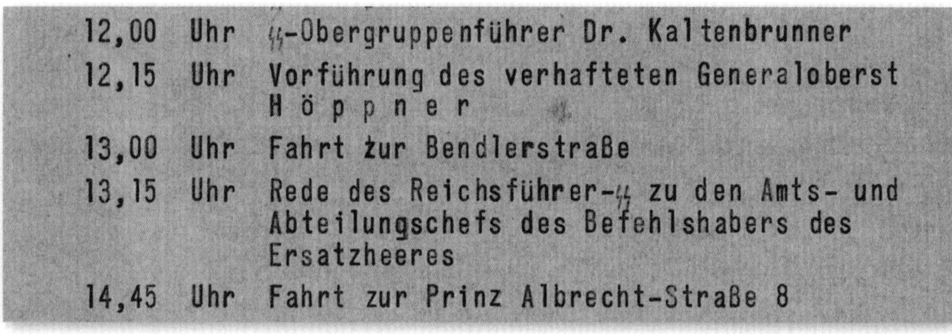

12,00	Uhr	SS-Obergruppenführer Dr. Kaltenbrunner
12,15	Uhr	Vorführung des verhafteten Generaloberst H ö p p n e r
13,00	Uhr	Fahrt zur Bendlerstraße
13,15	Uhr	Rede des Reichsführer-SS zu den Amts- und Abteilungschefs des Befehlshabers des Ersatzheeres
14,45	Uhr	Fahrt zur Prinz Albrecht-Straße 8

Ausschnitt und Auszug aus dem Terminkalender Heinrich Himmlers für den 21. Juli 1944

Quelle: CAMO 500/12493/5, Bl. 414

Resümee

Attentat und Umsturzversuch vom 20. Juli 1944 sind gescheitert. Adolf Hitler überlebte das Attentat kurz vor 13 Uhr. Damit war eine der zentralen Voraussetzungen für das Gelingen des Staatsstreichs nicht gegeben. Es gelang Stauffenberg zwar, das „Führerhauptquartier Wolfschanze" zu verlassen, aber bis zu seinem Eintreffen in Berlin vergingen wertvolle Stunden. Die Nachricht vom Anschlag war nicht in das Zentrum des Umsturzversuchs, das Allgemeine Heeresamt im Berliner Bendlerblock, gelangt.

Erst nach der Landung Stauffenbergs in Berlin und Haeftens Anruf im Allgemeinen Heeresamt lösten Albrecht Ritter Mertz von Quirnheim und Friedrich Olbricht das Unternehmen „Walküre", hinter dem sich die Staatsstreichplanung verbarg, gegen 16 Uhr aus. Die in und um Berlin liegenden Einheiten wurden alarmiert, doch sie hatten nach den negativen Erfahrungen Olbrichts vom 15. Juli 1944 keinen „Voralarm" erhalten und waren nicht auf einen Einsatz vorbereitet.

Seit 16.45 Uhr wurden an die Wehrkreiskommandos im Deutschen Reich und in den besetzten Gebieten die „Walküre"-Befehle als Fernschreiben gesandt – wegen der hohen Geheimhaltungsstufe beanspruchte dies mehrere Stunden.

Dass sie es nicht nur mit einem Attentat, sondern mit einem Umsturzversuch zu tun hatten, realisierten die Verantwortlichen im „Führerhauptquartier Wolfschanze" erst nach 17 Uhr; erst nach 18 Uhr begann die Benachrichtigung der militärischen Kommandostellen.

In Berlin gelang es zwar, das Rundfunkgebäude zu besetzen, aber die Sendungen wurden nicht unterbrochen. Auch die von den Verschwörern vorbereiteten Aufrufe wurden nicht gesendet; der vorgesehene Sprecher General Fritz Lindemann wurde nicht verständigt. So war es möglich, dass die deutsche Bevölkerung seit 18.28 Uhr über das Überleben Hitlers informiert wurde.

In Berlin setzte sich der Kommandeur des Wachbataillons, Major Otto Ernst Remer, mit Reichspropagandaminister Goebbels in Verbindung, als er Zweifel an den „Walküre"-Befehlen bekam. Goebbels ließ Remer mit Hitler telefonieren, der ihm die Weisung zur „rücksichtslosen Niederschlagung" des Aufstands gab. Remer hielt sich in den folgenden Stunden immer in der Nähe von Goebbels auf und versuchte, die auf Berlin marschierenden Einheiten zu stoppen oder umzuleiten.

Auch Offiziere der Panzertruppenschule in Krampnitz, die sich zum Teil schon in Berlin gesammelt hatten, waren über das Überleben Hitlers informiert. Sie folgten nicht den Weisungen aus dem Bendlerblock, sondern aus dem „Führerhauptquartier". So standen den Verschwörern letztlich weder Panzer noch ausreichend Truppen zur Verfügung.

Doch aus heutiger Sicht ist es merkwürdig, dass keine NS-treuen Militärverbände gegen den Bendlerblock eingesetzt wurden. Im und um den Gebäudekomplex herum, der zwar abgesperrt war, aber mit einem Passierschein verlassen werden konnte, blieb es erstaunlich ruhig. Auch das Reichssicherheitshauptamt entsandte nach 17 Uhr nur einen SS-Führer in den Bendlerblock, der dort festgesetzt wurde. Ein kampfstarkes Kommando der Gestapo, der Polizei oder der Waffen-SS, das innerhalb kürzester Zeit hätte eingreifen können, wurde jedoch nicht aufgestellt.

Nach 22 Uhr begannen etwa 40 Soldaten und Offiziere des Allgemeinen Heeresamtes eine Gegenaktion. Sie bewaffneten sich gegen 22.30 Uhr mit Maschinenpistolen (deren Umgang ihnen zum Teil fremd war) und mit Handgranaten. Auf dem Flur vor dem Arbeitszimmer von Friedrich Olbricht kam es kurz vor 23 Uhr zu einem kurzen Schusswechsel, bei dem Claus Schenk Graf von Stauffenberg verwundet wurde.

Die an der Gegenaktion beteiligten Offiziere drangen zu den Diensträumen des am Nachmittag festgesetzten Generaloberst Friedrich Fromm vor und nahmen einige der am Umsturzversuch beteiligten Offiziere fest. Fromm wurde von einem der Offiziere in seiner – nicht mehr bewachten – Dienstwohnung abgeholt und ging in sein Arbeitszimmer. Kurze Zeit später erklärte er, ein Standgericht habe Friedrich Olbricht, Albrecht Ritter Mertz von Quirnheim, Claus Schenk Graf von Stauffenberg und dessen Adjutant Werner von Haeften zum Tode verurteilt – eine klare Willkürentscheidung Fromms, die keinerlei rechtliche Grundlage besaß. Ein Standgericht hat nie getagt.

Generaloberst Ludwig Beck erhielt von Fromm die Gelegenheit zum Suizid. Nachdem er sich bei zwei Schussversuchen nur schwer verletzt hatte, wurde er auf Befehl Fromms neben dessen Arbeitszimmer erschossen. Inzwischen waren die vier anderen Offiziere in den Hof gebracht worden, wo sie von einem Exekutionskommando des Wachbataillons „Großdeutschland" erschossen wurden.

Erst jetzt, nach den kurz nach Mitternacht erfolgten Exekutionen, erschienen sowohl Oberst Remer als auch der Chef des Reichssicherheitshauptamtes Ernst Kaltenbrunner für kurze Zeit im Bendlerblock. Die Geheime Staatspolizei übernahm die von den Offizieren der Gegenaktion festgesetzten Verschwörer und brachte diese in das „Hausgefängnis" der Gestapo in der Prinz-Albrecht-Straße 8.

SS-Sturmbannführer Otto Skorzeny richtete sich im Arbeitszimmer Stauffenbergs ein und setzte weitere Gegenbefehle zum Unternehmen „Walküre" ab.

Wenn – und hier setzt die Spekulation ein – die Nachricht vom Attentat früher aus der „Wolfschanze" in den Bendlerblock gelangt wäre, hätte „Walküre" früher ausgelöst werden können. Das Zeitfenster für einen Staatsstreich wäre vorhanden gewesen, denn in der „Wolfschanze" wurde erst sehr spät begriffen, dass es sich nicht um das Attentat eines Einzelnen, sondern um einen Umsturzversuch von Offizieren der Wehrmacht handelte. Doch die Nachricht war nicht gekommen.

Der alles entscheidende Moment war dann die wiederholte Rundfunkmeldung nach 18.28 Uhr vom Überleben Hitlers. Damit wurden sowohl die Offiziere der bereits eingesetzten Einheiten als auch die Offiziere im Stab des Allgemeinen Heeresamtes schwankend. Doch es dauerte noch mehrere Stunden, ehe sie sich zu einer Gegenaktion entschlossen. Einheiten der Wehrmacht oder der Gestapo trafen erst nach den auf Befehl Fromms durchgeführten Erschießungen ein – der Mythos vom heldenhaften Major Remer, der in den Tagen danach aufgebaut wurde, war nichts als nationalsozialistische Propaganda.

3

Der Bendlerblock nach dem 20. Juli 1944

Für die übergroße Mehrheit der Wehrmachtsangehörigen im Stab des AHA und Nachrichtenhelferinnen ging der vom Krieg bestimmte Arbeitsalltag im Bendlerblock auch nach dem Aufstandsversuch weiter. Eine Reihe von Männern aus verschiedenen Dienststellen, die sich an der „Niederschlagung der Verschwörung am 20.7.44 in vorbildlicher und rücksichtsloser Weise im Stabe des AHA eingesetzt" hatten, wurden ausgezeichnet oder sogar außer der Reihe befördert.[1] Dazu gehörten die Hauptleute Adolf Bernt, Herbert Anner, Wilhelm Behrenbeck, Hero Silomon, Josef Hofner, der Oberleutnant Hermann Girtzig, Regierungsbaurat Karl Adam und der Technische Inspektor Kurt Lüdtke.[2]

Der Gruppenleiter im Allgemeinen Heeresamt Major Herbert Fließbach, „der sich am 20.7.44 im AHA durch entschlossenes Verhalten besonders bewährte", wurde Anfang August 1944 „unmittelbar" zum Oberst befördert[3], übersprang also den Rang eines Oberstleutnants. Ebenso wurde der ebenfalls als Gruppenleiter im Allgemeinen Heeresamt dienende Karl Pridun Anfang des Monats unter dem Stichwort „Sondermassnahme 20.7.44" vom Oberstleutnant zum Oberst befördert.[4]

Auch zwölf andere Offiziere, Beamte, Feuerwerker und Schirrmeister wurden zum Teil befördert, mit dem Kriegsverdienstkreuz I. Klasse mit Schwertern ausgezeichnet oder mit einer persönlichen Anerkennungsurkunde bedacht mit der Begründung, sich bei der Niederschlagung des Umsturzversuchs aus eigener Entschlusskraft in „nationalsozialistischer Haltung zum Teil mit Waffengewalt entscheidende Verdienste" erworben zu haben.[5]

---

1 Ausführlich dazu Winfried Heinemann, Das Ende des Staatsstreichs. Die Niederschlagung des 20. Juli 1944 im Bendlerblock, in: Vierteljahrshefte für Zeitgeschichte 60 (2020), S. 14 ff.

2 BArch, Pers 6/30976, Personalakte Adolf Bernt.

3 BArch, Per 6/270172, Personalakte Herbert Fließbach, Blatt 26.

4 BArch, Pers 6/59047, Personalakte Karl Pridun.

5 BArch, Pers 6/272274, Personalakte von Hermann Girtzig und Pers 6/277968, Personalakte Josef Hofner.

Lfd. Nr.	Zuname	Vorname (Rufname)	Geburts- Ort	Geburts- Tag	Dienstgrad	Truppenteil	Kurze Begründung und Stellungnahme der Zwischen-Vorgesetzten
1	2	3	4		5	6	7
1.	B e r n t	Adolf	Flens-burg	23.12.03	Hptm.d.R.	AHA/Stab	Hat sich bei der Niederschlagung der Verschwörung am 20.7.44 in vorbildlicher und rücksichtloser Weise im Stabe des A H A eingesetzt. EK I u. II, KVK 2.Kl.mit Schw.: 7.10.40
2.	A n n e r	Herbert	Reut-lingen	21.3.00	"	"	wie zu 1 : EK II, KVK 2.Kl.m.Schw.: 20.4.44
3.	Behrenbeck	Wilhelm	Essen	21.6.99	"	"	wie zu 1 : KVK 2.Kl.m.Schw. : 30.1.43
4.	Silomon	Hero	Frey-stadt	6.3.95	"	"	wie zu 1 : KVK 2.Kl.m.Schw.: 30.1.44
5.	H o f n e r	Josef	München	3.9.95	Hptm.(W)	"	wie zu 1 : KVK 2.Kl.m.Schw. : 20.11.40
6.	Girtzig	Hermann	Hagen	3.5.93	Oblt.(W)	"	wie zu 1 : KVK 2.Kl.m.Schw. : 30.1.42
7.	A d a m	Karl	Temes-var	28.8.01	Reg.Bau-rat	"	wie zu 1 : KVK 2.Kl.m.Schw. : 1.9.42
8	Lüdtke	Kurt	Berlin	7.6.93	Techn. Jnsp.	"	wie zu 1 : KVK 2.Kl.m.Schw.: 30.1.44

d.20.August 1944.

SS – Obergruppenführer und
General der Waffen – SS

Aufstellung aus dem August 1944 über die Offiziere und Beamten, die sich „bei der Niederschlagung der Verschwörung am 20.7.44 in vorbildlicher und rücksichtloser Weise im Stabe des AHA" eingesetzt haben

Quelle: BArch, Pers 6/30976, Personalakte Adolf Bernt

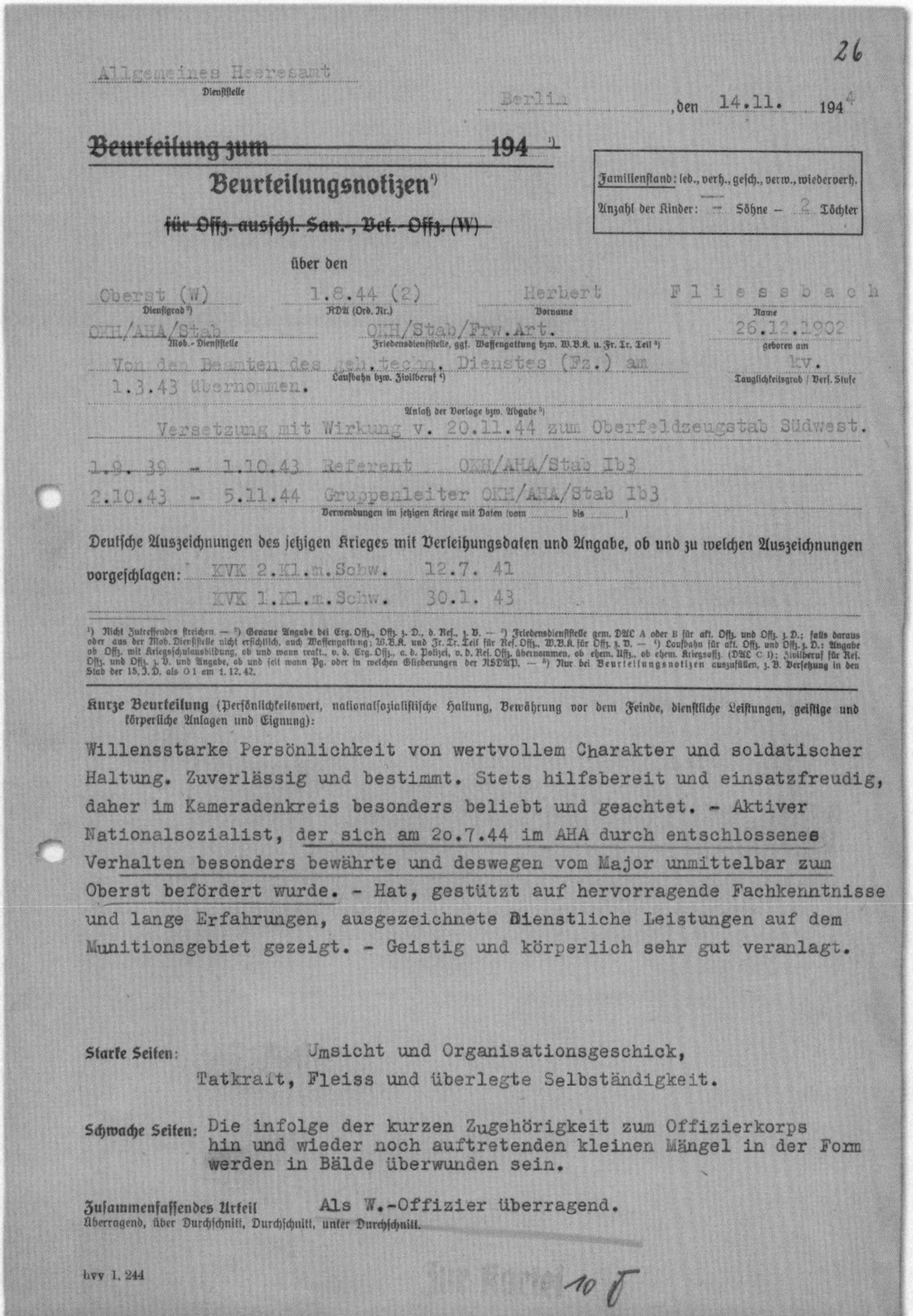

26

Allgemeines Heeresamt
Dienststelle

Berlin, den 14.11. 1944

~~Beurteilung zum 194~~ [1]

Beurteilungsnotizen[1]

~~für Offz. ausschl. San.-, Vet.-Offz. (W)~~

Familienstand: led., verh., gesch., verw., wiederverh.
Anzahl der Kinder: – Söhne – 2 Töchter

über den

Oberst (W) — Dienstgrad[2]
1.8.44 (2) — RDA (Ord. Nr.)
Herbert — Vorname
Fliessbach — Name

OKH/AHA/Stab — Mob.-Dienststelle
OKH/Stab/Frw.Art. — Friedensdienststelle, ggf. Waffengattung bzw. W.B.K. u. Fr. Tr. Teil[3]
26.12.1902 — geboren am

Von den Beamten des geh.techn. Dienstes (Fz.) am 1.3.43 übernommen. — Laufbahn bzw. Zivilberuf[4]
kv. — Tauglichkeitsgrad / Vers. Stufe

Anlaß der Vorlage bzw. Abgabe[5]
Versetzung mit Wirkung v. 20.11.44 zum Oberfeldzeugstab Südwest.

1.9.39 – 1.10.43 Referent OKH/AHA/Stab Ib3
2.10.43 – 5.11.44 Gruppenleiter OKH/AHA/Stab Ib3
Verwendungen im jetzigen Kriege mit Daten (vom ... bis ...)

Deutsche Auszeichnungen des jetzigen Krieges mit Verleihungsdaten und Angabe, ob und zu welchen Auszeichnungen vorgeschlagen: KVK 2.Kl.m.Schw. 12.7.41
KVK 1.Kl.m.Schw. 30.1.43

[1]) Nicht Zutreffendes streichen. — [2]) Genaue Angabe bei Erg. Offz., Offz. z. V., d. Res., z. V. — [3]) Friedensdienststelle gem. DAC A oder B für akt. Offz. und Offz. z. D.; falls daraus oder aus der Mob. Dienststelle nicht ersichtlich, auch Waffengattung; W.B.K. und Fr. Tr. Teil für Ref. Offz., W.B.K. für Offz. z. V. — [4]) Laufbahn für akt. Offz. und Offz. z. D.: Angabe ob Offz. mit Kriegsschulausbildung, ob und wann reakt., v. d. Erg. Offz., a. d. Polizei, v. d. Res. Offz. übernommen, ob ehem. Uffz., ob ehem. Kriegsoffz. (DAC C I); Zivilberuf für Res. Offz. und Offz. z. V. und Angabe, ob und seit wann Pg. oder in welchen Gliederungen der NSDAP. — [5]) Nur bei Beurteilungsnotizen auszufüllen, z. B. Versetzung in den Stab der 15. I. D. als O 1 am 1.12.42.

Kurze Beurteilung (Persönlichkeitswert, nationalsozialistische Haltung, Bewährung vor dem Feinde, dienstliche Leistungen, geistige und körperliche Anlagen und Eignung):

Willensstarke Persönlichkeit von wertvollem Charakter und soldatischer Haltung. Zuverlässig und bestimmt. Stets hilfsbereit und einsatzfreudig, daher im Kameradenkreis besonders beliebt und geachtet. – Aktiver Nationalsozialist, der sich am 2o.7.44 im AHA durch entschlossenes Verhalten besonders bewährte und deswegen vom Major unmittelbar zum Oberst befördert wurde. – Hat, gestützt auf hervorragende Fachkenntnisse und lange Erfahrungen, ausgezeichnete Dienstliche Leistungen auf dem Munitionsgebiet gezeigt. – Geistig und körperlich sehr gut veranlagt.

Starke Seiten: Umsicht und Organisationsgeschick, Tatkraft, Fleiss und überlegte Selbständigkeit.

Schwache Seiten: Die infolge der kurzen Zugehörigkeit zum Offizierkorps hin und wieder noch auftretenden kleinen Mängel in der Form werden in Bälde überwunden sein.

Zusammenfassendes Urteil Als W.-Offizier überragend.
Überragend, über Durchschnitt, Durchschnitt, unter Durchschnitt.

hvv I. 244

10 J

Beurteilungsnotizen des Allgemeinen Heeresamtes zu Oberst Herbert Fließbach vom 14. November 1944

Quelle: BArch, Pers 6/270172, Personalakte Herbert Fließbach, Blatt 26

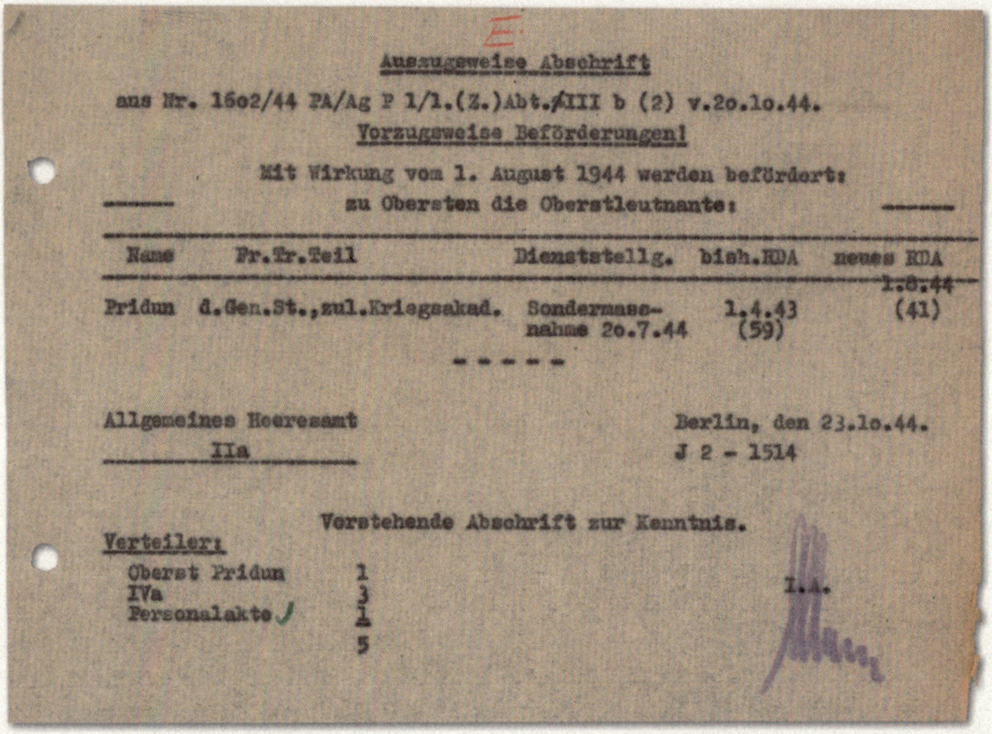

E

Auszugsweise Abschrift

aus Nr. 16o2/44 PA/Ag P 1/1.(Z.)Abt./III b (2) v.2o.1o.44.

Vorzugsweise Beförderungen!

Mit Wirkung vom 1. August 1944 werden befördert:

zu Obersten die Oberstleutnante:

Name	Fr.Tr.Teil	Dienststellg.	bish.RDA	neues RDA
Pridun	d.Gen.St.,zul.Kriegsakad.	Sondermassnahme 2o.7.44	1.4.43 (59)	1.8.44 (41)

- - - - -

Allgemeines Heeresamt
IIa

Berlin, den 23.1o.44.
J 2 - 1514

Vorstehende Abschrift zur Kenntnis.

Verteiler:
Oberst Pridun 1
IVa 3
Personalakte 1
5

I.A.

Auszugsweise Abschrift zur vorzugsweisen Beförderung von Oberst Karl Pridun wegen der „Sondermassnahme 20.7.44" von Oktober 1943

Quelle: BArch, Pers 6/59047, Personalakte Karl Pridun

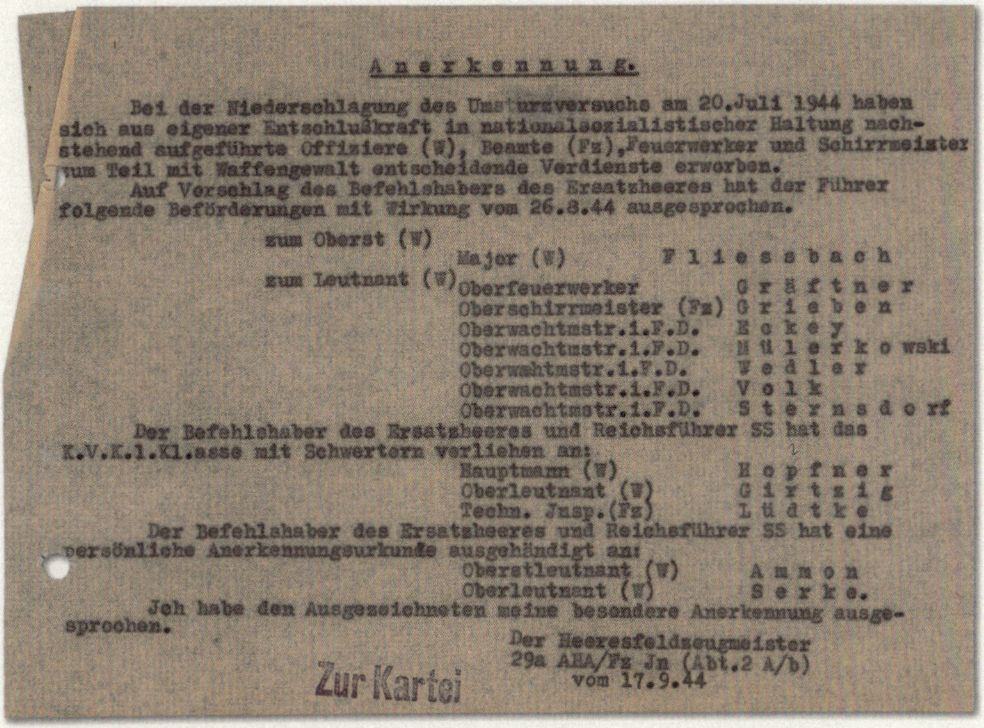

A n e r k e n n u n g.

Bei der Niederschlagung des Umsturzversuchs am 20.Juli 1944 haben sich aus eigener Entschlußkraft in nationalsozialistischer Haltung nachstehend aufgeführte Offiziere (W), Beamte (Fz), Feuerwerker und Schirrmeister zum Teil mit Waffengewalt entscheidende Verdienste erworben.

Auf Vorschlag des Befehlshabers des Ersatzheeres hat der Führer folgende Beförderungen mit Wirkung vom 26.8.44 ausgesprochen.

zum Oberst (W)
Major (W) F l i e s s b a c h

zum Leutnant (W)
Oberfeuerwerker G r ä f t n e r
Oberschirrmeister (Fz) G r i e b e n
Oberwachtmstr.i.F.D. E c k e y
Oberwachtmstr.i.F.D. M ü l e r k o wski
Oberwahtmstr.i.F.D. W e d l e r
Oberwachtmstr.i.F.D. V o l k
Oberwachtmstr.i.F.D. S t e r n s d o r f

Der Befehlshaber des Ersatzheeres und Reichsführer SS hat das K.V.K.1.Kl.asse mit Schwertern verliehen an:
Hauptmann (W) H o p f n e r
Oberleutnant (W) G i r t z i g
Techn. Jnsp.(Fz) L ü d t k e

Der Befehlshaber des Ersatzheeres und Reichsführer SS hat eine persönliche Anerkennungsurkunde ausgehändigt an:
Oberstleutnant (W) A m m o n
Oberleutnant (W) S e r k e.

Jch habe den Ausgezeichneten meine besondere Anerkennung ausgesprochen.

Der Heeresfeldzeugmeister
29a AHA/Fz Jn (Abt.2 A/b)
vom 17.9.44

Zur Kartei

Notiz zur Anerkennung der „entscheidenden Verdienste" bei der Niederschlagung des Umsturzversuchs am 20. Juli 1944 vom Heeresfeldzeugmeister im AHA aus dem September 1944

Quelle: BArch, Pers 6/277968, Personalakte Josef Hofner

Mit der Ernennung des SS-Obergruppenführers und General der Waffen-SS Hans Jüttner zum Befehlshaber des Ersatzheeres war Himmler seinen langfristigen Plänen, die militärischen Kompetenzen der Wehrmacht zu usurpieren und aus SS und Wehrmacht eine kombinierte Streitkraft zu machen, wieder ein Stück näher gerückt.

Für den Hof des Allgemeinen Heeresamtes, wo die vier Verschwörer in der Nacht auf den 21. Juli 1944 erschossen worden waren, wurde ein Parkverbot erteilt und die Aufstellung von zwei Ein-Mann-Beobachtungsständen befohlen.[6] Eine im November 1944 erneute „Neuverteilung der Luftschutzanlagen" sah vor, dass die „Luftschutzanlage Süd" allein für den Stab des AHA gedacht war, obwohl in der Aufstellung an die militärischen Dienststellen auch noch einmal darauf hingewiesen wurde: „Keine Dienststelle hat das Recht, bei Andrang schutzsuchenden Personen den Eintritt zu verwehren. Besucher sind von den Dienststellen mit in die diesen zugewiesenen Luftschutzanlagen mitzunehmen."[7]

Die Zahlen der an der Front sterbenden deutschen Männer wurden seit August 1944 immer größer und erreichten bis April 1945 jeden Monat konstant einen sechsstelligen Bereich. Bis Juli 1944 waren seit Kriegsbeginn etwa 2,7 Millionen Angehörige der Wehrmacht gefallen, seit August 1944 bis Kriegsende bzw. in Kriegsgefangenschaft starben noch einmal mehr als 2,6 Millionen deutsche Soldaten. Besonders an der immer weiter an die Reichsgrenzen heranrückenden Ostfront fielen in den Monaten Juni, Juli und August 1944 die meisten Wehrmachtsangehörigen, der „blutigste" Monat mit über 277.000 Toten war August 1944.[8]

Die Schlachten an den Fronten erforderten kontinuierlich die Freimachung und Herauslösung neuer Soldaten aus den zivilen Berufen. Anfang August 1944 wurde in einem Schreiben des AHA mit dem Betreff „Verwendung entlassener Offiziere" angeordnet,

6 BArch, RH 9/67, Abschrift der Wehrkreisverwaltung III an die Hausverwaltung des Oberkommandos des Heeres vom 15. August 1944.

7 BArch, RH 9/67, Aufstellung Oberkommando des Heeres (Chef H Rüst u. BdE) Stab I vom 13. November 1944.

8 Rüdiger Overmans, Deutsche militärische Verluste im Zweiten Weltkrieg, München 2000, S. 238 f. und S. 278 f. Damit waren bis Ende Juli 1944 51% der Kriegsteilnehmer gestorben. Die Zahlen gehen zurück auf eine zwischen Herbst 1992 und Ende 1994 durchgeführte Untersuchung der Bestände der Deutschen Dienststelle (WASt). Untersuchungsgegenstand war die 18,3 Millionen Karteikarten umfassende Zentralkartei der Deutschen Dienststelle (eine Karteikarte = je ein Soldat), aus der eine Stichprobe von 4.672 Datensätzen ausgewählt worden ist, die laut Overmans für eine Gesamterhebung ausreichend war.

„daß überalterte Offiziere sowie Offiziere, die auf Grund ihrer Vorbildung, Fachkenntnisse und körperlichen Leistungsfähigkeit mit größerem Nutzen außerhalb des aktiven Wehrdienstes eingesetzt werden können und damit die Herauslösung jüngerer Kräfte aus dem zivilen Sektor für die Wehrmacht ermöglichen, zur Entlassung aus dem aktiven Wehrdienst vorzuschlagen sind. […] Jedes untätige Warten eines zur Entlassung vorgesehen Offiziers ist zu unterbinden. Die betreffenden Offiziere sind bereits vor Abschluß des Entlassungsverfahrens zur Verwendung im zivilen Sektor freizugeben. […] Die beschleunigte Rückführung der zur Entlassung kommenden Offiziere d. R. und z. V. in ihren früheren Zivilberuf ist durch rechtzeitige Unterrichtung und enge Zusammenarbeit mit den für den Wohnbereich zuständigen Gauarbeitsämtern sicherzustellen.“[9]

Mitte Oktober 1944 befahl das Allgemeine Heeresamt unter dem Betreff „Personalkreislauf und Personalabbau“, „dass Offiziere und Beamte im Offizierrang, die über 3 Jahre beim AHA (Stab, Hausstellen und unmittelbar nachgeordnete Stellen) Dienst leisten, Zug um Zug herauszulösen und einer anderweitigen Verwendung – gegebenenfalls nach Entlassung im zivilen Sektor – zuzuführen sind.“ Gleichzeitig sollte geprüft werden, „in wieweit dabei gleichzeitig der Personalabbau im Sinne des totalen Krieges gesteigert werden, d.h. auf eine Ersatzgestellung bei Herauslösungen verzichtet werden kann.“[10]

Das letzte Kapitel des Zweiten Weltkrieges auf europäischen Boden wurde im Dezember 1944 mit Hitlers Entscheidung eingeläutet, im Westen eine Offensive gegen die britischen und US-amerikanischen Truppen zu beginnen. Diese Schlacht in den belgischen Ardennen zog sich über einen Monat und konnte das Vordringen der westalliierten Truppen auf Reichsgebiet nur für kurze Zeit verzögern. Schon Anfang März 1945 wurde Köln erobert. Im weiteren Verlauf konzentrierten sich die US-amerikanischen Truppen auf die Einnahme der „traditionellen Rüstungsschmiede“ im Ruhrgebiet sowie den strategisch wichtigen Raum im Süden, die deutsche „Alpenfestung“[11].

9 BArch, RH 15/193, Blatt 120, Schreiben des Oberkommandos des Heeres vom 3. August 1944. Hervorhebungen wie im Original.
10 BArch, RH 15/193, Blatt 13, Schreiben des Allgemeinen Heeresamtes vom 13. Oktober 1944.
11 Müller, Hitlers Wehrmacht, S. 202.

Am 12. Januar hatte die sowjetische Winteroffensive begonnen: den 570.000 deutschen Soldaten standen etwa 1,5 Millionen Soldaten der Roten Armee gegenüber.[12] Nachdem Warschau am 17. Januar erobert wurde, stürmten die 1. Weissrussische Front und die 1. Ukrainische Front südlich der Stadt nach Westen vor. Marschall der Sowjetunion Georgi Schukow erreichte mit seinen Truppen am 31. Januar die Oder – das letzte natürlich Hindernis vor der Reichshauptstadt – und erzwang bei Küstrin einen strategisch wichtigen Brückenkopf über den Fluss. Die von Hitler geforderte Verteidigung und Haltebefehle für größere Städte im Osten des Reiches führten sowohl bei den Soldaten als auch in der Bevölkerung zu hohen Verlusten.

Die erbitterte Schlacht um die Seelower Höhen vor Berlin Mitte April brachte den sowjetischen Truppen den Durchbruch, der Weg nach Berlin war frei. An der Eroberung der Stadt waren vier sowjetische Armeen gemischter Waffengattungen und zwei Panzerarmeen beteiligt. In einer Zangenbewegung sollte nördlich durch die Überquerung der Havel das Westufer des Flusses gesichert werden und unter dem Oberbefehl von Generaloberst Tschuikow in einem südlichen Bogen mit der Stoßrichtung zwischen den beiden Flüssen Havel und Spree auf das Stadtzentrum herangerückt werden.[13] Das wichtigste Ziel der sowjetischen Truppen war der Reichstag.

Berlin war am 1. Februar zur Festung erklärt worden und der Kommandant des Verteidigungsbereiches Berlin, Generalleutnant Hellmuth Reymann, hatte damit begonnen, ein Verteidigungssystem einzurichten, das ein breit angelegtes Netz von Schützengräben, Barrikaden und Panzerabwehrgräben umfasste.[14]

Der Endkampf um die Stadt begann am 16. April und führte zu einem zweiwöchigen Häuserkampf in dessen Verlauf mehr Zivilistinnen und Zivilisten ums Leben kamen als bei allen Luftangriffen auf die Stadt während des Krieges.[15] Für die unmittelbare Verteidigung der Hauptstadt standen nur noch zusammengewürfelte Reste von Wehrmacht und

12 Herbert, Geschichte, S. 532.
13 Tony Le Tissier, Chronik der Schlacht um Berlin, in: Der Todeskampf der Reichshauptstadt, Berlin-Kleinmachnow 1994, S. 62.
14 Ebenda.
15 Herbert, Geschichte, S. 533. Die Berliner Bevölkerung hatte im Februar/März 1945 noch die letzte Möglichkeit, die Stadt zu verlassen. Auf der Flucht vor dem Bombenkrieg und dem Herannahen des sowjetischen Angriffs war die Einwohnerzahl von Berlin schon von 4,3 auf etwa 3 Millionen gesunken, im August 1945 lebten in der Stadt noch 2,8 Millionen Menschen. Siehe auch: Senat von Berlin (Hg.), Berlin. Kampf um Freiheit und Selbstverwaltung, Berlin 1961, S. 13 und S. 144.

SS- und hastig aufgestellte „Volkssturm"-Einheiten zur Verfügung. Durch das Stichwort „Clausewitz" wurde Berlin am 20. April in den Verteidigungsstand gesetzt – damit ging die gesamte vollziehende Gewalt auf den Stadtkommandanten über. Zwei Tage später flogen starke US-amerikanische Luftwaffenverbände in den frühen Morgenstunden den letzten strategischen Bombenangriff gegen die Stadt.[16]

Hellmuth Reymann wurde als Oberbefehlshaber des Verteidigungsbereiches Berlin am 24. April von Hitler durch General Helmuth Weidling ersetzt, der mit seinem Gefechtsstand zum Hauptquartier des Verteidigungsbereiches Berlin an den Fehrbelliner Platz zog.[17] Er teilte die Verantwortung in seinem Stab auf zwei Stabschefs auf: Oberst Theodor von Dufving vom LVI. Panzerkorps war für alle militärischen Angelegenheiten und Oberst Hans Refior für die Verbindung mit den zivilen Behörden zuständig.

Am 26. April verlegte General Weidling seinen Gefechtsstand vom Fehrbelliner Platz in die Gebäude des OKH in der Bendlerstraße. Bereits am 28. April wurde Generaloberst Nikolai Bersarin nach der Eroberung weiterer Stadtteile Berlins durch die Rote Armee zum Chef der Besatzung und zum Stadtkommandanten von Berlin ernannt. Er erließ den Befehl Nr. 1 des Chefs der Besatzung der Stadt Berlin: „Die gesamte administrative und politische Macht geht laut Bevollmächtigung des Kommandos der Roten Armee in meine Hände über."[18] Nach dem Suizid Hitlers im „Führerbunker" in der Nacht vom 29. auf den 30. April 1945 erließ Weidling den Kapitulationsbefehl für die Stadt Berlin.

„Berlin, 2.5.45.

Am 30.4.45 hat sich der Führer selbst entleibt und damit uns, die wir ihm die Treue geschworen hatten, im Stich gelassen.

Auf Befehl des Führers glaubt Ihr noch immer, um Berlin kämpfen zu müssen, obwohl der Mangel an schweren Waffen, an Munition und die Gesamtlage den Kampf als sinnlos erscheinen lassen.

---

16 Senat von Berlin (Hg.), Berlin, S. 43.

17 Tony Le Tissier, Chronik, S. 69.

18 Senat von Berlin (Hg.), Berlin, S. 46 f.

General Helmuth Weidling beim Verlassen des „Führerbunkers" der Reichskanzlei am Ausgang Voßstraße am 6. Mai 1945

Diese Szene wurde für sowjetische Filmaufnahmen nachgestellt und als Gefangennahme Weidlings am 2. Mai 1945 ausgegeben.

Quelle: picture alliance / akg-images | akg-images

Jede Stunde, die Ihr weiterkämpft, verlängert die entsetzlichen Leiden der Zivilbevölkerung Berlins und unserer Verwundeten. Jeder, der jetzt noch im Kampf um Berlin fällt, bringt sein Opfer umsonst. Im Einvernehmen mit dem Oberkommando der sowjetischen Truppen fordere ich Euch daher auf, sofort den Kampf einzustellen.

(Weidling)
General der Artillerie und Befehlshaber Verteidigungsbereich Berlin"[19]

19 General Weidling wurde nach dem Aufsetzen des Befehls von den sowjetischen Truppen in ein Büro der „Politischen Abteilung" in Johannisthal gefahren, wo sein Kapitulationsbefehl aufgenommen wurde, damit er in den Gebieten, wo noch Widerstand geleistet wurde, durch sowjetische Propagandafahrzeuge ausgestrahlt werden könne. Siehe: Tony Le Tissier, Chronik, S. 92 f.

Am 2. Mai 1945 unterzeichnete der letzte deutsche Stadtkommandant Berlins Helmuth Weidling in Tempelhof die Kapitulationsurkunde – bis 21.00 Uhr am Abend gingen mehr als 70.000 deutsche Soldaten und Offiziere in Gefangenschaft.[20]

Oberst i. G. Hans Refior zum Kriegsende in Berlin und dem Gefechtsstand im Bendlerblock:

„Der 26.4. dämmerte gerade herauf, als wir höchst unsanft aus dem Schlaf geweckt wurden. Rings um die Gebäude am Hohenzollerndamm, in denen wir ja seit Bestehen des Verteidigungsbereiches untergebracht waren, schlugen plötzlich eine schnelle Folge von Granaten unter ohrenbetäubenden Lärm ein. Alte Fronthasen erkannten diese Art von Einschlägen sofort als ‚Grüße' aus mehreren Stalinorgeln. Dieser unfreundliche Morgengruß beschleunigte daher unseren Stellungswechsel in den Bendlerblock, wo wir uns zunächst einmal in leeren Luftschutzkellern provisorisch einrichteten. Währenddessen waren Neukölln, Treptow und Tempelhof gefallen. Von Zehlendorf fühlten russische Panzer durch den Grunewald bereits bis zum Roseneck vor: Im Norden wurde in Reinickendorf und Weissensee gekämpft. […]

Der Kampf in Berlin ging nun unaufhaltsam seinem Höhepunkt und Ende entgegen. Wir saßen in den Luftschutzkellern des Bendlerblocks und wußten bei der Aggregatbeleuchtung bald nicht mehr, ob es Tag oder Nacht war. Während wir im Keller einigermaßen in Sicherheit waren, schlugen oben über unseren Köpfen laufend Granaten ein, schwirrten Gewehrkugeln und Querschläger durch die Gegend und machten den Aufenthalt im Freien nicht ratsam. Unentwegt trafen Hiobsbotschaften ein. Beinahe stündlich mußte die Lagekarte verändert werden, denn der Russe drang immer weiter in die Innenstadt vor. Die Hilferufe der einzelnen Abschnittskommandeure wurden häufiger und dringender; unsere Hilfe konnte dahingegen aus Mangel an Reserven nur recht unvollkommen sein. […]

Die Luft in den Räumen war heiß und stickig. Mit Zigaretten und Bohnenkaffee bekämpften wir unsere Müdigkeit. Wir liebäugelten infolgedessen bereits mit einem Stellungswechsel in einen dicht neben uns stehenden Hochbunker, in dem die gesamte Nachrichtenzentrale des O.K.W. untergebracht war […] Dort ‚regierte' ein Major

20 Senat von Berlin (Hg.), Berlin, S. 50.

der Nachrichtentruppe über etwa 50-60 Nachr-Helferinnen und eine entsprechende Anzahl Feldwebel und Unteroffiziere. Diese hatten von hier aus die gesamten Nachrichtenverbindungen des O.K.W. innerhalb Europas aufrecht erhalten. Jetzt aber war die Masse der Verbindungen unterbrochen. Fernschreiber und Fernsprecher standen still. Lediglich eine von Russen offenbar noch nicht entdeckte Leitung verband mit der Außenwelt. Es blieb den Nachrichtenleuten nichts anderes übrig, als zusammenzurücken.

Wir richteten uns, so gut es ging, in einigen Räumen ein. Daß es zweckmäßig gewesen war, in diesen gegen Beschuß sicheren Bunker überzusiedeln, bewiesen bereits die nächsten Stunden. Der Kampf um die Innenstadt hatte an Heftigkeit zugenommen. Über das Gleisdreieck war der Russe vom Süden her weiter vorgedrungen und hatte sich bereits in den Häusern südlich des Landwehrkanals festgesetzt. Von dort aus hielt er Feuer. Wir waren also zur H.K.L. geworden. Nicht viel besser sah es am Anhalter Bahnhof, am Halleschen Tor, Alex und Lehrter Bahnhof aus. Man konnte sich bereits jetzt ausrechnen, wann der Kampf zu Ende sein würde. [...]

Als der Morgen des 30.4. anbrach, ahnten wir noch nicht, welche dramatischen Ereignisse uns in den nächsten 48 Stunden bevorstehen sollten. Gegen Mittag – es mag etwa 13 Uhr gewesen sein – traf bei uns ein SS-Spähtrupp unter Führung eines SS-Sturmführers ein. Er kam aus der Reichskanzlei und hatte für den Weg von der Voßstr. bis zum Bendlerblock (normalerweise 10-15 Minuten zu gehen) 2 Stunden gebraucht. Von Deckung zu Deckung springend, jeden Trichter als Schutz vor dem starken Beschuß ausnutzend, kamen sie schweißtriefend und nach Luft schnappend bei uns an. Der Sturmführer übergab Weidling ein persönliches Schreiben Hitlers. Es war wohl der letzte schriftliche Befehl Hitlers, den er zu seinen Lebzeiten gegeben hat. Auf goldumränderten Briefbogen, links oben in Gold das Hoheitsabzeichen und darunter in goldenen Buchstaben ‚Der Führer' stand in der üblichen großen Schreibmaschinenschrift:

‚An den Befehlshaber des Verteid. Bereiches Berlin, General der Art. Weidling. Im Falle des Munitions- und Verpflegungsmangels bei den Verteidigern der Reichshauptstadt gebe ich mein Einverständnis zum Ausbruch. Es ist in kleinsten Gruppen auszubrechen und Anschluß an die noch kämpfende Truppe zu suchen. Wo dieser nicht gefunden wird, ist der Kampf in kleinen Gruppen in den Wäldern fortzusetzen. Adolf Hitler' [...]

Nachdem der Zeitpunkt der Kapitulation feststand, rief Weidling Offiziere, Feldwebel und Unteroffiziere als Vertreter der im Bendlerblock befindlichen Einheiten zusammen. Der Versammlungsraum war zum Brechen voll und es herrschte erwartungsvolle Stille, als Weidling zu sprechen begann. Mit nüchterner Sachlichkeit trug er die letzten Ereignisse der letzten 48 Stunden seinen Zuhörern vor. Als er den Tod Hitlers und die Notwendigkeit der Kapitulation bekanntgab, ging ein Aufstöhnen durch die Männer. Sie, die doch in der Mehrheit all die Jahre an der Front brav ihre Pflicht getan hatten, sahen in dieser Stunde all ihre Ideale, all ihre Hoffnungen zusammenbrechen oder aber mußten nun feststellen, daß der Zusammenbruch, den sie in den letzten Monaten oder Jahren geahnt hatten, nun Wirklichkeit geworden war. Diese plötzliche Wirklichkeit überwältigte die um Weidling versammelten Soldaten, ganz gleich, ob sie Optimisten oder Pessimisten, gläubige Idealisten oder Skeptiker waren. Für sie alle brach eine Welt zusammen.

[...] Am 2.5. 5 Uhr waren General Weidling und die Generale a. D. Weytasch und Schmidt-Dankwarth, die in den letzten Tagen zu uns gestoßen waren, von Russen abgeholt und in das Hauptquartier Tschuikows gebracht worden. Von 6 Uhr an quollen aus allem Häusern, Kellern und Unterschlupfen die Menschen heraus. In den letzten Tagen des Kampfes hatten uns oft die Männer gefehlt, um die nötigsten Widerstandsnester besetzen zu können. Jetzt erschienen sie in solchen Mengen – Soldaten, SA-Männer, Arbeitsdienst, Volkssturm und OT-Leute – daß wir uns immer wieder fragen mußten, wo sie nur herkamen. Auf der Bendlerstraße versuchten wir ein letztes Mal eine militärische Ordnung in diese Masse zu bringen, letzte Kommandos ertönten. Dann kamen mehrere russische Offiziere und holten Dufving und mich ab. Wir mußten über die ziemlich zerstörte Graf-Spee-Brücke zum gegenüberliegenden Ufer balancieren. Dort stiegen wir in einen bereitstehenden PKW. Hinter uns schlugen die Türen zu, der Wagen setzte sich in Bewegung und entführte uns in die Unfreiheit. Der Kampf um Berlin war zu Ende!"

Quelle: Oberst i. G. Hans Refior, Mein Berliner Tagebuch 1945,
in: Bengt von zur Mühlen (Hrsg.), Der Todeskampf der Reichshauptstadt, S. 110 ff.

Oberst i. G. Theodor von Dufving über die letzten Tage vor der Kapitulation im Bendlerblock:

„Weidling und ich beschlossen, zu unserem Gefechtsstand Bendlerblock zu eilen, dort gehörten wir hin. Noch kämpften die Reste unseres Panzerkorps zusammen mit den Berlinern einen verzweifelten Kampf. Sie durften nicht ohne Führung weiterkämpfen. Wegen des starken Beschusses legten wir den Weg Reichskanzlei Bendlerblock zu Fuß in einer halben Stunde zurück. Gegen 20.30 Uhr trafen General Weidling, Major i. G. Knappe und ich im Fernmeldebunker des Bendlerblocks ein, von Oberst i.G. Refior sehnlichst erwartet. In einer kurzen Aussprache zwischen General Weidling und seinen beiden Chefs kam dann folgendes Ergebnis heraus: Ein weiterer Kampf in Berlin wurde als aussichtslos angesehen. Er brächte der Zivilbevölkerung nur Opfer und weitere Nachteile. – Ein Ausbruch geschlossener Truppenteile wurde als unmöglich gesehen. Erfahrungen vieler Ausbrüche aus Kesseln hatten uns aber gelehrt, daß es ‚Kleinstgruppen' immer wieder gelungen war auszubrechen und sich durchzuschlagen. Hierfür war aber unter anderem erforderlich, daß irgendwo noch eigene Truppen kämpften und eine sogenannte ‚Front', zu der man sich durchschlagen konnte, noch bestand. Diese Voraussetzung war am 1./2. Mai nicht mehr gegeben, dennoch mußte man es jedem ‚freistellen', den Ausbruch zu versuchen unter der Parole: ‚Schlage sich durch wer kann! Versucht bis zum Ami zu gelangen!'

Uns war klar, daß eine Kapitulation weder eine Lösung aus dieser Situation, noch einen Ausweg aus dieser Katastrophe bedeuteten. Bevor die Frage ‚Kapitulieren' endgültig entschieden werden würde, wollte General Weidling die verantwortlichen und erreichbaren Kommandeure sowie Vertreter der Truppe aller Dienstgrade sprechen. So kam es zu dem Entschluß, noch einmal eine Besprechung auf ca. 23.00 Uhr anzusetzen. Im Gespräch mit mir äußerte General Weidling: ‚Wenn kapituliert wird, so darf ich mich der Gefangennahme weder durch Selbstmord noch durch Flucht entziehen. Ich gehöre dorthin, wo der deutsche Soldat hingehen muß.'

Den Wortlaut der Besprechung von 23.00 Uhr wiederzugeben, das kann heute kein Mensch mehr: Schriftliche Aufzeichnungen, die während oder unmittelbar nach der Ansprache gemacht wurden, existieren nicht mehr. Das Ergebnis war eine einminütige Zustimmung zur Kapitulation. Ich bekam den Auftrag von General Weidling, die Kapitulationsverhandlungen zu führen. Die Aufgabe des Funkspruchs in Russisch an die Rote Armee lautete etwa: ‚Achtung! Achtung! Hier das deutsche LVI. Panzerkorps. Bitte Feuer einstellen. Um 0.50 Uhr ist ein deutscher Parlamentär an der Brücke Bendlerstraße. Erkennungszeichen: weiße Fahne. Bitte antworten!'

Dieser Spruch wurde mehrere Male gesandt bis die Antwort bei der deutschen Funkstelle eintraf: ‚Habe Sie verstanden!'

[...] Begleitet von einem Dolmetscher, einem Offizier und ein oder zwei Soldaten zum Tragen der weißen Fahne gingen wir die Bendlerstraße (heute Stauffenbergstraße) hinunter. Da es dunkel war, gaben wir Lichtsignale. Ich kann mich nicht mehr erinnern, ob zu diesem Zeitpunkt starker Feuerkampf herrschte. Jedoch weiß ich noch, daß wir in der dunklen Straße riefen: ‚Feuer einstellen. Wir sind Parlamentäre im Auftrage des Militärbefehlshabers.'

Aus irgend einem Gebäude ertönten daraufhin von deutscher Seite Zurufe wie: ‚Ein Deutscher kapituliert nie!' oder ‚Ihr seid Verräter!'

Ohne von russischer Seite beschossen zu werden, näherten wir uns der ehemaligen Brücke, die in Verlängerung der Bendlerstraße über den Landwehrkanal führte. Auf dem diesseitigen Ufer des Kanals (Nordufer) hatten die Sowjets, obwohl die Brücke zerstört war, dennoch bereits Fuß gefaßt und aus Pflastersteinen, Bauschutt und Trümmern sich etwa eine eineinhalb Meter hohe Schutzbarrikade gebaut. Als wir gerade diese Barrikade hinaufkletterten, krachte es um uns herum und blitzte auf. Es waren Handgranaten, die von deutscher Seite auf uns geworfen wurden!

Ich erkannte dunkle Gestalten vor mir, die sich duckten. Ich sprang die Barrikade hinunter und stand unter einer Gruppe sowjetischer Soldaten. Jetzt entstand auf russischer Seite ein Tohuwabohu, alles brüllte durcheinander und drang auf uns ein. Ein blutender kleiner Rotarmist wollte mich mit dem Kolben seiner Maschinenpistole niederschlagen. Ich konnte ihn und einige andere Rotarmisten solange abwehren, bis der dort befehlende russische Major, auf Veranlassung unseres Dolmetschers, eingriff.

Dieser russische Major bemühte sich mit viel Geschrei, zunächst allerdings vergeblich, Ordnung herzustellen. In der Zwischenzeit sah ich, wie einige Rotarmisten mit Panzerfäusten in den Händen geduckt, von der Barrikade aus vorgehend, versuchten, die Straße zu überspringen, um in die angrenzenden Gebäude einzudringen. Das Feuer flackerte auf beiden Seiten wieder auf.

Allmählich gelang es unserem Dolmetscher, dem Major klar zu machen, daß wir bevollmächtigte Parlamentäre seien. Er, der Major, forderte von mir und ich von ihm, es müsse an der Passierstelle Waffenruhe herrschen. Dabei mußte ich den Major darauf hinweisen, daß seine Leute hinter der Barrikade bleiben müßten und nicht versuchen dürften, Boden zu gewinnen, wie es zur Zeit der Fall war.

Nach einigen Minuten des Verhandelns wurde vereinbart: ‚Erst einmal Herstellen totaler Waffenruhe an der Passierstelle auf beiden Seiten.' Dazu sollte ich zurück auf die deutsche Seite gehen. Er, der russische Major, würde seine Leute zurückrufen.

Ich ging nun zurück, rief nach den befehligenden Kompanie- und Bataillonsführern und machte diesen dann klar, um was es hier ginge. Obwohl diese das bereits wußten, war es ihnen in der Nacht nicht gelungen, alle Kämpfer und Helfer in ihren Befehlsbereichen so zu verständigen, wie es notwendig gewesen wäre. Ein oder zwei Offiziere kannten mich genauer. Nun war es leichter, diesen klar zu machen, daß ich kein Überläufer oder Verräter sei. Dennoch mußte ich noch einmal bis zu unserer Zentrale, ca. 5-10 Minuten Weg, zurückgehen. Ich sprach General Weidling und Oberst Refior ganz kurz und bat nochmals: ‚Alle Deutschen zu verständigen, vornehmlich am Tirpitzufer, daß ich im Auftrage des Militärbefehlshabers Parlamentär sei und Waffenruhe für die Dauer der Verhandlungen an der Passierstelle zu herrschen habe.'

Danach begab ich mich wieder auf den Weg. Ein Offizier meldete mir in der Bendlerstraße: ‚Alles in Ordnung, alle Deutschen sind orientiert.'

Es herrschte wirklich Ruhe. An der Barrikade traf ich unseren Dolmetscher wieder. Er teilte mir mit, daß inzwischen ein Empfangskommando der Sowjets mit Pkw auf der anderen Seite des Kanals auf mich warte. Wahrscheinlich war dieses Kommando irrtümlicherweise zu der Brücke an der Potsdamer Straße gefahren.

Ich wurde zu einem Gefechtsstand gebracht, wahrscheinlich ist es ein Regimentsgefechtsstand gewesen, von dort bin ich zum Gefechtsstand einer Gardeschützendivision geführt worden. In Gegenwart mehrerer sowjetischer Offiziere erklärte mir ein Gardeoberst, daß er ermächtigt worden sei, mich anzuhören. Ich zeigte meinen Ausweis. Dann trug ich meine Verhandlungspunkte in deutscher Sprache langsam vor. Der deutsche Dolmetscher, der den Text kannte und einen Durchschlag in der Hand hatte, übersetzte langsam Satz für Satz. [...]

Mein Weg zurück zum Gefechtsstand des Generals Weidling ging ohne besondere Zwischenfälle vor sich. Es war nach 3.00 Uhr, als ich im Bendlerblock wieder eintraf. Man wartete schon in Sorge auf mich; denn nach all dem Vorangegangenen befürchtete man für mich Böses, und daß die Verhandlungen gescheitert wären. Ich konnte aber Weidling melden, daß die bevollmächtigten Unterhändler auf der anderen Seite den von mir vorgetragenen und schriftlich aufgesetzten Voraussetzungen für unser Einstellen des Kampfes in allen Punkten zugestimmt hatten.

Da ich seit 36 Stunden ununterbrochen – und ohne einen Bissen – auf den Beinen war, muß ich wohl einen ziemlich mitgenommenen Eindruck gemacht haben, denn General Weidling ordnete an, daß mir erstmal etwas zum Essen gebracht werde.

Die Verständigung der Truppe, daß der Kampf einzustellen sei, und wir ohne Waffen, mit Verpflegung und Gepäck (soviel jeder tragen kann und will) in die Gefangenschaft zu gehen hätten, geschah nicht ohne Schwierigkeiten, denn die Verbindungen zur Truppe waren katastrophal. Wir waren hauptsächlich auf Meldegänger – meist waren es Offiziere – angewiesen. Refior, Knappe, Wolff und andere Offiziere des Stabes taten ihr Möglichstes.

Als ich nach meinem Rucksack sah – siehe da es fehlten die Riemen und einiges andere -, da war es der getreue Bucksch, der mir half und etwas organisierte. Wir machten uns nun fertig für den Weg in die Gefangenschaft. Ich entsinne mich, daß Weidling zu mir sagte: ‚Nun, so wollen wir auch den letzten Gang in die Gefangenschaft antreten' und dann: ‚Sorgen Sie dafür, daß der Korpsstab geordnet und soldatisch in die Gefangenschaft geht.'

Das muß zu der Zeit gewesen sein, als uns zugerufen wurde: ‚Zwei russische Offiziere sind bereits vor dem Bendlerblock und haben nach General Weidling gefragt.' Diese Offiziere hatten den Auftrag, General Weidling abzuholen und zu begleiten. Nur wenig später entsann ich mich, daß die Russen noch nicht auf die Berliner Zeit umgestellt hatten, sie kamen fast eine Stunde zu früh, um Weidling abzuholen.

> *Ich wußte, daß der Gang in die Gefangenschaft für uns alle ein sehr, sehr schwerer Gang sein würde. Erschwert wurde er auch noch durch die Enge, die Trümmer und die nächtlichen Zurufe: ‚Ein Deutscher ergibt sich nicht! Verräter!' Aber in dieser verzweifelten Situation hörten wir auch die Notschreie: ‚Macht Schluß, wir können nicht mehr, der Kampf ist doch sinnlos, denkt doch an die Zivilbevölkerung!' Aber auch: ‚Wir ergeben uns nicht, wir kämpfen bis zum Schluß und Tod!' ‚Die Garde stirbt, aber sie ergibt sich nicht!' Ja, das alles und noch mehr. In Erinnerung habe ich noch die Worte einiger Offiziere, besonders von einigen, die am 20. Juli 1944 im Bendlerblock gewesen waren, SS- und HJ-Offiziere. Die sagten zu uns: ‚Der Führer ist nicht tot, ihr habt uns schon einmal belogen, wir glauben euch nicht.'*
>
> Quelle: Oberst i. G. Theodor von Dufving, Die Kapitulationsverhandlungen vom 30. April bis 2. Mai, in: Bengt von zur Mühlen (Hrsg.), Der Todeskampf der Reichshauptstadt, S. 167 ff.

Am 8. Mai 1945 unterzeichneten im Gebäude der ehemaligen Pionierschule in Berlin-Karlshorst im Namen des Oberkommandos der Wehrmacht Generalfeldmarschall Keitel, Generaladmiral von Friedeburg und Generaloberst Stumpff in Anwesenheit des Marschalls der Sowjetunion Schukow, des britischen Luftmarschalls Tedder, des Befehlshabers der strategischen Luftstreitkräfte der USA, Generalleutnant Spaatz und des Oberbefehlshabers der französischen Armee, General de Lattre de Tassigny die Urkunde über die bedingungslose Kapitulation der deutschen Wehrmacht.[21] Damit endete der Zweite Weltkrieg auf europäischen Boden.

21 Senat von Berlin (Hg.), Berlin, S. 52.

Luftbild des zerstörten Bendlerblocks und des südlichen Tiergartenviertels am Landwehrkanal, Aufnahme vom 22. März 1945

Quelle: National Archives and Records Administration (Public Domain)

Luftbilder des Bendlerblocks aus dem Sommer 1945, aufgenommen für die US-amerikanische Zeitschrift LIFE-Magazine

Quelle: William Vandivert/The LIFE Picture Collection/ Shutterstock

Marschall der Sowjetunion Georgi Shukow (3. von rechts) bei einer Besichtigung im Hof des Bendlerblocks, Mai 1945

Quelle: Gedenkstätte Deutscher Widerstand

Haupteingang des Reichskriegsministeriums am Tirpitzufer mit alliierten Soldaten im Vordergrund, Juni 1945

Quelle: National Archives and Records Administration, Image Nr. 208810-S (Public Domain)

Eingang zum Hof in der Bendlerstraße 11–13 nach Kriegsende, Sommer 1945

Quelle: ullstein bild – Badekow

Provisorische Fußgängerbrücke über den Landwehrkanal, im Hintergrund das Shell-Haus und die zerstörte Von-der-Heydt-Brücke, nach 1945

Quelle: bpk / Kunstbibliothek, SMB, Photothek Willy Römer / Willy Römer

Blick in den Innenhof des Bendlerblocks, 1946

Quelle: William Vandivert/The LIFE Picture Collection/Shutterstock

Anfang Juli 1945 wurde das Gebiet von Groß-Berlin von Truppen einer jeden der vier Mächte besetzt. Zur gemeinsamen Leitung der Verwaltung dieses Gebiets wurde eine interalliierte Behörde errichtet, die aus vier von den entsprechenden Oberbefehlshabern ernannten Kommandanten bestand und der Oberaufsicht des Alliierten Kontrollrats unterstellt war.[22] Ende des Monats wurde auf einer Sitzung von Vertretern der Besatzungsmächte die Einmarschzeit der westalliierten Truppen in Berlin auf Anfang Juli festgesetzt, die Stärke der einzelnen Besatzungstruppen sollte jeweils etwa 25.000 Mann betragen.[23] Zugleich sollten die westalliierten Mächte das von ihren Truppen seit Kriegsende besetzte Gebiet Mitteldeutschlands räumen und der Roten Armee überlassen.

Der neue Verwaltungsapparat Berlins stand vor der Herausforderung, dass von 1,5 Millionen Wohnungen nur noch 870.000 benutzbar waren, selbst von diesen aber nur 370.000 für einen Winter als „brauchbar" galten.[24] Von 245.300 Gebäuden der Stadt waren 11,3 % komplett zerstört, weitere 8,4% so beschädigt, dass sie nicht wiederhergestellt werden konnten und rund 50% leicht beschädigt.[25] Die Gebäude um den Bendlerhof waren laut dem „Schadensbescheid über zerstörte Bauwerke" vom Dezember 1949 nur zwischen 9 und 16 Prozent zerstört und galten als „instandsetzungswürdig."[26] Das ehemalige Reichskriegsministerium lag nun im britischen Sektor der Stadt.

Im April 1946 eröffnete Max Dettmann in der I., III. und IV. Etage des Vorderhauses „Bendlerstraße 11–14" sowie im Seitenflügel und Quergebäude ein „Fremden- und Altenheim" mit 70 „Fremdenzimmern"[27]. Seit Sommer des Jahres siedelten sich verschiedene Verkaufs- und Gewerbebetriebe im Bendlerblock an, die noch unzerstörte Fabrikations- und Lagerräume anmieteten. Darunter waren der „Special-Großhandel in Schwarzwälder Edeltrinkbranntweinen, -Likören und alkoholfreien Getränken, Elektro-Adam, Urbatis (Arzneimittel), Textilwaren-Fabrikation" und die Rheinische Hypothekenbank.[28]

22 Senat von Berlin (Hg.), Berlin, S. 76.
23 Senat von Berlin (Hg.), Berlin, S. 98.
24 Hans Herzfeld, Berlin und das Berlinproblem vom Zusammenbruch bis zu den Stadtverordnetenwahlen des 20. Oktober 1946, in: Senat von Berlin (Hg.), Berlin, S. 21.
25 Ebenda, S. 13.
26 Im Gegensatz dazu wurde dem Hochbunker ein Schadensgrad von 40,5% und dem Haupteingang des ehemaligen Reichskriegsministeriums ein Schadensgrad von 51,6% attestiert. Landesarchiv Berlin, B-Rep 202, Nr. 6587, Bezirksamt Tiergarten, Schadensbescheid über zerstörte Bauwerke vom 1. Dezember 1949.
27 Bezirksamt Tiergarten, Bauaufsichtsamt, Bauakten zur Stauffenbergstraße 11-14, Band 1, Blatt 127, Schreiben der Polizei-Inspektion Tiergarten an das Baupolizeiamt Tiergarten vom 30. November 1953.
28 Ebenda, Blatt 16, Abschrift eines Schreibens der Architekten Hübner und Hesse an das Baubüro Tiergarten vom 2. Juli 1946.

Durch die Befreiung und gleichzeitig stattfindende Besetzung der osteuropäischen Länder durch die Sowjetunion begann ab Ende 1944 eine jahrelange Massenmigration von über 12 Millionen zumeist deutschstämmigen Flüchtlingen und Vertriebenen, die nach Kriegsende in die neu gebildeten Besatzungszonen Deutschlands strömten und dort auf verschiedene Flüchtlingslager im ganzen Land verteilt wurden. Auch in den verhältnismäßig gut erhaltenen Häusern der Bendlerstraße entstand nun eine Flüchtlingsunterkunft.

Mitte 1949 bot Hotelinhaber Dettmann dem Magistrat von Berlin an, „ab 1.7.1949 ca. 40 Personen in meinen Räumen Unterkunft und Verpflegung zum Preise von 2,25 DM bieten zu können. Ab 1.8.49 könnten insgesamt 60 Plätze zur Verfügung gestellt werden."[29] Im Oktober erstellte das Hauptsozialamt des Magistrats einen Bericht über das „Heim Dettmann" in der Bendlerstraße 13: „Das Heim wird, soweit es sich um die früher zum Teil vom Altersheim benutzten Zimmer handelt, seit Juli d. J. mit politischen Flüchtlingen belegt. Herrn Dettmann wurden vom Flüchtlingsdienst für diesen Zweck noch 30 Betten und 150 Decken zur Verfügung gestellt. Z. Zt. beträgt die Belegungsstärke ca. 90 Personen zum tägl. Kostensatz von DM 2,25. [...] Die meisten Zimmer enthalten 3–4 Betten, so dass eine familienweise Unterbringung ermöglicht ist. Einige Zimmer sind 5- bis 6-bettig. Hier sind alleinstehende Männer und einige männliche Minderjährige untergebracht. [...] Die Frühstücks- und Mittagsmahlzeit nehmen die Heiminsassen in den im Erdgeschoss liegenden kleinen Speiseräumen des Hotels ein."[30]

Max Dettmann verkaufte seine Gaststätte. Der neue Inhaber Kurt Franke erklärte sich bereit, die Fürsorge und Verpflegung des Flüchtlingsheimes zu übernehmen und bat den Senator für Sozialwesen, ihm die Leitung des Flüchtlingslagers mit ca. 150 Personen zu überlassen.[31] Tatsächlich wurde das Flüchtlingslager „für Familien, Ehepaare und Frauen mit Kindern jeden Alters und alleinstehende Frauen im Bezirk Tiergarten" im Dezember 1953 vom Deutschen Roten Kreuz übernommen und der Unterkunft eine Aufnahmekapazität von 248 Personen attestiert.

29 Landesarchiv Berlin, B Rep 008, Nr. 955, Blatt 31, Mitteilung von Max Dettmann an den Magistrat von „Groß Berlin" vom 23. Juni 1949.

30 Landesarchiv Berlin, B Rep 008, Nr. 660, Blatt 27, Bericht über das Heim Dettmann, Tiergarten, Bendlerstr. 13 vom 12. Oktober 1949.

31 Landesarchiv Berlin, B Rep 008, Nr. 660, Blatt 6, Schreiben von Kurt Franke an den Senator für Sozialwesen vom 7. November 1953.

In einem Bericht von Anfang 1957 heißt es unter anderem zu den Unterkunfts- und Gemeinschaftsräumen des DRK-Lagers:

„Die Flüchtlinge sind in 45 Räumen verschiedener Größe untergebracht. Die Zimmer sind durchweg verwohnt und schmutzig. Fast alle Betten sind einfach, nicht übereinander – aufgestellt. Es sind ausreichend verschließbare Schränke vorhanden, wo sich notfalls etwas Geschirr und die Kaltverpflegung unterbringen lassen. In einigen Zimmern stehen außerdem noch kleine Schränkchen. Keines der Zimmer ist überbelegt. [...] Als Tagesraum dient der frühere Kindergarten, wird aber von den Flüchtlingen wenig benutzt. Dagegen finden hier regelmäßig gut besuchte ev. Gottesdienste statt, außerdem Unterweisungen der Konfirmanden. [...] Sehr unfreundlich dagegen wirkt das Treppenhaus. Bisher nicht behobene Kriegsschäden tragen dazu wesentlich bei. Die Treppen bestehen aus Stein, sind nicht belegt. Die Flure haben teilweise Linoleumbelag."[32]

Zu Beginn des Jahres 1957 waren die Räume des DRK-Lagers mit knapp 200 Personen belegt, 79 Männer, 85 Frauen und der Rest Kinder und Jugendliche. Im August 1957 wurde das als B-Lager bezeichnete Wohnlager in ein A-Lager (Notaufnahmelager) umgewandelt und Ende März 1958 aufgelöst.[33] Vor der Auflösung des Flüchtlingslagers Ende März 1958 appellierten die Bewohnerinnen und Bewohner in einem Brief an den Bundesvertriebenenminister Theodor Oberländer:

„Wir wissen nicht, ob in Bonn die Tatsache bekannt ist, dass in einer ganzen Reihe von Berliner Lagern geradezu katastrophale Zustände herrschen. [...] Wir weisen ganz besonders darauf hin, dass das Lager in der Stauffenbergstrasse durch die Unterbringungsmöglichkeiten ganzer Familien in Sonderzimmern den harten Übergang von der verlorenen Heimat in die Bundesrepublik bisher sehr gemildert und erträglich gestaltet hat. Hinzu kommt, dass die vorbildliche Heimleitung durch Verständnis und Entgegenkommen das Einleben der Flüchtlinge in jeder Weise förderte. Es wird vor allen Dingen aber nicht eingesehen, dass in dem sogen. Bendlerblock nur das Flüchtlingslager geräumt

32 Landesarchiv Berlin, B Rep 008, Nr. 660, Blatt 23, Bericht über das Flüchtlingslager des Deutschen Roten Kreuzes für Familien, Ehepaare und Frauen mit Kindern jeden Alters und alleinstehende Frauen im Bezirk Tiergarten, Stauffenbergstraße 11–13 vom 21. Januar 1957.

32 Landesarchiv Berlin, B Rep 008, Nr. 955, Blatt 35, Vermerk des Bezirksamts Tiergarten vom 16. August 1957.

werden soll, mit der Begründung Bundesstellen hierher zu verlegen, dagegen Privatfirmen, Industrieunternehmen und Privatleute aus dem Block nicht entfernt werden. Warum hier zweierlei Mass?"[34]

Obwohl das Flüchtlingslager nun aufgelöst worden war, blieben einzelne privat genutzte Wohnungen noch bestehen. Schon Anfang 1954 hatte das Verwaltungsamt für ehemaligen Reichsgrundbesitz in einem Schreiben an den Senator für Bau- und Wohnungswesen um einen verlängerten Verbleib für die Gewerbebetriebe in dem zum „Wohngebiet" deklarierten Areal gebeten:

„Das Grundstück Bendlerstrasse 11/14, der sogen. Bendlerblock, das frühere OKH, wird als Reichseigentum vom Verwaltungsamt für ehem. Reichsgrundbesitz verwaltet. In den Räumen des Grundstücks sind seit 1945 insgesamt 81 Mieter untergebracht. Das Mietaufkommen beträgt jährlich rd. DMW 142.000.--. Von den 81 Mietern handelt es sich bei 46 um gewerbliche Betriebe, von denen ein erheblicher Teil wiederum Fabrikationsbetriebe darstellen. Gegen die Unterbringung dieser Betriebe sind seitens des Baupolizeiamts Tiergarten Beanstandungen in den vergangenen Jahren nicht erhoben worden. Mit Rücksicht darauf, dass der Bendlerblock in einem als Wohngebiet ausgewiesenen Teil gelegen ist, hat nun jedoch das Baupolizeiamt Tiergarten mitgeteilt, dass es nicht in der Lage sei, den Betrieben eine baupolizeiliche Genehmigung nachträglich zu erteilen. Das Baupolizeiamt verkennt dabei nicht, dass es nach dem Zusammenbruch zunächst einmal vordringlich gewesen sei, die Firmen überhaupt unterzubringen und ihnen die Möglichkeit zur Aufnahme bezw. Fortführung des Betriebes zu geben. Es weist jedoch darauf hin, dass es auf die Dauer nicht in der Lage sei, diesen der z. Zt. gültigen Bauordnung widersprechenden Zustand zu dulden. Auch von unserer Seite besteht Verständnis dafür, dass in einem Wohngebiet derartige gewerbliche Betriebe für unabsehbare Zeit nicht belassen werden können. Wir vertreten jedoch andererseits die Auffassung, dass die Verwirklichung der Planung des dortigen Gebietes als reines Wohngebiet noch Jahre oder sogar Jahrzehnte in Anspruch nehmen wird. […] Da fast die gesamte Umgebung

---

34 Landesarchiv Berlin, B Rep 008, Nr. 660, Blatt 48, Brief der „Insassen des Flüchtlingslagers Berlin Stauffenbergstr. 11/13" an den Herrn Bundesvertriebenenminister vom 19. März 1958.

restlos zerstört ist, ist unserer Auffassung nach keine Gefahr vorhanden, dass Wohnungsmieter über das Vorhandensein der Gewerbebetriebe Beschwerde führen könnten. Mit Rücksicht auf den beträchtlichen finanziellen Ausfall, den der Bund bei einer Räumung durch die gewerblichen Mieter hätte, bitten wir deshalb besonders vordringlich zu prüfen, ob die Gewerbebetriebe nicht wenigstens für eine begrenzte Zeit – wir dürfen einen Zeitraum von mindestens fünf Jahren in Vorschlag bringen – dort belassen werden können. Wir dürfen weiter vorschlagen, im Zusammenwirken mit dem Planungsamt zu prüfen, ob es nicht zweckmässig ist, das Gelände des ehemaligen OKH aus dem als Wohngebiet ausgewiesenen Teil herauszunehmen."[35]

Tatsächlich hatte sich die Gestalt des von Ruinen umgebenen „Wohngebiets Bendlerblock" stetig verändert. Im Mai 1949 war das Hauptamt für Abräumung beim damaligen Magistrat von Groß-Berlin durch eine Auflage der britischen Besatzungsmacht aufgefordert worden, eine Entmilitarisierung aller Bunker-Anlagen im britischen Sektor zu veranlassen.[36] Nachdem diese im Dezember 1949 „bei kostenloser Gestellung der Sprengstoffe durch die englische Besatzungsmacht" ein Angebot über den Abbruchpreis von knapp 76.000 DM gemacht hatte, wurde die „Neutralisierung des Hochbunkers" an die Julius Berger Tiefbau-Aktiengesellschaft erteilt.[37] Die Sprengungsarbeiten wurden „mit größerer Unterbrechung" von März 1950 bis Januar 1951 durchgeführt[38], dann jedoch abgebrochen, ohne den Hochbunker völlig enttrümmert zu haben. Erst Mitte der 1960er Jahre wurden die verbliebenen Reste des massiven Hochbunkers endgültig abgetragen.

35 Bezirksamt Tiergarten, Bauaufsichtsamt, Bauakten zur Stauffenbergstraße 11–14, Band 2, Blatt 301, Schreiben des Verwaltungsamtes für ehemaligen Reichsgrundbesitz an den Senator für Bau- und Wohnungswesen vom 22. Februar 1954.

36 Landesarchiv Berlin, B Rep 202, Nr. 6614, n. fol., Abschrift des Schreibens der Abteilung Bau- und Wohnungswesen des Magistrats von Groß-Berlin an die Firma Julius Berger vom 20. Dezember 1949.

37 Ebenda, Abschrift der Kostenaufstellung vom 10. Dezember 1949. Der ausführenden Firma wurde die Auflage erteilt, „die für die Durchführung der Leistungen benötigten Stoffe, also gegebenenfalls die Spreng- und Zündmittel, sowie Treib- und Kraftstoffe nur von Firmen aus West-Berlin oder Westdeutschland zu beziehen.", siehe Landesarchiv Berlin, B Rep 202, Nr. 6614, n. fol., Abschrift des Schreibens der Abteilung Bau- und Wohnungswesen des Magistrats von Groß-Berlin an die Firma Julius Berger vom 20. Dezember 1949.

38 Ebenda, Vermerk der Abteilung Bau- und Wohnungswesen an den Senator für Finanzen vom 23. Juni 1952. Ebenfalls dort die Bemerkung: „Die ersten Sprengungen wurden von der Firma Haney durchgeführt. Diese Firma gab die Spreng-Abt. auf und an ihre Stelle traten am 30.6. die Sprengmeister Zwerg und Fürl, die bis dahin als solche bei der Firma Haney tätig gewesen waren und ein selbstständiges Sprengunternehmen gegründet hatten. Wegen Unregelmäßigkeiten im Materialeinkauf für diese Sprengarbeiten (Beschaffung aus dem Ost-Sektor) wurde diesen Sprengmeistern der Auftrag entzogen."

Außenterrasse der Gaststätte „Berliner Kindl am Tiergarten" in der Bendlerstraße 14, 1954

Quelle: Landesarchiv Berlin, F Rep. 290 (01) Nr. 0401432/
Foto: k. A.

Eingang zur Gaststätte „Berliner Kindl am Tiergarten" in der Stauffenbergstraße 14, 1958

Quelle: Bezirksamt Tiergarten, Bauaufsichtsamt,
Bauakten zur Stauffenbergstraße 11–14, Band 2

Der zerstörte Hochbunker mit Blick auf das Kasino, nach 1945

Quelle: Gedenkstätte Deutscher Widerstand

Ansicht des teilweise enttrümmerten Hochbunkers in der Stauffenbergstraße vom Januar 1965

Quelle: Landesarchiv Berlin, F Rep. 290-02-04 Nr. 181/2/
Foto: Wunnicke, Heinz

Eingang zum Quergebäude des ehemaligen Reichskriegsministeriums im Bendlerhof im April 1951

Der steinerne Adler wurde vor der Grundsteinlegung für ein Ehrenmal im Frühsommer 1952 entfernt.

Quelle: Landesarchiv Berlin, B Rep. 202-01 (Fotos) Nr. 94-00487 / Foto: Möbius & Willmanowski

Die größte gestalterische Veränderung fand im Hof des Bendlerblocks statt, wo in der Nacht zum 20. Juli 1944 vier der Hauptverschwörer erschossen worden waren. Ende März 1952 hatte der Senat von Berlin offiziell die Errichtung eines Gedenksteins beschlossen, parallel dazu wurde im Hof am hinteren Quergebäude ein „Hoheitszeichen aus der Nazi-Zeit" entfernt: der Reichsadler mit dem wahrscheinlich schon kurz nach Kriegsende unkenntlich gemachten Hakenkreuz zu seinen Füßen.

Zur Gedenkfeier am 20. Juli 1952 legte Eva Olbricht, die Witwe von Friedrich Olbricht, zusammen mit dem Regierenden Bürgermeister Berlins Ernst Reuter den Grundstein für das zukünftige Ehrenmal im Ehrenhof. Ein Jahr später, am 19. Juli 1953, wurde die von dem Bildhauer Richard Scheibe geschaffene Skulptur eines an den Händen gefesselten Jünglings während einer Gedenkfeier feierlich enthüllt.

Der ein Meter hohe Sockel, auf dem die unbekleidete Figur stand, trug die Inschrift:

„IHR TRUGT DIE SCHANDE NICHT

IHR WEHRTET EUCH

IHR GABT DAS GROSSE EWIG WACHE ZEICHEN

DER UMKEHR

OPFERND EUER HEISSES LEBEN

FÜR FREIHEIT, RECHT UND EHRE"

Zum zehnten Jahrestag der Niederschlagung des Aufstandsversuchs am 20. Juli 1954 beschäftigte sich Bundespräsident Theodor Heuss in einer Rede an der Freien Universität Berlin unter der Überschrift „Dank und Bekenntnis" mit der Kritik an den Widerstandskämpfern und ging auf die Frage von Widerstandsrecht und Widerstandspflicht sowie die Problematik des Eides der Wehrmacht auf Adolf Hitler ein. Heuss erläuterte bekannte Beispiele von Gehorsamsverweigerung und Eidbruch in der deutschen Geschichte und betonte, dass es auch während der NS-Herrschaft ein Recht auf Widerstand gegeben habe. Zur Rechtfertigung des „Tyrannenmords" zitierte er aus Friedrich Schillers Drama „Wilhelm Tell".

Die Grundsatzrede des höchsten politischen Repräsentanten der Bundesrepublik gilt bis heute als wichtigster Versuch, den Widerstand von dem Vorwurf des Verrats zu befreien und war für die öffentliche Wahrnehmung und Anerkennung in Deutschland außerordentlich bedeutsam.

Eva Olbricht und der Regierende Bürgermeister Berlins Ernst Reuter bei der Grundsteinlegung des Ehrenmals am 20. Juli 1952

Quelle: Der Tagesspiegel

Gedenkfeier und Grundsteinlegung im Hof des Bendlerblocks am achten Jahrestag des Umsturzversuchs, 20. Juli 1952

Quelle: Gedenkstätte Deutscher Widerstand

Aufstellung des Ehrenmals im Hof des Bendlerblocks, Frühjahr 1953

Quelle: ©L. Orgel-Köhne/Deutsches Historisches Museum

Luftbild des Bendlerblocks aus dem Jahr 1953

Nahezu alle Häuser in der Bendlerstraße sind bis 1953 enttrümmert und abgeräumt worden.

Quelle: Geoportal Berlin

IHR TRUGT DIE SCHANDE NICHT
IHR WEHRTET EUCH
IHR GABT DAS GROSSE EWIG WACHE ZEICHEN
DER UMKEHR
OPFERND EUER HEISSES LEBEN
FÜR FREIHEIT RECHT UND EHRE

Ehrenhof des Bendlerblocks nach der Einweihung des Ehrenmals Ende Juli 1953

Quelle: Gedenkstätte Deutscher Widerstand

Die vom Bildhauer Richard Scheibe geschaffene Bronzestatue eines Jünglings mit gefesselten Händen wird zur Gedenkfeier im Juli 1953 enthüllt.

Quelle: Gedenkstätte Deutscher Widerstand

Gedenkfeier zum zehnten Jahrestag mit Bundespräsident Theodor Heuss (links) und Bundeskanzler Konrad Adenauer als Gäste, 20. Juli 1954

Quelle: Landesarchiv Berlin, F Rep. 290 (06) Nr. 0034476 / Foto: Bert Sass

Gedenkfeier am 20. Juli 1954 im Ehrenhof des Bendlerblocks

Quelle: Landesarchiv Berlin, F Rep. 290 (06) Nr. 0034485 / Foto: Bert Sass

Enthüllung des neuen Straßenschildes „Stauffenbergstraße" am 20. Juli 1955

Quelle: Landesarchiv Berlin, F Rep. 290 (01) Nr. 0041669 / Foto: Schütz, Gert

Nachdem das Berliner Abgeordnetenhaus einen von der SPD-Fraktion eingereichten Dringlichkeitsantrag einstimmig angenommen hatte, wurde ein Jahr später zum 20. Juli 1955 die Bendlerstraße in Stauffenbergstraße umbenannt

Stauffenbergstraße 11 bis 14 mit dem Eingang zum Ehrenhof, 1964
Quelle: Bildarchiv Pisarek / akg-images

Im Juli 1960 wurde im Ehrenhof eine Tafel mit den Namen der am 20. Juli 1944 im Bendlerblock erschossenen Offiziere enthüllt. Acht Jahre später eröffnete eine neu eingerichtete Gedenk- und Bildungsstätte, die über den Widerstand gegen den Nationalsozialismus informierte, eine ständige Ausstellung in den drei historischen Räumen der zweiten Etage. Im Jahr 1980 kam es nach einem Entwurf des Bildhauers Erich Reusch zu einer Umgestaltung des Ehrenhofs. Der Sockel unter der Statue des Jünglings wurde entfernt und die Worte der darin eingehauenen Widmung als Bronzeplatte in den Boden gelassen. Die Fläche zwischen dem Hofeingang und der Bronzeskulptur wurde mit zwei querliegenden langen Skulpturen aus Bronze ergänzt. An der Wand des Zugangs zum Ehrenhof wurde die Inschrift eingelassen: „Hier im ehemaligen Oberkommando des Heeres organisierten Deutsche den Versuch, am 20. Juli 1944 die nationalsozialistische Unrechtsherrschaft zu stürzen. Dafür opferten sie ihr Leben.“

Das Hauptgebäude des Bendlerblocks am Reichpietschufer war seit Mitte der 1950er Jahre Sitz des Bundesversicherungsamtes. Im Bereich an der Stauffenbergstraße waren verschiedene andere Behörden und Firmen, so etwa eine Druckerei und Teile des Berliner Energieversorgers BEWAG aber auch Privatwohnungen untergebracht.

Seit dem 2. September 1993 dient der Bendlerblock neben der Hardthöhe in Bonn als weiterer Dienstsitz des Bundesministeriums der Verteidigung. Hier arbeitet der Leitungsstab des Ministeriums, hier wurde neben neuen Gebäuden und einem großen Paradeplatz auch das Ehrenmal der Bundeswehr errichtet. Es ist der zentrale Ort, an dem der militärischen und zivilen Angehörigen der Bundeswehr gedacht wird, die in Folge der Ausübung ihrer Dienstpflichten für die Bundesrepublik Deutschland ihr Leben verloren haben.

Heute sind das Bundesministerium der Verteidigung und die Gedenkstätte Deutscher Widerstand die Hauptnutzer des Bendlerblocks. Teile der ehemaligen Diensträume des Allgemeinen Heeresamtes und des Stabs des Befehlshabers des Ersatzheeres wurden in die Dauerausstellung der Gedenkstätte integriert.

Seit 1989 informiert die Gedenkstätte Deutscher Widerstand in ihrer ständigen Ausstellung „Widerstand gegen den Nationalsozialismus“ in den historischen Räumen des Staatsstreichversuches vom 20. Juli 1944 in der zweiten Etage des Bendlerblocks über die ganze Breite und Vielfalt des deutschen Widerstandes. Diese Ausstellung, die in rund 20 Bereichen exemplarisch Motive, Handlungen und Ziele von Einzelpersonen, Kreisen, Gruppen und Organisationen im Widerstand gegen den Nationalsozialismus zeigte, wurde 2014 überarbeitet und neugestaltet.

Wurde die Erinnerung an den 20. Juli 1944 nach Kriegsende zuerst nur von einer sehr kleinen Minderheit in der Bevölkerung getragen, ist sie heute ein wichtiger Bezugspunkt der historisch-politischen Erinnerungskultur in der Bundesrepublik Deutschland.

Bereich „Wege zum 20. Juli 1944" in der Dauerausstellung der Gedenkstätte Deutscher Widerstand, 2014

1944 Vorraum des Arbeitszimmers von Claus Schenk Graf von Stauffenberg als Chef des Stabes des Chefs der Heeresrüstung und Befehlshabers des Ersatzheeres

Quelle: Gedenkstätte Deutscher Widerstand/
Foto: Georg Engels, Braun Engels Gestaltung (Ulm)

9
STAUFFENBERG UND DAS ATTENTAT VOM 20. JULI 1944
STAUFFENBERG AND THE ASSASSINATION ATTEMPT OF JULY 20, 1944
90

Bereich „Stauffenberg und das Attentat vom 20. Juli 1944" in der Dauerausstellung der Gedenkstätte Deutscher Widerstand, 2015

1944 Arbeitszimmer von Claus Schenk Graf von Stauffenberg als Chef des Stabes des Chefs der Heeresrüstung und Befehlshabers des Ersatzheeres

Quelle: Gedenkstätte Deutscher Widerstand/Foto: Georg Engels, Braun Engels Gestaltung (Ulm)

Bereich „Regierungspläne" in der Dauerausstellung der Gedenkstätte Deutscher Widerstand, 2015

1944 Kartenraum zwischen dem Arbeitszimmer von Claus Schenk Graf von Stauffenberg und dem Chef der Heeresrüstung und Befehlshaber des Ersatzheeres Generaloberst Friedrich Fromm

Quelle: Gedenkstätte Deutscher Widerstand/
Foto: Georg Engels, Braun Engels Gestaltung (Ulm)

Bereich „Der Umsturzversuch vom 20. Juli 1944“ in der Dauerausstellung der Gedenkstätte Deutscher Widerstand, 2015

1944 Arbeitszimmer von Generaloberst Friedrich Fromm als Chef der Heeresrüstung und Befehlshaber des Ersatzheeres

Quelle: Gedenkstätte Deutscher Widerstand/
Foto: Georg Engels, Braun Engels Gestaltung (Ulm)

Informationstafeln über Albrecht Ritter Mertz von Quirnheim und Friedrich Olbricht in der Dauerausstellung der Gedenkstätte Deutscher Widerstand

1944 Arbeitszimmer von General Friedrich Olbricht

Quelle: Gedenkstätte Deutscher Widerstand/
Foto: Georg Engels, Braun Engels Gestaltung (Ulm)

Quellen

akg-images, Berlin

Archiv für Zeitgeschichte an der ETH Zürich

Bezirksamt Tiergarten, Bauaufsichtsamt

Bundesarchiv, Berlin

Bundesarchiv Bildarchiv

Bundesarchiv / Militärarchiv, Freiburg i. Br.

bpk-Bildagentur, Berlin

Central'nyj archiv ministerstva oborony [Zentralarchiv des russischen Verteidigungsministeriums], Moskau (CAMO)

Landesarchiv Berlin

Institut für Zeitgeschichte, München (IfZ)

National Archives and Records Administration, Washington D. C.

Politisches Archiv des Auswärtigen Amtes, Berlin

Privatbesitze

Rossiiskii Gosudarstvenni Voennyi Arkhiv [Russisches Staatliches Militärarchiv, ehemaliges „Sonderarchiv"], Moskau (RGVA)

Stiftung Gedenkstätte Deutscher Widerstand, Berlin

ullstein bild, Berlin

Süddeutsche Zeitung Photo, München

Literatur

Absolon, Rudolf, Die Wehrmacht im Dritten Reich, Band IV, Boppard 1979.

A. G., Letzte Begegnung mit Graf Stauffenberg, in: Stuttgarter Zeitung vom 20. Juli 1950.

Architekten- und Ingenieur-Verein zu Berlin (Hrsg.), Berlin und seine Bauten. Teil III. Bauwerke für Regierung und Verwaltung, Berlin 1966.

Architekten-Verein zu Berlin (Hrsg.), Berlin und seine Bauten, Erster Teil, Berlin 1877.

Architektonische Rundschau, Skizzenblätter aus allen Gebieten der Baukunst, hrsg. von Carl Zetsche. Siebenundzwanzigster Jahrgang, Esslingen am Neckar 1911.

Aufstand des Gewissens. Militärischer Widerstand gegen Hitler und das NS-Regime 1933–1945. Begleitband zur Wanderausstellung des Militärgeschichtlichen Forschungsamtes, im Auftrag des Militärgeschichtlichen Forschungsamtes herausgegeben von Thomas Vogel, 5. völlig überarbeitete und erweiterte Auflage, Hamburg / Berlin / Bonn 2000.

Aufzeichnung des Generalleutnants Liebmann über die Ausführungen des Reichswehrministers auf der Befehlshaberbesprechung am 1. Juni 1933 in Bad Wildungen, in: Müller, Klaus-Jürgen, Armee und Drittes Reich 1933–1939. Darstellung und Dokumentation, Paderborn 1987.

Bartl, Franziska, Der vergessene Verschwörer. Georg Alexander Hansen und der Widerstand gegen den Nationalsozialismus, Berlin 2023.

Berliner Architekturwelt, Zeitschrift für Baukunst, Malerei, Plastik und Kunstgewerbe der Gegenwart, Siebzehnter Jahrgang, Heft 4, Berlin 1915.

Bernt, Adolf, Der 20. Juli in der Bendlerstraße (Bericht eines Augenzeugen), in: Die Gegenwart, 22. September 1956, S. 597–601.

Boehm-Tettelbach, Karl, Als Flieger in der Hexenküche, Mainz 1981.

Bottlenberg-Landsberg, Maria Theodora von dem, Karl Ludwig Freiherr von und zu Guttenberg 1902–1945. Ein Lebensbild, Berlin 2003.

Brakelmann, Günter, Peter Yorck von Wartenburg 1904–1944. Eine Biographie, München 2012.

Bücheler, Heinrich, Hoepner. Ein deutsches Soldatenschicksal des 20. Jahrhunderts, Herford 1980.

Büttner, Ursula, Weimar. Die überforderte Republik 1918–1933, Bonn 2008.

Bundesministerium der Verteidigung (Hrsg.), Der Bendlerblock, Berlin 2017.

Bundeszentrale für politische Bildung, Der 20. Juli 1944, 5. Auflage, Bonn 1964.

Bußmann, Walter, Zur Entstehung und Überlieferung der „Hossbach-Niederschrift", in: Vierteljahrshefte für Zeitgeschichte 16 (1968), Heft 4, S. 373–384.

Clark, Christopher, Wilhelm II. Die Herrschaft des letzten deutschen Kaisers, München 2008.

Clements, Hanna, Hildegard Rauch (Hrsg.), Otto Carl Kiep, Mein Lebensweg 1996–1944. Aufzeichnungen während der Haft, Berlin 2013.

Deutsche Bauzeitung XLIV. Jahrgang, Nr. 95 vom 26. November 1910, Beilage für Wettbewerbe, S. 773–778.

Die Bauwerke und Kunstdenkmäler von Berlin. Bezirk Tiergarten, bearb. von Irmgard Wirth, Berlin 1955.

Dufving, Theodor von, Die Kapitulationsverhandlungen vom 30. April bis 2. Mai, in: Mühlen, Bengt von zur (Hrsg.), Der Todeskampf der Reichshauptstadt, Berlin-Kleinmachnow 1994, S. 167–187.

Ehlers, Dieter, Technik und Moral einer Verschwörung. 20. Juli 1944, Frankfurt am Main und Bonn 1964.

Epkenhans, Michael, Alfred von Tirpitz (1849–1930), in: Fröhlich, Michael (Hrsg.), Das Kaiserreich. Portrait einer Epoche in Biographien, Darmstadt 2001, S. 228–239.

Finker, Kurt, Der 20. Juli 1944. Militärputsch oder Revolution? Berlin 1994.

Finker, Kurt, Stauffenberg und der 20. Juli 1944, Köln 1977.

Finker, Kurt / Busse, Annedore, Stauffenberg und der 20. Juli 1944, Berlin (Ost) 1984.

Fittkau, Ludger / Werner, Marie-Christine, Die Konspirateure. Der zivile Widerstand hinter dem 20. Juli 1944, Darmstadt 2019.

Förster, Jürgen, Die Wehrmacht im NS-Staat. Eine strukturgeschichtliche Analyse, München 2007.

Fritzsche, Hans Karl, Ein Leben im Schatten des Verrats. Erinnerung eines Überlebenden an den 20. Juli 1944, Freiburg im Breisgau 1984.

Gedenkstätte Deutscher Widerstand, Die Verfassung des Deutschen Reichs vom 11. August 1919 (Weimarer Reichsverfassung) in der Textverfassung des Reichs-Gesetzblatt 1919, Berlin 2018.

Georgi, Friedrich, Wir haben das letzte gewagt. General Olbricht und die Verschwörung gegen Hitler, Freiburg im Breisgau 1990.

Georgi, Friedrich, Soldat im Widerstand. General der Infanterie Friedrich Olbricht. 2. durchgesehene Auflage, Berlin und Hamburg 1989.

Gietinger, Klaus, Der Konter-Revolutionär. Waldemar Pabst – eine deutsche Karriere, Hamburg 2009.

Gisevius, Hans Bernd, Bis zum bittern Ende. Vom Münchener Abkommen zum 20. Juli 1944, Darmstadt 1947.

Gisevius, Hans Bernd, Bis zum bitteren Ende. Vom 30. Juni 1934 zum 20. Juli 1944, Frankfurt am Main und Berlin 1964.

Hagen, Hans W., Zwischen Eid und Befehl. Tatzeugen-Bericht von den Ereignissen am 20. Juli 1944, München 1958.

Hammerstein, Kunrat Freiherr von, Flucht. Aufzeichnungen nach dem 20. Juli, Olten, Freiburg im Breisgau 1966.

Hammerstein, Kunrat Freiherr von, Spähtrupp, Stuttgart 1965.

Heinemann, Ulrich, Ein konservativer Rebell. Fritz-Dietlof Graf von der Schulenburg und der 20. Juli, Berlin 1990.

Heinemann, Winfried, Das Ende des Staatsstreichs. Die Niederschlagung des 20. Juli 1944 im Bendlerblock, in: Vierteljahrshefte für Zeitgeschichte 68 (2020), Heft 1, S. 1–23.

Heinemann, Winfried, Selbstreinigung der Wehrmacht? Der Ehrenhof des Heeres und seine Tätigkeit, in: Becker, Manuel/Studt, Christoph (Hrsg.), Der Umgang des Dritten Reiches mit den Feinden des Regimes, Berlin 2010, S. 117–129.

Heinemann, Winfried, Unternehmen „Walküre". Eine Militärgeschichte des 20. Juli 1944, Berlin und Boston 2019.

Heeres-Verordnungsblatt, Herausgegeben vom Reichswehrministerium, 1. Jahrgang, Nr. 1 vom 27. August 1919.

Heeres-Verordnungsblatt, Herausgegeben vom Reichswehrministerium, 1. Jahrgang, Nr. 29 vom 12. November 1919.

Herbert, Ulrich, Geschichte Deutschlands im 20. Jahrhundert, Bonn 2014.

Herzfeld, Hans, Berlin und das Berlinproblem vom Zusammenbruch bis zu den Stadtverordnetenwahlen des 20. Oktober 1946, in: Senat von Berlin (Hrsg.), Berlin. Kampf um Freiheit und Selbstverwaltung 1945–1946, Berlin 1961, S. 9–39.

Hoffmann, Peter, Claus Schenk Graf von Stauffenberg. Die Biographie, München 2007.

Hoffmann, Peter, Claus Schenk Graf von Stauffenberg und seine Brüder. Stuttgart 2004.

Hoffmann, Peter, Die Sicherheit des Diktators. Hitlers Leibwachen, Schutzmaßnahmen, Residenzen, Hauptquartiere, München, Zürich 1975.

Hoffmann, Peter, Widerstand, Staatsstreich, Attentat, 4. neu überarbeitete und ergänzte Auflage, München 1985.

Holmsten, Georg, Deutschland, Juli 1944. Soldaten, Zivilisten, Widerstandskämpfer, Düsseldorf 1982.

Holzer, Anton (Hrsg.), Krieg nach dem Krieg, Revolution und Umbruch 1918/19, Darmstadt 2017.

Hornung, Klaus, Alternativen zu Hitler. Wilhelm Groener. Soldat und Politiker in der Weimarer Republik, Graz 2008.

Hoßbach, Friedrich, Zwischen Wehrmacht und Hitler 1934-1938, 2. durchgesehene Auflage, Göttingen 1965.

Hubatsch, Walther, Der Admiralstab und die obersten Marinebehörden in Deutschland 1848–1945, Frankfurt am Main 1958.

Jacobsen, Hans-Adolf (Hrsg.), „Spiegelbild einer Verschwörung". Die Opposition gegen Hitler und der Staatsstreich vom 20. Juli 1944 in der SD-Berichterstattung. Geheime Dokumente aus dem ehemaligen Reichssicherheitshauptamt, Stuttgart 1984.

Jedlicka, Ludwig, Der 20. Juli 1944 in Österreich, Wien und München 1965.

John, Otto, „Falsch und zu spät". Der 20. Juli 1944. Epilog, Frankfurt am Main 1989.

Kaiser, Peter M. (Hrsg.), Mut zum Bekenntnis. Die geheimen Tagebücher des Hauptmanns Hermann Kaiser 1941/43, Berlin 2010.

Karlauf, Thomas, Stauffenberg. Porträt eines Attentäters, München 2019.

Keil, Lars Broder, Hans-Ulrich von Oertzen. Offizier und Widerstandskämpfer. Ein Lebensbild in Briefen und Erinnerungen, Berlin 2005.

Keyserlingk-Rehbein, Linda von, Nur eine „ganz kleine Clique". Die NS-Ermittlungen über das Netzwerk vom 20. Juli 1944, Berlin 2018.

Kießel, Georg, Aufzeichnungen des SS-Obersturmbannführers Dr. Georg Kiesel [richtig Kießel], in: Nordwestdeutsche Hefte 2 (1947) 2, S. 5–34.

Kniebe, Tobias, Operation Walküre. Das Drama des 20. Juli, Berlin 2009.

Kopp, Roland, Paul von Hase. Von der Alexander-Kaserne nach Plötzensee. Eine deutsche Soldatenbiographie 1885–1944, Münster 2001.

Kramarz, Joachim, Claus Graf Stauffenberg. Der Mann des Widerstandes gegen Hitler, München 1994.

Kranz, Alexander, Systemstabilisierende Selbstmobilisierung? Das Allgemeine Heeresamt und die deutsche Rüstungspolitik 1934 bis 1940, in: Werner, Oliver (Hrsg.), Mobilisierung im Nationalsozialismus. Institutionen und Regionen in der Kriegswirtschaft und der Verwaltung des „Dritten Reiches" 1936 bis 1945, Paderborn 2013, S. 103–119.

Krause, Joachim, Strategische Irrtümer deutscher Außenpolitik im Rückblick – die Jahre von 1890 bis 1914, in: De Gryter, SIRIUS – Zeitschrift für Strategische Analysen, Band 6, Heft 4, 2022, S. 394–414.

Kroener, Bernhard R., „Der starke Mann im Heimatkriegsgebiet". Generaloberst Friedrich Fromm. Eine Biographie, Paderborn u.a. 2005.

Larsson, Lars Olof, Die Neugestaltung der Reichshauptstadt. Albert Speers Generalbebauungsplan für Berlin, Stuttgart 1978.

Le Tissier, Tony, Chronik der Schlacht um Berlin, in: Mühlen, Bengt von zur (Hrsg.), Der Todeskampf der Reichshauptstadt, Berlin-Kleinmachnow 1994, S. 62–109.

Lienert, Ralf (Hrsg.), Kemptener Widerstandskämpfer. Alfred Kranzfelder. Franz Sperr, Kempten 2008.

Lill, Rudolf / Oberreuter, Heinrich, 20. Juli. Portraits des Widerstands, Düsseldorf und Wien 1984.

Longerich, Peter, Die braunen Bataillone. Geschichte der SA. München 1989.

Melnikow, Daniil, 20. Juli 1944. Legende und Wirklichkeit, 2. Auflage, Berlin (Ost) 1966.

Meyer, Winfried, Unternehmen Sieben. Eine Rettungsaktion für vom Holocaust Bedrohte aus dem Amt Ausland/Abwehr im Oberkommando der Wehrmacht, Frankfurt am Main 1993.

Militärgeschichtliches Forschungsamt (Hrsg.), Das Deutsche Reich und der Zweite Weltkrieg, Band 9/1: Die deutsche Kriegsgesellschaft 1939 bis 1945. Politisierung, Vernichtung, Überleben, München 2004.

Militärgeschichtliches Forschungsamt (Hrsg.), Handbuch zur Deutschen Militärgeschichte 1648–1939, Band 5, Abschnitt VIII, Deutsche Marinegeschichte der Neuzeit, Herrsching 1983.

Mitcham, Samuel W. jr / Mueller, Gene, Generaloberst Erich Hoepner, in: Ueberschär, Gerd R., Hitlers militärische Elite, Band 2: Vom Kriegsbeginn bis zum Weltkriegsende, Darmstadt 1998, S. 93–99.

Möllers, Heiner, Reichswehrminister Otto Geßler. Eine Studie zu „unpolitischer" Militärpolitik in der Weimarer Republik, Frankfurt am Main 1998.

Müller, Christian, Oberst i. G. Stauffenberg. Eine Biographie, Düsseldorf 1970.

Müller, Klaus-Jürgen, Generaloberst Ludwig Beck. Eine Biographie, Paderborn 2008.

Müller, Norbert u.a. (Bearb.), Das Amt Ausland/Abwehr im Oberkommando der Wehrmacht. Eine Dokumentation, Koblenz 2007.

Müller, Reinhard, Hitlers Rede vor der Reichswehrführung 1933. Eine neue Moskauer Überlieferung, in: Zeitschrift des Hamburger Instituts für Sozialforschung, Mittelweg 36, 10. Jahrgang, Februar / März 2001, S. 73–90.

Müller, Rolf-Dieter, Hitlers Wehrmacht 1935–1945, München 2012.

Müller, Wolfgang, Gegen eine neue Dolchstoßlüge. Ein Erlebnisbericht zum 20. Juli 1944, 2. verbesserte Auflage, Hannover 1947.

Müller-Bülow, Brigitte, Wolfgang Müller. „... weder militärisch noch politisch einen normalen Weg gegangen" – Der 20. Juli 1944 als lebensgeschichtlicher Wendepunkt, Marenbach 2021.

Overmans, Rüdiger, Deutsche militärische Verluste im Zweiten Weltkrieg, München 2000.

Paasche, Gottfried, Hammersteins Töchter. Eine Adelsfamilie zwischen Tradition und Widerstand, Berlin 2022.

Page, Helena P., General Friedrich Olbricht. Ein Mann des 20. Juli, Bonn und Berlin 1992.

Peter, Roland, General der Artillerie Eduard Wagner, in: Ueberschär, Gerd R., Hitlers militärische Elite, Band 2: Vom Kriegsbeginn bis zum Weltkriegsende, Darmstadt 1998, S. 263–269.

Plehwe, Friedrich-Karl von, Reichskanzler Kurt von Schleicher. Weimars letzte Chance gegen Hitler, Esslingen 1983.

Pröse, Tim, Jahrhundertzeugen. Die Botschaft der letzten Helden gegen Hitler. 18 Begegnungen, 3. Auflage München 2019.

Rathert, Ronald, Verbrechen und Verschwörung: Arthur Nebe. Der Kripochef des Dritten Reiches, Münster 2001.

Refior, Hans, Mein Berliner Tagebuch 1945, in: Mühlen, Bengt von zur (Hrsg.), Der Todeskampf der Reichshauptstadt, Berlin-Kleinmachnow 1994, S. 110–135.

Reichhardt, Hans J. / Schäche, Wolfgang, Von Berlin nach Germania. Über die Zerstörungen der Reichshauptstadt durch Albert Speers Neugestaltungsplanungen, Berlin 1986.

Reinermann, Lothar, Wilhelm II. (1859–1941), in: Fröhlich, Michael (Hrsg.), Das Kaiserreich. Portrait einer Epoche in Biographien, Darmstadt 2001, S. 275–285.

Remer, Otto Ernst, Verschwörung und Verrat um Hitler. Urteil des Frontsoldaten. Preußisch Oldendorf 1981.

Roon, Ger van (Hrsg.), Helmuth James Graf von Moltke, Völkerrecht im Dienst des Menschen, Berlin 1986.

Royce, Hans / Zimmermann, Erich / Jacobsen, Hans-Adolf (Bearb.), 20. Juli 1944, 3. Auflage Bonn 1964.

Ruland, Bernd, Die Augen Moskaus. Fernschreibzentrale der Wehrmacht in Berlin. Zwei Mädchen gegen Hitler, Zürich 1973.

Sandig, Marina, Die Liebermanns. Ein biographisches Zeit- und Kulturbild der preußisch-jüdischen Familie und Verwandtschaft von Max Liebermann, Neustadt / Aisch 2005.

Schäfer, Kirstin A., Werner von Blomberg – Hitlers erster Feldmarschall. Eine Biographie, Paderborn 2006.

Schlabrendorff, Fabian von, Offiziere gegen Hitler. Nach einem Erlebnisbericht von Fabian von Schlabrendorff bearbeitet und herausgegeben von Gero von Schulze-Gaevernitz, 3. verbesserte und ergänzte Auflage, Zürich 1946.

Schlabrendorff, Fabian von, Offiziere gegen Hitler, Frankfurt am Main 1959.

Schlabrendorff, Fabian von (Hrsg.), Eugen Gerstenmaier im Dritten Reich. Eine Dokumentation, Stuttgart 1965.

Schlie, Ulrich, Claus Schenk Graf von Stauffenberg. Biographie, Freiburg im Breisgau 2018.

Schober, Karl, Eine Chance blieb ungenutzt, in: Darauf kam die Gestapo nicht. Beiträge zum Widerstand im Rundfunk, Berlin 1961, S. 56–66.

Schramm, Wilhelm von, Der 20. Juli in Paris, Bad Wörishöfen 1953.

Schulz, Gerhard, Zwischen Demokratie und Diktatur. Band II. Deutschland am Vorabend der Großen Krise, Berlin, New York 1987.

Schwerin, Detlef Graf von, „Dann sind's die besten Köpfe, die man henkt". Die junge Generation im deutschen Widerstand, 2. Auflage, München und Zürich 1994.

Skorzeny, Otto, Meine Kommandounternehmen. Krieg ohne Fronten, 3. Auflage, Wiesbaden und München 1977.

Smid, Mariklje, Hans von Dohnanyi – Christine Bonhoeffer. Eine Ehe im Widerstand gegen Hitler, Gütersloh 2002.

Speer, Albert, Erinnerungen, Frankfurt am Main 1969.

Stapp, Wolfgang / Simon, Christian, Entdeckungen zwischen Kulturforum, Potsdamer Platz und dem Diplomatenviertel, Berlin 2005.

Steinbach, Peter, Widerstand im Widerstreit. Der Widerstand gegen den Nationalsozialismus in der Erinnerung der Deutschen. Ausgewählte Studien, Paderborn 2001.

Steinbach, Peter / Tuchel, Johannes (Hrsg.), Widerstand gegen den Nationalsozialismus, Bonn 1994.

Steinbach, Peter / Tuchel, Johannes (Hrsg.), Widerstand gegen die nationalsozialistische Diktatur 1933–1945, Bonn 2004.

Steinhoff, Johannes / Pechel, Peter / Showalter, Dennis, Deutsche im Zweiten Weltkrieg. Zeitzeugen sprechen, München 1989.

Strenge, Irene, Kurt von Schleicher. Politik im Reichswehrministerium am Ende der Weimarer Republik, Berlin 2006.

Strenge, Irene (Hrsg.), Ferdinand von Bredow. Notizen vom 20.2.1933 bis 31.12.1933. Tägliche Aufzeichnungen vom 1.1.1934 bis 28.6.1934 (= Zeitgeschichtliche Forschungen. 39), Berlin 2009.

Thun-Hohenstein, Romedio Galeazzo Graf von, Der Verschwörer. General Oster und die Militäropposition, Berlin 1982.

Tuchel, Johannes, Die „Sonderkommission 20. Juli 1944" des Reichssicherheitshauptamts und die Verschleppung der Kinder nach Bad Sachsa, in: Behrens, Petra / Tuchel, Johannes, „Unsere wahre Identität sollte vernichtet werden." Die nach dem 20. Juli 1944 nach Bad Sachsa verschleppten Kinder. Begleitband zur Ausstellung der Gedenkstätte Deutscher Widerstand in Zusammenarbeit mit der Stiftung 20. Juli 1944 und der Stadt Bad Sachsa, Berlin 2017, S. 149–184.

Tuchel, Johannes, Die Verfahren vor dem „Volksgerichtshof" nach dem 20. Juli 1944, in: Becker, Manuel / Studt, Christoph (Hrsg.), Der Umgang des Dritten Reiches mit den Feinden des Regimes, Münster 2010, S. 131–146.

Tuchel, Johannes, „... und ihrer aller wartete der Strick." Das Zellengefängnis Lehrter Straße 3 nach dem 20. Juli 1944, Berlin 2014.

Tuchel, Johannes, Vor dem „Volksgerichtshof". Schauprozesse vor laufender Kamera, in: Paul, Gerhard (Hrsg.), Das Jahrhundert der Bilder 1900–1945, Göttingen 2009, S. 648–657.

Tuchel, Johannes, Widerstand. Der Umsturzversuch vom 20. Juli 1944. Endlich die Gewaltverbrechen beenden, in: Bajohr, Frank u.a., Warum Hitler? Die Deutschen und der Nationalsozialismus, Darmstadt 2021, S. 95–104.

Tuchel, Johannes / Neumärker, Uwe, Der 20. Juli 1944 im „Führerhauptquartier Wolfschanze", Berlin 2021.

Uhl, Matthias / Pruschwitz, Thomas / Pohl, Dieter / Leleu, Jean-Luc / Holler, Martin (Hrsg.), Die Organisation des Terrors. Der Dienstkalender Heinrich Himmlers 1943–1945, München 2020.

Ullrich, Volker, Die nervöse Großmacht 1871–1918. Aufstieg und Untergang des deutschen Kaiserreichs, Frankfurt am Main 2013.

Vaupel, Dieter, Egbert Hayessen. Erinnerungen an einen fast vergessenen Widerstandskämpfer des 20. Juli 1944 und seine Familie, Marburg 2019.

Vitzthum, Wolfgang Graf, Berthold Schenk Graf von Stauffenberg, in: Joachim Mehlhausen (Hrsg.), Zeugen des Widerstands, Tübingen 1996.

Vogelsang, Thilo, Neue Dokumente zur Geschichte der Reichswehr 1930–1933, in: Vierteljahrshefte für Zeitgeschichte 2 (1954), Heft 4, S. 397–436.

Wentker, Hermann, Umsturzversuche 1938–1943, in: Steinbach, Peter / Tuchel, Johannes, Widerstand gegen die nationalsozialistische Diktatur, Berlin 2004.

Wette, Wolfram, Die Wehrmacht. Feindbilder. Vernichtungskrieg. Legenden, Frankfurt am Main 2002.

Wette, Wolfram, Gustav Noske. Eine politische Biographie, Düsseldorf 1988.

Wirsching, Andreas, „Man kann nur Boden germanisieren". Eine neue Quelle zu Hitlers Rede vor den Spitzen der Reichswehr am 3. Februar 1933, in: Vierteljahrshefte für Zeitgeschichte 49 (2001), Heft 3, S. 517–550.

Witzleben, Georg von, „Wenn es gegen den Satan Hitler geht..." Erwin von Witzleben im Widerstand. Biografie, Hamburg 2013.

Zentralblatt der Bauverwaltung, Herausgegeben im Ministerium der öffentlichen Arbeiten, 34. Jahrgang, Nr. 55, Berlin, 11. Juli 1914, S. 405–409.

Zeller, Eberhard, Geist der Freiheit. Der Zwanzigste Juli, 3. durchgesehene, um einen Anhang vermehrte Auflage, München 1956.

Zeller, Eberhard, Geist der Freiheit. Der Zwanzigste Juli, 5., nochmals durchgesehene Auflage, München 1965.

Zeller, Eberhard, Oberst Claus Graf Stauffenberg. Ein Lebensbild. Paderborn 1994.

Ziemann, Benjamin, Die Reichswehr und die Politik der Aufrüstung,in: Rossol, Nadine / Ziemann, Benjamin (Hrsg.), Aufbruch und Abgründe. Das Handbuch der Weimarer Republik, Bonn 2022, S. 251–279.

Danksagung

Das Autorenteam dankt allen Archiven und Institutionen, die sie bei diesem Projekt unterstützt haben, so unter anderen:

Dr. Petra Behrens, Gedenkstätte Deutscher Widerstand

Dipl. Mus. Susanne Brömel, Gedenkstätte Deutscher Widerstand

Dirk Burgdorf, AAA Research, USA

Dipl. Ing. Alexander Darda

Prof. Dr. Winfried Heinemann, Berlin

Dr. Arnica Keßeler, Gedenkstätte Deutscher Widerstand

Uwe Neumärker M.A., Stiftung Denkmal für die ermordeten Juden Europas

Maria Parge, M.A., Gedenkstätte Deutscher Widerstand

Dr. Stefanie Steinbach, Gedenkstätte Deutscher Widerstand

Prof. Dr. Peter Steinbach, Gedenkstätte Deutscher Widerstand

Unser besonderer Dank gilt Georg Engels und Michaela Gleinser von Braun Engels Gestaltung Ulm für die stets hervorragende Zusammenarbeit.

Die Verfasser

Johannes Tuchel

Geboren 1957 in Hamburg. Studium der Politischen Wissenschaft in Hamburg und Berlin. Diplom-Politologe 1981. 1989 Promotion zur Organisationsgeschichte der NS-Konzentrationslager. 1988–91 im Referat Gedenkstätten der Senatskanzlei des Landes Berlin, seit 1991 Leiter der Gedenkstätte Deutscher Widerstand in Berlin, seit 1994 auch Geschäftsführer der Stiftung Gedenkstätte Deutscher Widerstand. 2001 Habilitation, 2008 bis 2022 apl. Professor für Politikwissenschaft am Fachbereich Politik- und Sozialwissenschaften (Otto-Suhr-Institut) der Freien Universität Berlin, 2009 bis 2023 Gastprofessor an der Touro University Berlin. Zahlreiche Veröffentlichungen zu Verfolgung und Widerstand in der NS-Diktatur.

Christin Sandow

Geboren 1987. Studium der Politikwissenschaft und Holocaust Studies in Berlin. Seit 2016 Wissenschaftliche Volontärin und seit 2018 Wissenschaftliche Mitarbeiterin an der Gedenkstätte Deutscher Widerstand. Mitarbeit an verschiedenen Ausstellungen, Publikationen und anderen Projekten der Stiftung Gedenkstätte Deutscher Widerstand. Veröffentlichung: Christin Sandow (Hrsg.), „Schießen Sie mich nieder!" Käte Frieß' Aufzeichnungen über KZ und Zwangsarbeit von 1941 bis 1945, Berlin 2017.